纪检监察重点一本通

第三版

本书编写组◎著

法律出版社
LAW PRESS · CHINA
北京

图书在版编目(CIP)数据

纪检监察重点一本通 / 《纪检监察重点一本通》编写组著. -- 3 版. -- 北京 : 法律出版社, 2025
ISBN 978-7-5197-8595-6

Ⅰ. ①纪… Ⅱ. ①纪… Ⅲ. ①中国共产党—纪律检查—法规—汇编②行政监察法—汇编—中国 Ⅳ. ①D262. 6②D922. 114. 9

中国国家版本馆 CIP 数据核字（2023）第 228539 号

纪检监察重点一本通(第三版)
JIJIAN JIANCHA ZHONGDIAN YIBENTONG (DI-SAN BAN)

本书编写组 著

责任编辑 董 昱
装帧设计 汪奇峰 苏 慰

出版发行 法律出版社
编辑统筹 法规出版分社
责任校对 王晓萍
责任印制 耿润瑜
经　　销 新华书店

开本 710 毫米×1000 毫米 1/16
印张 24 **字数** 380 千
版本 2025 年 1 月第 3 版
印次 2025 年 1 月第 1 次印刷
印刷 三河市龙大印装有限公司

地址:北京市丰台区莲花池西里 7 号(100073)
网址:www. lawpress. com. cn
投稿邮箱:info@ lawpress. com. cn
举报盗版邮箱:jbwq@ lawpress. com. cn

销售电话:010-83938349
客服电话:010-83938350
咨询电话:010-63939796

书号:ISBN 978-7-5197-8595-6
定价:86. 00 元
凡购买本社图书,如有印装错误,我社负责退换。电话:010-83938349

第三版编写说明

工欲善其事,必先利其器。对很多纪检监察干部来说,熟练掌握党规党纪和法律法规,并非易事。一方面,工作任务十分繁重,想学却没空学习;另一方面,党规党纪和法律法规不断修订或者出台,学习任务十分艰巨。面对浩如烟海的法规,很多人存在畏难心理,“前看后忘”是通病。方法是征服未知的工具。毛泽东同志曾形象地指出:“我们不但要提出任务,而且要解决完成任务的方法问题。我们的任务是过河,但是没有桥或没有船就不能过。不解决桥或船的问题,过河就是一句空话。”

为帮助纪检监察干部解决学习难的问题,《纪检监察重点一本通》应运而生。本书严格对照党内法规和国家法律要求,将法规中最基础、最需要掌握的知识点作了精心编排,按照线索处置、政治监督、日常监督、巡视巡察监督、初核、立案审查调查、案件审理、案件查办后半篇文章、激励党员干部担当作为等监督执纪执法流程,将纪检监察工作实践中经常遇到的近100个知识点以表格形式呈现,要点清晰、简明实用,力求助力读者在较短时间内快速掌握更多知识。

我们对待学习、工作的态度里,藏着我们的未来。用什么样的态度对待学习、工作,就会收获什么样的人生。在学习、工作上所投入的每一分钟,不仅是在为自己积攒信誉,更是在为自己缔造价值。“放弃和认命是一条没有尽头的下坡路,请记住,在任何一个你没有察觉的时刻,包括现在,通过行动去改变命运的机会,一直都存在。”人生如屋,精神是柱。无论你身处何种岗位,担任何种职务,请一定保持对工作的高度关注和热情投入。

囿于时间和经验不足,本书难免存在不足,敬请读者批评指正。

编　者

2025 年 1 月

目　录

一、党纪处分条例重要知识点

党纪处分对受处分人的影响 / 1
违反中央八项规定精神问题 / 4
钟纪晟关于《中国共产党纪律处分条例》答复梳理 / 6
免予处分、不予处分区分 / 14
预备党员违纪、正式党员隐瞒入党前错误的处理处分 / 16
党员信仰宗教、党员参加迷信活动与参加某些具有宗教色彩的民族风俗习惯活动的区分 / 19
正常礼尚往来与违规收受礼金、受贿的区分 / 21
违规从事营利性活动规定梳理 / 23
从轻、减轻、从重、加重处分知识点梳理 / 28
党内除名知识点梳理 / 34
党内除名与开除党籍区别 / 36
开除党籍与停止党籍区分 / 37
对抗组织审查知识点梳理 / 38

二、应知应会知识点

纪检监察干部应知应会知识点 / 41
党内法规基础知识梳理 / 44
监督执纪“四种形态”相关知识点梳理 / 47

免职、停职、降职、撤职、责令辞职知识点梳理 / 52
“惩前毖后、治病救人”相关知识点梳理 / 56
纪检监察机关开展工作时应遵循的原则 / 60
一体推进不敢腐、不能腐、不想腐相关知识点梳理 / 68
纪检监察机关主要职责任务及管辖范围知识点梳理 / 74
党章关于党员义务权利的梳理 / 81
“党的纪律”相关规定 / 83
纪律责任与纪律处分关系 / 85
党的工作机关、纪律检查机关相关知识点梳理 / 89
派驻纪检组与内设纪检组的区别 / 91
期限或者数量梳理一览表 / 94

三、线索处置专题

纪检监察机关受理检举控告范围 / 117
问题线索处置相关知识点梳理 / 120
公职人员涉嫌职务违法职务犯罪问题线索移送 / 125

四、监督专题

（一）政治监督
政治监督相关知识点 / 128
重大问题、重要事项的界定 / 131
“政治生态”有关规定 / 136
（二）日常监督
日常监督中问责与追责的区分 / 139
日常监督中处理与处分、纪律处理联系与区别 / 143
日常监督中诫勉处理措施 / 145
日常监督中谈话提醒、提醒谈话等相关知识点 / 155
日常监督中谈心谈话、警示谈话相关知识点 / 159

日常监督中作风监督知识点 / 161

(三)监察监督

监察对象的具体范围及处分处理 / 165

监察对象与国家工作人员逻辑关系 / 171

(四)巡视巡察监督

巡视巡察监督知识点梳理 / 172

五、初核、审查调查专题

纪检监察机关管辖相关知识点 / 178

主动投案、主动交代相关知识点 / 186

初步核实知识点 / 192

纪检监察机关立案审查调查 / 195

监察调查措施一览表 / 198

立案审查调查期间审查调查对象权利受限 / 205

谈话笔录、讯问笔录、询问笔录相关知识点 / 206

纪检监察机关办案取证标准及取证要求 / 212

初核、立案、审查调查等审批权限 / 226

“违纪违法事实材料”见面知识点 / 237

监察机关、公安司法机关履行告知、信息传递义务相关知识点 / 240

贪污贿赂犯罪相关知识点梳理 / 245

受贿罪、斡旋受贿罪、利用影响力受贿罪区分 / 266

渎职侵权犯罪知识点 / 271

六、案件审理专题

案件审理理念及三大核心技能(证据审核、阅读笔录、审理报告) / 280

政务处分执行 / 286

处分决定宣布和送达 / 290

处分违纪地方党委委员、纪委(监委)委员 / 295

处分处理违纪违法的基层群众性自治组织人员 / 298
国有企业管理人员纪律惩戒规定 / 303
处分处理违法的人大代表、政协委员 / 308
下落不明违纪党员的处理处分 / 311
处分处理已故违纪党员干部知识点梳理 / 313
处分犯罪的公职人员 / 315
党员、公职人员酒驾醉驾处分处理 / 317
党员、公职人员嫖娼、赌博、吸毒等违法行为处分 / 322
党员、公职人员高利放贷处分 / 325
党员、公职人员私设小金库等处分 / 328
收缴违纪违法所得知识点梳理 / 333
案件审理环节党员权利保护 / 337
恢复党员权利 / 339
受处分处理党员、公职人员申诉 / 341

七、案件查办后半篇文章
以案为鉴、以案促改、以案促治 / 347
党员领导干部严重违纪违法主要原因 / 352
"纪检监察建议"相关知识点 / 359
纪律检查建议与监察建议的区别 / 362

八、严管与厚爱、激励担当作为
"澄清正名"保护党员干部 / 363
诬告与错告区分 / 367
对诬告陷害行为的处分处罚 / 368
"容错纠错"相关知识点 / 371
"回访"受处分处理人员 / 375

◈ 一、党纪处分条例重要知识点

党纪处分对受处分人的影响

处分档次 处分期	年度考核	工资	职务级别
党内警告 (1年)	年度考核不得评为优秀等次。	1. 如果评为基本称职或不称职,不享受年度考核奖金; 2. 如果评为基本称职或不称职,本考核年度不计算为按年度考核结果晋升级别和级别工资档次的考核年限。	2024年1月1日前受党内警告的:1年内不得在党内提升职务和向党外组织推荐担任高于其原任职务的党外职务。 2024年1月1日后受党内警告的:1年内不得在党内提升职务或者进一步使用,也不得向党外组织推荐担任高于其原任职务的党外职务或者进一步使用。
党内严重警告 (通常是1年半,例外情况是:违纪行为发生在2016年1月1日前的,处分期为1年;本应给予其撤销党内职务处分,鉴于本人没有担任党内职务,给予其党内严重警告处分2年)	参加当年考核,只写评语,不确定等次。	1. 不享受年度考核奖金; 2. 年度考核不定等次的,本考核年度不计算为按年度考核结果晋升级别和级别工资档次的考核年限。	1. 2016年1月1日前受党内严重警告的,1年内不得在党内提升职务和向党外组织推荐担任高于其原任职务的党外职务。 2. 2016年1月1日后受党内严重警告的,1年半内不得在党内提升职务和向党外组织推荐担任高于其原任职务的党外职务。 3. 2024年1月1日后受党内严重警告的,1年内不得在党内提升职务或者进一步使用,也不得向党外组织推荐担任高于其原任职务的党外职务或者进一步使用。

续表

处分档次 处分期	年度考核	工资	职务级别
撤销党内职务 (2年)	当年考核确定为不称职;第二年按其新任职务参加年度考核,按规定条件确定等次。	1. 不享受年度考核奖金; 2. 年度考核不称职的,本考核年度不计算为按年度考核结果晋升级别和级别工资档次的考核年限。	1. 对于在党外组织担任职务的,应当建议党外组织依照规定作出相应处理。 2. 对于应当受到撤销党内职务处分,但是本人没有担任党内职务的,应当给予其严重警告处分。同时,在党外组织担任职务的,应当建议党外组织撤销其党外职务。 3. 党员受到撤销党内职务处分,或者依照"2."中的规定受到严重警告处分的,2年内不得在党内担任和向党外组织推荐担任与其原任职务相当或者高于其原任职务的职务。
留党察看 (恢复党员权利后再加2年)	受留党察看(1年)处分的,当年考核确定为不称职,第二年只写评语,不确定等次;受留党察看(2年)处分的,当年确定为不称职,第二年和第三年参加年度考核只写评语,不确定等次。	1. 年度考核不称职、不定等次的,不享受年度考核奖金; 2. 年度考核不称职、不定等次的,受处分考核年度不计算为按年度考核结果晋升级别和级别工资档次的考核年限。	1. 党员受留党察看处分期间,没有表决权、选举权和被选举权。留党察看期间,确有悔改表现的,期满后恢复其党员权利;坚持不改或者又发现其他应当受到党纪处分的违纪行为的,应当开除党籍。 2. 党员受到留党察看处分,其党内职务自然撤销。对于担任党外职务的,应当建议党外组织撤销其党外职务。受到留党察看处分的党员,恢复党员权利后2年内,不得在党内担任和向党外组织推荐担任与其原任职务相当或者高于其原任职务的职务。 3. 2016年1月1日后各级党代表受到留党察看以上(含留党察看)处分的,党组织应当终止其代表资格。

续表

处分档次 处分期	年度考核	工资	职务级别
开除党籍 (5年内不得重新入党)	当年考核确定为不称职,第二年和第三年只写评语,不确定等次。	1. 不享受年度考核奖金; 2. 年度考核不称职、不定等次的,受处分考核年度不计算为按年度考核结果晋升级别和级别工资档次的考核年限。	2018年10月1日前受开除党籍处分的,5年内不得重新入党。另有规定不准重新入党的,依照规定。 2018年10月1日后受开除党籍处分的,5年内不得重新入党,也不得推荐担任与其原任职务相当或者高于其原任职务的党外职务。另有规定不准重新入党的,依照规定。
备注	公务员受撤销党内职务、留党察看、开除党籍处分时,组织上已撤销其职务,为避免重复处罚,受处分当年年度考核被确定为不称职的,不再降低一个职务层次任职。 监察机关对公职人员中的中共党员给予政务处分,一般应当与党纪处分的轻重程度相匹配。其中,受到撤销党内职务、留党察看处分的,如果担任公职,应当依法给予其撤职等政务处分。严重违犯党纪、严重触犯刑法的公职人员必须依法开除公职。 公务员同时受党纪政务处分的,按对其年度考核结果影响较重的处分确定年度考核等次。 党纪依据主要有:《中国共产党纪律处分条例》《关于受党纪处分的党政机关工作人员年度考核有关问题的意见》《关于受党纪处分公务员年度考核有关问题的答复意见》。 党员受到开除党籍处分的,《中国共产党纪律处分条例》第13条虽然没有明确规定"对于担任党外职务的,应当建议党外组织撤销其党外职务或者予以开除",但鉴于第12条第3款已明确规定党员受到留党察看处分后"对于担任党外职务的,应当建议党外组织撤销其党外职务",举轻以明重,党员受到开除党籍处分后更应当建议党外组织撤销其党外职务甚至开除。		

违反中央八项规定精神问题

<table>
<tr><td colspan="5">形式主义、官僚主义问题</td><td colspan="8">享乐主义、奢靡之风问题</td></tr>
<tr><td rowspan="2">贯彻党中央重大决策部署有令不行、有禁不止,或者表态多调门高、行动少落实差,脱离实际、脱离群众,造成严重后果</td><td rowspan="2">在履职尽责、服务经济社会发展和生态环境保护方面不担当、不作为、乱作为、假作为,严重影响高质量发展</td><td rowspan="2">在联系服务群众中消极应付、冷硬横推、效力低下,损害群众利益,群众反映强烈</td><td rowspan="2">文山会海反弹回潮,文风会风不实不正,督查检查过多、过频、过度留痕,给基层造成沉重负担</td><td rowspan="2">其他</td><td colspan="2">违规收送名贵特产和礼品礼金</td><td colspan="2">违规公款吃喝问题</td><td rowspan="2">违规操办婚丧喜庆事宜</td><td rowspan="2">违规发放津补贴或者福利</td><td rowspan="2">公款旅游和违规接受管理和服务对象旅游等活动安排</td><td rowspan="2">其他</td></tr>
<tr><td>违规收送名贵类特产</td><td>违规收送礼金和其他礼品</td><td>违规公款吃喝</td><td>违规接受管理和服务对象等宴请</td></tr>
<tr><td>备注</td><td colspan="12">当前查处的违反中央八项规定精神问题主要包括:违规公款吃喝、公款国内旅游、公款出国(境)旅游、违规配备使用公务用车、违规收送礼品礼金、大办婚丧喜庆、提供或接受超标准接待、接受或用公款参与高消费娱乐健身活动、违规出入私人会所、楼堂馆所违规问题、领导干部住房违规问题。
在性质认定上,违反中央八项规定精神问题一般属违反廉洁纪律性质,也可能违反工作纪律等其他纪律,具体性质需根据被审查人的具体行为和党纪规定作出认定。
在条款适用上,对违反中央八项规定精神问题的行为,并不是直接依据中央八项规定作出定性处理,而是依据《中国共产党处分条例》分则对应的具体条款。
在政策界限把握上,均以2012年12月4日中央政治局审议通过中央八项规定为时间节点,即:被审查人的相关违纪行为发生在2012年12月4日以后的,按违反中央八项规定精神问题认定;被审查人的相关违纪行为发生在2012年12月4日之前的,不作为违反中央八项规定精神问题认定,而是根据违纪行为的具体情况和当时党纪规定作出相应认定。
在纪律审查文书表述上,进一步凸显对违反中央八项规定精神问题的处理。为推动各级党组织驰而不息地落实中央八项规定精神,建议在审理报告等纪律审</td></tr>
</table>

续表

形式主义、官僚主义问题	享乐主义、奢靡之风问题
	查文书“主要违纪事实”中，将被审查人违反中央八项规定精神问题单独列出来，表述在“违反政治纪律行为”之后、“违反组织纪律行为”之前。参见钟纪晟：《关于新修订的〈中国共产党纪律处分条例〉施行后执纪审理有关问题研究》，载《中国纪检监察报》2016年1月26日，第1版。
	1. 享乐主义、奢靡之风“其他”问题包括：违规配备和使用公车、楼堂馆所问题、提供或者接受超标准接待、组织或者参加用公款支付的高消费娱乐健身等活动、接受或者提供可能影响公正执行公务的娱乐健身等活动、违规出入私人会所、领导干部住房违规。 2. 法规依据：《中国共产党纪律处分条例》第56条、第57条、第8章、第9章、第10章等。

钟纪晟关于《中国共产党纪律处分条例》答复梳理

出处	答复摘录	知识点提醒
钟纪晟:《受贿所得房产或用受贿款购买的房产,在个人事项申报时没按规定报告的,是否应同时认定为违反组织纪律?》,载《中国纪检监察报》2019年10月16日,第8版。	对他人所送的房产,由于问题本身就构成受贿或者受礼,有没有如实报告只是一个情节,且已为受贿或受礼行为所吸收,因此对没有如实报告这个情节不再单独认定,即对于直接受贿的房产,在个人事项申报时没有报告的,不再同时认定为违反组织纪律行为。但如果是收受他人财物后,将财物用于购买房产,在个人事项申报时瞒报这部分房产的,须同时对"没有如实报告"行为按违反组织纪律行为认定。	刑法理论上的吸收犯原理解释。
钟纪晟:《如何认定处理"不按规定报告个人有关事项行为"?》,载中央纪委国家监委网2016年5月11日,http://m.ccdi.gov.cn/content/c0/5f/9970.html。	对党员领导干部以他人名义持有的财产未予报告行为,应坚持"实质判断"这一标准。即只要根据证据能证明上述财产确系领导干部本人所有,如本人没有如实报告,则违反了组织纪律,构成"不按规定报告个人有关事项行为"。 关于条规适用和处理问题,应区分不同情况稳妥处理: 一是对2016年1月1日后发生的不按规定报告个人有关事项行为。由于2016年《中国共产党纪律处分条例》第67条第1款第1项对此类行为如何处分作出了明确规定("违反个人有关事项报告规定,不报告、不如实报告","情节较重的,给予警告或者严重警告处分")。因此,可依据《中国共产党纪律处分条例》第67条第1款第1项之规定对违纪党员领导干部作出纪律处分。此外,对2016年1月1日后发生的不按照规定报告个人有关事项行为,同时该事项本身构成另一违纪行为的,应依照有关规定进行合并处理。	坚持"实质判断"有关财产是否为领导干部本人所有。 对2016年1月1日前发生的不按规定报告个人有关事项行为,不宜以《关于领导干部报告个人有关事项的规定》(2010年5月26日起发布施行,2017年2月8日废止)直接作为给予党纪处分的条规依据,建议采取批评教育、限期改正、责令作出检查、诫勉谈话、通报批评或者调整工作岗位、免职等方式处理。

续表

出处	答复摘录	知识点提醒
	二是对2016年1月1日前发生的上述行为。根据2010年5月印发的《关于领导干部报告个人有关事项的规定》第17条之规定,党员领导干部不按规定报告个人有关事项,构成违纪的,“依照有关规定给予纪律处分”。实践中,对能否直接依据该规定给予党员领导干部纪律处分,存在不同认识。经研究,我们认为,《关于领导干部报告个人有关事项的规定》是认定不按规定报告个人有关事项行为性质的重要依据,但由于该文件未明确具体处分档次,因此不宜将其直接作为给予党纪处分的条规依据。考虑到1997年和2003年《中国共产党纪律处分条例》对此类行为如何处分均未作出规定,因此在实践中,一般可区别不同情节采取批评教育、限期改正、责令作出检查、诫勉谈话、通报批评或者调整工作岗位、免职等方式处理。需要说明的是,如党员领导干部既有不按规定报告个人有关事项行为,也有其他违纪行为(如受礼行为)需要处理,可以在审理报告、处分决定等纪律审查文书中将不按规定报告个人有关事项行为作为情节一并表述。	
钟纪晟:《在干部选拔任用方面为他人谋利并收受贿赂的涉嫌受贿犯罪行为,是否还需在违反组织纪律部分予以体现?》,载《中国纪检监察报》2019年10月23日,第8版。	违法必先破纪,在干部选拔任用中为他人谋取利益并收受财物的,首先应用纪律尺子衡量,该行为违反的是干部选拔任用规定,因此应将其放在审理报告“违反组织纪律”部分表述,将收受财物的问题作为情节一并表述,并适用《中国共产党纪律处分条例》违反组织纪律的相应条款(第76条或者第77条)和第27条。同时,在涉嫌违法犯罪问题部分也予以简要表述。这样处理,有利于充分体现纪律审查特色,强化纪律权威和作用,产生更好的纪律效果。	首先,应用纪律尺子衡量,主要客体是干部选拔任用规定。其次,在涉嫌违法犯罪问题部分也予以简要表述。

续表

出处	答复摘录	知识点提醒
钟纪晟:《适用党纪处分条例中撤销党内职务处分起档的条款时,有减轻处分情节的,可否直接减轻处分?》,载《中国纪检监察报》2019年10月9日,第8版。	《中国共产党纪律处分条例》第27条、第31条、第32条系纪法衔接条款,属于已经涉嫌犯罪或者已被司法机关确认构成犯罪的情形,不适用《中国共产党纪律处分条例》关于从轻、减轻处分情节的规定。其中第31条属于司法机关已经作出生效判决或者决定的情形,所有情节在处理时司法机关均已考虑,在党纪处分时不能再重复考虑。 依照《中国共产党纪律处分条例》第22条第3款关于"本条例规定的只有开除党籍处分一个档次的违纪行为,不适用第一款减轻处分的规定"的规定,第50条第1款等以撤销党内职务起档的条款,虽然只规定了一个处分幅度,但处分幅度内规定了一个以上处分档次,不属于不适用减轻处分的情形,可以适用减轻处分条款,且不需要依据《中国共产党纪律处分条例》第18条关于"处分幅度以外减轻处分"的规定报批。但是否给予减轻处分必须综合判断全案情况,慎重决定,不宜简单依据被审查调查人在审查调查期间如实说明即一律给予减轻处分。	司法机关在处理时已考虑从轻、减轻处分情节的,在党纪处分时不能再重复考虑。
钟纪晟:《发生违法问题时不属于监察对象,立案调查时属于监察对象或者发生职务违法问题时属于监察对象,立案调查时不属于监察对象,如何处理?》,载《中国纪检监察报》2019年9月11日,第8版。	发生职务违法问题时属于监察对象范围,立案调查时不属于监察对象范围的,依照《中华人民共和国监察法》第3条、第11条、第52条第1款第1、2、4项、第53条和《公职人员政务处分暂行规定》第18条的规定,鉴于其身份不再是监察对象,一般可以立案调查,但不再适用政务处分,若依法可以由其主管单位给予处分的可按程序提出建议。其中:(1)涉嫌职务犯罪的,可以移送检察机关审查起诉;(2)有违法所得的,可以依法作出没收、追缴或者责令退赔的监察决定;(3)因违法行为获得不正当利益的,可以按程序纠正,有的还可以依照规定纳入失信联合惩戒;(4)违法行为未过行政处罚追究	可以立案调查,但不再适用政务处分。 比如县委宣传部部长、县人大常委会副主任等在《中华人民共和国监察法》实施前不是监察对象,但在《中华人民共和国监察法》施行后已属于监察对象,监察机关可以立案调查。

续表

出处	答复摘录	知识点提醒
	时效期限的,可以建议行政执法机关依法给予行政处罚;(5)如立案调查后,没有证据证明存在违法犯罪行为的,即应当撤案。 发生违法问题时不属于监察对象范围,立案调查时属于监察对象范围的,依据《中华人民共和国监察法》第3条(对所有行使公权力的公职人员进行监察,调查职务违法和职务犯罪)、第11条(履行监督、调查、处置职责)、第37条(与司法机关管辖衔接)和第52条第1款第2项(对违法的公职人员作出政务处分)的规定,可以立案调查并根据其具体身份情况决定是否适用政务处分。	
钟纪晟:《对于涉嫌职务犯罪,但又无法确定是否会被判处刑罚的是否必须在移送起诉前作出党纪、政务处理?》,载《中国纪检监察报》2019年9月18日,第8版。	首先,依据《中国共产党纪律处分条例》第29条、《中国共产党党内监督条例》第37条第2款,以及中央办公厅《关于在查办党员和国家工作人员涉嫌违纪违法犯罪案件中加强协作配合的意见》和中央纪委机关、最高人民法院、最高人民检察院、公安部《关于进一步规范对涉嫌违法犯罪党员作出纪律处分工作的意见》的规定,纪检机关在纪律审查中,发现被审查党员涉嫌犯罪的,原则上应当在案件移送司法机关前作出纪律处分。 其次,根据上述规定,存在对案件事实、行为定性有重大争议,难以在移送司法机关前作出纪律处分决定等特殊情况的,可以在移送后作出处分。此外,对于需要上级党委、纪委审批的案件,考虑到审批需要一定时间等实际情况,为防止留置时限超期,可在同级党委讨论通过后,先行将案件移送司法机关。待上级批复后,及时下达党纪处分决定。	原则上应当在案件移送司法机关前作出纪律处分。特殊情况下,可在同级党委讨论通过后,先行将案件移送司法机关。

续表

出处	答复摘录	知识点提醒
钟纪晟:《给予被追究刑事责任的地方党委委员撤销党内职务以上处分是否仍需履行报批程序》,载《中国纪检监察报》2017年5月10日,第8版。	由纪检机关立案审查并移送司法机关的,按照纪在法前、纪法分开的原则,一般应在移送司法机关前作出党纪处分。此类情况中,由于被审查人尚未被追究刑事责任,不存在委员、候补委员职务自动终止的问题,给予其撤销党内职务以上处分,应依据党章规定呈报上一级党委批准。 由司法机关直接立案侦查、作出生效判决后交由纪检机关作出党纪处理的,应按照《中国共产党地方委员会工作条例》的有关规定,由地方党委将被追究刑事责任的委员、候补委员职务自动终止的情况报上一级党委备案。备案后,可视为不再具有地方党委委员、候补委员职务,给予其处分可不再呈报上一级党委批准。	区别不同情况履行办理程序。根据党管干部的原则,纪检监察机关给予同级党委委员、候补委员撤销党内职务以上处分的,应依据党章规定呈报上一级党委批准。
钟纪晟:《根据生效刑事判决给予党纪处分是否需进行违纪事实见面?》,载《中国纪检监察杂志》2016年第24期。	基于生效刑事判决对被审查人给予党纪处分,鉴于相关违纪事实已被司法认定,因此不进行违纪事实见面亦不影响对被审查人的权利保障。 (1)按照纪法分开、纪在法前的要求,党员干部涉嫌犯罪的,一般应当先作出党纪处分,再移交司法机关处理;特殊情况需要司法机关先处理的,也应在移送司法机关后及时作出党纪处分。(2)依据生效的刑事判决对被审查人给予党纪处分的,执纪审理部门直接提取有关材料后,经初步审查,如发现除受到刑事处罚的行为外还有其他违纪问题需要调查核实的,需转交执纪审查部门立案审查,并进行违纪事实见面,再一并作出处理。(3)对于涉嫌犯罪,检察机关决定不起诉、撤销案件或者人民法院判决宣告无罪、免予刑事处罚、裁定终止审理,但需追究党纪责任的,应由执纪审查部门提取有关材料,办理立案手续,按照有关规定调查核实并进行违纪事实见面,然后作出处理。	违纪违法事实见面是纪检监察机关确保案件质量的一项重要工作,同时有助于保障受处分人的申辩权利。但是,根据生效刑事判决给予党纪处分的除外。

续表

出处	答复摘录	知识点提醒
钟纪晟:《纪检机关认定赌博等行为构成违纪是否必须以行政执法机关作出认定为前提》,载《中国纪检监察杂志》2016 年第 20 期。	在纪律审查中,发现被审查人存在赌博等违反《中华人民共和国治安管理处罚法》行为的,应区别不同情况处理:一是如公安机关已对其赌博行为作出行政处罚决定,依据《中国共产党纪律处分条例》第 34 条第 2 款之规定,应根据生效的行政处罚决定认定的事实、性质和情节,经核实后依据《中国共产党纪律处分条例》第 29 条等规定,对其作出相应的党纪处理。二是如公安机关未对其赌博行为作出行政处罚决定,无论违法行为是否超过六个月的追究时效期限,纪检机关在事实清楚、证据确凿的情况下,可以依据 2015 年《中国共产党纪律处分条例》第 29 条等规定,视情节轻重给予党纪处分,不需要以公安机关对被审查人的违法行为作出行政处罚决定作为前置条件。如对被审查人的行为是否违反《中华人民共和国治安管理处罚法》把握不准的,可以征求公安机关意见。在此情况下,如果违法行为未超过 6 个月追究时效期限的,纪检机关在作出处分后,应依据《中国共产党纪律处分条例》第 30 条之规定,及时移送同级公安机关依法处理。	是否应对党员干部的赌博行为给予纪律处分,由纪检机关独立作出判断。
钟纪晟:《在党纪处分影响期内又受到党纪处分的,应如何计算影响期》,载《中国纪检监察杂志》2016 年第 20 期。	从统一执纪标准,提高执纪严肃性的角度,将新处分的影响期与原处分尚未执行的影响期合并计算。此外,需要注意的是,根据 2015 年《中国共产党纪律处分条例》第 11 条第 2 款规定:“党员受留党察看处分期间……坚持不改或者又发现其他应当受到党纪处分的违纪行为的,应当开除党籍。”因此,对于原处分为留党察看,在留党察看期间又受到党纪处分的,应直接开除党籍,不存在新旧处分影响期如何计算问题;仅在恢复党员权利后的两年影响期内又受到党纪处分的,才适用上述合并计算执行原则。	在党纪处分影响期内又受到党纪处分的,通常将新处分的影响期与原处分尚未执行的影响期合并计算。但是原处分为留党察看处分的例外。

续表

出处	答复摘录	知识点提醒
钟纪晟:《如何认定处理“对抗组织审查行为”》,载《中国纪检监察报》2016 年 6 月 22 日,第 8 版。	对抗组织审查行为的演变及定性。如果被审查人的干扰、妨碍组织审查行为全部发生在 2016 年 1 月 1 日前,可作为从重或加重处分的情节认定;如果其对抗组织审查的行为发生或延续至 2016 年 1 月 1 日后,对该行为应单独认定为违反政治纪律行为,与其他违纪行为合并处理。 对抗组织审查行为的时间节点。对抗组织审查行为,既可以发生在组织决定审查后,也可以发生在违纪行为实施后、组织决定审查前。比如被审查人在收受他人钱款后,为防备日后可能被组织查处,与送钱人签订了虚假的借款协议,这种行为也属于对抗组织审查。 干扰巡视工作,防止组织发现其违纪问题,逃避组织查处,也可认定为对抗组织审查行为。 对抗组织审查行为和党员正常行使申辩、申诉权利的区别。被审查人在接受组织审查时,对违纪事实、行为性质等提出的合理辩解,不属于对抗组织审查行为,组织应该认真听取;如果由于存在思想顾虑或畏惧心理,谈话初期避重就轻、拒不交代,但经思想教育后能够积极配合组织调查、如实交代问题的,也不宜认定为对抗组织审查行为。	对抗组织审查行为的演变及定性、时间节点,对抗组织审查行为和党员正常行使申辩、申诉权利的区别等知识点十分重要。
钟纪晟:《不正确履行职责如何定性处理?行政机关、事业单位或农村党员工作失职需追究党纪责任的如何定性处理?》,载《中国纪检监察报》2019 年 8 月 14 日,第 8 版。	党的十九大通过的《中国共产党章程》明确指出:“党政军民学,东西南北中,党是领导一切的。”也就是说,不论是党务工作还是行政工作,均是在贯彻落实执行党中央的决策部署,对于没有正确履行工作职责的,均可依据《中国共产党纪律处分条例》予以处理。执纪实践中,对党员在工作中没有正确履行工作职责的行为,要区别情况适用条规、作出处理: (1)在认定违纪时,对工作中没有正确履行工作职责的行为,按照“纪在法前、纪严于法”的原则,通常情况下,可以依据《中国共产党纪律处分条例》分则中有关违反工作纪律的条款给予党纪处分,若没有具体对应条款的可以依据《中国共产党纪律处分条例》第 133 条定性处理。	

续表

出处	答复摘录	知识点提醒
	(2)在认定违法时,如果法律法规对此类行为有明确规定,违反了该规定,亦属于职务违法行为。需要给予政务处分的,可以根据被调查的公职人员的具体身份,依照相关法律、法规、国务院决定和规章对违法行为及其适用处分的规定,给予相应政务处分。 (3)在认定涉嫌犯罪时,对于情节严重,已经涉嫌滥用职权、玩忽职守等职务犯罪的,应当依据2018年《中国共产党纪律处分条例》总则第27条有关纪法衔接的条款追究其党纪责任,同时按照《中华人民共和国监察法》的有关规定依法给予其政务处分,并移送检察机关依法审查起诉。 《中国共产党纪律处分条例》第133条是关于违反相关工作纪律行为及其适用的处分种类和幅度的规定,属于兜底条款。其中的"其他工作",就是为了适应执纪实践中可能遇到的新情况,以防止立法的不周延性。我们认为,对行政机关、事业单位或农村党员执行公务时没有正确履行工作职责的行为,按照"纪在法前、纪严于法"的原则,对于符合《中国共产党纪律处分条例》第133条构成要件的,可以依据该条款进行定性处理。同时,《中国共产党纪律处分条例》的适用范围包括全体党员和党组织,只要求有关行为违犯党纪且应当受到党纪责任追究即可。因此,在农村村民委员会中工作的党员亦不应被排除在外,但要根据具体案件情况予以综合判断。	

免予处分、不予处分区分

法规依据	条文摘录	知识点提醒
《中国共产党纪律处分条例》	**第十九条** 对于党员违犯党纪应当给予警告或者严重警告处分,但是具有本条例第十七条规定的情形之一或者本条例分则中另有规定的,可以给予批评教育、责令检查、诫勉或者组织处理,免予党纪处分。对违纪党员免予处分,应当作出书面结论。 党员有作风纪律方面的苗头性、倾向性问题或者违犯党纪情节轻微的,可以给予谈话提醒、批评教育、责令检查等,或者予以诫勉,不予党纪处分。 党员行为虽然造成损失或者后果,但不是出于故意或者过失,而是由于不可抗力等原因所引起的,不追究党纪责任。	免予处分,是指违犯纪律本应该给予轻处分的行为,但是因为具备法定的从轻减轻处分情形,对违纪党员可以免予处分。免予处分的前提是党员的行为构成违纪,已立案。"本条例分则中另有规定",如《中国共产党纪律处分条例》第 64 条第 3 款、第 66 条第 3 款、第 67 条第 3 款。 相比免予处分,不予处分的违纪情节轻微许多(比如某党员违规收受礼金 500 元,积极配合组织核查,主动上交违纪款 500 元,在这种情况下,就可以不予处分)。
《中华人民共和国公职人员政务处分法》	**第十一条** 公职人员有下列情形之一的,可以从轻或者减轻给予政务处分: (一)主动交代本人应当受到政务处分的违法行为的; (二)配合调查,如实说明本人违法事实的; (三)检举他人违纪违法行为,经查证属实的; (四)主动采取措施,有效避免、挽回损失或者消除不良影响的; (五)在共同违法行为中起次要或者辅助作用的; (六)主动上交或者退赔违法所得的; (七)法律、法规规定的其他从轻或者减轻情节。	免予处分和不予处分的区别:一是适用的环节不同。免予处分仅适用于立案调查后;不予处分则既可以适用于立案后,也可以适用于立案前初步核实阶段,以及日常监督过程中。二是程序不同。适用免予处分的,需移送审理并经过本机关集体审议;适用不予处分可不必经过审理程序。三是对文书的要求不同。免予处分需要作出免予处

续表

法规依据	条文摘录	知识点提醒
		分的书面决定;不予处分则不是必须作出不予处分决定书,可以在履行批准程序后,对违法的公职人员进行谈话提醒、批评教育、责令检查或者予以诫勉。
《中华人民共和国公职人员政务处分法》	**第十二条** 公职人员违法行为情节轻微,且具有本法第十一条规定的情形之一的,可以对其进行谈话提醒、批评教育、责令检查或者予以诫勉,免予或者不予政务处分。 公职人员因不明真相被裹挟或者被胁迫参与违法活动,经批评教育后确有悔改表现的,可以减轻、免予或者不予政务处分。	表面上,免予处分、不予处分含义相同。实际上,两者适用条件存在较大区别。 本条第2款规定的免予或者不予政务处分的条件有三个:一是公职人员主观上不明真相,二是被裹挟或者被胁迫参与违法活动,三是批评教育后确有悔改表现。
备注 (免予党纪处分运用实例)	某省某市纪委监委接到反映,某县某重点项目在实施过程中,存在相关单位和部门巡查、监管不力,用地手续不完善,造成堆放土方和厂房边沿建设违法的问题。经查,某市纪委监委了解到,相关责任人的初衷是为了项目尽快落地,并未从中收受好处,且问题发生后积极主动与有关部门沟通,协助推动整改落实。最终,市纪委监委对时任分管副县长、镇党委书记、镇长3名责任人员免予党纪处分,以"第一种形态"作出处理。时任县自然资源局负责人因其他问题被另案处理。参见王卓:《深化运用"四种形态"》,载《中国纪检监察报》2024年12月22日,第1版。	

预备党员违纪、正式党员隐瞒入党前错误的处理处分

法规依据	条文摘录	知识点提醒
《中国共产党章程》	**第七条** 预备党员的预备期为一年。党组织对预备党员应当认真教育和考察。 预备党员的义务同正式党员一样。预备党员的权利,除了没有表决权、选举权和被选举权以外,也同正式党员一样。 预备党员预备期满,党的支部应当及时讨论他能否转为正式党员。认真履行党员义务,具备党员条件的,应当按期转为正式党员;需要继续考察和教育的,可以延长预备期,但不能超过一年;不履行党员义务,不具备党员条件的,应当取消预备党员资格。预备党员转为正式党员,或延长预备期,或取消预备党员资格,都应当经支部大会讨论通过和上级党组织批准。 预备党员的预备期,从支部大会通过他为预备党员之日算起。党员的党龄,从预备期满转为正式党员之日算起。	预备党员的预备期为1年。预备党员的义务同正式党员一样。 预备党员没有表决权、选举权和被选举权。 预备党员转为正式党员、延长预备期,或取消预备党员资格,都应当经支部大会讨论通过和上级党组织批准。
2023年《中国共产党纪律处分条例》	**第三十六条** 预备党员违犯党纪,情节较轻,可以保留预备党员资格的,党组织应当对其批评教育或者延长预备期;情节较重的,应当取消其预备党员资格。	本条在党章第7条第3款和《中国共产党发展党员工作细则》第32条规定的"延长预备期和取消预备党员资格"2种方式之外,又根据实践经验总结,增加了批评教育的方式。
2023年《中国共产党纪律处分条例》	**第八十一条第四款** 隐瞒入党前严重错误的,一般应当予以除名;对入党多年且一贯表现好,或者在工作中作出突出贡献的,给予严重警告、撤销党内职务或者留党察看处分。	2023年修订后,本款有两处变化:一是由原来的"入党后表现尚好"改为"入党多年且一贯表现好",二是增加一个可供选择的情形"或者在工作中作出突出贡献"。入党多年,一般是指入党3年以

续表

法规依据	条文摘录	知识点提醒
		上。"入党多年且一贯表现好",要求具备两个条件:一是入党前发生的严重错误已经改正到位,二是入党后未再发生新的违纪违法行为。
2015年《中国共产党纪律处分条例》	**第六十七条第三款** 隐瞒入党前严重错误的,一般应当予以除名;对入党后表现尚好的,给予严重警告、撤销党内职务或者留党察看处分。	2015年《中国共产党纪律处分条例》第67条第3款与2018年《中国共产党纪律处分条例》第73条第3款内容相同。2015年《中国共产党纪律处分条例》第67条第3款明确规定"隐瞒入党前严重错误"属于违纪行为,且明确规定视其入党后表现区别处理。其中,一般应当予以除名,若入党后表现尚好应当给予严重警告、撤销党内职务或者留党察看处分。
2018年《中国共产党纪律处分条例》	**第三十四条** 预备党员违犯党纪,情节较轻,可以保留预备党员资格的,党组织应当对其批评教育或者延长预备期;情节较重的,应当取消其预备党员资格。 **第七十三条第三款** 隐瞒入党前严重错误的,一般应当予以除名;对入党后表现尚好的,给予严重警告、撤销党内职务或者留党察看处分。	
2003年《中国共产党纪律处分条例》	**第三十五条** 预备党员违犯党纪,情节较轻,尚可保留预备党员资格的,应当对其批评教育或者延长预备期;情节较重的,应当取消其预备党员资格。	预备党员严重违纪可立案审查。
	第六十条 违反党章和其他党内法规的规定,采取弄虚作假或者其他手段把不符合党员条件的人发展为党员,或者为非党员出具党员身份证明的,对主要责任者,给予警告或者严重警告处分;情节严重的,给予撤销党内职务处分。 违反有关规定程序发展党员的,对主要责任者,依照前款规定处理。	

续表

法规依据	条文摘录	知识点提醒
《关于党员隐瞒入党前的错误行为如何处理问题的答复》	一、党员向党组织隐瞒的入党前的错误行为,如属重大问题,一般应对该党员予以党内除名;对于个别入党多年且一贯表现好或在工作中做出了突出贡献,可留在党内的,以向党组织隐瞒严重错误论,酌情给予党纪处分。 二、党员向党组织隐瞒的入党前的错误行为,如属一般问题,可不予追究,但要对该党员进行批评教育。	1997年《中国共产党纪律处分条例(试行)》及2003年《中国共产党纪律处分条例》,都没有针对该行为的具体条款,实践中,一般依照《关于党员隐瞒入党前的错误行为如何处理问题的答复》的精神处置,在条款引用上则适用1997年《中国共产党纪律处分条例(试行)》和2003年《中国共产党纪律处分条例》中的兜底条款。

党员信仰宗教、党员参加迷信活动与参加某些具有宗教色彩的民族风俗习惯活动的区分

知识点	法规依据	区分要点
党员信仰宗教、党员参加迷信活动与参加某些具有宗教色彩的民族风俗习惯活动的区分	**《中国共产党纪律处分条例》第六十九条** 对信仰宗教的党员,应当加强思想教育,要求其限期改正;经党组织帮助教育仍没有转变的,应当劝其退党;劝而不退的,予以除名;参与利用宗教搞煽动活动的,给予开除党籍处分。	国家保护正常的宗教活动,群众信仰宗教并参加宗教活动不受干涉。但是宗教信仰自由是对我国公民来说的,并不适用于共产党员。共产党员是比一般公民具有更高政治觉悟、更高政治信仰、更强组织纪律性的“特殊公民”。中国共产党是用马克思主义武装起来的先进政党,这决定了共产党员在世界观、政治立场、理论品格和社会理想等方面都与信教群众有着根本区别。《中共中央、国务院关于进一步做好宗教工作若干问题的通知》规定,共产党员不得信仰宗教,不得参加宗教活动。 实践中需要注意的是,不能把党员参加某些具有宗教色彩的民族风俗习惯活动视为参加宗教活动。在一些民族地区,有些民族风俗和仪式,具有宗教色彩。如果生活在基层的党员拒绝参加这些活动,可能会被孤立起来。事实上,一些民族的许多传统婚丧仪式和群众性节日活动,虽然含有宗教色彩和宗教传统,但是实质上已成为民族风俗习惯的一部分。对党员参加这类活动,就不能认为是参加宗教活动。宗教团体进行合法的宗教活动,是受到国家法律保护的,党员偶尔到一些寺庙、道观、教堂等合法宗教活动场所参观游览,也不宜认定为参加迷信活动。 认定党员信仰宗教问题的,不以党员参加入教仪式或者取得宗教类证件或者参加过集体宗教活动为前提,而应当以该党员背弃共产主义信仰,信仰某一宗教为判定标准。 党员参与非法宗教活动的,如果其自身的行为违反国家法律法规,区分不同情形相应依照《中国共产党纪律处分条例》第 29 条或者第 30 条第 1 款规定追究其党纪责任;如果其自身的行为

续表

知识点	法规依据	区分要点
		不违反国家法律法规,可以依照《中国共产党纪律处分条例》第70条关于参加迷信活动的规定追究其党纪责任。但是,如果参加会道门或者邪教组织,应依照《中国共产党纪律处分条例》第66条的规定追究其党纪责任。
党员参加迷信活动与参加一般的民俗、习俗活动区分	**《中国共产党纪律处分条例》第七十条** 组织迷信活动的,给予撤销党内职务或者留党察看处分;情节严重的,给予开除党籍处分。 参加迷信活动或者个人搞迷信活动,造成不良影响的,给予警告或者严重警告处分;情节较重的,给予撤销党内职务或者留党察看处分;情节严重的,给予开除党籍处分。 对不明真相的参加人员,经批评教育后确有悔改表现的,可以免予处分或者不予处分。	"个人搞迷信活动"系2023年《中国共产党纪律处分条例》新增表述。所谓"迷信活动",既包括封建迷信活动,也包括其他一些迷信的形式,如烧香拜佛、乞求神灵降雨、消灾、祛病、发财等。迷信活动是落后、愚昧的文化现象,毒害人们的精神和心灵,扰乱社会秩序。共产党人信仰马克思主义,最根本的是要坚持彻底的唯物主义,坚持科学无神论,这是关乎党员干部世界观的根本问题。党员组织或参加迷信活动,丧失正确信仰,放弃理论武装,助长迷信之风,与党章精神背道而驰,也容易走上腐败堕落迷途,损害党和政府形象,削弱党的执政能力,危害十分严重,应当受到党纪责任追究。 组织迷信活动,是指具体策划、领导、指挥迷信活动,性质较为严重,所以量纪起点是撤销党内职务处分。参加迷信活动的危害性相对而言,没有组织迷信活动那么大,所以,造成不良影响的,给予党纪处分,量纪起点是党内警告。 执纪实践中,要把组织或参加迷信活动与组织或参加一般的民俗、习俗活动区分开来。不能把一些有着历史文化传统和民族、区域特色的民俗、习俗活动当成迷信活动;党员组织或参加此类活动不应受到追究,确有不适合参加的,也应以批评教育为主。要把组织或参加迷信活动与正常的、合法的宗教活动区分开来。

正常礼尚往来与违规收受礼金、受贿的区分

法规或权威表述依据	区分要点
《中国共产党纪律处分条例》	第九十七条　收受可能影响公正执行公务的礼品、礼金、消费卡(券)和有价证券、股权、其他金融产品等财物,情节较轻的,给予警告或者严重警告处分;情节较重的,给予撤销党内职务或者留党察看处分;情节严重的,给予开除党籍处分。 收受其他明显超出正常礼尚往来的财物的,依照前款规定处理。
中央纪委法规室:对于"明显超出正常礼尚往来"的标准怎么认定?	对于可能影响公正执行公务的礼品、礼金、消费卡等一律不准收受。日常生活中收受同事、同学、老乡、朋友等赠送的礼品、礼金、消费卡等,虽与公正执行公务无关,但如果"明显超出正常礼尚往来"的,要予以处分。 所谓"明显超出正常礼尚往来",一是指在礼节上讲究有来有往,换句话说就是你对我怎么样,我也对你怎么样,不能只来不往。二是指明显超出了当地正常经济水平、风俗习惯、个人经济能力的礼品、礼金价值。具体给予处分时应根据各种因素综合考虑酌情处理。
《中华人民共和国刑法》	第三百八十五条　【受贿罪】国家工作人员利用职务上的便利,索取他人财物的,或者非法收受他人财物,为他人谋取利益的,是受贿罪。 国家工作人员在经济往来中,违反国家规定,收受各种名义的回扣、手续费,归个人所有的,以受贿论处。 第三百八十六条　【对犯受贿罪的处罚规定】对犯受贿罪的,根据受贿所得数额及情节,依照本法第三百八十三条的规定处罚。索贿的从重处罚。 第三百八十八条　【受贿罪;利用影响力受贿罪】国家工作人员利用本人职权或者地位形成的便利条件,通过其他国家工作人员职务上的行为,为请托人谋取不正当利益,索取请托人财物或者收受请托人财物的,以受贿论处。 第三百八十八条之一　【利用影响力受贿罪】国家工作人员的近亲属或者其他与该国家工作人员关系密切的人,通过该国家工作人员职务上的行为,或者利用该国家工作人员职权或者地位形成的便利条件,通过其他国家工作人员职务上的行为,为请托人谋取不正当利益,索取请托人财物或者收受请托人财物,数额较大或者有其他较重情节的,处三年以下有期徒刑或者拘役,并处罚金;数额巨大或者

续表

法规或权威表述依据	区分要点
	有其他严重情节的,处三年以上七年以下有期徒刑,并处罚金;数额特别巨大或者有其他特别严重情节的,处七年以上有期徒刑,并处罚金或者没收财产。 离职的国家工作人员或者其近亲属以及其他与其关系密切的人,利用该离职的国家工作人员原职权或者地位形成的便利条件实施前款行为的,依照前款的规定定罪处罚。
《最高人民法院、最高人民检察院关于办理商业贿赂刑事案件适用法律若干问题的意见》	办理商业贿赂犯罪案件,要注意区分贿赂与馈赠的界限。主要应当结合以下因素全面分析、综合判断:(1)发生财物往来的背景,如双方是否存在亲友关系及历史上交往的情形和程度;(2)往来财物的价值;(3)财物往来的缘由、时机和方式,提供财物方对于接受方有无职务上的请托;(4)接受方是否利用职务上的便利为提供方谋取利益。
备注	受贿的本质是权钱交易,是国家工作人员主观上明知对方有具体请托事项,利用职务上便利收受他人财物,承诺、实施、实现为他人谋取利益。

违规从事营利性活动规定梳理

法规依据	条文摘录	知识点提醒
《中国共产党纪律处分条例》	**第一百零三条** 违反有关规定从事营利活动,有下列行为之一,情节较轻的,给予警告或者严重警告处分;情节较重的,给予撤销党内职务或者留党察看处分;情节严重的,给予开除党籍处分: (一)经商办企业; (二)拥有非上市公司(企业)的股份或者证券; (三)买卖股票或者进行其他证券投资; (四)从事有偿中介活动; (五)在国(境)外注册公司或者投资入股; (六)其他违反有关规定从事营利活动的行为。 利用参与企业重组改制、定向增发、兼并投资、土地使用权出让等工作中掌握的信息买卖股票,利用职权或者职务上的影响通过购买信托产品、基金等方式非正常获利的,依照前款规定处理。 违反有关规定在经济组织、社会组织等单位中兼职,或者经批准兼职但获取薪酬、奖金、津贴等额外利益的,依照第一款规定处理。	当官发财两条道,当官就不要想着发财,想发财就不要当官。当了官就要敬畏手中权力和职务影响,严格遵照制度要求办事,清正廉洁,不触碰纪律红线。领导干部违规从事营利活动,其实质是以权谋私。 "营利活动",是指各种以营利为目的的经济活动,主要包括:经商、办企业、从事有偿中介,以及违反规定拥有非上市公司(企业)的股份或者证券,买卖股票或者进行其他证券投资,在国(境)外注册公司或者投资入股等。 第1款中的"有关规定"主要是指《中共中央、国务院关于严禁党政机关和党政干部经商、办企业的决定》《中共中央、国务院关于进一步制止党政机关和党政干部经商、办企业的规定》等。 第3款中"违反有关规定"是指违反《中共中央、国务院关于进一步规范党政领导干部在企业兼职(任职)问题的意见》等规定。
	第一百零五条 离职或者退(离)休后违反有关规定接受原任职务管辖的地区和业务范围内或者与原工作业务直接相关的企业和中介机构等单位的聘用,或者个人从事与原任职务管辖业务或者与原工作业务直接相关的营利活动,情节较轻的,给予警告或者严重警告处分;情节较重的,给予撤销党内职务处分;情节严重的,给予留党察看处分。	相比2018年条例第96条,本条规定的违纪主体发生较大变化,由原来的党员领导干部调整为行使公权力的党员。需要注意的是,"与原工作业务直接相关"系2023年修订时新增表述。 第1款中"有关规定"是指《中共中央纪律检查委员会关于退出现职、接近或者达到退休年龄

续表

法规依据	条文摘录	知识点提醒
	党员领导干部离职或者退(离)休后违反有关规定担任上市公司、基金管理公司独立董事、独立监事等职务,情节较轻的,给予警告或者严重警告处分;情节较重的,给予撤销党内职务处分;情节严重的,给予留党察看处分。	的党政领导干部在企业兼职、任职有关问题的意见》等规定。 第2款中"有关规定"是指《中纪委、中组部关于规范中管干部辞去公职或者退(离)休后担任上市公司、基金管理公司独立董事、独立监事的通知》等规定。
《中华人民共和国公务员法》	**第五十九条第十六项** 公务员应当遵纪守法,不得有下列行为: (十六)违反有关规定从事或者参与营利性活动,在企业或者其他营利性组织中兼任职务; **第四十四条** 公务员因工作需要在机关外兼职,应当经有关机关批准,并不得领取兼职报酬。	"违反有关规定从事或者参与营利性活动,在企业或者其他营利性组织中兼任职务"的规定,是从法律角度对公务员违规兼职作出规定,这与《中国共产党纪律处分条例》第103条第1款规定相衔接。
《中华人民共和国公务员法》	**第一百零七条** 公务员辞去公职或者退休的,原系领导成员、县处级以上领导职务的公务员在离职三年内,其他公务员在离职两年内,不得到与原工作业务直接相关的企业或者其他营利性组织任职,不得从事与原工作业务直接相关的营利性活动。 公务员辞去公职或者退休后有违反前款规定行为的,由其原所在机关的同级公务员主管部门责令限期改正;逾期不改正的,由县级以上市场监管部门没收该人员从业期间的违法所得,责令接收单位将该人员予以清退,并根据情节轻重,对接收单位处以被处罚人员违法所得一倍以上五倍以下的罚款。	类似规定如《关于进一步规范党政领导干部在企业兼职(任职)问题的意见》《中共中央纪律检查委员会关于退出现职、接近或者达到退休年龄的党政领导干部在企业兼职、任职有关问题的意见》《中共中央组织部关于规范退(离)休领导干部在社会团体兼职问题的通知》《公务员辞去公职规定》《关于规范公务员辞去公职后从业行为的意见》。

续表

法规依据	条文摘录	知识点提醒
《公务员辞去公职规定》	**第十六条** 公务员辞去公职的，原系领导成员、县处级以上领导职务的公务员在离职3年内，不得接受原任职务管辖地区和业务范围内的企业、中介机构或者其他营利性组织的聘用，不得从事与原任职务管辖业务直接相关的营利性活动；其他公务员在离职2年内，不得接受与原工作业务直接相关的企业、中介机构或者其他营利性组织的聘用，不得从事与原工作业务直接相关的营利性活动。 前款所称原任职务，是指公务员辞去公职前3年内担任过的领导职务；原工作业务，是指公务员辞去公职前3年内从事过的工作业务。	原任职务，是指公务员辞去公职前3年内担任过的领导职务；原工作业务，是指公务员辞去公职前3年内从事过的工作业务。
《中华人民共和国法官法》	**第二十二条** 法官不得兼任人民代表大会常务委员会的组成人员，不得兼任行政机关、监察机关、检察机关的职务，不得兼任企业或者其他营利性组织、事业单位的职务，不得兼任律师、仲裁员和公证员。	无论是法官、检察官，还是监察官，都不允许违规兼职，如果兼职，必须按管理权限报组织批准，且不能取得报酬。对监察官而言，离任3年内，不得从事与监察和司法工作相关联且可能发生利益冲突的职业，比如律师或者开办律师事务所等。
《中华人民共和国检察官法》	**第二十三条** 检察官不得兼任人民代表大会常务委员会的组成人员，不得兼任行政机关、监察机关、审判机关的职务，不得兼任企业或者其他营利性组织、事业单位的职务，不得兼任律师、仲裁员和公证员。	
《中华人民共和国监察官法》	**第二十二条** 监察官不得兼任人民代表大会常务委员会的组成人员，不得兼任行政机关、审判机关、检察机关的职务，不得兼任企业或者其他营利性组织、事业单位的职务，不得兼任人民陪审员、人民监督员、执业律师、仲裁员和公证员。 监察官因工作需要兼职的，应当按照管理权限批准，但是不得领取兼职报酬。	

续表

法规依据	条文摘录	知识点提醒
《中华人民共和国公职人员政务处分法》	**第三十六条** 违反规定从事或者参与营利性活动,或者违反规定兼任职务、领取报酬的,予以警告、记过或者记大过;情节较重的,予以降级或者撤职;情节严重的,予以开除。	《中华人民共和国公职人员政务处分法》对公职人员从事或者参与营利性活动,并非一律禁止,而是要根据公职人员的具体身份类型进行判断,比如农村基层组织管理人员从事或者参与营利性活动,相对而言,要求不是十分严格。
《国有企业领导人员廉洁从业若干规定》	**第五条第一项** 国有企业领导人员应当忠实履行职责。不得有利用职权谋取私利以及损害本企业利益的下列行为: (一)个人从事营利性经营活动和有偿中介活动,或者在本企业的同类经营企业、关联企业和与本企业有业务关系的企业投资入股;	国有企业领导人员不得个人从事营利性经营活动和有偿中介活动,或者在本企业的同类经营企业、关联企业和与本企业有业务关系的企业投资入股。
权威答疑	事业单位工作人员可否在企业兼职? 中央纪委法规室回复:《事业单位工作人员处分暂行规定》第十八条第一款第六项(现为《事业单位工作人员处分规定》第十九条第六项)中的“违反国家规定”,是指违反国家有关事业单位工作人员从事、参与营利性活动或者兼任职务领取报酬方面的法律、法规、规章、规范性文件等规定。事业单位工作人员是否可以在企业中兼职,除了看其本身是否属于参公管理人员、行政机关任命人员等之外,还要看其所在地区、行业领域、系统、单位等是否对其在企业中兼职有相关规定,不能一概以编制、级别和是否为党员来划分。比如,卫生部《医师定期考核管理办法》规定,医师在考核周期内未经所在机构或者卫生行政部门批准,擅自在注册地点以外的医疗、预防、保健机构进行执业活动的,考核机构应当认定为考核不合格。此外,事业单位工作人员即使只是兼任职务而不领取报酬,或者在其单位投资或者出资的企业中兼职,也要看其所在地区、行业领域、系统、单位等是否有相关的禁止性规定。	
推荐阅读	许展、王瑞瑞:《违规发放和领取劳务费问题的认定与处理》,载《中国纪检监察报》2021年6月9日,第6版。该文指出,党政机关、企事业单位等在政府采购、工程建设、课题研究、成果认定等工作中,聘请具有特定专业知识人员对相关问题提供评估、论证、咨询、鉴定等劳务,依据有关规定向参与劳务活动人员支付的报酬。对党员干部领取劳务费是否合规可从以下几个方面综合判断:一是是否经过批准。二是是否实际提供了劳务。三是提供的劳务是否系本职工作。四是是否可能影响公职人员的职务廉洁性、是否影响本职工作。五是资金来源是否合规,发放和领取行为是否有明确政策依据,发放标准是否符合相关规定或者	

续表

法规依据	条文摘录	知识点提醒
	行业标准。同时，劳务费发放涉及资金管理、薪酬分配等规定，政策性较强，必要时可征求财政、审计、人社等部门意见。此外，对国有企事业单位专业技术人员领取劳务费行为，要着眼激发科研人员干事创业积极性、创造性，此类人员经批准参加劳务活动，利用专业技术获取劳务报酬应依法予以保护。	

从轻、减轻、从重、加重处分知识点梳理

法规依据	条文摘录	知识点提醒
《中国共产党纪律处分条例》	**第十七条** 有下列情形之一的,可以从轻或者减轻处分: (一)主动交代本人应当受到党纪处分的问题; (二)在组织谈话函询、初步核实、立案审查过程中,能够配合核实审查工作,如实说明本人违纪违法事实; (三)检举同案人或者其他人应当受到党纪处分或者法律追究的问题,经查证属实,或者有其他立功表现; (四)主动挽回损失、消除不良影响或者有效阻止危害结果发生; (五)主动上交或者退赔违纪所得; (六)党内法规规定的其他从轻或者减轻处分情形。	第三项规定中,"同案人"主要指与被审查人共同参与、实施了违纪行为的人,其中既包括党员和党组织,也包括非党员和非党组织。"其他人",主要指没有与被审查人共同参与、实施违纪行为的人,其中既包括党员和党组织,也包括非党员和非党组织。 第五项中的"退赔"系2023年修订时新增表述。 请注意,《中国共产党纪律处分条例》在规定从轻或者减轻处分情节时,用的措辞是"可以",而不是"应当"。
《中华人民共和国公职人员政务处分法》	**第十一条** 公职人员有下列情形之一的,可以从轻或者减轻给予政务处分: (一)主动交代本人应当受到政务处分的违法行为的; (二)配合调查,如实说明本人违法事实的; (三)检举他人违纪违法行为,经查证属实的; (四)主动采取措施,有效避免、挽回损失或者消除不良影响的; (五)在共同违法行为中起次要或者辅助作用的; (六)主动上交或者退赔违法所得的; (七)法律、法规规定的其他从轻或者减轻情节。	《中华人民共和国公职人员政务处分法》在规定"从轻或者减轻情节"时用的措辞也是"可以",而不是"应当"。相比《中国共产党纪律处分条例》第17条规定的6种从轻、减轻处分情形,《中华人民共和国公职人员政务处分法》规定的"在共同违法行为中起次要或者辅助作用的"系特有的可以从轻减轻处分情节。

续表

法规依据	条文摘录	知识点提醒
《中国共产党纪律处分条例》	**第二十条** 有下列情形之一的,应当从重或者加重处分: (一)强迫、唆使他人违纪; (二)拒不上交或者退赔违纪所得; (三)违纪受处分后又因故意违纪应当受到党纪处分; (四)违纪受处分后,又被发现其受处分前没有交代的其他应当受到党纪处分的问题; (五)党内法规规定的其他从重或者加重处分情形。	主动上交或者退赔违纪所得属于可以从轻减轻处分情节,拒不上交或者退赔违纪所得属于应当从重或者加重处分情节。 《中国共产党纪律处分条例》在规定从重或者加重处分情形时用的措辞是"应当",而不是可以。
《中国共产党纪律处分条例》	**第二十二条** 从轻处分,是指在本条例规定的违纪行为应当受到的处分幅度以内,给予较轻的处分。 从重处分,是指在本条例规定的违纪行为应当受到的处分幅度以内,给予较重的处分。 **第二十三条** 减轻处分,是指在本条例规定的违纪行为应当受到的处分幅度以外,减轻一档给予处分。 加重处分,是指在本条例规定的违纪行为应当受到的处分幅度以外,加重一档给予处分。 本条例规定的只有开除党籍处分一个档次的违纪行为,不适用第一款减轻处分的规定。	"违纪行为应当受到的处分幅度",是指《中国共产党纪律处分条例》规定的与违纪行为的危害程度相适应的处分幅度。需要注意的是,从轻处分中"给予较轻的处分",不是必须在处分幅度内选择最轻的处分适用,只要选择的是其中较轻的处分即可;减轻处分不适用于只有开除党籍处分一个档次的违纪行为。"给予较重的处分",不是必须在处分幅度内选择最重的处分适用,只要选择的是其中较重的处分即可。
《中国共产党纪律处分条例》	**第十八条** 根据案件的特殊情况,由中央纪委决定或者经省(部)级纪委(不含副省级市纪委)决定并呈报中央纪委批准,对违纪党员也可以在本条例规定的处分幅度以外减轻处分。	"根据案件的特殊情况"通常适用于涉案人员较多、影响面大的窝案串案,对配合审查的涉案人在规定的处分幅度以外减轻处理或者不予处理。依照本条规定,只有中央纪委决定或者经省(部)级纪委决定并呈报中央纪委批准,才可以对违纪党员减轻两个及以上档次给予处分。

续表

法规依据	条文摘录	知识点提醒
《中国共产党纪律处分条例》	**第十九条**　对于党员违犯党纪应当给予警告或者严重警告处分,但是具有本条例第十七条规定的情形之一或者本条例分则中另有规定的,可以给予批评教育、责令检查、诫勉或者组织处理,免予党纪处分。对违纪党员免予处分,应当作出书面结论。 党员有作风纪律方面的苗头性、倾向性问题或者违犯党纪情节轻微的,可以给予谈话提醒、批评教育、责令检查等,或者予以诫勉,不予党纪处分。 党员行为虽然造成损失或者后果,但不是出于故意或者过失,而是由于不可抗力等原因所引起的,不追究党纪责任。	免予党纪处分仅限于构成违纪且应当给予警告或者严重警告处分的党员。如果党员违纪情节和性质严重,应当给予撤销党内职务以上的处分,则不能对其免予处分。 免予党纪处分必须在立案审查后方可适用,可以同时给予组织处理,但不得同时给予谈话提醒。
《中国共产党纪律处分条例》	**第八十三条第二款**　搞有组织的拉票贿选,或者用公款拉票贿选的,从重或者加重处分。	从重或者加重处分。
《中国共产党纪律处分条例》	**第八十八条第二款**　对批评人、检举人、控告人、证人及其他人员打击报复的,从重或者加重处分。	从重或者加重处分。
《中国共产党纪律处分条例》	**第一百条**　利用职权或者职务上的影响操办婚丧喜庆事宜,造成不良影响的,给予警告或者严重警告处分;情节严重的,给予撤销党内职务处分;借机敛财或者有其他侵犯国家、集体和人民利益行为的,从重或者加重处分,直至开除党籍。	借机敛财或者有其他侵犯国家、集体和人民利益行为的,从重或者加重处分。
《中国共产党纪律处分条例》	**第一百二十二条**　有下列行为之一,对直接责任者和领导责任者,情节较轻的,给予警告或者严重警告处分;情节较重的,给予撤销党内职务或者留党察看处分;情节严重的,给予开除党籍处分: (一)超标准、超范围向群众筹资筹劳、摊派费用,加重群众负担; (二)违反有关规定扣留、收缴群众款物或者处罚群众;	在乡村振兴领域有侵犯群众利益等相关行为的,从重或者加重处分。

续表

法规依据	条文摘录	知识点提醒
	（三）克扣群众财物，或者违反有关规定拖欠群众钱款； （四）在管理、服务活动中违反有关规定收取费用； （五）在办理涉及群众事务时刁难群众、吃拿卡要； （六）其他侵害群众利益行为。 在乡村振兴领域有上述行为的，从重或者加重处分。	
《中国共产党纪律处分条例》	**第一百四十条** 在上级检查、视察工作或者向上级汇报、报告工作时对应当报告的事项不报告或者不如实报告，造成严重损害或者严重不良影响的，对直接责任者和领导责任者，给予警告或者严重警告处分；情节严重的，给予撤销党内职务或者留党察看处分。 在上级检查、视察工作或者向上级汇报、报告工作时纵容、唆使、暗示、强迫下级说假话、报假情的，从重或者加重处分。	注意：在上级检查、视察工作或者向上级汇报、报告工作时纵容、唆使、暗示、强迫下级说假话、报假情的，从重或者加重处分。
《中国共产党纪律处分条例》	**第一百五十一条** 与他人发生不正当性关系，造成不良影响的，给予警告或者严重警告处分；情节较重的，给予撤销党内职务或者留党察看处分；情节严重的，给予开除党籍处分。 利用职权、教养关系、从属关系或者其他相类似关系与他人发生性关系的，从重处分。	注意：利用职权、教养关系、从属关系或者其他相类似关系与他人发生性关系的，从重处分。
《纪检监察机关处理检举控告工作规则》	**第四十一条** 诬告陷害具有以下情形之一，应当从重处理： （一）手段恶劣，造成不良影响的； （二）严重干扰换届选举或者干部选拔任用工作的； （三）经调查已有明确结论，仍诬告陷害他人的； （四）强迫、唆使他人诬告陷害的； （五）其他造成严重后果的。	应当从重处理的5种情形。

续表

法规依据	条文摘录	知识点提醒
《纪检监察机关处理检举控告工作规则》	**第五十二条** 纪检监察机关及其工作人员有以下情形之一,依规依纪严肃处理;涉嫌职务违法、职务犯罪的,依法追究法律责任: (一)私存、扣压、篡改、伪造、撤换、隐匿、遗失或者私自销毁检举控告材料的; (二)超越权限,擅自处理检举控告材料的; (三)泄露检举控告人信息或者检举控告内容等,或者将检举控告材料转给被检举控告的组织、人员的; (四)隐瞒、谎报、未按规定期限上报重大检举控告信息,造成严重后果的; (五)其他违规违纪违法的情形。 利用检举控告材料谋取个人利益或者为打击报复检举控告人提供便利的,应当从重处理。	纪检监察机关及其工作人员利用检举控告材料谋取个人利益或者为打击报复检举控告人提供便利的,应当从重处理。
《中华人民共和国监察法》	**第三十四条** 涉嫌职务犯罪的被调查人主动认罪认罚,有下列情形之一的,监察机关经领导人员集体研究,并报上一级监察机关批准,可以在移送人民检察院时提出从宽处罚的建议: (一)自动投案,真诚悔罪悔过的; (二)积极配合调查工作,如实供述监察机关还未掌握的违法犯罪行为的; (三)积极退赃,减少损失的; (四)具有重大立功表现或者案件涉及国家重大利益等情形的。	本条规定了从宽处罚的4种情形;实践中,需要注意程序。
《中华人民共和国公职人员政务处分法》	**第十三条** 公职人员有下列情形之一的,应当从重给予政务处分: (一)在政务处分期内再次故意违法,应当受到政务处分的; (二)阻止他人检举、提供证据的; (三)串供或者伪造、隐匿、毁灭证据的; (四)包庇同案人员的; (五)胁迫、唆使他人实施违法行为的; (六)拒不上交或者退赔违法所得的; (七)法律、法规规定的其他从重情节。	政务处分应当从重处分的共有7种情形,但未规定加重处分。

续表

法规依据	条文摘录	知识点提醒
《中华人民共和国公职人员政务处分法》	**第十二条** 公职人员违法行为情节轻微，且具有本法第十一条规定的情形之一的，可以对其进行谈话提醒、批评教育、责令检查或者予以诫勉，免予或者不予政务处分。 公职人员因不明真相被裹挟或者被胁迫参与违法活动，经批评教育后确有悔改表现的，可以减轻、免予或者不予政务处分。	注意：免予政务处分与不予政务处分含义、适用条件等存在不同。免予政务处分要求先立案，以书面形式作出，且需要履行违法事实见面程序。

党内除名知识点梳理

法规依据	条文摘录	知识点提醒
《中国共产党章程》	**第九条** 党员有退党的自由。党员要求退党,应当经支部大会讨论后宣布除名,并报上级党组织备案。 党员缺乏革命意志,不履行党员义务,不符合党员条件,党的支部应当对他进行教育,要求他限期改正;经教育仍无转变的,应当劝他退党。劝党员退党,应当经支部大会讨论决定,并报上级党组织批准。如被劝告退党的党员坚持不退,应当提交支部大会讨论,决定把他除名,并报上级党组织批准。 党员如果没有正当理由,连续六个月不参加党的组织生活,或不交纳党费,或不做党所分配的工作,就被认为是自行脱党。支部大会应当决定把这样的党员除名,并报上级党组织批准。	不参加党的组织生活被除名的,请注意限定语:没有正当理由、连续;时间为6个月。 注意除名的程序:支部大会应当决定把这样的党员除名,并报上级党组织批准。
《关于新形势下党内政治生活的若干准则》	坚持对党员进行民主评议。督促党员对照党章规定的党员标准、对照入党誓词、联系个人实际进行党性分析,强化党员意识、增强党的观念、提高党性修养。对党性不强的党员,及时进行批评教育,限期改正;经教育仍无转变的,应劝其退党或除名。	对党性不强的党员,经教育仍无转变的,应劝其退党或除名。
《中国共产党党员教育管理工作条例》	**第三十一条** 党员具有下列情形之一的,按照规定程序给予除名处置: (一)理想信念缺失,政治立场动摇,已经丧失党员条件的,予以除名; (二)信仰宗教,经党组织帮助教育仍没有转变的,劝其退党,劝而不退的予以除名; (三)因思想蜕化提出退党,经教育后仍然坚持退党的,予以除名; (四)为了达到个人目的以退党相要挟,经教育不改的,劝其退党,劝而不退的予以除名; (五)限期改正期满后仍无转变的,劝其退党,劝而不退的予以除名; (六)没有正当理由,连续6个月不参加党的组织生活,或者不交纳党费,或者不做党所分配的工作,按照自行脱党予以除名。 对违犯党纪的党员,按照《中国共产党纪律处分条例》规定给予党纪处分。	党内除名是取消党员的党籍和资格,是一种组织处理措施。本条规定了党内除名的6种情形。

续表

<table>
<tr><th>法规依据</th><th>条文摘录</th><th>知识点提醒</th></tr>
<tr><td rowspan="5">《中国共产党纪律处分条例》</td><td>第十六条　对于受到解散处理的党组织中的党员，应当逐个审查。其中，符合党员条件的，应当重新登记，并参加新的组织过党的生活；不符合党员条件的，应当对其进行教育、限期改正，经教育仍无转变的，予以劝退或者除名；有违纪行为的，依照规定予以追究。</td><td rowspan="5">《中国共产党纪律处分条例》一共有5处规定了除名，分别是第16条、第37条第2项、第69条、第81条第4款、第93条第1款。</td></tr>
<tr><td>第三十七条　对违纪后下落不明的党员，应当区别情况作出处理：
（一）对有严重违纪行为，应当给予开除党籍处分的，党组织应当作出决定，开除其党籍；
（二）除前项规定的情况外，下落不明时间超过六个月的，党组织应当按照党章规定对其予以除名。</td></tr>
<tr><td>第六十九条　对信仰宗教的党员，应当加强思想教育，要求其限期改正；经党组织帮助教育仍没有转变的，应当劝其退党；劝而不退的，予以除名；参与利用宗教搞煽动活动的，给予开除党籍处分。</td></tr>
<tr><td>第八十一条　有下列行为之一，情节较重的，给予警告或者严重警告处分：
（一）违反个人有关事项报告规定，隐瞒不报；
（二）在组织进行谈话函询时，不如实向组织说明问题；
（三）不按要求报告或者不如实报告个人去向；
（四）不如实填报个人档案资料。
有前款第二项规定的行为，同时向组织提供虚假情况、掩盖事实的，依照本条例第六十三条规定处理。
篡改、伪造个人档案资料的，给予严重警告处分；情节严重的，给予撤销党内职务或者留党察看处分。
隐瞒入党前严重错误的，一般应当予以除名；对入党多年且一贯表现好，或者在工作中作出突出贡献的，给予严重警告、撤销党内职务或者留党察看处分。</td></tr>
<tr><td>第九十三条　驻外机构或者临时出国（境）团（组）中的党员，脱离组织出走时间不满六个月又自动回归的，给予撤销党内职务或者留党察看处分；脱离组织出走时间超过六个月的，按照自行脱党处理，党内予以除名。
故意为他人脱离组织出走提供方便条件的，给予警告、严重警告或者撤销党内职务处分。</td></tr>
</table>

党内除名与开除党籍区别

区分要点	党内除名	开除党籍
性质不同	党内除名是取消党员的党籍和资格,是一种组织处理措施。	开除党籍是一种很严厉的纪律处分。
事由(条件)不同	除名的法定事由有:党员要求退党的情况下,可以除名;党员缺乏革命意志,不履行党员义务,不符合党员条件经教育仍无转变的,应当劝其退党;党员没有正当理由,连续6个月不参加党的组织生活,或不交纳党费,或不做党所分配的工作,自行脱党。	开除党籍的事由通常是党员存在严重违纪行为,可以依据《中国共产党纪律处分条例》给予其严厉的纪律处分。
后果不同	除名的场合,若本人系一般公职人员,可能职级待遇不会发生变化。	党员受到开除党籍处分,5年内不得重新入党,也不得推荐担任与其原任职务相当或者高于其原任职务的党外职务。另有规定不准重新入党的,依照规定。
程序不同	按照党章第9条的规定,除名由支部大会讨论后报上级党组织批准即可。	开除党籍,则需要严格按照党章和《中国共产党纪律检查机关监督执纪工作规则》的规定,履行初核、立案、审查调查、审理等诸多程序。

开除党籍与停止党籍区分

法规依据	条文摘录	知识点提醒
《中国共产党纪律处分条例》	**第十三条** 党员受到开除党籍处分，五年内不得重新入党，也不得推荐担任与其原任职务相当或者高于其原任职务的党外职务。另有规定不准重新入党的，依照规定。	开除党籍，属于党组织对党员最严厉的惩戒。开除党籍，通常要与开除公职、政务撤职相匹配，如果党员干部已退休，还要按照规定调整其享受的待遇。
《中国共产党党员教育管理工作条例》	**第二十四条第一款** 经党支部党员大会通过、基层党委审批接收的预备党员，自通过之日起，即取得党籍。	党员的党籍问题关系到一个人的政治生命。党籍管理是党员管理中一项十分重要的工作。严格党籍管理是党员管理的基本内容。
《中国共产党党员教育管理工作条例》	**第二十四条第二款、第三款** 对因私出国并在国外长期定居的党员，出国学习研究超过5年仍未返回的党员，一般予以停止党籍。停止党籍的决定由保留其组织关系的党组织按照有关规定作出。 对与党组织失去联系6个月以上、通过各种方式查找仍然没有取得联系的党员，予以停止党籍。停止党籍的决定由所在党支部或者上级党组织按照有关规定作出。停止党籍2年后确实无法取得联系的，按照自行脱党予以除名。	停止党籍是对党员党籍的管理手段，不是组织处置，也不是党纪处分。对停止党籍的党员，符合条件的，可以按照规定程序恢复党籍。 某村党支部通过多种方式和途径查找，仍无法与该支部所属党员刘某取得联系，且其失联已经超过6个月，该支部召开党员大会通过了停止刘某党籍的决定。
《中国共产党章程》	**第四十一条第一款、第三款** 对党员的纪律处分有五种：警告、严重警告、撤销党内职务、留党察看、开除党籍。 开除党籍是党内的最高处分。各级党组织在决定或批准开除党员党籍的时候，应当全面研究有关的材料和意见，采取十分慎重的态度。	与停止党籍不同，开除党籍是5种党纪处分之一，而且是党组织对党员最严厉的处罚，针对的是严重违犯党纪的党员。
备注	党籍不同于党龄。党龄表示的是党员在党内生活和工作的实际经历，从预备期满转为正式党员之日算起。	

对抗组织审查知识点梳理

法规依据	条文摘录	知识点提醒
2003年《中国共产党纪律处分条例》	**第二十四条** 有下列情形之一的,可以依照规定从重或者加重处分: (一)强迫、唆使他人违纪违法的; (二)串供或者伪造、销毁、隐匿证据的; (三)阻止他人揭发检举、提供证据材料的; (四)包庇同案人员或者打击报复批评人、检举人、控告人、证人及其他人员的; (五)有其他干扰、妨碍组织审查行为的; (六)本条例分则中另有规定的。	本条将强迫、唆使他人违纪违法,串供或者伪造、销毁、隐匿证据,阻止他人揭发检举、提供证据材料,包庇同案人员或者打击报复批评人、检举人、控告人、证人及其他人员,作为法定可以从重或者加重处分情节。
2015年《中国共产党纪律处分条例》	**第十九条** 有下列情形之一的,应当从重或者加重处分: (一)在纪律集中整饬过程中,不收敛、不收手的; (二)强迫、唆使他人违纪的; (三)本条例另有规定的。 **第二十条** 故意违纪受处分后又因故意违纪应当受到党纪处分的,应当从重处分。 党员违纪受到党纪处分后,又被发现其受处分前的违纪行为应当受到党纪处分的,应当从重处分。 **第五十七条** 对抗组织审查,有下列行为之一的,给予警告或者严重警告处分;情节较重的,给予撤销党内职务或者留党察看处分;情节严重的,给予开除党籍处分: (一)串供或者伪造、销毁、转移、隐匿证据的; (二)阻止他人揭发检举、提供证据材料的; (三)包庇同案人员的; (四)向组织提供虚假情况,掩盖事实的; (五)有其他对抗组织审查行为的。	第19条第2项将强迫、唆使他人违纪行为,作为法定应当从重或者加重处分情节。 第57条将串供或者伪造、销毁、转移、隐匿证据,阻止他人揭发检举、提供证据材料,包庇同案人员或者向组织提供虚假情况,掩盖事实的,作为对抗组织审查行为。 将对抗组织审查单独作为违反政治纪律行为予以规定,而且规定"情节严重的,给予开除党籍处分",充分体现了"党纪严于国法"的党内审查特色。

续表

法规依据	条文摘录	知识点提醒
2015 年《中国共产党纪律处分条例》	**第七十一条** 有下列行为之一的,给予警告或者严重警告处分;情节较重的,给予撤销党内职务或者留党察看处分;情节严重的,给予开除党籍处分: (一)对批评、检举、控告进行阻挠、压制,或者将批评、检举、控告材料私自扣压、销毁,或者故意将其泄露给他人的; (二)对党员的申辩、辩护、作证等进行压制,造成不良后果的; (三)压制党员申诉,造成不良后果的,或者不按照有关规定处理党员申诉的; (四)有其他侵犯党员权利行为,造成不良后果的。 对批评人、检举人、控告人、证人及其他人员打击报复的,依照前款规定从重或者加重处分。 党组织有上述行为的,对直接责任者和领导责任者,依照第一款规定处理。	对批评人、检举人、控告人、证人及其他人员打击报复的,2015 年《中国共产党纪律处分条例》第 71 条规定从重或者加重处分。(注意:归入违反组织纪律这一章)
2018 年《中国共产党纪律处分条例》	**第五十六条** 对抗组织审查,有下列行为之一的,给予警告或者严重警告处分;情节较重的,给予撤销党内职务或者留党察看处分;情节严重的,给予开除党籍处分: (一)串供或者伪造、销毁、转移、隐匿证据的; (二)阻止他人揭发检举、提供证据材料的; (三)包庇同案人员的; (四)向组织提供虚假情况,掩盖事实的; (五)有其他对抗组织审查行为的。	对抗组织审查行为的时间节点:既可以发生在组织审查后,也可以发生在组织审查前。 对抗组织审查的本质:希望通过实施对抗组织审查的具体行为实现掩盖违纪问题、逃避组织查处的目的,拒绝履行对党忠诚老实的基本义务。 其他对抗组织审查行为表现形式:打听与本人有关的案情;威胁、色诱、收买、殴打监督执纪执法人员;违纪后,因自身或者与违纪有关联的人、事被查处,为掩饰违纪而退还财物,专门模拟纪委(含基
2023 年《中国共产党纪律处分条例》	**第六十三条** 对抗组织审查,有下列行为之一的,给予警告或者严重警告处分;情节较重的,给予撤销党内职务或者留党察看处分;情节严重的,给予开除党籍处分: (一)串供或者伪造、销毁、转移、隐匿证据; (二)阻止他人揭发检举、提供证据材料; (三)包庇同案人员; (四)向组织提供虚假情况,掩盖事实; (五)其他对抗组织审查行为。	

续表

法规依据	条文摘录	知识点提醒
		层党委、党委、党组)谈话(问话);组织相关涉案人外逃;打击报复举报人、证人及其他人员;唆使涉案人到纪检监察机关缠访、闹访等。
备注	被审查人接受审查调查时,对违纪违法事实、行为性质等提出的合理辩解,不属于对抗组织审查;由于存在思想顾虑或畏惧心理,谈话初期避重就轻、拒不交代,但经思想教育后能够积极配合调查、如实交代问题的,一般不认定为对抗组织审查。	

◇ 二、应知应会知识点

纪检监察干部应知应会知识点

知识点	具体内容
当前最大的政治	推进中国式现代化。
建党精神	坚持真理、坚守理想,践行初心、担当使命,不怕牺牲、英勇斗争,对党忠诚、不负人民。
中国特色社会主义制度的最大优势	中国共产党领导。
中国特色社会主义最本质的特征	中国共产党领导。
党的领导的最高原则	党中央集中统一领导。
党长期执政的最大威胁	腐败。
腐败的本质	权力滥用。
纪检监察机关可以采取的审查调查措施	谈话、讯问、询问、查询、冻结、调取、查封、扣押、搜查、勘验检查、鉴定、留置、技术调查、限制出境、通缉、强制到案、责令候查、管护、调查实验等。
一个主要矛盾	新时代,我国社会的主要矛盾:人民日益增长的美好生活需要和不平衡不充分的发展之间的矛盾。
两个维护	坚决维护习近平总书记党中央的核心、全党的核心地位,坚决维护以习近平同志为核心的党中央权威和集中统一领导。
两个确立	确立习近平同志党中央的核心、全党的核心地位,确立习近平新时代中国特色社会主义思想的指导地位。
两个革命	党领导人民进行的社会革命和领导全党进行的自我革命。
双安全	审查调查既要保证审查调查对象安全,也要保障涉案人员安全。

续表

知识点	具体内容
三个区分开来	1. 把干部在推进改革中因缺乏经验、先行先试出现的失误和错误,同明知故犯的违纪违法行为区分开来; 2. 把上级尚无明确限制的探索性试验中的失误和错误,同上级明令禁止后依然我行我素的违纪违法行为区分开来; 3. 把为推动发展的无意过失,同为谋取私利的违纪违法行为区分开来。
三个务必	务必不忘初心、牢记使命,务必谦虚谨慎、艰苦奋斗,务必敢于斗争、善于斗争。
政治三力	政治判断力、政治领悟力、政治执行力。
四个意识	政治意识、大局意识、核心意识、看齐意识。
四个自信	道路自信、理论自信、制度自信、文化自信。
四风	形式主义、官僚主义、享乐主义和奢靡之风。
监督执纪“四种形态”	第一种形态:经常开展批评和自我批评,及时进行谈话提醒、批评教育、责令检查、诫勉,让“红红脸、出出汗”成为常态; 第二种形态:党纪轻处分、组织调整成为违纪处理的大多数; 第三种形态:党纪重处分、重大职务调整的成为少数; 第四种形态:严重违纪涉嫌犯罪追究刑事责任的成为极少数。
四条底线	法律底线、纪律底线、政策底线、道德底线。
四个定力	政治定力、纪律定力、道德定力、抵腐定力。
四个自我	自我净化、自我完善、自我革新、自我提高。
“四个全面”战略布局	全面建设社会主义现代化国家、全面深化改革、全面依法治国、全面从严治党。
党内政治生活“四性”	政治性、时代性、原则性、战斗性。
四个服从	党员个人服从党的组织,少数服从多数,下级组织服从上级组织,全党各个组织和全体党员服从党的全国代表大会和中央委员会。
凡提四必	对拟提拔或进一步使用人选,要做到干部档案“凡提必审”,个人有关事项报告“凡提必核”,纪检监察机关意见“凡提必听”,反映违规违纪问题线索具体、有可查性的信访举报“凡提必查”。对发现问题影响使用的,及时中止选拔任用程序;疑点没有排除、问题没有查清的,不得提交会议讨论或任用。

续表

知识点	具体内容
四个强化	强化以案促改、以案促治，推动重点领域体制机制改革。 强化正反两方面教育，加强新时代廉洁文化建设，推动形成廉荣贪耻的社会氛围。 强化受贿行贿一起查，完善对重点行贿人的联合惩戒机制。 强化完善反腐败工具箱，继续加大审计等移送问题线索查处力度，持续推进反腐败国家立法。
五位一体	经济建设、政治建设、文化建设、社会建设、生态文明建设。
五大发展理念	创新、协调、绿色、开放、共享。
守住五关（政治关、权力关、交往关、生活关、亲情关）	干部守住守牢拒腐防变防线，要层层设防、处处设防。要守住政治关，时刻绷紧旗帜鲜明讲政治这根弦，在大是大非面前、在政治原则问题上做到头脑特别清醒、立场特别坚定，决不当两面派、做两面人，决不拿党的原则做交易。要守住权力关，始终保持对权力的敬畏感，坚持公正用权、依法用权、为民用权、廉洁用权。要守住交往关，交往必须有原则、有规矩，不断净化社交圈、生活圈、朋友圈。要守住生活关，培养健康情趣，崇尚简朴生活，保持共产党人本色。要守住亲情关，严格家教家风，既要自己以身作则，又要对亲属子女看得紧一点、管得勤一点。
党的建设六项基本要求	第一，坚持党的基本路线。第二，坚持解放思想，实事求是，与时俱进，求真务实。第三，坚持新时代党的组织路线。第四，坚持全心全意为人民服务。第五，坚持民主集中制。第六，坚持从严管党治党。
六大纪律	政治纪律、组织纪律、廉洁纪律、群众纪律、工作纪律、生活纪律。
深入推进党的自我革命"九个以"	以坚持党中央集中统一领导为根本保证，以引领伟大社会革命为根本目的，以新时代中国特色社会主义思想为根本遵循，以跳出历史周期率为战略目标，以解决大党独有难题为主攻方向，以健全全面从严治党体系为有效途径，以锻造坚强组织、建设过硬队伍为重要着力点，以正风肃纪反腐为重要抓手，以自我监督和人民监督相结合为强大动力。
十条宝贵经验（中国共产党百年奋斗的历史经验）	一百年来，党领导人民进行伟大奋斗，在进取中突破，于挫折中奋起，从总结中提高，积累了宝贵的历史经验：坚持党的领导，坚持人民至上，坚持理论创新，坚持独立自主，坚持中国道路，坚持胸怀天下，坚持开拓创新，坚持敢于斗争，坚持统一战线，坚持自我革命。

党内法规基础知识梳理

知识点	知识点讲解
党内法规和国家法律的关系	党内法规和国家法律,都是中国特色社会主义法治体系的重要组成部分。党内法规是法治思维和法治方式在党的建设方面的实际运用和具体体现。党内法规由党纪强制力保障实施,重在解决管党治党问题;国家法律依靠国家强制力保障实施,则重在解决治国理政问题,二者互为补充、相辅相成。
党内法规概念	党内法规是党的中央组织,中央纪律检查委员会以及党中央工作机关和省、自治区、直辖市党委制定的体现党的统一意志、规范党的领导和党的建设活动、依靠党的纪律保证实施的专门规章制度。
党内法规制定主体	党的中央组织、中央纪委和党中央工作机关、省级党委这 3 类主体有权制定党内法规。
党内法规名称	党章、准则、条例、规定、办法、规则、细则 7 类专属名称。
党内法规位阶	第一个位阶是党章,对党的性质和宗旨、路线和纲领、指导思想和奋斗目标、组织原则和组织机构、党员义务权利以及党的纪律等作出根本规定,是党的根本大法。 第二个位阶是准则,对全党政治生活、组织生活和全体党员行为等作出基本规定。 第三个位阶是条例,主要是对党的某一领域重要关系或者某一方面重要工作作出全面规定。 第四个位阶是规定、办法、规则、细则,主要是对党的某一方面重要工作的要求和程序等作出具体规定。中央纪委以及党中央工作机关、省级党委制定的党内法规只能使用这 4 类名称,不能使用党章、准则、条例。
党内法规框架	党内法规文本结构一般包括总则、分则、附则等板块(有的包括罚则)。 通常,分则会用编、章、节、条、款、项、目等 7 个逻辑层次表述。
中央党内法规审议主体	准则草案一般由中央委员会全体会议审议批准;条例草案一般由中央政治局会议审议批准;规定、办法、规则、细则草案一般由中央政治局常委会会议审议批准。

续表

知识点	知识点讲解
党的组织法规	党的组织法规，是调整党的各级各类组织产生、组成、职权职责等的党内法规，为党管党治党、执政治国提供组织制度保障。如： 《中国共产党中央委员会工作条例》 《中国共产党地方委员会工作条例》 《中国共产党党组工作条例》 《中国共产党支部工作条例（试行）》
党的领导法规	党的领导法规，是规范和保障党对各方面工作实施领导，明确党与人大、政府、政协、监察机关、审判机关、检察机关、武装力量、人民团体、企事业单位、基层群众性自治组织、社会组织等领导与被领导关系的党内法规，为党发挥总揽全局、协调各方领导核心作用提供制度保障。如： 《中国共产党农村工作条例》 《中国共产党宣传工作条例》 《中国共产党政法工作条例》 《中国共产党统一战线工作条例》
党的自身建设法规	党的自身建设法规，是调整党的政治建设、思想建设、组织建设、作风建设、纪律建设等的党内法规，为提高党的建设质量、永葆党的先进性和纯洁性提供制度保障。如： 《中共中央关于加强党的政治建设的意见》 《党政领导干部选拔任用工作条例》 《中国共产党党员教育管理工作条例》 《干部人事档案工作条例》
党的监督保障法规	党的监督保障法规，是调整党的监督、激励、惩戒、保障等的党内法规，为保证党组织和党员干部履行好党和人民赋予的职责提供制度保障。如： 《中国共产党党内监督条例》 《中国共产党巡视工作条例》 《中国共产党问责条例》 《关于党员领导干部述职述廉的暂行规定》 《关于对党员领导干部进行诫勉谈话和函询的暂行办法》

续表

知识点	知识点讲解
备注	2021年7月1日，习近平总书记在庆祝中国共产党成立100周年大会上宣布，我们党已经“形成比较完善的党内法规体系”。截至2021年7月1日，全党现行有效党内法规共3615部。其中，党中央制定的中央党内法规211部，中央纪律检查委员会以及党中央工作机关制定的部委党内法规163部，省、自治区、直辖市党委制定的地方党内法规3241部。党内法规使用党章、准则、条例、规定、办法、规则、细则7类名称，现行有效党内法规中，党章1部，准则3部，条例43部，规定850部，办法2034部，规则75部，细则609部。
	2021年12月，习近平总书记作出重要指示强调，我们党历来重视党内法规制度建设，注重运用党内法规管党治党、提高党的执政能力和领导水平。党的十八大以来，党中央坚持全面从严治党、依规治党，严格执行党章，形成比较完善的党内法规体系，制度权威性和执行力不断增强，党内法规制度建设取得显著成绩，积累了新的重要经验。要增强依规治党的自觉性和坚定性，把牢政治方向，提高政治站位，扛起政治责任，紧紧围绕党和国家工作大局继续推进党内法规制度建设。要发挥好党内法规在维护党中央集中统一领导、保障党长期执政和国家长治久安方面的重大作用，在推进新时代党的建设新的伟大工程、落实全面从严治党方面的重大作用，确保党在坚持和发展中国特色社会主义的历史进程中始终成为坚强领导核心，为全面建设社会主义现代化国家、实现中华民族伟大复兴的中国梦提供坚强政治保证。

监督执纪“四种形态”相关知识点梳理

形态名称	运用情形	处理方式
第一种形态	深化运用监督执纪“四种形态”,经常开展批评和自我批评,及时进行谈话提醒、批评教育、责令检查、诫勉,让“红红脸、出出汗”成为常态。	1. 提醒谈话或者警示谈话; 2. 批评教育、约谈; 3. 纠正或者责令停止错误行为; 4. 限期整改; 5. 责令作出书面检查; 6. 召开民主生活会(组织生活会)批评帮助; 7. 通报; 8. 诫勉。 上述方式,可以单独使用,也可以依据规定合并使用。
第二种形态	党纪轻处分、组织调整成为违纪处理的大多数。	1. 党内警告、党内严重警告; 2. 政务警告、政务记过、政务记大过、政务降级; 3. 免职、引咎辞职、责令辞职、停职(停职检查)、调整工作岗位(职务)、调离、改任非领导职务、责令提前退休; 4. 取消荣誉称号、取消预备党员资格、取消(罢免)当选资格; 5. 降低退休待遇。 上述方式,可单独使用,也可合并使用。
第三种形态	党纪重处分、重大职务调整的成为少数。	1. 撤销党内职务、留党察看、开除党籍; 2. 政务撤职、开除公职、解除劳动合同、辞退; 3. 组织除名(劝退),如党内除名或者劝其退党等; 4. 降职; 5. 取消退休待遇; 6. 其他重大调整类措施。 上述方式,可单独使用,也可合并使用。

续表

形态名称	运用情形	处理方式
第四种形态	严重违纪涉嫌犯罪追究刑事责任的成为极少数。	因严重违纪违法涉嫌犯罪,需要给予开除党籍、开除公职处分或者按照规定相应调整其享受的待遇,并移交司法机关处理。
特别提醒	**《中国共产党纪律处分条例》** **第三十三条** 党员犯罪情节轻微,人民检察院依法作出不起诉决定的,或者人民法院依法作出有罪判决并免予刑事处罚的,应当给予撤销党内职务、留党察看或者开除党籍处分。 党员犯罪,被单处罚金的,依照前款规定处理。 **第三十四条** 党员犯罪,有下列情形之一的,应当给予开除党籍处分: (一)因故意犯罪被依法判处刑法规定的主刑(含宣告缓刑); (二)被单处或者附加剥夺政治权利; (三)因过失犯罪,被依法判处三年以上(不含三年)有期徒刑。 因过失犯罪被判处三年以下有期徒刑或者被判处管制、拘役的,一般应当开除党籍。对于个别可以不开除党籍的,应当对照处分违纪党员批准权限的规定,报请再上一级党组织批准。	党员故意犯罪,被判处主刑及单处或附加剥夺政治权利的,开除党籍;因过失犯罪被判处较轻刑罚的,一般应当开除党籍,但是允许有例外。
	《中华人民共和国公职人员政务处分法》 **第十四条** 公职人员犯罪,有下列情形之一的,予以开除: (一)因故意犯罪被判处管制、拘役或者有期徒刑以上刑罚(含宣告缓刑)的; (二)因过失犯罪被判处有期徒刑,刑期超过三年的; (三)因犯罪被单处或者并处剥夺政治权利的。 因过失犯罪被判处管制、拘役或者三年以下有期徒刑的,一般应当予以开除;案件情况特殊,予以撤职更为适当的,可以不予开除,但是应当报请上一级机关批准。	公职人员故意犯罪,被判处主刑及单处或附加剥夺政治权利的,开除公职;因过失犯罪被判处较轻刑罚的,一般应当开除公职,但是允许有例外。

续表

形态名称	运用情形	处理方式
	公职人员因犯罪被单处罚金，或者犯罪情节轻微，人民检察院依法作出不起诉决定或者人民法院依法免予刑事处罚的，予以撤职；造成不良影响的，予以开除。	
	《中国共产党章程》 **第四十条** 党的纪律主要包括政治纪律、组织纪律、廉洁纪律、群众纪律、工作纪律、生活纪律。 坚持惩前毖后、治病救人，执纪必严、违纪必究，抓早抓小、防微杜渐，按照错误性质和情节轻重，给以批评教育、责令检查、诫勉直至纪律处分。运用监督执纪"四种形态"，让"红红脸、出出汗"成为常态，党纪处分、组织调整成为管党治党的重要手段，严重违纪、严重触犯刑律的党员必须开除党籍。 党内严格禁止用违反党章和国家法律的手段对待党员，严格禁止打击报复和诬告陷害。违反这些规定的组织或个人必须受到党的纪律和国家法律的追究。	"四种形态"已写入党章。请注意修饰词"严重"。严重触犯刑律的党员必须开除党籍，并非触犯刑律就开除党籍。 目前，运用四种形态，要求实事求是，该运用哪种形态就运用哪种形态，不存在相互转换问题。
	《中国共产党党内监督条例》 **第七条** 党内监督必须把纪律挺在前面，运用监督执纪"四种形态"，经常开展批评和自我批评、约谈函询，让"红红脸、出出汗"成为常态；党纪轻处分、组织调整成为违纪处理的大多数；党纪重处分、重大职务调整的成为少数；严重违纪涉嫌违法立案审查的成为极少数。	"四种形态"最早被写入《中国共产党党内监督条例》。
	《中国共产党纪律处分条例》 **第五条** 深化运用监督执纪"四种形态"，经常开展批评和自我批评，及时进行谈话提醒、批评教育、责令检查、诫勉，让"红红脸、出出汗"成为常态；党纪轻处分、组织调整成为违纪处理的大多数；党纪重处分、重大职务调整的成为少数；严重违纪涉嫌犯罪追究刑事责任的成为极少数。	该条对四种形态的表述作了更新。并对运用监督执纪"四种形态"提出更高要求：深化。

续表

形态名称	运用情形	处理方式
	《中国共产党纪律检查机关监督执纪工作规则》 **第四条** 坚持惩前毖后、治病救人,把纪律挺在前面,精准有效运用监督执纪“四种形态”,把思想政治工作贯穿监督执纪全过程,严管和厚爱结合,激励和约束并重,注重教育转化,促使党员自觉防止和纠正违纪行为,惩治极少数,教育大多数,实现政治效果、纪法效果和社会效果相统一。	精准有效运用监督执纪“四种形态”,“精准”是重点。
	《中国共产党纪律检查委员会工作条例》 **第三十一条** 党的各级纪律检查委员会围绕实现党章赋予的任务,坚持聚焦主责主业,履行监督、执纪、问责职责。 坚持把监督作为基本职责,抓早抓小、防微杜渐,综合考虑错误性质、情节后果、主观态度等因素,依规依纪依法、精准有效运用监督执纪“四种形态”: (一)党员、干部有作风纪律方面的苗头性、倾向性问题或者轻微违纪问题,或者有一般违纪问题但具备免予处分情形的,运用监督执纪第一种形态,按照规定进行谈话提醒、批评教育、责令检查等,或者予以诫勉。 (二)党员、干部有一般违纪问题,或者违纪问题严重但具有主动交代等从轻减轻处分情形的,运用监督执纪第二种形态,按照规定给予警告、严重警告处分,或者建议单处、并处停职检查、调整职务、责令辞职、免职等处理。 (三)党员、干部有严重违纪问题,或者严重违纪并构成严重职务违法的,运用监督执纪第三种形态,按照规定给予撤销党内职务、留党察看、开除党籍处分,同时建议给予降职或者依法给予撤职、开除公职、调整其享受的待遇等处理。	本条将党章规定的监督执纪四种形态进一步细化。在运用四种形态时,需要重点考虑:时间节点(比如党的十八大之前还是之后等)、违纪事实、违纪性质、后果和影响、配合组织审查和认错、悔错态度、退交违纪违法所得、平时一贯表现、是否受过党纪政务处分、评估可能产生的影响、案内平衡、案外平衡等。 降职或者依法给予撤职、开除公职、调整其享受的待遇等处理,属于第三种形态。 只开除党籍、开除公职,不移送司法追究刑事责任的,属于第三种形态。

续表

形态名称	运用情形	处理方式
	(四)党员、干部严重违纪、涉嫌犯罪的,运用监督执纪第四种形态,按照规定给予开除党籍处分,同时依法给予开除公职、调整或者取消其享受的待遇等处理,再移送司法机关依法追究刑事责任。	
备注	1. 提出“四种形态”的政策初衷是“惩前毖后、治病救人”。 2. 运用“四种形态”的根本目的是加强党的建设、深化党的自我革命、永葆党的先进纯洁,通过创新教育、管理、监督的理念思路,把管和治体现在日常,用严明的纪律管全党治全党。 3. 实践“四种形态”的有效路径是一体推进“三不腐”,既针对苗头性问题又覆盖各种违纪行为,惩治震慑、制度约束、提高觉悟一体发力,实现标本兼治、系统施治,进一步深入推进反腐败斗争、铲除腐败滋生的土壤和条件。 4. 要从政治和全局的高度认识把握“四种形态”,将其更好地融入和服务全面从严治党,把制度优势更好转化为治理效能。	
	2024 年 7 月,李希同志在二十届中央纪委常委会第十一次集体学习时指出:《纪检监察机关准确运用“四种形态”实施办法(试行)》坚持以习近平总书记关于“四种形态”的重要论述为指导,系统总结纪检监察机关运用“四种形态”的经验做法,首次以党内法规的形式对“四种形态”作出全面规定,是对“四种形态”的具体化、规范化、制度化,对于完善党的自我革命制度规范体系,树立激励担当作为鲜明导向,提高监督执纪执法质量,具有重要意义。 纪检监察机关是党内监督和国家监察的专责机关,必须在准确运用“四种形态”上走在前、作表率。要充分体现抓早抓小,切实用好第一种形态,做细做实日常管理监督,及时纠正苗头性、倾向性问题。要充分体现纪严于法,注重执纪执法贯通,准确把握党纪、政务处分的匹配适用,将“四种形态”落实到监督执纪和监察执法全过程。要充分体现执纪必严,层层设牢监督防线,切实维护纪律的刚性、严肃性,防止“破窗效应”。要充分体现惩前毖后,发挥教育警示作用,引导党员干部受警醒、明底线、知敬畏,把遵规守纪刻印在心。要充分体现严管厚爱,注重纪法情理贯通融合,营造干事创业的良好环境,更好激励担当作为。要充分体现实事求是,准确定性量纪执法,统筹把握不同情况给予处置,做到精准得当,毋枉毋纵。要充分体现主体责任,督促推动党委(党组)书记履行好第一责任人责任,领导班子其他成员切实担负“一岗双责”,形成齐抓共管合力。	

免职、停职、降职、撤职、责令辞职知识点梳理

法规依据	条文摘录	知识点提醒
《党政领导干部选拔任用工作条例》	**第五十四条** 党政领导干部有下列情形之一的,一般应当免去现职: (一)达到任职年龄界限或者退休年龄界限的; (二)受到责任追究应当免职的; (三)不适宜担任现职应当免职的; (四)因违纪违法应当免职的; (五)辞职或者调出的; (六)非组织选派,个人申请离职学习期限超过一年的; (七)因健康原因,无法正常履行工作职责一年以上的; (八)因工作需要或者其他原因应当免去现职的。	党政领导干部应当被免职的8种情形中,需要重点关注两种情形:一是受到责任追究应当免职的,二是因违纪违法应当免职的。
《党政领导干部选拔任用工作条例》	**第五十六条** 引咎辞职、责令辞职和因问责被免职的党政领导干部,一年内不安排领导职务,两年内不得担任高于原任职务层次的领导职务。同时受到党纪政务处分的,按照影响期长的规定执行。	注意影响期限制。
《关于实行党风廉政建设责任制的规定》	**第二十七条第二款** 单独受到责令辞职、免职处理的领导干部,一年内不得重新担任与其原任职务相当的领导职务;受到降职处理的,两年内不得提升职务。同时受到党纪政纪处分和组织处理的,按影响期较长的执行。	关键词:责令辞职、免职处理。
《党政领导干部选拔任用工作条例》	**第五十八条** 因不适宜担任现职调离岗位、免职的,一年内不得提拔。降职使用的干部重新提拔,按照有关规定执行。 重新任职或者提拔任职,应当根据具体情形、工作需要和个人情况综合考虑,合理安排使用。 对符合有关规定给予容错的干部,应当客观公正对待。	关键词:因不适宜担任现职而免职。降职使用的干部可以重新提拔。
《党政领导干部选拔任用工作条例》	**第五十七条** 实行党政领导干部降职制度。党政领导干部在年度考核中被确定为不称职的,因工作能力较弱、受到组织处理或者其他原因不适宜担任现职务层次的,应当降职使用。降职使用的干部,其待遇按照新任职务职级的标准执行。	降职使用的干部,其待遇按照新任职务职级的标准执行。

续表

法规依据	条文摘录	知识点提醒
《中国共产党问责条例》	**第八条第二款第三项** 对党的领导干部的问责，根据危害程度以及具体情况，可以采取以下方式： （三）组织调整或者组织处理。对失职失责、危害较重，不适宜担任现职的，应当根据情况采取停职检查、调整职务、责令辞职、免职、降职等措施。	处理方式：组织调整或者组织处理。
《中国共产党纪律检查委员会工作条例》	**第三十一条第二款第二项、第三项** 坚持把监督作为基本职责，抓早抓小、防微杜渐，综合考虑错误性质、情节后果、主观态度等因素，依规依纪依法、精准有效运用监督执纪“四种形态”： （二）党员、干部有一般违纪问题，或者违纪问题严重但具有主动交代等从轻减轻处分情形的，运用监督执纪第二种形态，按照规定给予警告、严重警告处分，或者建议单处、并处停职检查、调整职务、责令辞职、免职等处理。 （三）党员、干部有严重违纪问题，或者严重违纪并构成严重职务违法的，运用监督执纪第三种形态，按照规定给予撤销党内职务、留党察看、开除党籍处分，同时建议给予降职或者依法给予撤职、开除公职、调整其享受的待遇等处理。	纪委可以提出单处、并处停职检查、调整职务、责令辞职、免职等处理建议。 纪委可以提出降职的建议。
《关于实行党政领导干部问责的暂行规定》	**第七条** 对党政领导干部实行问责的方式分为：责令公开道歉、停职检查、引咎辞职、责令辞职、免职。	此处规定了对党政领导干部实行问责的5种方式。
《关于实行党政领导干部问责的暂行规定》	**第十条第一款** 受到问责的党政领导干部，取消当年年度考核评优和评选各类先进的资格。	注意问责的后果。
《关于实行党政领导干部问责的暂行规定》	**第十条第二款** 引咎辞职、责令辞职、免职的党政领导干部，一年内不得重新担任与其原任职务相当的领导职务。	注意影响期限制。
《关于实行党政领导干部问责的暂行规定》	**第十条第三款** 对引咎辞职、责令辞职、免职的党政领导干部，可以根据工作需要以及本人一贯表现、特长等情况，由党委（党组）、政府按照干部管理权限酌情安排适当岗位或者相应工作任务。	对受到问责的领导干部需要注意通过“三个区分开来”原则予以关怀。
《关于实行党政领导干部问责的暂行规定》	**第十条第四款** 引咎辞职、责令辞职、免职的党政领导干部，一年后如果重新担任与其原任职务相当的领导职务，除应当按照干部管理权限履行审批手续外，还应当征求上一级党委组织部门的意见。	重新启用规定。

续表

法规依据	条文摘录	知识点提醒
《中华人民共和国公职人员政务处分法》	**第五十二条** 公职人员涉嫌违法,已经被立案调查,不宜继续履行职责的,公职人员任免机关、单位可以决定暂停其履行职务。 公职人员在被立案调查期间,未经监察机关同意,不得出境、辞去公职;被调查公职人员所在机关、单位及上级机关、单位不得对其交流、晋升、奖励、处分或者办理退休手续。	停职即暂停履行职务,由公职人员任免机关、单位作出。
《人事部关于机关、事业单位工作人员在停职审查期间工资处理意见的通知》	机关和事业单位各类工作人员在停职审查期间,遇国家规定调整工资(含调整标准、晋升工资档次和级别工资)时,其工资调整暂缓执行。待审查结束有结论后,按照有关规定办理,未受到行政处罚或行政纪律处分的,按国家规定予以补调和补发工资。	停职期间,暂缓工资调整。
《公务员职务与职级并行规定》	**第二十二条** 公务员职级实行能上能下,具有下列情形之一的,应当按照规定降低职级: (一)不能胜任职位职责要求的; (二)年度考核被确定为不称职等次的; (三)受到降职处理或者撤职处分的; (四)法律法规和党内法规规定的其他情形。	降低职级的情形。
《中华人民共和国公务员法》	**第六十四条** 公务员在受处分期间不得晋升职务、职级和级别,其中受记过、记大过、降级、撤职处分的,不得晋升工资档次。 受处分的期间为:警告,六个月;记过,十二个月;记大过,十八个月;降级、撤职,二十四个月。 受撤职处分的,按照规定降低级别。	撤职处分的后果:按照规定降低级别(职务层级)。
《公务员考核规定》	**第二十八条** 公务员涉嫌违纪违法被立案审查调查尚未结案的,参加年度考核,不写评语、不确定等次。结案后,不给予处分或者给予警告处分的,按照规定补定等次。	被立案调查尚未结案的年度考核规定。
《公务员考核规定》	**第二十九条** 受处分公务员的年度考核,按照下列规定办理: (一)受警告处分的当年,参加年度考核,不得确定为优秀等次; (二)受记过处分的当年,受记大过、降级、撤职处分的当年及第二年,参加年度考核,只写评语,不确定等次。	注意撤职处分的年度考核规定。

续表

法规依据	条文摘录	知识点提醒
《公务员职务与职级并行规定》	**第二十一条** 公务员具有下列情形之一的,不得晋升职级: (一)不符合第十七条、第十八条规定的; (二)受到诫勉、组织处理或者处分等影响期未满或者期满影响使用的; (三)涉嫌违纪违法正在接受审查调查尚未作出结论的; (四)影响晋升职级的其他情形。	不得晋升职级的4种情形,第2项、第3项需要重点掌握。
《公务员职务与职级并行规定》	**第二十二条** 公务员职级实行能上能下,具有下列情形之一的,应当按照规定降低职级: (一)不能胜任职位职责要求的; (二)年度考核被确定为不称职等次的; (三)受到降职处理或者撤职处分的; (四)法律法规和党内法规规定的其他情形。	降低职级的4种情形。
《中国共产党组织处理规定(试行)》	**第十一条第一款** 停职检查期限一般不超过6个月。受到调整职务处理的,1年内不得提拔职务、晋升职级或者进一步使用。受到责令辞职、免职处理的,1年内不得安排领导职务,2年内不得担任高于原职务层次的领导职务或者晋升职级。受到降职处理的,2年内不得提拔职务、晋升职级或者进一步使用。同时受到党纪政务处分和组织处理的,按照影响期长的规定执行。	停职检查期限一般不超过6个月。受到调整职务处理,受到责令辞职、免职处理,受到降职处理,这3种组织处理措施,依次加重。
	第十一条第二款 领导干部受到组织处理的,当年不得评选各类先进。当年年度考核按照以下规定执行:受到调整职务处理的,不得确定为优秀等次;受到责令辞职、免职、降职处理的,只写评语不确定等次。同时受到党纪政务处分和组织处理的,按照对其年度考核结果影响较重的处理处分确定年度考核等次。	领导干部受到组织处理的,当年不得评选各类先进。受到调整职务处理的,当年年度考核不得确定为优秀等次;受到责令辞职、免职、降职处理的,当年年度考核只写评语不确定等次。

"惩前毖后、治病救人"相关知识点梳理

法规依据	条文摘录
《中国共产党章程》	**第四十条第二款** 坚持惩前毖后、治病救人,执纪必严、违纪必究,抓早抓小、防微杜渐,按照错误性质和情节轻重,给以批评教育、责令检查、诫勉直至纪律处分。运用监督执纪"四种形态",让"红红脸、出出汗"成为常态,党纪处分、组织调整成为管党治党的重要手段,严重违纪、严重触犯刑律的党员必须开除党籍。
《关于新形势下党内政治生活的若干准则》	坚持惩前毖后、治病救人,正确对待犯错误的干部,帮助其认识和改正错误。不得混淆干部所犯错误性质或夸大错误程度对干部作出不适当的处理,不得利用干部所犯错误泄私愤、打击报复。
《中国共产党党内监督条例》	**第四条** 党内监督必须贯彻民主集中制,依规依纪进行,强化自上而下的组织监督,改进自下而上的民主监督,发挥同级相互监督作用。坚持惩前毖后、治病救人,抓早抓小、防微杜渐。
《中国共产党纪律处分条例》	**第四条** 党的纪律处分工作遵循下列原则: (一)坚持党要管党、全面从严治党。把严的基调、严的措施、严的氛围长期坚持下去,加强对党的各级组织和全体党员的教育、管理和监督,把纪律挺在前面,抓早抓小、防微杜渐。 (二)党纪面前一律平等。对违犯党纪的党组织和党员必须严肃、公正执行纪律,党内不允许有任何不受纪律约束的党组织和党员。 (三)实事求是。对党组织和党员违犯党纪的行为,应当以事实为依据,以党章、其他党内法规和国家法律法规为准绳,执纪执法贯通,准确认定行为性质,区别不同情况,恰当予以处理。 (四)民主集中制。实施党纪处分,应当按照规定程序经党组织集体讨论决定,不允许任何个人或者少数人擅自决定和批准。上级党组织对违犯党纪的党组织和党员作出的处理决定,下级党组织必须执行。 (五)惩前毖后、治病救人。处理违犯党纪的党组织和党员,应当实行惩戒与教育相结合,做到宽严相济。

续表

法规依据	条文摘录
《中国共产党纪律检查委员会工作条例》	**第四条** 党的各级纪律检查委员会遵循以下原则开展工作： （一）坚持党的全面领导，坚持党中央集中统一领导。 （二）坚持以人民为中心，践行党的根本宗旨和群众路线。 （三）坚持民主集中制，实行集体领导和个人分工负责相结合的制度。 （四）坚持严的主基调，全面从严、一严到底。 （五）坚持实事求是，依规依纪依法履行职责。 （六）坚持惩前毖后、治病救人，实现政治效果、纪法效果、社会效果有机统一。
《中国共产党问责条例》	**第三条** 党的问责工作应当坚持以下原则： （一）依规依纪、实事求是； （二）失责必问、问责必严； （三）权责一致、错责相当； （四）严管和厚爱结合、激励和约束并重； （五）惩前毖后、治病救人； （六）集体决定、分清责任。
《中国共产党纪律检查机关监督执纪工作规则》	**第四条** 坚持惩前毖后、治病救人，把纪律挺在前面，精准有效运用监督执纪"四种形态"，把思想政治工作贯穿监督执纪全过程，严管和厚爱结合，激励和约束并重，注重教育转化，促使党员自觉防止和纠正违纪行为，惩治极少数，教育大多数，实现政治效果、纪法效果和社会效果相统一。
《中华人民共和国监察法》	**第五条** 国家监察工作严格遵照宪法和法律，以事实为根据，以法律为准绳；权责对等，严格监督；遵守法定程序，公正履行职责；尊重和保障人权，在适用法律上一律平等，保障监察对象及相关人员的合法权益；惩戒与教育相结合，宽严相济。
《中华人民共和国公职人员政务处分法》	**第四条** 给予公职人员政务处分，坚持党管干部原则，集体讨论决定；坚持法律面前一律平等，以事实为根据，以法律为准绳，给予的政务处分与违法行为的性质、情节、危害程度相当；坚持惩戒与教育相结合，宽严相济。
《中华人民共和国监察法实施条例》	**第四条** 监察机关应当依法履行监督、调查、处置职责，坚持实事求是，坚持惩前毖后、治病救人，坚持惩戒与教育相结合，实现政治效果、法律效果和社会效果相统一。

续表

法规依据	条文摘录
备注	"惩前毖后、治病救人"是毛泽东同志首先使用和提出的,是对待犯错误同志的正确态度。 2013年6月,习近平总书记在党的群众路线教育实践活动工作会议上指出:治治病,主要是坚持惩前毖后、治病救人方针,区别情况、对症下药,对作风方面存在问题的党员、干部进行教育提醒,对问题严重的进行查处,对不正之风和突出问题进行专项治理。人的身体有了毛病,就要看医生,就要打针吃药,重了还要动手术。人的思想和作风有了毛病,也必须抓紧治。如果讳疾忌医,就可能小病拖成大病,由病在表皮发展到病入膏肓,最终无药可治,正所谓"禁微则易,救末者难"。各级党组织要采取有力措施,帮助有问题的党员、干部找准"病症",对症下药,该吃中药的吃中药,该吃西药的吃西药,或者中西医结合,该动手术的动手术,切实体现从严治党的要求。 2016年1月,习近平总书记在第十八届中央纪律检查委员会第六次全体会议上指出:惩前毖后、治病救人是我们党的一贯方针,也是我们党加强自身建设的历史经验。日常工作中发现了问题就要真管真严。惩治,治是根本,惩是为了治。要通过加强纪律建设和纪检工作,管住纪律、看住权力,使干部向高标准努力,不犯或少犯错误特别是严重错误,这才是党组织对党员、干部最大的关心和爱护。
推荐阅读	党要管党、从严治党是党组织的日常工作,批评教育、组织处理、纪律处分都是党章规定的主体责任。党风廉政建设和反腐败斗争是全面从严治党的重要方面,但绝不是全部,不能把全面从严治党等同于反腐败。从严治党要靠纪律管全党,把纪律挺在前面要靠坚强的党性和责任担当。发挥党的领导核心作用,落实管党治党主体责任,严明政治纪律和政治规矩、组织纪律,要运用好监督执纪的"四种形态"。党内关系要正常化,批评和自我批评要经常开展,让咬耳扯袖、红脸出汗成为常态;党纪轻处分和组织处理要成为大多数;对严重违纪的重处分、作出重大职务调整应当是少数;而严重违纪涉嫌违法立案审查的只能是极极少数。这"四种形态"都是为了惩前毖后、治病救人,必须改变要么是"好同志"、要么是"阶下囚"的状况,真正体现对党员的严格要求和关心爱护。参见王岐山:《把握运用监督执纪"四种形态"》,载新华网2015年9月26日,http://www.xinhuanet.com/politics/2015-09/26/c_1116687031.htm。

续表

法规依据	条文摘录
实践误区提醒	实践中，有的人对这一方针认识不深、执行不实，“救人”意识不强，“治病”办法不多；有的把握不好“惩前”与“毖后”的辩证关系，重“查处”轻“治病”，重“惩戒”轻“教育”，一处了之、不闻不问，甚至一个处分定终身；有的把握不好政策策略，对“四种形态”不敢用、不会用，运用起来不精准；有的不善于做思想政治工作，做工作只是为了“撬开嘴”、拿证据，不是为了“治病救人”等。

纪检监察机关开展工作时应遵循的原则

法规依据	条文摘录	知识点提醒
《中国共产党纪律检查委员会工作条例》	**第四条** 党的各级纪律检查委员会遵循以下原则开展工作: (一)坚持党的全面领导,坚持党中央集中统一领导。 (二)坚持以人民为中心,践行党的根本宗旨和群众路线。 (三)坚持民主集中制,实行集体领导和个人分工负责相结合的制度。 (四)坚持严的主基调,全面从严、一严到底。 (五)坚持实事求是,依规依纪依法履行职责。 (六)坚持惩前毖后、治病救人,实现政治效果、纪法效果、社会效果有机统一。	纪委开展工作应遵循六大原则,排在第一位的是坚持党的全面领导,坚持党中央集中统一领导。
《中国共产党纪律处分条例》	**第四条** 党的纪律处分工作遵循下列原则: (一)坚持党要管党、全面从严治党。把严的基调、严的措施、严的氛围长期坚持下去,加强对党的各级组织和全体党员的教育、管理和监督,把纪律挺在前面,抓早抓小、防微杜渐。 (二)党纪面前一律平等。对违犯党纪的党组织和党员必须严肃、公正执行纪律,党内不允许有任何不受纪律约束的党组织和党员。 (三)实事求是。对党组织和党员违犯党纪的行为,应当以事实为依据,以党章、其他党内法规和国家法律法规为准绳,执纪执法贯通,准确认定行为性质,区别不同情况,恰当予以处理。 (四)民主集中制。实施党纪处分,应当按照规定程序经党组织集体讨论决定,不允许任何个人或者少数人擅自决定和批准。上级党组织对违犯党纪的党组织和党员作出的处理决定,下级党组织必须执行。 (五)惩前毖后、治病救人。处理违犯党纪的党组织和党员,应当实行惩戒与教育相结合,做到宽严相济。	党纪处分要坚持党要管党、全面从严治党的原则,党纪面前一律平等的原则,实事求是的原则,民主集中制的原则,惩前毖后、治病救人的原则。

续表

法规依据	条文摘录	知识点提醒
《中国共产党处分违纪党员批准权限和程序规定》	**第四条** 对违纪党员实施党纪处分应当坚持党纪面前一律平等、实事求是、民主集中制和惩前毖后、治病救人原则,做到事实清楚、证据确凿、定性准确、处理恰当、手续完备、程序合规。 对违纪党员实施党纪处分应当按照规定程序,经党组织(含纪律检查机关,下同)集体讨论决定,不允许任何个人或者少数人擅自决定和批准。上级党组织对违纪党员作出的处理决定,下级党组织必须执行。	
《中国共产党问责条例》	**第三条** 党的问责工作应当坚持以下原则: (一)依规依纪、实事求是; (二)失责必问、问责必严; (三)权责一致、错责相当; (四)严管和厚爱结合、激励和约束并重; (五)惩前毖后、治病救人; (六)集体决定、分清责任。	党的问责工作应当坚持六大原则。
《中国共产党巡视工作条例》	**第四条** 巡视工作遵循下列原则: (一)坚持党中央集中统一领导、分级负责; (二)坚持围绕中心、服务大局; (三)坚持人民立场、贯彻群众路线; (四)坚持问题导向、发扬斗争精神; (五)坚持实事求是、依规依纪依法。	巡视工作应坚持五大原则。
《中国共产党党内监督条例》	**第三条** 党内监督没有禁区、没有例外。信任不能代替监督。各级党组织应当把信任激励同严格监督结合起来,促使党的领导干部做到有权必有责、有责要担当,用权受监督、失责必追究。 **第四条** 党内监督必须贯彻民主集中制,依规依纪进行,强化自上而下的组织监督,改进自下而上的民主监督,发挥同级相互监督作用。坚持惩前毖后、治病救人,抓早抓小、防微杜渐。	党内监督应坚持贯彻民主集中制,依规依纪进行、惩前毖后、治病救人,抓早抓小、防微杜渐等原则。

续表

法规依据	条文摘录	知识点提醒
《中国共产党党员教育管理工作条例》	**第四条** 党员教育管理工作遵循以下原则: (一)坚持党要管党、全面从严治党,将严的要求落实到党员教育管理工作全过程和各方面,党员领导干部带头接受教育管理; (二)坚持以党的政治建设为统领,突出党性教育和政治理论教育,引导党员遵守党章党规党纪,不忘初心、牢记使命; (三)坚持围绕中心、服务大局,注重党员教育管理质量和实效,保证党的理论和路线方针政策、党中央决策部署贯彻落实; (四)坚持从实际出发,加强分类指导,尊重党员主体地位,充分发挥党支部直接教育、管理、监督党员作用。	党员教育管理工作应遵循四大原则。
《中国共产党党员权利保障条例》	**第三条** 党员权利保障应当遵循以下原则: (一)坚持民主和集中相结合,既激发党员参与党内事务的热情,又要求党员按照党性原则行使权利; (二)坚持义务和权利相统一,切实履行党章规定的义务,正确行使各项权利,在宪法和法律的范围内活动; (三)坚持在党的纪律面前人人平等,不允许任何党员享有特权; (四)坚持充分全面保障党员权利,完善权利保障措施,畅通权利行使渠道,增强工作实效。	党员权利保障应遵循四大原则。
《中国共产党支部工作条例(试行)》	**第三条** 党支部工作必须遵循以下原则: (一)坚持以马克思列宁主义、毛泽东思想、邓小平理论、“三个代表”重要思想、科学发展观、习近平新时代中国特色社会主义思想为指导,遵守党章,加强思想理论武装,坚定理想信念,不忘初心、牢记使命,始终保持先进性和纯洁性。 (二)坚持把党的政治建设摆在首位,牢固树立“四个意识”,坚定“四个自信”,做到“四个服从”,旗帜鲜明讲政治,坚决维护习近平总书记党中央的核心、全党的核心地位,坚决维护党中央权威和集中统一领导。	党支部工作必须遵循五个原则。

续表

法规依据	条文摘录	知识点提醒
	（三）坚持践行党的宗旨和群众路线，组织引领党员、群众听党话、跟党走，成为党员、群众的主心骨。 （四）坚持民主集中制，发扬党内民主，尊重党员主体地位，严肃党的纪律，提高解决自身问题的能力，增强生机活力。 （五）坚持围绕中心、服务大局，充分发挥积极性主动性创造性，确保党的路线方针政策和决策部署贯彻落实。	
《中国共产党重大事项请示报告条例》	**第四条**　开展重大事项请示报告工作应当遵循以下原则： （一）坚持政治导向。树牢“四个意识”，落实“四个服从”，把请示报告作为重要政治纪律和政治规矩，把讲政治要求贯彻到请示报告工作全过程和各方面。 （二）坚持权责明晰。既牢记授权有限，该请示的必须请示，该报告的必须报告；又牢记守土有责，该负责的必须负责，该担当的必须担当。 （三）坚持客观真实。全面如实请示报告工作、反映情况、分析问题、提出建议，既报喜又报忧、既报功又报过、既报结果又报过程。 （四）坚持规范有序。落实依规治党要求，严格按照党章党规规定的主体、范围、程序和方式开展重大事项请示报告工作。	开展重大事项请示报告工作应遵循四大原则。
《中国共产党中央委员会工作条例》	**第四条**　中央委员会开展工作，牢牢把握以下原则： （一）坚持党对一切工作的领导，确保党中央集中统一领导。 （二）坚持和发展中国特色社会主义，全面贯彻党的基本理论、基本路线、基本方略。 （三）坚持解放思想，实事求是，与时俱进，求真务实。 （四）坚持全心全意为人民服务，以人民为中心，为人民执政、靠人民执政。 （五）坚持民主集中制，充分发扬党内民主，实行正确有效集中，维护党的团结统一。 （六）坚持从严管党治党，永葆党的先进性和纯洁性。	中央委员会开展工作，要牢牢把握六大原则。

续表

法规依据	条文摘录	知识点提醒
《中国共产党地方委员会工作条例》	**第四条** 党的地方委员会工作必须遵循以下原则: (一)坚持高举中国特色社会主义伟大旗帜,坚决贯彻党的理论和路线方针政策。 (二)坚持立党为公、执政为民,认真践行党的宗旨和群众路线。 (三)坚持解放思想、实事求是、与时俱进、求真务实,结合本地区实际创造性开展工作。 (四)坚持民主集中制,增强党的地方委员会领导集体活力和党的团结统一。 (五)坚持党要管党、从严治党,始终保持党的先进性和纯洁性。 (六)坚持在宪法和法律范围内活动,依据党章和其他党内法规履职尽责。	党的地方委员会工作必须遵循六大原则。
《中国共产党党组工作条例》	**第四条** 党组工作应当遵循以下原则: (一)坚持旗帜鲜明讲政治,加强党的领导,增强"四个意识"、坚定"四个自信"、做到"两个维护",坚决贯彻落实党的理论和路线方针政策,坚决贯彻落实党中央重大决策部署,在思想上政治上行动上同以习近平同志为核心的党中央保持高度一致; (二)坚持全面从严治党,担当管党治党主体责任,贯彻新时代党的建设总要求,贯彻新时代党的组织路线,推动全面从严治党向纵深发展; (三)坚持民主集中制,确保党组活力和坚强有力,推动形成良好政治局面; (四)坚持依据党章党规开展工作,在宪法法律范围内活动; (五)坚持正确领导方式,实现党组发挥领导作用与本单位领导班子依法依章程履行职责相统一。	党组工作应遵循五大原则。
《中国共产党党和国家机关基层组织工作条例》	**第四条** 机关基层党组织工作应当遵循以下原则: (一)坚持和加强党的全面领导,旗帜鲜明讲政治,把政治标准、政治要求贯彻到工作全过程和事业发展各方面;	机关基层党组织工作应遵循五大原则。

续表

法规依据	条文摘录	知识点提醒
	（二）坚持党要管党、全面从严治党，抓住“关键少数”、管好“绝大多数”，始终保持党的先进性和纯洁性； （三）坚持围绕中心、建设队伍、服务群众，推动党建工作与业务工作深度融合、相互促进； （四）坚持以上率下，发挥领导机关和领导干部示范引领作用； （五）坚持继承和创新相结合，增强机关党建工作实效。	
《中国共产党国有企业基层组织工作条例（试行）》	**第三条** 国有企业党组织工作应当遵循以下原则： （一）坚持加强党的领导和完善公司治理相统一，把党的领导融入公司治理各环节； （二）坚持党建工作与生产经营深度融合，以企业改革发展成果检验党组织工作成效； （三）坚持党管干部、党管人才，培养高素质专业化企业领导人员队伍和人才队伍； （四）坚持抓基层打基础，突出党支部建设，增强基层党组织生机活力； （五）坚持全心全意依靠工人阶级，体现企业职工群众主人翁地位，巩固党执政的阶级基础。	国有企业党组织工作应遵循五大原则。
《中国共产党党内法规制定条例》	**第七条** 党内法规制定工作应当遵循下列原则： （一）坚持正确政治方向，增强“四个意识”、坚定“四个自信”、做到“两个维护”； （二）坚持从党的事业发展需要和全面从严治党实际出发； （三）坚持以党章为根本，贯彻党的基本理论、基本路线、基本方略； （四）坚持民主集中制，充分发扬党内民主，维护党的集中统一； （五）坚持党必须在宪法和法律的范围内活动，注重党内法规同国家法律衔接和协调； （六）坚持便利管用，防止繁琐重复。	党内法规制定工作应遵循六大原则。

续表

法规依据	条文摘录	知识点提醒
《中国共产党纪律检查机关监督执纪工作规则》	**第三条** 监督执纪工作应当遵循以下原则: (一)坚持和加强党的全面领导,牢固树立政治意识、大局意识、核心意识、看齐意识,坚定中国特色社会主义道路自信、理论自信、制度自信、文化自信,坚决维护习近平总书记党中央的核心、全党的核心地位,坚决维护党中央权威和集中统一领导,严守政治纪律和政治规矩,体现监督执纪工作的政治性,构建党统一指挥、全面覆盖、权威高效的监督体系; (二)坚持纪律检查工作双重领导体制,监督执纪工作以上级纪委领导为主,线索处置、立案审查等在向同级党委报告的同时应当向上级纪委报告; (三)坚持实事求是,以事实为依据,以党章党规党纪和国家法律法规为准绳,强化监督、严格执纪,把握政策、宽严相济,对主动投案、主动交代问题的宽大处理,对拒不交代、欺瞒组织的从严处理; (四)坚持信任不能代替监督,执纪者必先守纪,以更高的标准、更严的要求约束自己,严格工作程序,有效管控风险,强化对监督执纪各环节的监督制约,确保监督执纪工作经得起历史和人民的检验。	纪律检查机关监督执纪应遵循四大原则。
《纪检监察机关处理检举控告工作规则》	**第五条** 纪检监察机关处理检举控告工作应当遵循以下原则: (一)实事求是。以事实为依据处理检举控告,鼓励支持检举控告人客观真实地反映情况。 (二)依规依纪依法。按照党章党规党纪和宪法法律以及信访工作有关规定处理检举控告,引导检举控告人依规依法、理性有序地反映问题。 (三)保障合法权利。贯彻“三个区分开来”要求,既保障检举控告人的监督权利,又查处诬告陷害行为,保护党员、干部干事创业积极性。 (四)分级负责、分工处理。按照管理权限受理检举控告,建立信访举报、监督检查、审查调查、案件监督管理等部门相互配合、相互制约的工作机制。	纪检监察机关处理检举控告工作应当遵循四大原则。

续表

法规依据	条文摘录	知识点提醒
《中华人民共和国监察法》	**第五条** 国家监察工作严格遵照宪法和法律，以事实为根据，以法律为准绳；权责对等，严格监督；遵守法定程序，公正履行职责；尊重和保障人权，在适用法律上一律平等，保障监察对象及相关人员的合法权益；惩戒与教育相结合，宽严相济。	监察工作应遵循五大原则，其中“遵守法定程序，公正履行职责；尊重和保障人权”等内容系 2024 年修正时新增表述。
《中华人民共和国公职人员政务处分法》	**第四条** 给予公职人员政务处分，坚持党管干部原则，集体讨论决定；坚持法律面前一律平等，以事实为根据，以法律为准绳，给予的政务处分与违法行为的性质、情节、危害程度相当；坚持惩戒与教育相结合，宽严相济。	给予公职人员政务处分应遵循三大原则，第一个原则是党管干部原则。

一体推进不敢腐、不能腐、不想腐相关知识点梳理

法规依据	条文摘录	知识点提醒
《中国共产党章程》	加强社会主义核心价值体系建设,坚持马克思主义指导思想,树立中国特色社会主义共同理想,弘扬以爱国主义为核心的民族精神和以改革创新为核心的时代精神,培育和践行社会主义核心价值观,倡导社会主义荣辱观,增强民族自尊、自信和自强精神,抵御资本主义和封建主义腐朽思想的侵蚀,扫除各种社会丑恶现象,努力使我国人民成为有理想、有道德、有文化、有纪律的人民。对党员要进行共产主义远大理想教育。	树立中国特色社会主义共同理想。
《中国共产党章程》	**第十八条** 党的中央、地方和基层组织,都必须重视党的建设,经常讨论和检查党的宣传工作、教育工作、组织工作、纪律检查工作、群众工作、统一战线工作等,注意研究党内外的思想政治状况。	重视党的建设。
《中国共产党章程》	**第三十二条第三项** 党的基层组织是党在社会基层组织中的战斗堡垒,是党的全部工作和战斗力的基础。它的基本任务是: (三)对党员进行教育、管理、监督和服务,提高党员素质,坚定理想信念,增强党性,严格党的组织生活,开展批评和自我批评,维护和执行党的纪律,监督党员切实履行义务,保障党员的权利不受侵犯。加强和改进流动党员管理。	坚定理想信念,增强党性。
《关于新形势下党内政治生活的若干准则》	共产主义远大理想和中国特色社会主义共同理想,是中国共产党人的精神支柱和政治灵魂,也是保持党的团结统一的思想基础。必须高度重视思想政治建设,把坚定理想信念作为开展党内政治生活的首要任务。	把坚定理想信念作为开展党内政治生活的首要任务。

续表

法规依据	条文摘录	知识点提醒
《关于新形势下党内政治生活的若干准则》	理想信念动摇是最危险的动摇，理想信念滑坡是最危险的滑坡。全党同志必须把对马克思主义的信仰、对社会主义和共产主义的信念作为毕生追求，在改造客观世界的同时不断改造主观世界，解决好世界观、人生观、价值观这个“总开关”问题，不断增强政治定力，自觉成为共产主义远大理想和中国特色社会主义共同理想的坚定信仰者和忠实实践者；必须坚定对中国特色社会主义的道路自信、理论自信、制度自信、文化自信。领导干部特别是高级干部要以实际行动让党员和群众感受到理想信念的强大力量。	理想信念动摇是最危险的动摇，理想信念滑坡是最危险的滑坡。 要以实际行动让党员和群众感受到理想信念的强大力量。
	全体党员必须永远保持建党时中国共产党人的奋斗精神，把理想信念的坚定性体现在做好本职工作的过程中，自觉为推进中国特色社会主义事业而苦干实干，在胜利时和顺境中不骄傲不自满，在困难时和逆境中不消沉不动摇，经受住各种赞誉和诱惑考验，经受住各种风险和挑战考验，永葆共产党人政治本色。	理想信念的坚定性体现在做好本职工作的过程中。
	坚定理想信念，必须加强学习。思想理论上的坚定清醒是政治上坚定的前提。全党必须毫不动摇坚持马克思主义指导思想，党的各级组织必须坚持不懈抓好理论武装，广大党员、干部特别是高级干部必须自觉抓好学习、增强党性修养。把马克思主义理论作为必修课，认真学习马克思列宁主义、毛泽东思想、邓小平理论、“三个代表”重要思想、科学发展观，认真学习习近平总书记系列重要讲话精神，认真学习党章党规，不断提高马克思主义思想觉悟和理论水平。系统掌握马克思主义基本原理，学会用马克思主义立场、观点、方法观察问题、分析问题、解决问题，特别是要聚焦现实问题，不断深化对共产党执政规律、社会主义建设规律、人类社会发展规律的认识。适应时代进步和事业发展要求，广泛学习经济、政治、文化、社会、生态文明以及哲学、历史、法律、科技、国防、国际等各方面知识，提高战略思维、创新思维、辩证思维、法治思维、底线思维能力，提高领导能力专业化水平。	坚定理想信念，必须加强学习。思想理论上的坚定清醒是政治上坚定的前提。

续表

法规依据	条文摘录	知识点提醒
《中国共产党纪律检查委员会工作条例》	**第二十九条** 党的纪律检查工作坚持把一体推进不敢腐、不能腐、不想腐作为反腐败斗争的基本方针、新时代全面从严治党的重要方略,惩治震慑、制度约束、提高觉悟一体发力,系统施治、标本兼治,努力取得更多制度性成果和更大治理成效: (一)坚持无禁区、全覆盖、零容忍,坚持重遏制、强高压、长震慑,坚持受贿行贿一起查,巩固不敢腐。 (二)坚持将惩治腐败与深化改革、促进治理贯通起来,深入查找制度和体制机制存在的问题,推动补齐制度短板、堵塞监管漏洞、规范权力运行,强化不能腐。 (三)坚持教育党员、干部坚定理想信念宗旨,提高党性觉悟,提升道德修养,涵养廉洁文化,筑牢思想上拒腐防变的堤坝,自觉不想腐。	要坚持把一体推进不敢腐、不能腐、不想腐作为反腐败斗争的基本方针、新时代全面从严治党的重要方略。
《中国共产党党员教育管理工作条例》	**第九条** 加强政治理论教育,突出党的创新理论学习,组织党员学习党的基本理论、基本路线、基本方略,学习马克思主义基本原理和党的基本知识,引导党员坚定理想信念,增强党性修养,努力掌握并自觉运用马克思主义立场观点方法。	引导党员坚定理想信念,增强党性修养。
《中国共产党支部工作条例(试行)》	**第九条第三项** 党支部的基本任务是: (三)对党员进行教育、管理、监督和服务,突出政治教育,提高党员素质,坚定理想信念,增强党性,严格党的组织生活,开展批评和自我批评,维护和执行党的纪律,监督党员切实履行义务,保障党员的权利不受侵犯。加强和改进流动党员管理。关怀帮扶生活困难党员和老党员。做好党费收缴、使用和管理工作。依规稳妥处置不合格党员。	坚定理想信念,增强党性。
《中国共产党党和国家机关基层组织工作条例》	**第十三条** 坚持以党的创新理论武装头脑,引导党员、干部学深悟透、融会贯通、真信笃行,自觉做习近平新时代中国特色社会主义思想的坚定信仰者、忠实实践者。把不忘初心、牢记使命作为加强党的建设的永恒课题和全体党员、干部的终身课题,形成长效机制,锤炼党员、干部忠诚干净担当的政治品格。发挥领导干部领学促学作用,提高党员、干部运用党的创新理论指导实践、推动工作的能力。有计划地对年轻干部进行理想信念宗旨教育。	把不忘初心、牢记使命作为加强党的建设的永恒课题和全体党员、干部的终身课题。

续表

法规依据	条文摘录	知识点提醒
《中国共产党国有企业基层组织工作条例(试行)》	**第十八条** 国有企业党组织应当坚持集中教育和经常性教育相结合,采取集中轮训、党委(党组)理论学习中心组学习、理论宣讲、在线学习培训等方式,强化政治理论教育、党的宗旨教育、党章党规党纪教育和革命传统教育,组织引导党员认真学习党史、新中国史、改革开放史,推进"两学一做"学习教育常态化制度化,把不忘初心、牢记使命作为加强党的建设的永恒课题和全体党员、干部的终身课题,形成长效机制。	强化政治理论教育、党的宗旨教育、党章党规党纪教育和革命传统教育。
《中国共产党国有企业基层组织工作条例(试行)》	**第三十条** 落实党内监督责任,建立健全党内监督制度机制,强化日常管理和监督,充分发挥内设纪检组织、党委工作机构、基层党组织和党员的监督作用。加强对企业领导人员的党性教育、宗旨教育、警示教育,落实谈心谈话制度,加大提醒、函询、诫勉等力度,通过巡视巡察、考察考核、调研督导、处理信访举报、抽查核实个人有关事项报告等方式,督促企业领导人员依规依法用权、廉洁履职。 善用企业监事会、审计、法律、财务等监督力量,发挥职工群众监督、社会监督和舆论监督作用,推动各类监督有机贯通、相互协调,形成监督合力,提高监督效能。	加强对企业领导人员的党性教育、宗旨教育——不想腐;警示教育——不敢腐。
《中国共产党国有企业基层组织工作条例(试行)》	**第十九条** 严肃党的组织生活,认真召开民主生活会和组织生活会,提高"三会一课"质量,落实谈心谈话、民主评议党员和主题党日等制度,增强党内政治生活的政治性、时代性、原则性、战斗性。坚持重温入党誓词、重温入党志愿书等有效做法,落实党员领导干部讲党课制度。	坚持重温入党誓词、重温入党志愿书。
《中国共产党农村基层组织工作条例》	**第三十三条** 党的农村基层组织应当组织党员认真学习和忠实践行习近平新时代中国特色社会主义思想,推进"两学一做"学习教育常态化制度化,认真开展党内主题教育活动,学习党的基本理论、基本路线、基本方略,学习形势政策、科学文化、市场经济、党内法规和国家法律法规等知识。 县、乡两级党委应当加强农村党员教育培训,建好用好乡镇党校、党员活动室,注重运用现代信息技术开展党员教育。乡镇党委每年至少对全体党员分期分批集中培训1次。	认真学习和忠实践行习近平新时代中国特色社会主义思想。

续表

法规依据	条文摘录	知识点提醒
《中国共产党农村基层组织工作条例》	**第三十四条** 党的农村基层组织应当严格党的组织生活。坚持“三会一课”制度,村党组织应当以党支部为单位,每月相对固定1天开展主题党日,组织党员学习党的文件、上党课,开展民主议事、志愿服务等,突出党性锻炼,防止表面化、形式化。党员领导干部应当定期为基层党员讲党课。 党支部应当经常开展谈心谈话。	突出党性锻炼。
《中国共产党问责条例》	**第七条第三项** 党组织、党的领导干部违反党章和其他党内法规,不履行或者不正确履行职责,有下列情形之一,应当予以问责: (三)党的思想建设缺失,党性教育特别是理想信念宗旨教育流于形式,意识形态工作责任制落实不到位,造成严重后果或者恶劣影响的;	党的思想建设缺失,属于问责事项。
《中国共产党党内监督条例》	**第五条第二款第一项** 党内监督的主要内容是: (一)遵守党章党规,坚定理想信念,践行党的宗旨,模范遵守宪法法律情况;	坚定理想信念。
《中国共产党党组工作条例》	**第十八条第一款第二项** 党组必须坚持党建工作与业务工作同谋划、同部署、同推进、同考核,加强对本单位党的建设的领导,落实新时代党的建设总要求,履行全面从严治党责任,提高党的建设质量。具体包括: (二)强化理论武装,组织学习习近平新时代中国特色社会主义思想,推进“两学一做”学习教育常态化制度化,引导党员、干部坚定理想信念宗旨,自觉加强党性锻炼;	坚定理想信念。
《党委(党组)落实全面从严治党主体责任规定》	**第三条** 党委(党组)必须深入贯彻习近平新时代中国特色社会主义思想,增强“四个意识”、坚定“四个自信”、做到“两个维护”,不忘初心、牢记使命,守责、负责、尽责,一以贯之、坚定不移全面从严治党,以伟大自我革命引领伟大社会革命,以科学理论引领全党理想信念,以“两个维护”引领全党团结统一,以正风肃纪反腐凝聚党心军心民心,永葆党的先进性和纯洁性,确保党始终成为中国特色社会主义事业的坚强领导核心。	以科学理论引领全党理想信念。

续表

法规依据	条文摘录	知识点提醒
《党委(党组)落实全面从严治党主体责任规定》	**第六条第四项** 地方党委应当将党的建设与经济社会发展同谋划、同部署、同推进、同考核,加强对本地区全面从严治党各项工作的领导。主要包括: (四)把党的思想建设作为基础性建设来抓,坚定理想信念,用习近平新时代中国特色社会主义思想武装头脑、指导实践、推动工作,落实意识形态工作责任制;	坚定理想信念。
《党委(党组)落实全面从严治党主体责任规定》	**第七条第四项** 党组(党委)应当坚持党建工作与业务工作同谋划、同部署、同推进、同考核,加强对本单位(本系统)全面从严治党各项工作的领导。主要包括: (四)强化理论武装,学懂弄通做实习近平新时代中国特色社会主义思想,引导党员、干部坚定理想信念宗旨,落实意识形态工作责任制;	引导党员、干部坚定理想信念宗旨。
《党委(党组)落实全面从严治党主体责任规定》	**第十四条** 党委(党组)应当开展经常性的全面从严治党宣传教育,特别是党章党规和党性党风党纪教育,注重发挥正反典型的示范警示作用,在本地区本单位营造全面从严治党良好氛围。	正面典型示范作用:不想腐; 反面典型警示作用:不敢腐。
《中共中央关于加强党的政治建设的意见》	增强不想腐的自觉,领导干部特别是高级干部要带头加强党性修养,知敬畏、存戒惧、守底线,坚决防范被利益集团"围猎",持之以恒锤炼政德,明大德、守公德、严私德,带头遵守《中国共产党廉洁自律准则》,注重家庭家教家风,自觉做廉洁自律、廉洁用权、廉洁齐家的模范。	加强党性修养知敬畏、存戒惧。
《中共中央关于进一步全面深化改革 推进中国式现代化的决定》	完善一体推进不敢腐、不能腐、不想腐工作机制,着力铲除腐败滋生的土壤和条件。	完善一体推进"三不腐"工作机制。
《中华人民共和国监察法》	**第六条** 国家监察工作坚持标本兼治、综合治理,强化监督问责,严厉惩治腐败;深化改革、健全法治,有效制约和监督权力;加强法治教育和道德教育,弘扬中华优秀传统文化,构建不敢腐、不能腐、不想腐的长效机制。	构建不敢腐、不能腐、不想腐的长效机制。

纪检监察机关主要职责任务及管辖范围知识点梳理

法规依据	条文摘录	知识点提醒
《中国共产党章程》	**第四十六条第一款、第二款** 党的各级纪律检查委员会是党内监督专责机关,主要任务是:维护党的章程和其他党内法规,检查党的路线、方针、政策和决议的执行情况,协助党的委员会推进全面从严治党、加强党风建设和组织协调反腐败工作,推动完善党和国家监督体系。 党的各级纪律检查委员会的职责是监督、执纪、问责,要经常对党员进行遵守纪律的教育,作出关于维护党纪的决定;对党的组织和党员领导干部履行职责、行使权力进行监督,受理处置党员群众检举举报,开展谈话提醒、约谈函询;检查和处理党的组织和党员违反党的章程和其他党内法规的比较重要或复杂的案件,决定或取消对这些案件中的党员的处分;进行问责或提出责任追究的建议;受理党员的控告和申诉;保障党员的权利。	纪委是党内监督专责机关;纪委的主要任务需要牢记。 党的各级纪律检查委员会的职责是监督、执纪、问责。
《中国共产党中央委员会工作条例》	**第十二条** 在党中央领导下,中央纪律检查委员会(国家监察委员会)履行党的最高纪律检查机关(国家最高监察机关)职责。	中央纪委的职责、地位:履行党的最高纪律检查机关职责。
《中国共产党党内监督条例》	**第二十六条** 党的各级纪律检查委员会是党内监督的专责机关,履行监督执纪问责职责,加强对所辖范围内党组织和领导干部遵守党章党规党纪、贯彻执行党的路线方针政策情况的监督检查,承担下列具体任务: (一)加强对同级党委特别是常委会委员、党的工作部门和直接领导的党组织、党的领导干部履行职责、行使权力情况的监督; (二)落实纪律检查工作双重领导体制,执纪审查工作以上级纪委领导为主,线索处置和执纪审查情况在向同级党委报告的同时向上级纪委报告,各级纪委书记、副书记的提名和考察以上级纪委会同组织部门为主;	党的各级纪律检查委员会是党内监督的专责机关,履行监督执纪问责职责;纪律检查机关必须把维护党的政治纪律和政治规矩放在首位。

续表

法规依据	条文摘录	知识点提醒
	（三）强化上级纪委对下级纪委的领导，纪委发现同级党委主要领导干部的问题，可以直接向上级纪委报告；下级纪委至少每半年向上级纪委报告1次工作，每年向上级纪委进行述职。 **第二十七条** 纪律检查机关必须把维护党的政治纪律和政治规矩放在首位，坚决纠正和查处上有政策、下有对策，有令不行、有禁不止，口是心非、阳奉阴违，搞团团伙伙、拉帮结派，欺骗组织、对抗组织等行为。	
《中国共产党纪律检查机关监督执纪工作规则》	**第六条** 党的纪律检查机关和国家监察机关是党和国家自我监督的专责机关，中央纪委和地方各级纪委贯彻党中央关于国家监察工作的决策部署，审议决定监委依法履职中的重要事项，把执纪和执法贯通起来，实现党内监督和国家监察的有机统一。	党的纪律检查机关和国家监察机关是党和国家自我监督的专责机关。
《中国共产党纪律检查机关监督执纪工作规则》	**第七条第一款** 监督执纪工作实行分级负责制： （一）中央纪委国家监委负责监督检查和审查调查中央委员、候补中央委员，中央纪委委员，中央管理的领导干部，党中央工作部门、党中央批准设立的党组（党委），各省、自治区、直辖市党委、纪委等党组织的涉嫌违纪或者职务违法、职务犯罪问题。 （二）地方各级纪委监委负责监督检查和审查调查同级党委委员、候补委员，同级纪委委员，同级党委管理的党员、干部以及监察对象，同级党委工作部门、党委批准设立的党组（党委），下一级党委、纪委等党组织的涉嫌违纪或者职务违法、职务犯罪问题。 （三）基层纪委负责监督检查和审查同级党委管理的党员，同级党委下属的各级党组织的涉嫌违纪问题；未设立纪律检查委员会的党的基层委员会，由该委员会负责监督执纪工作。	请注意地方纪委监委监督调查的对象范围（强调“同级党委管理”）。
《中国共产党纪律检查委员会工作条例》	**第二十四条** 党的各级纪律检查委员会坚定维护党章，促进党组织和党员牢固树立党章意识、严格遵守党章规定，发挥党章作为管党治党总章程的作用，以严明的纪律巩固党的团结统一。切实维护各项党内法规，有规必依、执规必严、违规必究，保证党内法规得到有效执行，促进依规治党。	纪委的首要任务是坚定维护党章，请注意修饰词“坚定”。

续表

法规依据	条文摘录	知识点提醒
《中国共产党纪律检查委员会工作条例》	**第二十五条** 党的各级纪律检查委员会检查党的理论和路线方针政策的执行情况,坚持服务党和国家工作大局,坚决维护党中央权威和集中统一领导,推动党组织和党员统一意志、统一行动。加强对党中央决策部署落实情况的监督检查,坚持跟进监督、精准监督、全程监督,督促党组织和党员履职尽责、担当作为,确保党中央政令畅通、令行禁止。	纪委的第二项任务是检查党的理论和路线方针政策的执行情况。 十九届中央纪委三次全会工作报告鲜明提出:“坚持党中央集中统一领导,维护党中央权威,巩固党的团结一致,保证党的政治纲领和政治目标实现,是纪检监察机关最重要、最根本的使命和责任。”
《中国共产党纪律检查委员会工作条例》	**第二十六条** 党的各级纪律检查委员会协助同级党的委员会推进全面从严治党: (一)协助同级党委制定全面从严治党规划、计划,推动各项工作落实。 (二)推动全面从严治党主体责任制度执行,检查同级党委领导班子成员包括“一把手”管党治党责任落实情况,监督下级党组织落实主体责任情况。 (三)加强对同级党委领导班子监督,发现班子成员包括“一把手”履职尽责、廉洁自律等方面重要问题,按照规定如实报告。 (四)协助同级党委加强对本地区本单位政治生态、党风廉政等情况分析,有关问题向同级党委报告并提出意见建议。 (五)协助同级党委开展巡视巡察工作。 (六)对日常监督、巡视巡察、审计监督等发现问题整改情况开展检查,通过加强监督推动整改常态化。 (七)协助起草相关党内法规和规范性文件。 (八)参与党委组织的管党治党有关专项工作。 坚持履行协助职责和监督责任有机结合,促进全面从严治党党委主体责任和纪委监督责任贯通协同。	纪委协助同级党委推进全面从严治党,一共细化为8个方面。

续表

法规依据	条文摘录	知识点提醒
《中国共产党纪律检查委员会工作条例》	**第二十七条** 党的各级纪律检查委员会协助同级党的委员会加强党风建设，锲而不舍落实中央八项规定精神，大力弘扬党的光荣传统和优良作风，驰而不息纠治形式主义、官僚主义、享乐主义和奢靡之风，坚决纠正损害群众利益的不正之风，保持党同人民群众的血肉联系。	纪委协助同级党委加强党风建设，被单列出来表述，意在以“严”的主基调持续纠“四风”、树新风。
《中华人民共和国宪法》	**第一百二十三条** 中华人民共和国各级监察委员会是国家的监察机关。 **第一百二十五条** 中华人民共和国国家监察委员会是最高监察机关。 国家监察委员会领导地方各级监察委员会的工作，上级监察委员会领导下级监察委员会的工作。	监委的性质：国家的监察机关。 上下级监委的关系：领导关系。
《中华人民共和国监察法》	**第三条** 各级监察委员会是行使国家监察职能的专责机关，依照本法对所有行使公权力的公职人员（以下称公职人员）进行监察，调查职务违法和职务犯罪，开展廉政建设和反腐败工作，维护宪法和法律的尊严。	监委是行使国家监察职能的专责机关。
	第十一条 监察委员会依照本法和有关法律规定履行监督、调查、处置职责： （一）对公职人员开展廉政教育，对其依法履职、秉公用权、廉洁从政从业以及道德操守情况进行监督检查； （二）对涉嫌贪污贿赂、滥用职权、玩忽职守、权力寻租、利益输送、徇私舞弊以及浪费国家资财等职务违法和职务犯罪进行调查； （三）对违法的公职人员依法作出政务处分决定；对履行职责不力、失职失责的领导人员进行问责；对涉嫌职务犯罪的，将调查结果移送人民检察院依法审查、提起公诉；向监察对象所在单位提出监察建议。	监委履行监督、调查、处置职责。
《中华人民共和国监察法实施条例》	**第二十六条** 监察机关依法调查涉嫌贪污贿赂犯罪，包括贪污罪①（第382条、第383条、第183条第2款、第271条第2款、第394条），挪用公款罪（第384条、第185条第2款、第272条第2款），受贿罪	

① 为便于学习，编者将《中华人民共和国监察法实施条例》规定的监委有权管辖的职务犯罪罪名标注了《中华人民共和国刑法》的对应条款。

续表

法规依据	条文摘录	知识点提醒
	(第385条、第386条、第184条第2款、第388条),单位受贿罪(第387条),利用影响力受贿罪(第388条之一),行贿罪(第389条、第390条),对有影响力的人行贿罪(第390条之一),对单位行贿罪(第391条),介绍贿赂罪(第392条),单位行贿罪(第393条),巨额财产来源不明罪(第395条第1款),隐瞒境外存款罪(第395条第2款),私分国有资产罪(第396条第1款),私分罚没财物罪(第396条第2款),以及公职人员在行使公权力过程中实施的职务侵占罪(第183条第1款、第271条第1款),挪用资金罪(第185条第1款、第272条第1款),对外国公职人员、国际公共组织官员行贿罪(第164条第2款),非国家工作人员受贿罪(第163条)和相关联的对非国家工作人员行贿罪(第164条第1款)。	本条是对《中华人民共和国监察法》第11条第2项"贪污贿赂"的详解。
《中华人民共和国监察法实施条例》	**第二十七条** 监察机关依法调查公职人员涉嫌滥用职权犯罪,包括滥用职权罪(第397条),国有公司、企业、事业单位人员滥用职权罪(第168条第1款、第2款),滥用管理公司、证券职权罪(第403条),食品、药品监管渎职罪(第408条之一),故意泄露国家秘密罪(第398条),报复陷害罪(第254条),阻碍解救被拐卖、绑架妇女、儿童罪(第416条),帮助犯罪分子逃避处罚罪(第417条),违法发放林木采伐许可证罪(第407条),办理偷越国(边)境人员出入境证件罪(第415条),放行偷越国(边)境人员罪(第415条),挪用特定款物罪(第273条),非法剥夺公民宗教信仰自由罪(第251条),侵犯少数民族风俗习惯罪(第251条),打击报复会计、统计人员罪(第255条),以及司法工作人员以外的公职人员利用职权实施的非法拘禁罪(第238条)、虐待被监管人罪(第248条)、非法搜查罪(第245条)。	本条是对《中华人民共和国监察法》第11条第2项"滥用职权"的详解。注意,并不是所有的滥用职权犯罪,均由监察机关管辖。只有公职人员实施的滥用职权犯罪,才由监察机关管辖。
《中华人民共和国监察法实施条例》	**第二十八条** 监察机关依法调查公职人员涉嫌玩忽职守犯罪,包括玩忽职守罪(第397条),国有公司、企业、事业单位人员失职罪(第168条),签订、履行合同失职被骗罪(第167条),国家机关工作人员签订、履行合同失职被骗罪(第406条),环境监管失职罪(第408条),传染病防治失职罪(第409条),商检失职罪(第412条第2款),动植物检疫失职罪(第413条第2款),不解救被拐卖、绑架妇女、儿童罪(第	

续表

法规依据	条文摘录	知识点提醒
	416条),失职造成珍贵文物损毁、流失罪(第419条),过失泄露国家秘密罪(第308条之一、第398条)。	本条是对《中华人民共和国监察法》第11条第2项"玩忽职守"的详解。注意,并不是所有的玩忽职守犯罪,均由监察机关管辖。只有公职人员实施的玩忽职守犯罪,才由监察机关管辖。
《中华人民共和国监察法实施条例》	**第二十九条** 监察机关依法调查公职人员涉嫌徇私舞弊犯罪,包括徇私舞弊低价折股、出售国有资产罪(第169条),非法批准征收、征用、占用土地罪(第410条),非法低价出让国有土地使用权罪(第410条),非法经营同类营业罪(第165条),为亲友非法牟利罪(第166条),枉法仲裁罪(第399条之一),徇私舞弊发售发票、抵扣税款、出口退税罪(第405条),商检徇私舞弊罪(第412条第1款),动植物检疫徇私舞弊罪(第413条),放纵走私罪(第411条),放纵制售伪劣商品犯罪行为罪(第414条),招收公务员、学生徇私舞弊罪(第418条),徇私舞弊不移交刑事案件罪(第402条),违法提供出口退税凭证罪(第405条第2款),徇私舞弊不征、少征税款罪(第404条)。	本条是对《中华人民共和国监察法》第11条第2项"利益输送、徇私舞弊"的详解。注意,并不是所有的徇私舞弊犯罪,均由监察机关管辖。只有公职人员实施的徇私舞弊犯罪,才由监察机关管辖。
《中华人民共和国监察法实施条例》	**第三十条** 监察机关依法调查公职人员在行使公权力过程中涉及的重大责任事故犯罪,包括重大责任事故罪(第134条),教育设施重大安全事故罪(第138条),消防责任事故罪(第139条),重大劳动安全事故罪(第135条),强令、组织他人违章冒险作业罪(第134条),危险作业罪(第134条之一),不报、谎报安全事故罪(第139条之一),铁路运营安全事故罪(第132条),重大飞行事故罪(第131条),大型群众性活动重大安全事故罪(第135条之一),危险物品肇事罪(第136条),工程重大安全事故罪(第137条)。	本条是对《中华人民共和国监察法》第11条第2项"玩忽职守"的详解。多数情况下,重大责任事故犯罪,属于过失犯罪,也有不报、谎报安全事故罪等少量犯罪属于故意犯罪。

续表

法规依据	条文摘录	知识点提醒
《中华人民共和国监察法实施条例》	**第三十一条** 监察机关依法调查公职人员在行使公权力过程中涉及的其他犯罪,包括破坏选举罪(第256条),背信损害上市公司利益罪(第169条之一),金融工作人员购买假币、以假币换取货币罪(第171条第2款),利用未公开信息交易罪(第180条第4款),诱骗投资者买卖证券、期货合约罪(第181条第2款),背信运用受托财产罪(第185条之一),违法运用资金罪(第185条之一),违法发放贷款罪(第186条),吸收客户资金不入账罪(第187条),违规出具金融票证罪(第188条),对违法票据承兑、付款、保证罪(第189条),非法转让、倒卖土地使用权罪(第228条),私自开拆、隐匿、毁弃邮件、电报罪(第253条),故意延误投递邮件罪(第304条),泄露不应公开的案件信息罪(第308条之一),披露、报道不应公开的案件信息罪(第308条第3款),接送不合格兵员罪(第374条)。	本条规定公职人员在行使公权力过程中涉及的其他犯罪一共有17个罪名,这17个罪名多数是故意犯罪,只有少量犯罪是过失犯罪。
《中华人民共和国监察法》	**第十五条** 监察机关对下列公职人员和有关人员进行监察: (一)中国共产党机关、人民代表大会及其常务委员会机关、人民政府、监察委员会、人民法院、人民检察院、中国人民政治协商会议各级委员会机关、民主党派机关和工商业联合会机关的公务员,以及参照《中华人民共和国公务员法》管理的人员; (二)法律、法规授权或者受国家机关依法委托管理公共事务的组织中从事公务的人员; (三)国有企业管理人员; (四)公办的教育、科研、文化、医疗卫生、体育等单位中从事管理的人员; (五)基层群众性自治组织中从事管理的人员; (六)其他依法履行公职的人员。	基层群众性自治组织中从事集体(公共)事务管理的人员,以及协助政府从事行政管理工作的人员,均纳入监察范围。 判断一个所谓"履行公职的人员"是否属于监察对象的标准,主要看其是否行使公权力,所涉嫌的职务违法或者职务犯罪是否损害了公权力的廉洁性。

党章关于党员义务权利的梳理

关于党员义务规定(八项)	关键词提醒	关于党员权利规定(八项)	关键词提醒
第三条	义务在前	第四条	权利在后
(一)认真学习马克思列宁主义、毛泽东思想、邓小平理论、“三个代表”重要思想、科学发展观、习近平新时代中国特色社会主义思想,学习党的路线、方针、政策和决议,学习党的基本知识和党的历史,学习科学、文化、法律和业务知识,努力提高为人民服务的本领。	学习	(一)参加党的有关会议,阅读党的有关文件,接受党的教育和培训。	教育培训权
(二)增强“四个意识”、坚定“四个自信”、做到“两个维护”,贯彻执行党的基本路线和各项方针、政策,带头参加改革开放和社会主义现代化建设,带动群众为经济发展和社会进步艰苦奋斗,在生产、工作、学习和社会生活中起先锋模范作用。	贯彻执行、先锋模范	(二)在党的会议上和党报党刊上,参加关于党的政策问题的讨论。	讨论权
(三)坚持党和人民的利益高于一切,个人利益服从党和人民的利益,吃苦在前,享受在后,克己奉公,多做贡献。	个人利益服从党和人民的利益	(三)对党的工作提出建议和倡议。	建议权
(四)自觉遵守党的纪律,首先是党的政治纪律和政治规矩,模范遵守国家的法律法规,严格保守党和国家的秘密,执行党的决定,服从组织分配,积极完成党的任务。	自觉遵守党的纪律	(四)在党的会议上有根据地批评党的任何组织和任何党员,向党负责地揭发、检举党的任何组织和任何党员违法乱纪的事实,要求处分违法乱纪的党员,要求罢免或撤换不称职的干部。	批评权

续表

关于党员义务规定(八项)	关键词提醒	关于党员权利规定(八项)	关键词提醒
(五)维护党的团结和统一,对党忠诚老实,言行一致,坚决反对一切派别组织和小集团活动,反对阳奉阴违的两面派行为和一切阴谋诡计。	对党忠诚	(五)行使表决权、选举权,有被选举权。	表决权、选举权、被选举权
(六)切实开展批评和自我批评,勇于揭露和纠正违反党的原则的言行和工作中的缺点、错误,坚决同消极腐败现象作斗争。	批评和自我批评	(六)在党组织讨论决定对党员的党纪处分或作出鉴定时,本人有权参加和进行申辩,其他党员可以为他作证和辩护。	申辩权
(七)密切联系群众,向群众宣传党的主张,遇事同群众商量,及时向党反映群众的意见和要求,维护群众的正当利益。	密切联系群众	(七)对党的决议和政策如有不同意见,在坚决执行的前提下,可以声明保留,并且可以把自己的意见向党的上级组织直至中央提出。	声明保留不同意见
(八)发扬社会主义新风尚,带头实践社会主义核心价值观和社会主义荣辱观,提倡共产主义道德,弘扬中华民族传统美德,为了保护国家和人民的利益,在一切困难和危险的时刻挺身而出,英勇斗争,不怕牺牲。	带头实践,英勇斗争,不怕牺牲	(八)向党的上级组织直至中央提出请求、申诉和控告,并要求有关组织给以负责的答复。	请求、申诉和控告

“党的纪律”相关规定

法规依据	条文摘录	知识点提醒
《中国共产党章程》	**第三十九条** 党的纪律是党的各级组织和全体党员必须遵守的行为规则，是维护党的团结统一、完成党的任务的保证。党组织必须严格执行和维护党的纪律，共产党员必须自觉接受党的纪律的约束。	党的纪律的概念。
《中国共产党章程》	**第四十条第一款** 党的纪律主要包括政治纪律、组织纪律、廉洁纪律、群众纪律、工作纪律、生活纪律。	主要包括但不限于六大纪律，如《中国人民解放军纪律条令（试行）》还规定了作战纪律、保密纪律、训练纪律、财经纪律。
《关于新形势下党内政治生活的若干准则》	纪律严明是全党统一意志、统一行动、步调一致前进的重要保障，是党内政治生活的重要内容。必须严明党的纪律，把纪律挺在前面，用铁的纪律从严治党。 坚持纪律面前一律平等，遵守纪律没有特权，执行纪律没有例外，党内决不允许存在不受纪律约束的特殊组织和特殊党员。每一个党员对党的纪律都要心存敬畏、严格遵守，任何时候任何情况下都不能违反党的纪律。党的各级组织和全体党员要坚决同一切违反党的纪律的行为作斗争。	严明党的纪律，把纪律挺在前面，用铁的纪律从严治党。
	政治纪律是党最根本、最重要的纪律，遵守党的政治纪律是遵守党的全部纪律的基础。全党特别是高级干部必须严格遵守党的政治纪律和政治规矩。党员不准散布违背党的理论和路线方针政策的言论，不准公开发表违背党中央决定的言论，不准泄露党和国家秘密，不准参与非法组织和非法活动，不准制造、传播政治谣言及丑化党和国家形象的言论。党员不准搞封建迷信，不准信仰宗教，不准参与邪教，不准纵容和支持宗教极端势力、民族分裂势力、暴力恐怖势力及其活动。	政治纪律是党最根本、最重要的纪律，遵守党的政治纪律是遵守党的全部纪律的基础。

续表

<table>
<tr><th>法规依据</th><th>条文摘录</th><th>知识点提醒</th></tr>
<tr><td>《中国共产党纪律处分条例》</td><td>第三条　党章是最根本的党内法规,是管党治党的总规矩。党的纪律是党的各级组织和全体党员必须遵守的行为规则。党组织和党员必须坚守初心使命,牢固树立政治意识、大局意识、核心意识、看齐意识,始终坚定道路自信、理论自信、制度自信、文化自信,切实践行正确的权力观、政绩观、事业观,自觉遵守和维护党章,严格执行和维护党的纪律,自觉接受党的纪律约束,模范遵守国家法律法规。</td><td>该条重申了党章的地位、纪律的内容。</td></tr>
<tr><td rowspan="2">备注</td><td colspan="2">纪律建设的核心是维护党的团结统一、先进纯洁。</td></tr>
<tr><td colspan="2">2024年12月,中共中央政治局召开民主生活会,习近平总书记强调,党性修养好、党性坚强,遵守党纪就会更加自觉。领导干部要把锤炼党性、提高思想觉悟作为终身课题,活到老、学到老、修养到老。要把政治修养摆在党性修养的首位,从党的创新理论中汲取党性滋养,把学习遵守贯彻党章党规党纪作为党性修养的重要内容。
党的纪律既有教育约束功能,又有保障激励作用。党的纪律和干事创业是内在统一的。纪律既明确了不能触碰的底线和边界,也为党员、干部干净干事、大胆干事提供了行动准绳。遵规守纪,就会拥有干事创业的充分自由和广阔空间。
党的纪律为正确行使权力、防止以权谋私划出了底线、设置了禁区,是党员、干部保持清正廉洁的安全防护栏。敬畏纪律、遵守纪律,就能抵御腐蚀、百毒难侵。</td></tr>
</table>

纪律责任与纪律处分关系

法规依据	条文摘录	知识点提醒
《中国共产党章程》	**第四十条第一款、第二款** 党的纪律主要包括政治纪律、组织纪律、廉洁纪律、群众纪律、工作纪律、生活纪律。 坚持惩前毖后、治病救人，执纪必严、违纪必究，抓早抓小、防微杜渐，按照错误性质和情节轻重，给以批评教育、责令检查、诫勉直至纪律处分。运用监督执纪“四种形态”，让“红红脸、出出汗”成为常态，党纪处分、组织调整成为管党治党的重要手段，严重违纪、严重触犯刑律的党员必须开除党籍。 **第四十一条第一款** 对党员的纪律处分有五种：警告、严重警告、撤销党内职务、留党察看、开除党籍。	《中国共产党章程》规定的纪律处分，仅指党纪处分。
《中国共产党纪律处分条例》	**第十九条** 对于党员违犯党纪应当给予警告或者严重警告处分，但是具有本条例第十七条规定的情形之一或者本条例分则中另有规定的，可以给予批评教育、责令检查、诫勉或者组织处理，免予党纪处分。对违纪党员免予处分，应当作出书面结论。 党员有作风纪律方面的苗头性、倾向性问题或者违犯党纪情节轻微的，可以给予谈话提醒、批评教育、责令检查等，或者予以诫勉，不予党纪处分。 党员行为虽然造成损失或者后果，但不是出于故意或者过失，而是由于不可抗力等原因所引起的，不追究党纪责任。	免予党纪处分、批评教育、责令检查、诫勉也是实现党纪责任的方式。
《中国共产党问责条例》	**第八条** 对党组织的问责，根据危害程度以及具体情况，可以采取以下方式： （一）检查。责令作出书面检查并切实整改。 （二）通报。责令整改，并在一定范围内通报。 （三）改组。对失职失责，严重违犯党的纪律、本身又不能纠正的，应当予以改组。 对党的领导干部的问责，根据危害程度以及具体情况，可以采取以下方式：	纪律责任，是指《中国共产党纪律处分条例》规定的，因实施违纪行为而产生的，由党组织强制违纪党员或党组织承担的纪律责任。纪律责任，不仅适用于违纪的党员，也适用于存在违纪问题的党组织。

续表

法规依据	条文摘录	知识点提醒
	(一)通报。进行严肃批评,责令作出书面检查、切实整改,并在一定范围内通报。 (二)诫勉。以谈话或者书面方式进行诫勉。 (三)组织调整或者组织处理。对失职失责、危害较重,不适宜担任现职的,应当根据情况采取停职检查、调整职务、责令辞职、免职、降职等措施。 (四)纪律处分。对失职失责、危害严重,应当给予纪律处分的,依照《中国共产党纪律处分条例》追究纪律责任。 上述问责方式,可以单独使用,也可以依据规定合并使用。问责方式有影响期的,按照有关规定执行。	
《中国共产党纪律检查机关监督执纪工作规则》	**第三十条** 承办部门应当在谈话结束或者收到函询回复后1个月内写出情况报告和处置意见,按程序报批。根据不同情形作出相应处理: (一)反映不实,或者没有证据证明存在问题的,予以采信了结,并向被函询人发函反馈。 (二)问题轻微,不需要追究纪律责任的,采取谈话提醒、批评教育、责令检查、诫勉谈话等方式处理。 (三)反映问题比较具体,但被反映人予以否认且否认理由不充分具体的,或者说明存在明显问题的,一般应当再次谈话或者函询;发现被反映人涉嫌违纪或者职务违法、职务犯罪问题需要追究纪律和法律责任的,应当提出初步核实的建议。 (四)对诬告陷害者,依规依纪依法予以查处。 必要时可以对被反映人谈话函询的说明情况进行抽查核实。 谈话函询材料应当存入廉政档案。	"问题轻微,不需要追究纪律责任的",要表达的意思是:问题轻微,不需要给予党纪处分。
《中国共产党纪律检查机关监督执纪工作规则》	**第三十七条** 纪检监察机关经过初步核实,对党员、干部以及监察对象涉嫌违纪或者职务违法、职务犯罪,需要追究纪律或者法律责任的,应当立案审查调查。 凡报请批准立案的,应当已经掌握部分违纪或者职务违法、职务犯罪事实和证据,具备进行审查调查的条件。	《中国共产党纪律检查机关监督执纪工作规则》对纪律责任、法律责任作了区分。

续表

<table>
<tr><th>法规依据</th><th>条文摘录</th><th>知识点提醒</th></tr>
<tr><td>《中华人民共和国监察法》</td><td>第四十二条第一款 经过初步核实，对监察对象涉嫌职务违法犯罪，需要追究法律责任的，监察机关应当按照规定的权限和程序办理立案手续。</td><td rowspan="2">《中华人民共和国监察法》《中华人民共和国公职人员政务处分法》对监察对象涉嫌职务违法犯罪的，仅表述为需要追究法律责任，未提及纪律责任。</td></tr>
<tr><td>《中华人民共和国公职人员政务处分法》</td><td>第九条 公职人员二人以上共同违法，根据各自在违法行为中所起的作用和应当承担的法律责任，分别给予政务处分。</td></tr>
<tr><td>《中华人民共和国公务员法》</td><td>第六十一条 公务员因违纪违法应当承担纪律责任的，依照本法给予处分或者由监察机关依法给予政务处分；违纪违法行为情节轻微，经批评教育后改正的，可以免予处分。
对同一违纪违法行为，监察机关已经作出政务处分决定的，公务员所在机关不再给予处分。
第六十二条 处分分为：警告、记过、记大过、降级、撤职、开除。</td><td>《中华人民共和国公务员法》规定纪律责任的实现方式不仅有处分、政务处分，还包括免予处分。</td></tr>
<tr><td>《事业单位工作人员处分规定》</td><td>第二条第一款 事业单位工作人员违规违纪违法，应当承担纪律责任的，依照本规定给予处分。
第十二条 违规违纪违法行为情节轻微，且具有本规定第十一条的情形之一的，可以对其进行谈话提醒、批评教育、责令检查或者予以诫勉，免予或者不予处分。
事业单位工作人员因不明真相被裹挟或者被胁迫参与违规违纪违法活动，经批评教育后确有悔改表现的，可以减轻、免予或者不予处分。
第十五条 事业单位有违规违纪违法行为，应当追究纪律责任的，依规依纪依法对负有责任的领导人员和直接责任人员给予处分。</td><td>《事业单位工作人员处分规定》规定纪律责任的主要实现方式是“处分”，同时也规定了谈话提醒、批评教育、责令检查或者予以诫勉，免予或者不予处分等实现方式。</td></tr>
<tr><td>备注</td><td colspan="2">纪律责任与党纪处分关系：
◆联系：
1. 纪律责任是党纪处分的前提，党纪处分是纪律责任的后果。
2. 纪律责任的轻重决定党纪处分的轻重，党纪处分的轻重必须与纪律责任的轻重相适应。
3. 党纪处分是实现纪律责任的主要方式。
◆区别：
1. 性质不同。纪律责任是对违纪党员、党组织的否定评价；而党纪处分是对违纪党员的惩戒方法。</td></tr>
</table>

续表

法规依据	条文摘录	知识点提醒
	2. 根据不同。纪律责任的根据是违纪行为;而党纪处分除了以违纪行为为主要根据外,还有其他根据,如违纪党员的一贯表现和违纪行为发生后的态度等。 3. 外延不同。纪律责任的外延大于党纪处分。党纪处分是以纪律责任为前提,没有纪律责任就没有党纪处分。但是,有纪律责任不一定导致党纪处分。某些情况下,纪律责任不是通过党纪处分来实现,而是通过诫勉、谈话提醒、批评教育、通报等非党纪处分的方式来实现。	

党的工作机关、纪律检查机关相关知识点梳理

法规依据	条文摘录	知识点提醒
《中国共产党章程》	**第四十六条第一款** 党的各级纪律检查委员会是党内监督专责机关，主要任务是：维护党的章程和其他党内法规，检查党的路线、方针、政策和决议的执行情况，协助党的委员会推进全面从严治党、加强党风建设和组织协调反腐败工作，推动完善党和国家监督体系。	党的各级纪律检查委员会是党内监督专责机关，不是党的工作机关。
《中国共产党党内监督条例》	**第二十六条** 党的各级纪律检查委员会是党内监督的专责机关，履行监督执纪问责职责，加强对所辖范围内党组织和领导干部遵守党章党规党纪、贯彻执行党的路线方针政策情况的监督检查，承担下列具体任务： （一）加强对同级党委特别是常委会委员、党的工作部门和直接领导的党组织、党的领导干部履行职责、行使权力情况的监督； （二）落实纪律检查工作双重领导体制，执纪审查工作以上级纪委领导为主，线索处置和执纪审查情况在向同级党委报告的同时向上级纪委报告，各级纪委书记、副书记的提名和考察以上级纪委会同组织部门为主； （三）强化上级纪委对下级纪委的领导，纪委发现同级党委主要领导干部的问题，可以直接向上级纪委报告；下级纪委至少每半年向上级纪委报告 1 次工作，每年向上级纪委进行述职。	党的各级纪律检查委员会是党内监督的专责机关。
《中国共产党问责条例》	**第五条** 问责对象是党组织、党的领导干部，重点是党委（党组）、党的工作机关及其领导成员，纪委、纪委派驻（派出）机构及其领导成员。 **第九条** 发现有本条例第七条所列问责情形，需要进行问责调查的，有管理权限的党委（党组）、纪委、党的工作机关应当经主要负责人审批，及时启动问责调查程序。其中，纪委、党的工作机关对同级党委直接领导的党组织及其主要负责人启动问责调查，应当报同级党委主要负责人批准。 应当启动问责调查未及时启动的，上级党组织应当责令有管理权限的党组织启动。根据问题性质或者工作需要，上级党组织可以直接启动问责调查，也可以指定其他党组织启动。	本条例第 5 条、第 9 条、第 12 条，将纪委与党的工作机关并列表述，说明两者互不隶属。

续表

法规依据	条文摘录	知识点提醒
	对被立案审查的党组织、党的领导干部问责的,不再另行启动问责调查程序。 **第十二条** 问责决定应当由有管理权限的党组织作出。 对同级党委直接领导的党组织,纪委和党的工作机关报经同级党委或者其主要负责人批准,可以采取检查、通报方式进行问责。采取改组方式问责的,按照党章和有关党内法规规定的权限、程序执行。 对同级党委管理的领导干部,纪委和党的工作机关报经同级党委或者其主要负责人批准,可以采取通报、诫勉方式进行问责;提出组织调整或者组织处理的建议。采取纪律处分方式问责的,按照党章和有关党内法规规定的权限、程序执行。	
《中国共产党工作机关条例(试行)》	**第二条** 党的工作机关是党实施政治、思想和组织领导的政治机关,是落实党中央和地方各级党委决策部署,实施党的领导、加强党的建设、推进党的事业的执行机关,主要包括办公厅(室)、职能部门、办事机构和派出机关。	党的工作机关主要包括办公厅(室)、职能部门、办事机构和派出机关。
《中国共产党工作机关条例(试行)》	**第十二条** 党委办公厅(室)是党委的综合部门,负责推动党委决策部署的落实,按照党委要求协调有关方面开展工作,承担党委运行保障具体事务。	此为党委办公厅(室)的职责、地位。
《中国共产党工作机关条例(试行)》	**第十三条** 党委职能部门是负责党委某一方面工作的主管部门,按照规定行使相对独立的管理职能,制定相关政策法规并组织实施,协调指导本系统、本领域工作。	党委职能部门如政法委、统战部、组织部、宣传部等。
《中国共产党工作机关条例(试行)》	**第十四条** 党委办事机构是协助党委办理某一方面重要事务的机构,一般是指党委为加强跨领域、跨部门重要工作的领导和组织协调而设立的议事协调机构的常设办事机构,承担议事协调机构的综合性服务工作,可以根据有关规定履行特定管理职责。	党委办事机构如网络安全和信息化委员会办公室。
《中国共产党工作机关条例(试行)》	**第十五条** 党委派出机关是党委为加强对特定领域、行业、系统领导而派出的工作机关,根据有关规定代表党委领导该领域、行业、系统的工作。	党委派出机关如党工委、党的机关工作委员会。

派驻纪检组与内设纪检组的区别

法规或权威表述依据	条文(表述)摘录	知识点提醒
《中国共产党章程》	**第四十五条** 党的中央纪律检查委员会在党的中央委员会领导下进行工作。党的地方各级纪律检查委员会和基层纪律检查委员会在同级党的委员会和上级纪律检查委员会双重领导下进行工作。上级党的纪律检查委员会加强对下级纪律检查委员会的领导。 党的各级纪律检查委员会每届任期和同级党的委员会相同。 党的中央纪律检查委员会全体会议,选举常务委员会和书记、副书记,并报党的中央委员会批准。党的地方各级纪律检查委员会全体会议,选举常务委员会和书记、副书记,并由同级党的委员会通过,报上级党的委员会批准。党的基层委员会是设立纪律检查委员会,还是设立纪律检查委员,由它的上一级党组织根据具体情况决定。党的总支部委员会和支部委员会设纪律检查委员。 党的中央和地方纪律检查委员会向同级党和国家机关全面派驻党的纪律检查组,按照规定向有关国有企业、事业单位派驻党的纪律检查组。纪律检查组组长参加驻在单位党的领导组织的有关会议。他们的工作必须受到该单位党的领导组织的支持。	党的中央和地方纪律检查委员会向同级党和国家机关全面派驻党的纪律检查组。
《中国共产党章程》	**第四十八条** 在中央和地方国家机关、人民团体、经济组织、文化组织和其他非党组织的领导机关中,可以成立党组。党组发挥领导作用。党组的任务,主要是负责贯彻执行党的路线、方针、政策;加强对本单位党的建设的领导,履行全面从严治党责任;讨论和决定本单位的重大问题;做好干部管理工作;讨论和决定基层党组织设置调整和发展党员、处分党员等重要事项;团结党外干部和群众,完成党和国家交给的任务;领导机关和直属单位党组织的工作。	党组加强对本单位党的建设的领导,履行全面从严治党责任,领导机关和直属单位党组织的工作。

续表

法规或权威表述依据	条文(表述)摘录	知识点提醒
《中国共产党党内监督条例》	**第十五条** 党委(党组)在党内监督中负主体责任,书记是第一责任人,党委常委会委员(党组成员)和党委委员在职责范围内履行监督职责。党委(党组)履行以下监督职责: (一)领导本地区本部门本单位党内监督工作,组织实施各项监督制度,抓好督促检查; (二)加强对同级纪委和所辖范围内纪律检查工作的领导,检查其监督执纪问责工作情况; (三)对党委常委会委员(党组成员)、党委委员,同级纪委、党的工作部门和直接领导的党组织领导班子及其成员进行监督; (四)对上级党委、纪委工作提出意见和建议,开展监督。	党委(党组)领导同级纪委、内设纪检组。
《中国共产党党内监督条例》	**第二十八条** 纪委派驻纪检组对派出机关负责,加强对被监督单位领导班子及其成员、其他领导干部的监督,发现问题应当及时向派出机关和被监督单位党组织报告,认真负责调查处置,对需要问责的提出建议。 派出机关应当加强对派驻纪检组工作的领导,定期约谈被监督单位党组织主要负责人、派驻纪检组组长,督促其落实管党治党责任。 派驻纪检组应当带着实际情况和具体问题,定期向派出机关汇报工作,至少每半年会同被监督单位党组织专题研究1次党风廉政建设和反腐败工作。对能发现的问题没有发现是失职,发现问题不报告、不处置是渎职,都必须严肃问责。	纪委派驻纪检组对派出机关负责,加强对被监督单位领导班子及其成员、其他领导干部的监督。
《中国共产党纪律检查委员会工作条例》	**第四十三条** 派驻机构是派出它的党的纪律检查委员会监察委员会的组成部分,由派出机关直接领导、统一管理。 派出机构在派出它的党的纪律检查委员会监察委员会和本级党的工作委员会双重领导下进行工作。派出机构按照规定开展纪律检查工作,领导管辖范围内机关纪委等纪检机构的工作。	派驻机构是派出机关的组成部分,代表派出机关监督派驻单位,由派出机关直接领导。

续表

法规或权威表述依据	条文(表述)摘录	知识点提醒
《纪检监察机关派驻机构工作规则》	**第三条第一款** ……派驻机构是派出机关的组成部分,与驻在单位是监督和被监督的关系。 **第十八条** 派驻机构应当加强对驻在单位内设纪检机构及直属单位纪检机构的业务指导和监督检查,督促、支持其发挥职能作用,推动纪检干部队伍建设,加强政治教育和业务培训,协调人员力量开展监督执纪工作。	派驻机构与派出机关、驻在单位内设纪检机构的关系。
中央纪委组织部回复:派驻与内设纪检组的区别是什么?	根据党章和有关规定,中央纪委向中央一级党和国家机关派驻党的纪律检查组,同时,有的中央和国家机关目前设有党组纪检组,习惯上一般把党组纪检组称为内设纪检组。二者的主要区别是工作领导关系不同,派驻纪检组受中央纪委直接领导,中央和国家机关党组纪检组在党组和中央纪委的领导下开展工作。 纪检组组长是否派驻,并不从人事、工资关系在何部门进行区分,可从名称上进行辨别,派驻纪检组组长的名称一般为“驻某某部(委、局、办)纪检组组长”;另外,纪委书记不属于派驻职务。2013 年 11 月 7 日,中央纪委监察部网站发布了《中央纪委监察部派驻机构及与其合署办公的内设机构纪检组组长(纪委书记)名单》,该名单列明了目前中央纪委派驻纪检组组长情况,您可以浏览查阅。	二者的主要区别是工作领导关系不同:派驻纪检组受中央纪委直接领导;内设纪检组主要受本级党组和上级纪检组的领导。

期限或者数量梳理一览表

法规名称	条文摘录	关键词提醒
《中国共产党章程》	**第九条第三款** 党员如果没有正当理由,连续六个月不参加党的组织生活,或不交纳党费,或不做党所分配的工作,就被认为是自行脱党。支部大会应当决定把这样的党员除名,并报上级党组织批准。	没有正当理由,连续6个月。
	第十九条第一款 党的全国代表大会每五年举行一次,由中央委员会召集。中央委员会认为有必要,或者有三分之一以上的省一级组织提出要求,全国代表大会可以提前举行;如无非常情况,不得延期举行。	每5年、1/3。
	第二十二条 党的中央委员会每届任期五年。全国代表大会如提前或延期举行,它的任期相应地改变。中央委员会委员和候补委员必须有五年以上的党龄。中央委员会委员和候补委员的名额,由全国代表大会决定。中央委员会委员出缺,由中央委员会候补委员按照得票多少依次递补。 中央委员会全体会议由中央政治局召集,每年至少举行一次。中央政治局向中央委员会全体会议报告工作,接受监督。 在全国代表大会闭会期间,中央委员会执行全国代表大会的决议,领导党的全部工作,对外代表中国共产党。	党的中央委员会每届任期5年。 中央委员会全体会议每年至少举行1次。
	第二十五条第一款 党的省、自治区、直辖市的代表大会,设区的市和自治州的代表大会,县(旗)、自治县、不设区的市和市辖区的代表大会,每五年举行一次。	每5年举行1次。
	第三十一条 党的基层委员会、总支部委员会、支部委员会每届任期三年至五年。基层委员会、总支部委员会、支部委员会的书记、副书记选举产生后,应报上级党组织批准。	党的基层委员会、总支部委员会、支部委员会每届任期3—5年。
《中国共产党纪律处分条例》	**第十条** 党员受到警告处分一年内、受到严重警告处分一年半内,不得在党内提拔职务或者进一步使用,也不得向党外组织推荐担任高于其原任职务的党外职务或者进一步使用。	一年、一年半。

续表

法规名称	条文摘录	关键词提醒
	第十一条第三款 党员受到撤销党内职务处分，或者依照前款规定受到严重警告处分的，二年内不得在党内担任和向党外组织推荐担任与其原任职务相当或者高于其原任职务的职务。	2 年内。
	第十二条第三款 党员受到留党察看处分，其党内职务自然撤销。对于担任党外职务的，应当建议党外组织撤销其党外职务。受到留党察看处分的党员，恢复党员权利后二年内，不得在党内担任和向党外组织推荐担任与其原任职务相当或者高于其原任职务的职务。	恢复党员权利后 2 年内。
	第十三条 党员受到开除党籍处分，五年内不得重新入党，也不得推荐担任与其原任职务相当或者高于其原任职务的党外职务。另有规定不准重新入党的，依照规定。	5 年。
	第三十七条 对违纪后下落不明的党员，应当区别情况作出处理： （一）对有严重违纪行为，应当给予开除党籍处分的，党组织应当作出决定，开除其党籍； （二）除前项规定的情况外，下落不明时间超过六个月的，党组织应当按照党章规定对其予以除名。	6 个月。
	第四十四条 党纪处分决定作出后，应当在一个月内向受处分党员所在党的基层组织中的全体党员及其本人宣布，是领导班子成员的还应当向所在党组织领导班子宣布，并按照干部管理权限和组织关系将处分决定材料归入受处分者档案；对于受到撤销党内职务以上处分的，还应当在一个月内办理职务、工资、工作及其他有关待遇等相应变更手续；涉及撤销或者调整其党外职务的，应当建议党外组织及时撤销或者调整其党外职务。特殊情况下，经作出或者批准作出处分决定的组织批准，可以适当延长办理期限。办理期限最长不得超过六个月。	1 个月、6 个月。
	第四十五条第一款 执行党纪处分决定的机关或者受处分党员所在单位，应当在六个月内将处分决定的执行情况向作出或者批准处分决定的机关报告。	6 个月。

续表

法规名称	条文摘录	关键词提醒
《中国共产党纪律处分条例》	**第九十三条** 驻外机构或者临时出国(境)团(组)中的党员,脱离组织出走时间不满六个月又自动回归的,给予撤销党内职务或者留党察看处分;脱离组织出走时间超过六个月的,按照自行脱党处理,党内予以除名。 故意为他人脱离组织出走提供方便条件的,给予警告、严重警告或者撤销党内职务处分。	6个月。
	第一百一十二条 利用职权或者职务上的影响,违反有关规定占用公物归个人使用,时间超过六个月,情节较重的,给予警告或者严重警告处分;情节严重的,给予撤销党内职务处分。	6个月。
《中国共产党纪律检查委员会工作条例》	**第十一条** 党的中央纪律检查委员会全体会议每年至少召开一次,由中央纪律检查委员会常务委员会召集并主持。 党的中央纪律检查委员会全体会议应当有三分之二以上委员到会方可召开。委员因故不能参加会议的应当在会前请假,其意见可以用书面形式表达。根据需要,可以安排有关人员列席会议。 根据讨论和决定事项的不同,采用举手、无记名投票等方式进行表决,赞成票超过应到会委员半数的为通过。 对中央纪律检查委员会委员给予撤销党内职务以上处分,必须由应到会委员三分之二以上的多数决定,报党中央批准。	2/3以上。
	第十三条第三款 中央纪律检查委员会常务委员会会议应当有半数以上常委会委员到会方可召开。审议干部任免事项必须有三分之二以上常委会委员到会。根据需要,可以安排有关人员列席会议。 **第十三条第四款** 讨论和决定重要问题,应当进行表决。涉及多个事项的,应当逐项表决。表决可以根据讨论和决定事项的不同,采用口头、举手、无记名投票或者记名投票等方式进行,赞成票超过应到会常委会委员半数的为通过。	半数以上、2/3以上。

续表

法规名称	条文摘录	关键词提醒
《纪检监察机关处理检举控告工作规则》	**第十五条第一款** 纪检监察机关信访举报部门收到属于上级纪检监察机关受理的检举控告，应当径送本机关主要负责人，并在收到之日起5个工作日内报送上一级纪检监察机关信访举报部门；收到反映本机关主要负责人问题的检举控告，应当径送上一级纪检监察机关信访举报部门。 **第十六条第二款** 下一级纪检监察机关对转送的检举控告，应当进行登记，在收到之日起5个工作日内完成受理或者转办工作。	5个工作日。
	第二十一条 下级纪检监察机关接到交办的检举控告后，一般应当在3个月内办结，并报送核查处理情况；经本机关主要负责人批准，可以延长3个月，并向上级纪检监察机关报告。特殊情况需要再次延长办理期限的，应当报上级纪检监察机关批准。	3个月。
	第二十六条 纪检监察机关信访举报部门对属于本机关受理的实名检举控告，应当在收到检举控告之日起15个工作日内告知实名检举控告人受理情况。重复检举控告的，不再告知。 **第二十七条** 承办的监督检查、审查调查部门应当将实名检举控告的处理结果在办结之日起15个工作日内向检举控告人反馈，并记录反馈情况。检举控告人提出异议的，承办部门应当如实记录，并予以说明；提供新的证据材料的，承办部门应当核查处理。	15个工作日。
《中国共产党纪律检查机关监督执纪工作规则》	**第二十一条** 纪检监察机关应当结合问题线索所涉及地区、部门、单位总体情况，综合分析，按照谈话函询、初步核实、暂存待查、予以了结4类方式进行处置。 线索处置不得拖延和积压，处置意见应当在收到问题线索之日起1个月内提出，并制定处置方案，履行审批手续。	1个月内提出问题线索处置意见。
	第二十九条 纪检监察机关进行函询应当以办公厅（室）名义发函给被反映人，并抄送其所在党委（党组）和派驻纪检监察组主要负责人。被函询人应当在收到函件后15个工作日内写出说明材料，由其所在党委（党组）主要负责人签署意见后发函回复。 被函询人为党委（党组）主要负责人的，或者被函询人所作说明涉及党委（党组）主要负责人的，应当直接发函回复纪检监察机关。	被函询人应当在收到函件后15个工作日内写出说明材料回复。

续表

法规名称	条文摘录	关键词提醒
	第三十条 承办部门应当在谈话结束或者收到函询回复后1个月内写出情况报告和处置意见,按程序报批。根据不同情形作出相应处理: (一)反映不实,或者没有证据证明存在问题的,予以采信了结,并向被函询人发函反馈。 (二)问题轻微,不需要追究纪律责任的,采取谈话提醒、批评教育、责令检查、诫勉谈话等方式处理。 (三)反映问题比较具体,但被反映人予以否认且否认理由不充分具体的,或者说明存在明显问题的,一般应当再次谈话或者函询;发现被反映人涉嫌违纪或者职务违法、职务犯罪问题需要追究纪律和法律责任的,应当提出初步核实的建议。 (四)对诬告陷害者,依规依纪依法予以查处。 必要时可以对被反映人谈话函询的说明情况进行抽查核实。 谈话函询材料应当存入廉政档案。	承办部门应当在谈话结束或者收到函询回复后1个月内写出情况报告和处置意见。
	第四十一条 需要对被审查调查人采取留置措施的,应当依据监察法进行,在24小时内通知其所在单位和家属,并及时向社会公开发布。因可能毁灭、伪造证据,干扰证人作证或者串供等有碍调查情形而不宜通知或者公开的,应当按程序报批并记录在案。有碍调查的情形消失后,应当立即通知被留置人员所在单位和家属。	24小时内通知留置对象所在单位和家属。
	第五十五条第三款 审理工作应当在受理之日起1个月内完成,重大复杂案件经批准可以适当延长。	受理之日起1个月内完成审理工作。
	第五十六条第二款 处分决定作出后,纪检监察机关应当通知受处分党员所在党委(党组),抄送同级党委组织部门,并依照规定在1个月内向其所在党的基层组织中的全体党员以及本人宣布。处分决定执行情况应当及时报告。	在1个月内向其所在党的基层组织中的全体党员以及本人宣布处分决定。
	第五十九条第四款 复议复查工作应当在3个月内办结。	复议复查3个月内办结。
	第七十条第一款 建立健全安全责任制,监督检查、审查调查部门主要负责人和审查调查组组长是审查调查安全第一责任人,审查调查组应当指定专人担任安全员。被审查调查人发生安全事故的,应当在24小时内逐级上报至中央纪委,及时做好舆论引导。	被审查调查人发生安全事故的,在24小时内逐级上报至中央纪委。

续表

法规名称	条文摘录	关键词提醒
《中国共产党党员教育管理工作条例》	**第十六条第二款** 党支部应当每月开展1次主题党日,贴近党员思想和工作实际,组织党员集中学习、过组织生活、进行民主议事和开展志愿服务等。	党支部每月开展1次主题党日。
	第十七条 党支部每年至少召开1次组织生活会,也可以根据工作需要随时召开,一般以党员大会、党支部委员会会议或者党小组会形式进行。	党支部每年至少召开1次组织生活会。
	第十八条第一款 党支部一般每年开展1次民主评议党员。党支部召开党员大会,按照个人自评、党员互评、民主测评的程序,组织党员进行评议。党支部委员会会议或者党员大会根据评议情况和党员日常表现情况,提出评定意见。	党支部一般每年开展1次民主评议党员。
	第二十条 ……党员每年集中学习培训时间一般不少于32学时。	每年集中学习培训时间一般不少于32学时。
	第二十四条第二款 对因私出国并在国外长期定居的党员,出国学习研究超过5年仍未返回的党员,一般予以停止党籍。停止党籍的决定由保留其组织关系的党组织按照有关规定作出。 **第二十四条第三款** 对与党组织失去联系6个月以上、通过各种方式查找仍然没有取得联系的党员,予以停止党籍。停止党籍的决定由所在党支部或者上级党组织按照有关规定作出。停止党籍2年后确实无法取得联系的,按照自行脱党予以除名。	出国学习研究超过5年仍未返回的党员,一般予以停止党籍; 注意对与党组织失去联系6个月以上、停止党籍2年后确实无法取得联系的党员的处理。
	第二十五条第三款 党员工作单位、经常居住地发生变动的,或者外出学习、工作、生活6个月以上并且地点相对固定的,应当转移组织关系……	6个月。
	第三十条 对缺乏革命意志,不履行党员义务,不符合党员条件,但本人能够正确认识错误、愿意接受教育管理并且决心改正的党员,党组织应当作出限期改正处置,限期改正时间不超过1年……	1年。
	第三十四条 高校党组织对组织关系保留在学校的高校毕业生流动党员,应当继续履行管理职责。党员组织关系保留时间一般不超过2年,对符合转出组织关系条件的及时转出。 对出国(境)学习研究党员,由原就读高校或者工作单位党组织保留其组织关系,每半年至少与其联系1次。出国(境)学习研究党员返回后按照规定恢复组织生活。	2年。

续表

法规名称	条文摘录	关键词提醒
《中国共产党处分违纪党员批准权限和程序规定》	**第十七条** 给予违纪党员党纪处分,依照本规定应当由党委审批的,须经本级纪委常委会(未设常委会的应当召开纪委全体会议,下同)审议通过后于15日内报请这一级党委审议;依照本规定应当由上级党组织审批的,还须经同级党委审议同意后,按照程序于15日内呈报上一级纪委审查批准;党委应当及时审议处分事项,对处分意见分歧较大且确有必要的,也可以先通过召开书记专题会议等形式进行酝酿。 党员严重违纪涉嫌犯罪的,原则上先作出党纪处分决定,再移送司法机关依法处理。案情疑难、复杂,对事实证据、行为性质的认定把握困难或者有重大争议,可能影响党纪处理结果的,或者因留置期限即将届满等原因急需移送司法机关依法处理的,负责审查的纪委监委经本级纪委常委会审议同意后,可以先行移送司法机关,并及时报上一级纪委监委备案;其中给予其党纪处分须报请同级党委或者上级党组织审批的,应当在移送司法机关之日起15日内报请同级党委审议,至迟不晚于司法机关决定提起公诉或者作出不起诉决定前。 给予地方党委委员、候补委员和地方纪委委员、监委委员党纪处分,依照本规定须呈报上级党组织审批的,在报请同级党委审议前,有监督执纪权限的纪委常委会审议通过后,应当于3日内形成书面情况报告与上级纪委沟通;上级纪委应当基于该书面情况报告载明的违纪事实和处分意见进行审核,并及时反馈处理意见。上级纪委受理该案件后,应当认真审核,不受此前已反馈处理意见的限制。	15日、3日。
	第十九条 各级纪委依照本规定呈报同级党委或者上级党组织批准后作出党纪处分决定的,处分决定执行完毕后,应当按照程序于每季度首月15日前将上一季度的处分决定执行(含处分宣布)情况汇总呈报同级党委或者上级党组织。	15日。

续表

法规名称	条文摘录	关键词提醒
《中国共产党处分违纪党员批准权限和程序规定》	**第二十条** 党组织批准的下列处分事项，应当在作出党纪处分决定后按照下列要求予以备案： （一）中央纪委批准本规定第三十四条第一项至第三项所涉处分事项后，由中央纪委报党中央备案； （二）省、自治区、直辖市党委（以下简称省级党委）批准本规定第二十七条第三款所涉处分事项后，由省、自治区、直辖市纪委（以下简称省级纪委）报中央纪委备案； （三）地方党委批准本规定第二十七条第一款第一项所涉处分事项后，被处分人系按照规定需要报上一级党委备案的在职正职领导干部的，由地方纪委报上一级纪委备案； （四）地方纪委批准本规定第三十七条第一款第一项至第七项、第三款所涉处分事项后，由地方纪委报同级党委备案；其中本规定第三十七条第一款第三项所涉处分事项还须同时报上一级纪委备案； （五）党的基层纪律检查委员会（以下简称基层纪委）、党的街道纪检监察工作委员会等审查批准本规定第三十八条第一款、第二款所涉处分事项后，相应报具有审批预备党员权限的同级党的基层委员会（以下简称基层党委）、党的街道工作委员会等备案； （六）机关党委、机关纪委分别审议批准本规定第三十条第二款、第三十九条所涉处分事项后，相应报党组（党委）、党的工作机关备案；机关纪委审查批准本规定第三十九条所涉处分事项后，还须报机关党委备案。 前款规定中的备案工作，应当由负责报备的党组织于每季度首月15日前，将上一季度对在职党员干部已作出党纪处分决定的案件汇总报相应党组织。	15日。
《中国共产党处分违纪党员批准权限和程序规定》	**第三十六条** 在地方纪委全体会议期间，经地方纪委全体会议应到会委员三分之二以上的多数决定，可以作出给予本级纪委委员撤销党内职务、留党察看或者开除党籍处分的处理决定，并待报请本级地方党委常委会审议批准后，由地方纪委作出党纪处分决定，其中系设区的市级以下纪委委员的还须按照程序呈报上一级纪委常委会审查批准。 在地方纪委全体会议闭会期间，地方纪委常委会可以先行作出给予本级纪委委员撤销党内职务、留党察看或者开除党籍处分的处理决定，并依照前款规定履行处分审批程序后，由地方纪委作出党纪处分决定。	2/3。

续表

法规名称	条文摘录	关键词提醒
《中国共产党党组工作条例》	**第六条** 中央和地方国家机关、人民团体、经济组织、文化组织和其他非党组织的领导机关中,有党员领导成员3人以上的,经批准可以设立党组。	有党员领导成员3人以上的,经批准可以设立党组。
	第十四条第四款 党组成员一般设3至7人。副省部级以上单位、中管企业党组成员一般不超过9人,个别单位确需增加的,由党中央决定。市县两级政府及县级以上地方政府个别工作部门确需增加的,按程序报请省级党委批准,但总数不得超过9人。	党组成员,存在数量限制。
	第三十二条 党组决策一般采用党组会议形式。党组会议一般每月召开1次,遇有重要情况可以随时召开。 党组会议议题由党组书记提出,或者由党组其他成员提出建议、党组书记综合考虑后确定。会议议题应当提前书面通知党组成员。	党组会议一般每月召开1次,遇有重要情况可以随时召开。
	第三十三条第一款 党组会议应当有半数以上党组成员到会方可召开,讨论和决定干部任免、处分党员事项必须有三分之二以上党组成员到会。党组成员因故不能参加会议的应当在会前请假,其意见可以用书面形式表达。党组会议议题涉及本人或者其亲属以及存在其他需要回避情形的,有关党组成员应当回避。	党组会议应当有半数以上党组成员到会方可召开,讨论和决定干部任免、处分党员事项必须有2/3以上党组成员到会。
《中国共产党地方委员会工作条例》	**第六条第一款** 党的地方委员会由同级党代表大会选举产生,由委员、候补委员组成,每届任期5年。	党的地方委员会任期5年。
	第八条第一款 常委会委员配备,由上级党委根据工作需要,按照有利于贯彻执行民主集中制、提高议事决策水平的原则决定。常委会委员名额,省级为11至13人,市、县两级为9至11人,个别地方需要适当增减的,由党中央决定或者省级党委根据中央精神审批。 **第八条第二款** 党的地方委员会设书记1名、副书记2名,个别民族自治地方需要适当增加副书记职数的,由党中央决定或者省级党委根据中央精神审批。	常委会委员名额的规定。
	第十三条第一款 党的地方委员会必须认真履行全面从严治党主体责任,书记必须履行抓党建第一责任人职责。常委会应当定期研究党建工作,每年至少向全会和上一级党委专题报告1次抓党建工作情况。充分发挥党的建设工作领导小组职能作用。加强基层党组织建设,实行市、县两级党委书记抓基层党建工作述职评议考核制度,完善党建工作考核综合评价体系,确保党建各项部署落到实处。	常委会应当定期研究党建工作,每年至少向全会和上一级党委专题报告1次抓党建工作情况。

续表

法规名称	条文摘录	关键词提醒
《中国共产党地方委员会工作条例》	**第十五条第二款** 党的地方委员会应当每年向上一级党委作1次全面工作情况报告,执行党中央和上级党组织某项重要决定的情况应当专题报告。遇有重大突发事件、重大问题应当及时请示报告。	党的地方委员会每年向上一级党委作1次全面工作情况报告。
	第二十二条 全会每年至少召开2次,遇有重要情况可以随时召开。全会由常委会召集并主持,议题一般由常委会征询党委委员、候补委员意见后确定。 全会应当有三分之二以上党委委员到会方可召开。党委委员、候补委员因故不能参加会议的应当在会前请假,其意见可以用书面形式表达。根据工作需要,常委会可以确定有关人员列席全会。 表决可以根据讨论和决定事项的不同,采用举手、无记名投票或者记名投票等方式进行,赞成票超过应到会党委委员半数为通过。未到会党委委员的意见不得计入票数。候补委员没有表决权。 对党委委员、候补委员作出撤销党内职务以上党纪处分决定,必须由全会三分之二以上多数决定。在特殊情况下,可以先由常委会作出处理决定,待召开全会时予以追认。对党委委员、候补委员的上述处分,必须经上级党委批准。	党的地方委员会全体会议每年至少召开2次,全会应当有2/3以上党委委员到会方可召开。 对党委委员、候补委员作出撤销党内职务以上党纪处分决定,必须由全会2/3以上多数决定。
	第二十三条第一款、第二款、第三款 常委会会议一般每月召开2次,遇有重要情况可以随时召开。 常委会会议由党委书记召集并主持。书记不能参加会议的,可以委托副书记召集并主持。会议议题由书记提出,或者由常委会其他委员提出建议、书记综合考虑后确定。 常委会会议应当有半数以上常委会委员到会方可召开。讨论和决定干部任免事项必须有三分之二以上常委会委员到会。常委会委员因故不能参加会议的应当在会前请假,其意见可以用书面形式表达。根据工作需要,会议召集人可以确定有关人员列席会议。	常委会会议一般每月召开2次;讨论和决定干部任免事项必须有2/3以上常委会委员到会。
《中国共产党党内法规制定条例》	**第三十五条** 中央纪律检查委员会以及党中央工作机关和省、自治区、直辖市党委制定的党内法规应当自发布之日起30日内报党中央备案。中央办公厅按照有关规定负责具体审查工作。	自发布之日起30日内报党中央备案。

续表

法规名称	条文摘录	关键词提醒
《中国共产党党内法规执行责任制规定(试行)》	**第十二条第一款** 党委(党组)每年至少召开1次会议专题研究党内法规执行工作,将党内法规纳入理论学习中心组学习和干部教育培训的重要内容。	召开1次会议专题研究党内法规执行工作。
《中国共产党党内法规和规范性文件备案审查规定》	**第八条** 应当报备的党内法规和规范性文件,自发布之日起30日内由制定机关报备。 未按照规定时限报备的,审查机关应当责令其限期补报,必要时可以通报。	自发布之日起30日内由制定机关报备。
	第九条 报备党内法规和规范性文件,应当提交1份备案报告、正式文本和备案说明,装订成册,并报送电子文本。 备案说明应当写明制定背景、政策创新及其依据、重要数据指标来源、征求意见、审议签批等情况。	提交1份备案报告、正式文本和备案说明。
	第十条 报备机关应当在每年2月1日前,将上一年度文件目录报送审查机关备查。	2月1日前。
《中国共产党巡视工作条例》	**第三十五条第一款第四项** 开展巡视工作的党组织的同级纪检监察机关承担巡视整改监督责任,全面监督被巡视党组织落实巡视整改任务。主要职责是: (四)依规依纪依法处置巡视移交的问题线索,自收到移交问题线索之日起6个月内,向巡视工作领导小组办公室反馈处置进展情况;	开展巡视工作的党组织的同级纪检监察机关依规依纪依法处置巡视移交的问题线索,自收到移交问题线索之日起6个月内,向巡视工作领导小组办公室反馈处置进展情况。
	第三十六条第四项 开展巡视工作的党组织的组织部门结合职责履行巡视整改监督责任,监督被巡视党组织落实巡视整改任务。主要职责是: (四)对巡视移交的领导班子建设、贯彻执行民主集中制、干部选拔任用、人才队伍建设、基层党组织和党员队伍建设、干部担当作为等方面问题依规处置,自收到移交问题之日起6个月内,向巡视工作领导小组办公室反馈处置进展情况;	开展巡视工作的党组织的组织部门对巡视移交的问题依规处置,自收到移交问题之日起6个月内,向巡视工作领导小组办公室反馈处置进展情况。

续表

法规名称	条文摘录	关键词提醒
	第三十七条 有关职能部门应当结合职责运用巡视成果,针对巡视通报的问题和移交的工作建议,加强调查研究,提出改进措施,推动改革、完善制度、深化治理,并自通报和移交之日起6个月内,向巡视工作领导小组办公室反馈办理进展情况。	有关职能部门针对巡视通报的问题和移交的工作建议,自通报和移交之日起6个月内,向巡视工作领导小组办公室反馈办理进展情况。
《中国共产党党内监督条例》	**第二十六条第三项** 党的各级纪律检查委员会是党内监督的专责机关,履行监督执纪问责职责,加强对所辖范围内党组织和领导干部遵守党章党规党纪、贯彻执行党的路线方针政策情况的监督检查,承担下列具体任务: (三)强化上级纪委对下级纪委的领导,纪委发现同级党委主要领导干部的问题,可以直接向上级纪委报告;下级纪委至少每半年向上级纪委报告1次工作,每年向上级纪委进行述职。	下级纪委至少每半年向上级纪委报告1次工作。
	第二十八条第三款 派驻纪检组应当带着实际情况和具体问题,定期向派出机关汇报工作,至少每半年会同被监督单位党组织专题研究1次党风廉政建设和反腐败工作。对能发现的问题没有发现是失职,发现问题不报告、不处置是渎职,都必须严肃问责。	每半年会同被监督单位党组织专题研究1次党风廉政建设和反腐败工作。
	第四十一条第二款 对于上级党组织交办以及巡视等移交的违纪问题线索,应当及时处理,并在3个月内反馈办理情况。	3个月内反馈违纪问题线索办理情况。
《县以上党和国家机关党员领导干部民主生活会若干规定》	**第七条** 民主生活会每年召开1次,一般安排在第四季度。因特殊情况需要提前或者延期召开的,应当报上级党组织同意。 民主生活会到会人数必须达到应到会人数的三分之二以上。	民主生活会每年召开1次。
	第九条 召开民主生活会应当制定会议方案,提前10日报上级党组织审核……	提前10日报上级党组织审核。
	第十五条 民主生活会结束后15日内,应当将会议情况报告和会议记录报上级党组织,并报送上级纪委和党委组织部门……	民主生活会结束后15日内向上级党组织报会议情况报告和会议记录。

续表

法规名称	条文摘录	关键词提醒
《中国共产党问责条例》	**第十三条第一款** 问责决定作出后,应当及时向被问责党组织、被问责领导干部及其所在党组织宣布并督促执行。有关问责情况应当向纪委和组织部门通报,纪委应当将问责决定材料归入被问责领导干部廉政档案,组织部门应当将问责决定材料归入被问责领导干部的人事档案,并报上一级组织部门备案;涉及组织调整或者组织处理的,相应手续应当在1个月内办理完毕。	在1个月内办理组织调整或者组织处理的相应手续。
	第二十条第一款 问责对象对问责决定不服的,可以自收到问责决定之日起1个月内,向作出问责决定的党组织提出书面申诉。作出问责决定的党组织接到书面申诉后,应当在1个月内作出申诉处理决定,并以书面形式告知提出申诉的党组织、领导干部及其所在党组织。	1个月内申诉、1个月内作出申诉处理决定。
《中国共产党农村基层组织工作条例》	**第八条** 乡镇党委一般设委员7至9名,其中书记1名、副书记2至3名,应当设组织委员、宣传委员,纪委书记由党委委员兼任。党委委员按照乡镇领导职务配备,应当进行合理分工,保证各项工作有人负责。 村党的支部委员会一般设委员3至5名,其中书记1名,必要时可以设副书记1名;正式党员不足7人的支部,不设支部委员会。村党的总支部委员会一般设委员5至7名,其中书记1名、副书记1名、纪检委员1名。村党的委员会一般设委员5至7名,最多不超过9名,其中书记1名、副书记1至2名、纪委书记1名。	本条中数字较多,注意区别。其中,村党的委员会设纪委书记1名。
	第三十二条 乡镇党委领导班子每年至少召开1次民主生活会,村党组织领导班子每年至少召开1次组织生活会,严肃认真地开展批评和自我批评,接受党员、群众的监督。	村党组织领导班子每年至少召开1次组织生活会。
《中国共产党国有企业基层组织工作条例(试行)》	**第四条** 国有企业党员人数100人以上的,设立党的基层委员会(以下简称党委)。党员人数不足100人、确因工作需要的,经上级党组织批准,也可以设立党委。 党员人数50人以上、100人以下的,设立党的总支部委员会(以下简称党总支)。党员人数不足50人、确因工作需要的,经上级党组织批准,也可以设立党总支。 正式党员3人以上的,成立党支部。正式党员7人以上的党支部,设立支部委员会。	国有企业党员人数100人以上的,设立党的基层委员会。 正式党员7人以上的党支部,设立支部委员会。

续表

法规名称	条文摘录	关键词提醒
	经党中央批准，中管企业一般设立党组，中管金融企业设立党组性质党委。	
	第六条 国有企业党委一般由5至9人组成，最多不超过11人，其中书记1人、副书记1至2人。设立常务委员会的，党委常务委员会委员一般5至7人、最多不超过9人，党委委员一般15至21人。党委委员一般应当有3年以上党龄，其中中央企业及其直属企业（单位）、省属国有企业的党委委员应当有5年以上党龄。 国有企业党总支一般由5至7人组成，最多不超过9人；支部委员会由3至5人组成，一般不超过7人。正式党员不足7人的党支部，设1名书记，必要时可以设1名副书记。党支部（党总支）书记一般应当有1年以上党龄。	国有企业党委一般由5至9人组成，最多不超过11人。 国有企业党总支一般由5至7人组成，最多不超过9人；支部委员会由3至5人组成，一般不超过7人。
《中国共产党支部工作条例（试行）》	**第四条** 党支部设置一般以单位、区域为主，以单独组建为主要方式。企业、农村、机关、学校、科研院所、社区、社会组织、人民解放军和武警部队连（中）队以及其他基层单位，凡是有正式党员3人以上的，都应当成立党支部。 党支部党员人数一般不超过50人。	凡是有正式党员3人以上的，都应当成立党支部。 党支部党员人数一般不超过50人。
	第十二条 党支部委员会是党支部日常工作的领导机构。 党支部委员会会议一般每月召开1次，根据需要可以随时召开，对党支部重要工作进行讨论、作出决定等。党支部委员会会议须有半数以上委员到会方可进行。重要事项提交党员大会决定前，一般应当经党支部委员会会议讨论。	党支部委员会会议一般每月召开1次。
《中国共产党支部工作条例（试行）》	**第十三条** 党员人数较多或者党员工作地、居住地比较分散的党支部，按照便于组织开展活动原则，应当划分若干党小组，并设立党小组组长。党小组组长由党支部指定，也可以由所在党小组党员推荐产生。 党小组主要落实党支部工作要求，完成党支部安排的任务。 党小组会一般每月召开1次，组织党员参加政治学习、谈心谈话、开展批评和自我批评等。	党小组会一般每月召开1次。
	第十八条第一款 党支部一般每年开展1次民主评议党员，组织党员对照合格党员标准、对照入党誓词，联系个人实际进行党性分析。	党支部一般每年开展1次民主评议党员。

续表

法规名称	条文摘录	关键词提醒
《中国共产党支部工作条例(试行)》	**第十九条第一款** 党支部应当经常开展谈心谈话。党支部委员之间、党支部委员和党员之间、党员和党员之间,每年谈心谈话一般不少于1次。谈心谈话应当坦诚相见、交流思想、交换意见、帮助提高。	每年谈心谈话一般不少于1次。
	第二十条 有正式党员7人以上的党支部,应当设立党支部委员会。党支部委员会由3至5人组成,一般不超过7人。 党支部委员会设书记和组织委员、宣传委员、纪检委员等,必要时可以设1名副书记。 正式党员不足7人的党支部,设1名书记,必要时可以设1名副书记。	有正式党员7人以上的党支部,应当设立党支部委员会。
	第二十一条 村、社区党支部委员会每届任期5年,其他基层单位党支部委员会一般每届任期3年。 党支部委员会由党支部党员大会选举产生,党支部书记、副书记一般由党支部委员会会议选举产生,不设委员会的党支部书记、副书记由党支部党员大会选举产生。选出的党支部委员,报上级党组织备案;党支部书记、副书记,报上级党组织批准。党支部书记、副书记、委员出现空缺,应当及时进行补选。确有必要时,上级党组织可以指派党支部书记或者副书记。 建立健全党支部按期换届提醒督促机制。根据党组织隶属关系和干部管理权限,上级党组织对任期届满的党支部,一般提前6个月以发函或者电话通知等形式,提醒做好换届准备。对需要延期或者提前换届的,应当认真审核、从严把关,延长或者提前期限一般不超过1年。	村、社区党支部委员会每届任期5年,其他基层单位党支部委员会一般每届任期3年。 提前6个月以发函或者电话通知等形式,提醒做好换届准备。
《党委(党组)书记抓基层党建工作述职评议考核办法(试行)》	**第五条第一款** 述职评议考核一般安排在当年年底或次年年初进行。	当年年底或次年年初进行述职评议考核。
《公务员考核规定》	**第十二条第一款** 公务员年度考核优秀等次人数,一般掌握在本机关应参加年度考核的公务员总人数的20%以内;经同级公务员主管部门审核同意,可以掌握在25%以内。优秀等次名额应当向获得表彰奖励以及基层一线、艰苦岗位公务员倾斜。	20%、25%。

续表

法规名称	条文摘录	关键词提醒
《公务员平时考核办法(试行)》	**第十六条** 县级以上公务员主管部门可以根据平时考核工作开展情况,调整本辖区内机关年度考核优秀等次比例,调整后比例最高不超过35%。	35%。
《中华人民共和国监察法》	**第二十三条第二款** 被责令候查人员应当遵守以下规定: (一)未经监察机关批准不得离开所居住的直辖市、设区的市的城市市区或者不设区的市、县的辖区; (二)住址、工作单位和联系方式发生变动的,在二十四小时以内向监察机关报告; (三)在接到通知的时候及时到案接受调查; (四)不得以任何形式干扰证人作证; (五)不得串供或者伪造、隐匿、毁灭证据。	被责令候查人员住址、工作单位和联系方式发生变动的,在24小时以内向监察机关报告。
《中华人民共和国监察法》	**第二十五条第二款** 采取管护措施后,应当立即将被管护人员送留置场所,至迟不得超过二十四小时。	监察机关采取管护措施后,立即将被管护人员送留置场所,至迟不得超过24小时。
《中华人民共和国监察法》	**第二十六条第二款** 冻结的财产经查明与案件无关的,应当在查明后三日内解除冻结,予以退还。	冻结的财产经查明与案件无关的,在查明后3日内解除冻结,予以退还。
	第二十八条第三款 查封、扣押的财物、文件经查明与案件无关的,应当在查明后三日内解除查封、扣押,予以退还。	查封、扣押的财物、文件经查明与案件无关的,在查明后3日内解除查封、扣押,予以退还。
《中华人民共和国监察法》	**第三十一条第二款** 批准决定应当明确采取技术调查措施的种类和适用对象,自签发之日起三个月以内有效;对于复杂、疑难案件,期限届满仍有必要继续采取技术调查措施的,经过批准,有效期可以延长,每次不得超过三个月。对于不需要继续采取技术调查措施的,应当及时解除。	技术调查措施,自签发之日起3个月以内有效(经批准,可延长)。

续表

法规名称	条文摘录	关键词提醒
《中华人民共和国监察法》	**第四十六条第二款** 强制到案持续的时间不得超过十二小时;需要采取管护或者留置措施的,强制到案持续的时间不得超过二十四小时。不得以连续强制到案的方式变相拘禁被调查人。	强制到案持续的时间不得超过12小时;需要采取管护或者留置措施的,强制到案持续的时间不得超过24小时。
	第四十六条第三款 责令候查最长不得超过十二个月。	责令候查最长不得超过12个月。
	第四十六条第四款 监察机关采取管护措施的,应当在七日以内依法作出留置或者解除管护的决定,特殊情况下可以延长一日至三日。	采取管护措施后7日以内作出留置或者解除管护的决定,特殊情况下可以延长1日至3日。
《中华人民共和国监察法》	**第四十八条第一款** 留置时间不得超过三个月。在特殊情况下,可以延长一次,延长时间不得超过三个月。省级以下监察机关采取留置措施的,延长留置时间应当报上一级监察机关批准。监察机关发现采取留置措施不当或者不需要继续采取留置措施的,应当及时解除或者变更为责令候查措施。	留置时间不得超过3个月(经批准,可延长1次,延长时间不得超过3个月)。
	第四十八条第二款 对涉嫌职务犯罪的被调查人可能判处十年有期徒刑以上刑罚,监察机关依照前款规定延长期限届满,仍不能调查终结的,经国家监察委员会批准或者决定,可以再延长二个月。	经国家监察委员会批准或者决定,对可能判处10年有期徒刑以上刑罚的被调查人的留置期限,可以再延长2个月。
	第四十八条第三款 省级以上监察机关在调查期间,发现涉嫌职务犯罪的被调查人另有与留置时的罪行不同种的重大职务犯罪或者同种的影响罪名认定、量刑档次的重大职务犯罪,经国家监察委员会批准或者决定,自发现之日起依照本条第一款的规定重新计算留置时间。留置时间重新计算以一次为限。	重新计算留置时间:一是适用主体是省级以上监察机关;二是发现涉嫌职务犯罪的被调查人另有与留置时的罪行不同种的重大职务犯罪或者同种的影响罪名认定、

续表

法规名称	条文摘录	关键词提醒
		量刑档次的重大职务犯罪；三是经国家监察委员会批准或者决定；四是自发现之日起重新计算留置时间。
《中华人民共和国监察法》	**第五十条第一款** 采取管护或者留置措施后，应当在二十四小时以内，通知被管护人员、被留置人员所在单位和家属，但有可能伪造、隐匿、毁灭证据，干扰证人作证或者串供等有碍调查情形的除外。有碍调查的情形消失后，应当立即通知被管护人员、被留置人员所在单位和家属。解除管护或者留置的，应当及时通知被管护人员、被留置人员所在单位和家属。	采取管护或者留置措施后，应当在24小时以内，通知被管护人员、被留置人员所在单位和家属，有碍调查的除外。 解除管护或者留置的，应当及时通知被管护人员、被留置人员所在单位和家属。
	第五十条第二款 被管护人员、被留置人员及其近亲属有权申请变更管护、留置措施。监察机关收到申请后，应当在三日以内作出决定；不同意变更措施的，应当告知申请人，并说明不同意的理由。	监察机关收到被管护人员、被留置人员及其近亲属申请变更管护、留置措施的，在3日以内作出决定。
《中华人民共和国监察法》	**第五十四条第二款** 人民检察院经审查，认为需要补充核实的，应当退回监察机关补充调查，必要时可以自行补充侦查。对于补充调查的案件，应当在一个月内补充调查完毕。补充调查以二次为限。	在1个月内补充调查完毕，补充调查以2次为限。
《中华人民共和国监察法》	**第五十五条** 监察机关在调查贪污贿赂、失职渎职等职务犯罪案件过程中，被调查人逃匿或者死亡，有必要继续调查的，应当继续调查并作出结论。被调查人逃匿，在通缉一年后不能到案，或者死亡的，由监察机关提请人民检察院依照法定程序，向人民法院提出没收违法所得的申请。	被调查人逃匿，在通缉1年后不能到案，或者死亡的，由监察机关提请人民检察院依照法定程序，向人民法院提出没收违法所得的申请。

续表

法规名称	条文摘录	关键词提醒
《中华人民共和国监察法》	**第五十六条** 监察对象对监察机关作出的涉及本人的处理决定不服的,可以在收到处理决定之日起一个月内,向作出决定的监察机关申请复审,复审机关应当在一个月内作出复审决定;监察对象对复审决定仍不服的,可以在收到复审决定之日起一个月内,向上一级监察机关申请复核,复核机关应当在二个月内作出复核决定。复审、复核期间,不停止原处理决定的执行。复核机关经审查,认定处理决定有错误的,原处理机关应当及时予以纠正。	监察对象申请复审:自收到处理决定之日起1个月内申请。 监察机关:1个月内作出复审决定。 监察对象申请复核:在收到复审决定之日起1个月内申请。 复核的监察机关:在2个月内作出复核决定。
《中华人民共和国监察法》	**第六十四条第一款、第二款** 监察人员涉嫌严重职务违法或者职务犯罪,为防止造成更为严重的后果或者恶劣影响,监察机关经依法审批,可以对其采取禁闭措施。禁闭的期限不得超过七日。 被禁闭人员应当配合监察机关调查。监察机关经调查发现被禁闭人员符合管护或者留置条件的,可以对其采取管护或者留置措施。	禁闭的期限不得超过7日。
《中华人民共和国监察法实施条例》	**第一百零八条** 冻结财产的期限不得超过六个月。冻结期限到期未办理续冻手续的,冻结自动解除。 有特殊原因需要延长冻结期限的,应当在到期前按原程序报批,办理续冻手续。每次续冻期限不得超过六个月。	冻结财产的期限不得超过6个月。每次续冻期限不得超过6个月。
	第一百三十条 查封、扣押涉案财物,应当按规定将涉案财物详细信息、《查封/扣押财物、文件清单》录入并上传监察机关涉案财物信息管理系统。 对于涉案款项,应当在采取措施后十五日以内存入监察机关指定的专用账户。对于涉案物品,应当在采取措施后三十日以内移交涉案财物保管部门保管。因特殊原因不能按时存入专用账户或者移交保管的,应当按规定报批,将保管情况录入涉案财物信息管理系统,在原因消除后及时存入或者移交。	20日内将查封、扣押涉案财物信息录入并上传监察机关涉案财物信息管理系统。 对于涉案款项,应当在采取措施后15日内存入监察机关指定的专用账户。对于涉案物品,应当在采取措施后30日内移交涉案财物保管部门保管。

续表

法规名称	条文摘录	关键词提醒
	第一百三十四条 对查封、扣押的财物和文件,应当及时进行核查。经查明与案件无关的,经审批,应当在查明后三日以内解除查封、扣押,予以退还。解除查封、扣押的,应当向有关单位、原持有人或者近亲属送达《解除查封/扣押通知书》,附《解除查封/扣押财物、文件清单》,要求其签名或者盖章。	查封、扣押动产的期限不得超过1年,查封不动产的期限不得超过2年。
	第一百六十条第一款 监察机关接到公安机关抓获被通缉人员的通知后,应当立即核实被抓获人员身份,并在接到通知后二十四小时以内派员办理交接手续。边远或者交通不便地区,至迟不得超过三日。	涉嫌职务犯罪的被通缉人员,监察机关在接到通知后24小时以内派员办理交接手续。
	第一百六十四条 限制出境措施有效期不超过三个月,到期自动解除。 到期后仍有必要继续采取措施的,应当按原程序报批。承办部门应当出具有关函件,在到期前与《延长限制出境措施期限决定书》一并送交移民管理机构执行。延长期限每次不得超过三个月。	限制出境措施有效期不超过3个月;延长期限每次不得超过3个月。
	第一百六十五条 监察机关接到口岸移民管理机构查获被决定采取留置措施的边控对象的通知后,应当于二十四小时以内到达口岸办理移交手续。无法及时到达的,应当委托当地监察机关及时前往口岸办理移交手续。当地监察机关应当予以协助。	24小时内到达口岸。
	第一百六十九条第一款 监察机关对于报案或者举报应当依法接受。属于本级监察机关管辖的,依法予以受理;属于其他监察机关管辖的,应当在五个工作日以内予以转送。	5个工作日内予以转送属于其他监察机关管辖的线索。
	第一百七十一条 监察机关对于执法机关、司法机关等其他机关移送的问题线索,应当及时审核,并按照下列方式办理: (一)本单位有管辖权的,及时研究提出处置意见; (二)本单位没有管辖权但其他监察机关有管辖权的,在五个工作日以内转送有管辖权的监察机关; (三)本单位对部分问题线索有管辖权的,对有管辖权的部分提出处置意见,并及时将其他问题线索转送有管辖权的机关; (四)监察机关没有管辖权的,及时退回移送机关。	监察机关对于执法机关、司法机关等其他机关移送的问题线索,本单位没有管辖权但其他监察机关有管辖权的,在5个工作日内转送有管辖权的监察机关。

续表

法规名称	条文摘录	关键词提醒
	第一百八十五条第二款 调查职务违法或者职务犯罪案件,对被调查人没有采取留置措施的,应当在立案后一年以内作出处理决定;对被调查人解除留置措施的,应当在解除留置措施后一年以内作出处理决定。案情重大复杂的案件,经上一级监察机关批准,可以适当延长,但延长期限不得超过六个月。 被调查人在监察机关立案调查以后逃匿的,调查期限自被调查人到案之日起重新计算。	《中国共产党纪律检查机关监督执纪工作规则》删除审查调查期限限制规定。但《中华人民共和国监察法实施条例》对调查职务违法或者职务犯罪案件办理期限作出了规定。
	第二百零三条第二款 政务处分决定自作出之日起生效。有关机关、单位、组织应当依法及时执行处分决定,并将执行情况向监察机关报告。处分决定应当在作出之日起一个月以内执行完毕,特殊情况下经监察机关批准可以适当延长办理期限,最迟不得超过六个月。	政务处分决定应当在作出之日起1个月内执行完毕,特殊情况下经监察机关批准可以适当延长办理期限,最迟不得超过6个月。
《中华人民共和国监察法实施条例》	**第二百零六条第一款** 监察机关经调查,对没有证据证明或者现有证据不足以证明被调查人存在违法犯罪行为的,应当依法撤销案件。省级以下监察机关撤销案件后,应当在七个工作日以内向上一级监察机关报送备案报告。上一级监察机关监督检查部门负责备案工作。 **第二百零六条第二款** 省级以下监察机关拟撤销上级监察机关指定管辖或者交办案件的,应当将《撤销案件意见书》连同案卷材料,在法定调查期限到期七个工作日前报指定管辖或者交办案件的监察机关审查。对于重大、复杂案件,在法定调查期限到期十个工作日前报指定管辖或者交办案件的监察机关审查。	省级以下监察机关撤销案件后,应当在7个工作日内向上一级监察机关报送备案报告。 拟撤销上级监察机关指定管辖或者交办案件的,在法定调查期限到期7个工作日/10个工作日前报指定管辖或者交办案件的监察机关审查。
	第二百一十三条第二款 上级监察机关相关监督检查部门负责审查工作,重点审核拟认定的从宽处罚情形、提出的从宽处罚建议,经审批在十五个工作日以内作出批复。	上级监察机关(相关监督检查部门)在15个工作日内作出是否同意从宽处罚意见的批复。

续表

法规名称	条文摘录	关键词提醒
	第二百二十条 监察机关一般应当在正式移送起诉十日前,向拟移送的人民检察院采取书面通知等方式预告移送事宜。对于已采取留置措施的案件,发现被调查人因身体等原因存在不适宜羁押等可能影响刑事强制措施执行情形的,应当通报人民检察院。对于未采取留置措施的案件,可以根据案件具体情况,向人民检察院提出对被调查人采取刑事强制措施的建议。	监察机关在正式移送起诉10日前,向拟移送的人民检察院采取书面通知等方式预告移送事宜。
	第二百二十一条第二款 监察机关一般应当在移送起诉二十日前,将商请指定管辖函送交同级人民检察院。商请指定管辖函应当附案件基本情况,对于被调查人已被其他机关立案侦查的犯罪认为需要并案审查起诉的,一并进行说明。	监察机关在移送起诉20日前,将商请指定管辖函送交同级人民检察院。
《中华人民共和国监察法实施条例》	**第二百三十条** 监察机关认为人民检察院不起诉决定有错误的,应当在收到不起诉决定书后三十日以内,依法向其上一级人民检察院提请复议。监察机关应当将上述情况及时向上一级监察机关书面报告。	监察机关认为人民检察院不起诉决定有错误的,在收到不起诉决定书后30日内,向其上一级人民检察院提请复议。
《国有企业管理人员处分条例》	**第二十七条第一款第六项** 对涉嫌违法的国有企业管理人员进行调查、处理,应当由2名以上工作人员进行,按照下列程序办理: (六)任免机关、单位应当自本条第一款第五项决定作出之日起1个月以内,将处分、免予处分、不予处分或者撤销案件的决定以书面形式通知被调查人及其所在单位,并在一定范围内宣布,涉及国家秘密、商业秘密或者个人隐私的,按照国家有关规定办理;	处分、免予处分、不予处分或者撤销案件的决定,自决定作出之日起1个月以内要送达、宣布。
	第二十九条 给予国有企业管理人员处分,应当自立案之日起6个月内作出决定;案情复杂或者遇有其他特殊情形的,经任免机关、单位主要负责人批准可以适当延长,但是延长期限不得超过6个月。	处分决定作出日期限制:自立案之日起6个月内作出决定;特殊情况下,经任免机关、单位主要负责人批准可以适当延长,但是延长期限不得超过6个月。

续表

法规名称	条文摘录	关键词提醒
《国有企业管理人员处分条例》	**第三十六条** 国有企业管理人员受到降级、撤职、开除处分的,应当在处分决定作出后1个月内,由相应人事部门等按照管理权限办理岗位、职务、工资和其他有关待遇等变更手续,并依法变更或者解除劳动合同;特殊情况下,经任免机关、单位主要负责人批准可以适当延长办理期限,但是最长不得超过6个月。	在处分决定作出后1个月内,按照管理权限办理岗位、职务、工资和其他有关待遇等变更手续,并依法变更或者解除劳动合同,特殊情况下,延长办理期限。
《国有企业管理人员处分条例》	**第三十八条** 被处分人对处分决定不服的,可以自收到处分决定书之日起1个月内,向作出处分决定的任免机关、单位(以下称原处分决定单位)申请复核。原处分决定单位应当自接到复核申请后1个月以内作出复核决定。 被处分人因不可抗拒的事由或者其他正当理由耽误复核申请期限的,在障碍消除后的10个工作日内,可以申请顺延期限;是否准许,由原处分决定单位决定。	申请复核时限:自收到处分决定书之日起1个月内。 因不可抗拒的事由或者其他正当理由耽误的,可在障碍消除后的10个工作日内,申请顺延期限。
	第三十九条 被处分人对复核决定仍不服的,可以自收到复核决定之日起1个月内按照管理权限向上一级机关、单位申诉。受理申诉的机关、单位(以下称申诉机关)应当自受理之日起2个月以内作出处理决定;案情复杂的,可以适当延长,但是延长期限最多不超过1个月。 被处分人因不可抗拒的事由或者其他正当理由耽误申诉申请期限的,在障碍消除后的10个工作日内,可以申请顺延期限;是否准许,由申诉机关决定。	向上一级机关、单位申诉:自收到复核决定之日起1个月内。
《国有企业管理人员处分条例》	**第四十条第一款** 原处分决定单位接到复核申请、申诉机关受理申诉后,相关承办部门应当成立工作组,调阅原案材料,必要时可以进行调查,收集、查证有关证据材料,向有关单位和人员了解情况。工作组应当集体研究,提出办理意见,按程序报原处分决定单位、申诉机关领导成员集体讨论作出复核、申诉决定,并向有管理权限的监察机关通报。复核、申诉决定应当自作出之日起1个月以内以书面形式通知被处分人及其所在单位,并在一定范围内宣布;涉及国家秘密、商业秘密或者个人隐私的,按照国家有关规定办理。	复核、申诉决定应当自作出之日起1个月以内以书面形式通知被处分人及其所在单位,并在一定范围内宣布。

◇ 三、线索处置专题

纪检监察机关受理检举控告范围

法规依据	条文摘录	知识点提醒
《纪检监察机关处理检举控告工作规则》	**第四条** 任何组织和个人对以下行为,有权向纪检监察机关提出检举控告: (一)党组织、党员违反政治纪律、组织纪律、廉洁纪律、群众纪律、工作纪律、生活纪律等党的纪律行为; (二)监察对象不依法履职,违反秉公用权、廉洁从政从业以及道德操守等规定,涉嫌贪污贿赂、滥用职权、玩忽职守、权力寻租、利益输送、徇私舞弊以及浪费国家资财等职务违法、职务犯罪行为; (三)其他依照规定应当由纪检监察机关处理的违纪违法行为。	受理范围:一是违纪,二是职务违法、职务犯罪,三是兜底情形。
《纪检监察机关处理检举控告工作规则》	**第七条** 纪检监察机关应当接收检举控告人通过以下方式提出的检举控告: (一)向纪检监察机关邮寄信件反映的; (二)到纪检监察机关指定的接待场所当面反映的; (三)拨打纪检监察机关检举控告电话反映的; (四)向纪检监察机关的检举控告网站、微信公众平台、手机客户端等网络举报受理平台发送电子材料反映的; (五)通过纪检监察机关设立的其他渠道反映的。 对其他机关、部门、单位转送的属于纪检监察机关受理范围的检举控告,应当按规定予以接收。	检举控告方式:一是信件反映,二是当面反映,三是电话反映,四是网站、微信公众平台、手机客户端等反映。
《纪检监察机关处理检举控告工作规则》	**第十三条** 纪检监察机关对反映的以下事项,不予受理: (一)已经或者依法应当通过诉讼、仲裁、行政裁决、行政复议等途径解决的; (二)依照有关规定,属于其他机关或者单位职责范围的;	不予受理共有3类,需要注意的是,仅列举出违纪或者职务违法、职务犯罪行为名称但无实质内容的反映,也属于不予受理范畴。

续表

法规依据	条文摘录	知识点提醒
	(三)仅列举出违纪或者职务违法、职务犯罪行为名称但无实质内容的。 对前款第一项、第二项所列事项,通过来信反映的,应当及时转有关机关或者单位处理;通过来访、来电、网络举报受理平台等方式反映的,应当告知检举控告人依规依法向有权处理的机关或者单位反映。	
《纪检监察机关处理检举控告工作规则》	**第十一条** 检举控告工作按照管理权限实行分级受理: (一)中央纪委国家监委受理反映中央委员、候补中央委员,中央纪委委员,中央管理的领导干部,党中央工作机关、党中央批准设立的党组(党委),各省、自治区、直辖市党委、纪委等涉嫌违纪或者职务违法、职务犯罪问题的检举控告。 (二)地方各级纪委监委受理反映同级党委委员、候补委员,同级纪委委员,同级党委管理的党员、干部以及监察对象,同级党委工作机关、党委批准设立的党组(党委),下一级党委、纪委等涉嫌违纪或者职务违法、职务犯罪问题的检举控告。 (三)基层纪委受理反映同级党委管理的党员,同级党委下属的各级党组织涉嫌违纪问题的检举控告;未设立纪律检查委员会的党的基层委员会,由该委员会受理检举控告。 各级纪委监委按照管理权限受理反映本机关干部涉嫌违纪或者职务违法、职务犯罪问题的检举控告。	需要注意的是:地方各级纪委监委受理反映同级党委委员、候补委员,同级纪委委员,同级党委管理的党员、干部以及监察对象,同级党委工作机关、党委批准设立的党组(党委),下一级党委、纪委等涉嫌违纪或者职务违法、职务犯罪问题的检举控告。
《中国共产党纪律检查机关监督执纪工作规则》	**第七条** 监督执纪工作实行分级负责制: (一)中央纪委国家监委负责监督检查和审查调查中央委员、候补中央委员,中央纪委委员,中央管理的领导干部,党中央工作部门、党中央批准设立的党组(党委),各省、自治区、直辖市党委、纪委等党组织的涉嫌违纪或者职务违法、职务犯罪问题。 (二)地方各级纪委监委负责监督检查和审查调查同级党委委员、候补委员,同级纪委委员,同级党委管理的党员、干部以及监察对象,同级党委工作部门、党委批准设立的党组(党委),下一级党委、纪委等党组织的涉嫌违纪或者职务违法、职务犯罪问题。	地方各级纪委监委负责监督检查和审查调查同级党委委员、候补委员,同级纪委委员,同级党委管理的党员、干部以及监察对象,同级党委工作部门、党委批准设立的党组(党委),下一级党委、纪委等党组织的涉嫌违纪或者职务违法、职务犯罪问题。

续表

法规依据	条文摘录	知识点提醒
	（三）基层纪委负责监督检查和审查同级党委管理的党员，同级党委下属的各级党组织的涉嫌违纪问题；未设立纪律检查委员会的党的基层委员会，由该委员会负责监督执纪工作。 地方各级纪委监委依照规定加强对同级党委履行职责、行使权力情况的监督。	本条第2款"同级监督"这个知识点需要适当注意。地方纪委监委有对同级党委履行职责、行使权力情况监督的义务，但未规定监督的方式。

问题线索处置相关知识点梳理

线索处置方式	《中国共产党纪律检查机关监督执纪工作规则》摘录	知识点提醒
线索处置	**第二十一条** 纪检监察机关应当结合问题线索所涉及地区、部门、单位总体情况,综合分析,按照谈话函询、初步核实、暂存待查、予以了结4类方式进行处置。 线索处置不得拖延和积压,处置意见应当在收到问题线索之日起1个月内提出,并制定处置方案,履行审批手续。	线索处置方式主要有谈话函询、初步核实、暂存待查、予以了结4类方式;立案审查调查不是线索处置方式。 处置意见应当在收到问题线索之日起1个月内提出,并制定问题线索处置方案。
	第二十二条 纪检监察机关对反映同级党委委员、候补委员,纪委常委、监委委员,以及所辖地区、部门、单位主要负责人的问题线索和线索处置情况,应当及时向上级纪检监察机关报告。	反映同级党委委员、候补委员,纪委常委、监委委员,以及所辖地区、部门、单位主要负责人的问题线索和线索处置情况,应当及时向上级纪检监察机关报告。
初步核实	**第三十二条** 党委(党组)、纪委监委(纪检监察组)应当对具有可查性的涉嫌违纪或者职务违法、职务犯罪问题线索,扎实开展初步核实工作,收集客观性证据,确保真实性和准确性。	注意:1.初步核实没有时限规定,但并不意味着初核无限期。 2.结合案件检查程序初核的权限,目前可以采用以下方法收集证据:查阅、复制与案件有关的文件、资料、财务账目、单据、会议记录、工作笔记以及其他有关材料;要求有关组织提供与案件有关的文件、资料等书面材料以及其他必要的情况;按相关规定程序报批,可以对案件所涉及的专门性问题提请评估机构、鉴定机构等专门机构或人员作出鉴定结论;按程序报批,可以提请查询银行账目和通信记录,采取技侦、限制出境等措施。

续表

线索处置方式	《中国共产党纪律检查机关监督执纪工作规则》摘录	知识点提醒
谈话函询	**第二十七条** 纪检监察机关采取谈话函询方式处置问题线索，应当起草谈话函询报批请示，拟订谈话方案和相关工作预案，按程序报批。需要谈话函询下一级党委(党组)主要负责人的，应当报纪检监察机关主要负责人批准，必要时向同级党委主要负责人报告。	谈话函询的适用条件：反映的问题具有一般性，查清了只能给予轻处分或批评教育，或者反映的问题不实而予以澄清的；反映的问题笼统，多为道听途说或主观臆断的；难以查证核实的线索，需要本人作出说明的。
谈话函询	**第二十八条** 谈话应当由纪检监察机关相关负责人或者承办部门负责人进行，可以由被谈话人所在党委(党组)、纪委监委(纪检监察组、纪检监察工委)有关负责人陪同；经批准也可以委托被谈话人所在党委(党组)主要负责人进行。 谈话应当在具备安全保障条件的场所进行。由纪检监察机关谈话的，应当制作谈话笔录，谈话后可以视情况由被谈话人写出书面说明。	谈话应当在具备安全保障条件的场所进行，并制作谈话笔录。
谈话函询	**第二十九条** 纪检监察机关进行函询应当以办公厅(室)名义发函给被反映人，并抄送其所在党委(党组)和派驻纪检监察组主要负责人。被函询人应当在收到函件后15个工作日内写出说明材料，由其所在党委(党组)主要负责人签署意见后发函回复。 被函询人为党委(党组)主要负责人的，或者被函询人所作说明涉及党委(党组)主要负责人的，应当直接发函回复纪检监察机关。	被函询人为党委(党组)主要负责人的，或者被函询人所作说明涉及党委(党组)主要负责人的，应当直接发函回复纪检监察机关。
谈话函询	**第三十条** 承办部门应当在谈话结束或者收到函询回复后1个月内写出情况报告和处置意见，按程序报批。根据不同情形作出相应处理： (一)反映不实，或者没有证据证明存在问题的，予以采信了结，并向被函询人发函反馈。	对反映不实，或者没有证据证明存在问题的，可直接予以了结。 这里的“纪律责任”，可理解为党纪处分、免予党纪处分。

续表

线索处置方式	《中国共产党纪律检查机关监督执纪工作规则》摘录	知识点提醒
	(二)问题轻微,不需要追究纪律责任的,采取谈话提醒、批评教育、责令检查、诫勉谈话等方式处理。 (三)反映问题比较具体,但被反映人予以否认且否认理由不充分具体的,或者说明存在明显问题的,一般应当再次谈话或者函询;发现被反映人涉嫌违纪或者职务违法、职务犯罪问题需要追究纪律和法律责任的,应当提出初步核实的建议。 (四)对诬告陷害者,依规依纪依法予以查处。 必要时可以对被反映人谈话函询的说明情况进行抽查核实。 谈话函询材料应当存入廉政档案。	
谈话函询	**第三十一条** 被谈话函询的党员干部应当在民主生活会、组织生活会上就本年度或者上年度谈话函询问题进行说明,讲清组织予以采信了结的情况;存在违纪问题的,应当进行自我批评,作出检讨。	请结合《县以上党和国家机关党员领导干部民主生活会若干规定》第 6 条第 1 款第 2 项、第 8 条、第 13 条理解本条。
备注	暂存待查适用情形: (1)反映的涉嫌违纪违法问题比较具体、具有可查性,但因客观条件、工作时机以及被反映人自身健康状况等因素,不便马上开展核查的; (2)相关重要涉案人或者被反映人一时难以找到的; (3)经初步核实或者谈话函询,尚不能完全排除问题存在可能性,在现有条件下难以进一步开展工作的; (4)反映的问题发生年代久远,且之后没有新问题举报的等。 注意,对暂存的问题线索,一旦具备核查条件,应及时核查;符合了结条件的,及时了结。问题线索暂存待查超过 1 年的,承办部门应当集体研判是否需要继续暂存待查,并向纪检监察机关主要负责人书面报告,提出下一步工作建议。	
	了结适用情形:根据《中国共产党纪律检查机关监督执纪工作规则》第 30 条第 1 款第 1 项的规定,了结通常适用于两种情况:一是反映不实,二是没有证据证明存在问题。此外,被反映人年龄过大,比如 80 岁以上老人,且身体有严重基础疾病,反映的问题不涉嫌严重违纪违法,或者被举报人已被判刑,在监狱服刑或者刑满释放,但群众反映的问题不涉嫌严重违反政治纪律、组织纪律,也未获得经济利益或者其他利益的,也可以了结。	

续表

<table>
<tr><th>线索处置方式</th><th>《中国共产党纪律检查机关监督执纪工作规则》摘录</th><th>知识点提醒</th></tr>
<tr><td rowspan="3"></td><td colspan="2">注意,2023 年《中国共产党纪律处分条例》第 38 条规定,违纪党员在党组织作出处分决定前死亡,或者在死亡之后发现其曾有严重违纪行为,对于应当给予开除党籍处分的,开除其党籍;对于应当给予留党察看以下处分的,作出违犯党纪的书面结论和相应处理。实践中,为节约监督执纪成本和基于社会效果等因素考量,对已去世的被举报人如果涉嫌一般违纪问题,也可了结。</td></tr>
<tr><td colspan="2">《中华人民共和国监察法》第三十八条　监察机关对于报案或者举报,应当接受并按照有关规定处理。对于不属于本机关管辖的,应当移送主管机关处理。</td></tr>
<tr><td colspan="2">《纪检监察机关处理检举控告工作规则》第十三条　纪检监察机关对反映的以下事项,不予受理:
(一)已经或者依法应当通过诉讼、仲裁、行政裁决、行政复议等途径解决的;
(二)依照有关规定,属于其他机关或者单位职责范围的;
(三)仅列举出违纪或者职务违法、职务犯罪行为名称但无实质内容的。
对前款第一项、第二项所列事项,通过来信反映的,应当及时转有关机关或者单位处理;通过来访、来电、网络举报受理平台等方式反映的,应当告知检举控告人依规依法向有权处理的机关或者单位反映。</td></tr>
<tr><td>推荐阅读</td><td colspan="2">1. 何国平:《信访工作要善于从政治高度发现问题》,载《中国纪检监察报》2019 年 4 月 4 日,第 7 版。
2. 杨君辉:《把好“五个关口”提高问题线索处置效率》,载《中国纪检监察报》2018 年 8 月 22 日,第 8 版。
3. 何国平:《发现信访举报问题线索八法》,载《中国纪检监察报》2019 年 8 月 8 日,第 7 版。该文指出,发现信访举报问题线索的八个方法:信书结合法,提高站位法,深入本质法,关联对比法,当机立断法,捕捉民意法,小中见大法,就信推演法。
4. 徐志:《“七何”要素在线索处置中的应用思考》,载《中国纪检监察报》2019 年 8 月 14 日,第 8 版。
5. 何国平:《深度挖掘信访举报信息的方法》,载《中国纪检监察报》2019 年 9 月 26 日,第 7 版。
6. 胡胜华:《线索处置情况审核有哪些常用方法》,载《中国纪检监察报》2020 年 11 月 18 日,第 8 版。
7. 冉红音:《研判问题线索真实性的三重逻辑》,载《中国纪检监察报》2020 年 12 月 23 日,第 8 版。
8. 冉红音:《研判问题线索的基本思路》,载《中国纪检监察报》2021 年 4 月 7 日,第 8 版。</td></tr>
</table>

续表

线索处置方式	《中国共产党纪律检查机关监督执纪工作规则》摘录	知识点提醒
	9. 丁伟、王子京:《处置问题线索“六看”法》,载《中国纪检监察报》2022 年 1 月 19 日,第 6 版。该文指出,研判处置问题线索:一看来源,二看内容,三看身份,四看动机,五看时机,六看关联。 10. 卢东为、丁伟:《如何从异常账目中发现问题线索》,载《中国纪检监察报》2023 年 3 月 8 日,第 7 版。 11. 张震、史胜涛:《协同提升问题线索处置质效》,载《中国纪检监察报》2023 年 5 月 18 日,第 7 版。	

公职人员涉嫌职务违法职务犯罪问题线索移送

法规依据	条文摘录	知识点提醒
《中国共产党纪律检查机关监督执纪工作规则》	**第三十二条** 党委(党组)、纪委监委(纪检监察组)应当对具有可查性的涉嫌违纪或者职务违法、职务犯罪问题线索,扎实开展初步核实工作,收集客观性证据,确保真实性和准确性。	涉嫌职务犯罪,根据《中华人民共和国监察法》第11条的规定,通常由监察机关进行调查。留置等调查措施,通常由监察机关依法行使。比如,某县公安局党委无权对涉嫌职务犯罪的公安干警采取留置措施。
《中国共产党党内监督条例》	**第三十七条** 各级党委应当支持和保证同级人大、政府、监察机关、司法机关等对国家机关及公职人员依法进行监督,人民政协依章程进行民主监督,审计机关依法进行审计监督。有关国家机关发现党的领导干部违反党规党纪、需要党组织处理的,应当及时向有关党组织报告。审计机关发现党的领导干部涉嫌违纪的问题线索,应当向同级党组织报告,必要时向上级党组织报告,并按照规定将问题线索移送相关纪律检查机关处理。 在纪律审查中发现党的领导干部严重违纪涉嫌违法犯罪的,应当先作出党纪处分决定,再移送行政机关、司法机关处理。执法机关和司法机关依法立案查处涉及党的领导干部案件,应当向同级党委、纪委通报;该干部所在党组织应当根据有关规定,中止其相关党员权利;依法受到刑事责任追究,或者虽不构成犯罪但涉嫌违纪的,应当移送纪委依纪处理。	审计机关发现党的领导干部涉嫌违纪的问题线索,应当向同级党组织报告,必要时向上级党组织报告,并按照规定将问题线索移送相关纪律检查机关处理。
《中华人民共和国监察法》	**第三十七条** 人民法院、人民检察院、公安机关、审计机关等国家机关在工作中发现公职人员涉嫌贪污贿赂、失职渎职等职务违法或者职务犯罪的问题线索,应当移送监察机关,由监察机关依法调查处置。	请注意学习《关于在查办党员和国家工作人员涉嫌违纪违法犯罪案件中加强协作配合的意见》。

续表

法规依据	条文摘录	知识点提醒
	被调查人既涉嫌严重职务违法或者职务犯罪,又涉嫌其他违法犯罪的,一般应当由监察机关为主调查,其他机关予以协助。	
《中华人民共和国监察法实施条例》	**第五十二条** 监察机关必要时可以依法调查司法工作人员利用职权实施的涉嫌非法拘禁、刑讯逼供、非法搜查等侵犯公民权利、损害司法公正的犯罪,并在立案后及时通报同级人民检察院。 监察机关在调查司法工作人员涉嫌贪污贿赂等职务犯罪中,可以对其涉嫌的前款规定的犯罪一并调查,并及时通报同级人民检察院。人民检察院在办理直接受理侦查的案件中,发现犯罪嫌疑人同时涉嫌监察机关管辖的其他职务犯罪,经沟通全案移送监察机关管辖的,监察机关应当依法进行调查。	人民检察院在办理直接受理侦查的案件中,发现犯罪嫌疑人同时涉嫌监察机关管辖的其他职务犯罪,经沟通全案移送监察机关管辖的,监察机关应当依法进行调查。
《中华人民共和国监察法实施条例》	**第一百七十一条** 监察机关对于执法机关、司法机关等其他机关移送的问题线索,应当及时审核,并按照下列方式办理: (一)本单位有管辖权的,及时研究提出处置意见; (二)本单位没有管辖权但其他监察机关有管辖权的,在五个工作日以内转送有管辖权的监察机关; (三)本单位对部分问题线索有管辖权的,对有管辖权的部分提出处置意见,并及时将其他问题线索转送有管辖权的机关; (四)监察机关没有管辖权的,及时退回移送机关。	监察机关对于执法机关、司法机关等其他机关移送的问题线索审核后,有四种办理方式。
《中华人民共和国监察法实施条例》	**第二百二十八条** 人民检察院在审查起诉过程中发现新的职务违法或者职务犯罪问题线索并移送监察机关的,监察机关应当依法处置。	人民检察院在审查起诉过程中发现的新的职务违法或者职务犯罪问题线索,应当移送监察机关处置。

续表

法规依据	条文摘录	知识点提醒
《中华人民共和国公务员法》	**第五十七条** 机关应当对公务员的思想政治、履行职责、作风表现、遵纪守法等情况进行监督,开展勤政廉政教育,建立日常管理监督制度。 对公务员监督发现问题的,应当区分不同情况,予以谈话提醒、批评教育、责令检查、诫勉、组织调整、处分。 对公务员涉嫌职务违法和职务犯罪的,应当依法移送监察机关处理。	对涉嫌职务违法和职务犯罪的公务员,应当依法移送监察机关处理。
《中华人民共和国公职人员政务处分法》	**第三条** 监察机关应当按照管理权限,加强对公职人员的监督,依法给予违法的公职人员政务处分。 公职人员任免机关、单位应当按照管理权限,加强对公职人员的教育、管理、监督,依法给予违法的公职人员处分。 监察机关发现公职人员任免机关、单位应当给予处分而未给予,或者给予的处分违法、不当的,应当及时提出监察建议。	公职人员任免机关、单位对违法的公职人员给予处分的程序、申诉等适用其他法律、行政法规、国务院部门规章和国家有关规定。
备注	2021 年 3 月,中央纪委办公厅与中央政法委办公厅、最高人民法院办公厅、最高人民检察院办公厅、公安部办公厅、国家安全部办公厅、司法部办公厅联合印发意见,进一步规范中央政法机关向纪检监察机关移送问题线索等工作。同时,请读者学习 2019 年印发的《执法机关和司法机关向纪检监察机关移送问题线索工作办法》。	

◇ 四、监督专题

(一)政治监督

政治监督相关知识点

法规或权威表述依据	条文摘录	知识点提醒
《中国共产党纪律检查委员会工作条例》	**第三十三条** 党的纪律检查委员会应当强化政治监督,重点监督党组织、党员特别是领导干部以下情况: (一)对党忠诚,坚持党的领导,贯彻落实党的理论和路线方针政策、党中央决策部署,践行"两个维护"的情况。 (二)坚定理想信念宗旨,牢记初心使命,践行入党誓词,坚持中国特色社会主义制度的情况。 (三)落实全面从严治党主体责任和监督责任的情况。 (四)贯彻执行民主集中制,公正用权、依法用权、廉洁用权、担当作为的情况。 政治监督应当突出"关键少数",重点加强对"一把手"、同级党委特别是常委会委员的监督。	政治监督原则要求:围绕中心、服务大局,始终坚持监督的正确方向;坚持目标导向和问题导向相结合,实现政治、纪法、社会效果相统一;坚持实事求是,严格依规依纪依法,准确甄别政治问题;做到落实落细,透过业务看政治,找准政治监督切入点。 政治监督凸显监督的政治性和方向性,根本任务是"两个维护";日常监督体现监督的基础性和长期性。政治监督统领日常监督,日常监督体现政治意识。要善于透过业务看政治,防止政治监督虚化泛化。 在查找问题时要注意做到"四看":透过学习传达看政治态度,透过决策部署看政治立场,透过攻坚克难看政治担当,透过普遍现象看本质根源。
《中国共产党纪律检查机关监督执纪工作规则》	**第七条第二款** 地方各级纪委监委依照规定加强对同级党委履行职责、行使权力情况的监督。	地方纪委监委有对同级党委履行职责、行使权力情况的监督的法定义务。
《中共中央关于加强党的政治建设的意见》	各地区各部门要加强对党的政治建设工作的监督检查,将其作为巡视巡察和督查检查的重要内容,深化政治巡视,强化政治监督,着力发现和纠正政治偏差。	实践中,政治监督距离做精做准、具体化常态化仍有差距。一些地方一些部门笼统地认为政治监督就是从政治上进行的监督,有的狭隘地把政治监督等同于发现和查处违反政治纪律问题。一些部门政治监督视野和思路还比较窄,将政治监督与业务工作脱离,与其他监督割裂,导致政治监督浮于面上、不能深入。

续表

<table>
<tr><th>法规或权威表述依据</th><th>条文摘录</th><th>知识点提醒</th></tr>
<tr><td>党的二十大报告</td><td colspan="2">推进政治监督具体化、精准化、常态化，增强对“一把手”和领导班子监督实效。</td></tr>
<tr><td>2023年1月，习近平总书记在二十届中央纪委二次全会上的讲话</td><td colspan="2">要以有力政治监督保障党的二十大决策部署落实见效。政治监督是督促全党坚持党中央集中统一领导的有力举措，要在具体化、精准化、常态化上下更大功夫。要推动党的二十大精神、党中央决策部署同部门、行业、领域实际紧密结合，看党的二十大关于全面贯彻新发展理念、着力推动高质量发展、主动构建新发展格局等战略部署落实了没有、落实得好不好；看党中央提出的重点任务、重点举措、重要政策、重要要求贯彻得怎么样；看属于本地区本部门本单位的职责有没有担当起来。要及时准确发现有令不行、有禁不止，做选择、搞变通、打折扣，不顾大局、搞部门和地方保护主义，照搬照抄、上下一般粗等突出问题，切实打通贯彻执行中的堵点淤点难点。要推动完善党中央重大决策部署落实机制，以有力有效日常监督促进各项政策落实落地。</td></tr>
<tr><td>《中共中央关于进一步全面深化改革　推进中国式现代化的决定》</td><td colspan="2">健全政治监督具体化、精准化、常态化机制。
把重大改革落实情况纳入监督检查和巡视巡察内容。</td></tr>
<tr><td>2024年11月29日，李希同志在二十届中央纪委常委会第十三次集体学习时的讲话</td><td colspan="2">纪检监察机关是党内监督和国家监察专责机关，必须围绕党和国家中心工作找准职责定位、强化责任担当。要推进政治监督具体化、精准化、常态化，围绕党中央关于发展新质生产力的重大决策部署加强监督检查，推动各地区各部门紧密结合实际抓好贯彻落实，确保取得实实在在的成效。</td></tr>
<tr><td>中国共产党第二十届中央纪律检查委员会第三次全体会议公报</td><td colspan="2">突出“两个维护”深化政治监督。把严明党的政治纪律和政治规矩摆在突出位置，聚焦政治忠诚、政治安全、政治责任、政治立场、党内政治生活，坚决纠正政治偏差，及时消除政治隐患。紧紧围绕习近平总书记重要指示批示和党中央大政方针加强政治监督，常态化开展落实情况“回头看”，督促全党统一思想、统一意志、步调一致向前进。</td></tr>
<tr><td>备注</td><td colspan="2">政治监督和日常监督关系：政治监督是日常监督的根本统领，日常监督是政治监督的重要支撑。政治监督和日常监督既紧密联系、相互贯通，又有所区别、各有侧重，有机统一于纪检监察机关履行监督职责的生动实践中。</td></tr>
</table>

续表

<table>
<tr><th>法规或权威表述依据</th><th>条文摘录</th><th>知识点提醒</th></tr>
<tr><td>推荐阅读</td><td colspan="2">1. 兰琳宗:《在政治监督具体化精准化常态化上下更大功夫》,载中央纪委国家监委网 2023 年 11 月 15 日,https://www.ccdi.gov.cn/pln/202311/t20231115_307477.html。
2.《广西出台推进政治监督具体化精准化常态化指导意见》,载中央纪委国家监委网 2023 年 3 月 15 日,https://www.ccdi.gov.cn/yaowenn/202303/t20230315_252750.html。该指导意见准确把握“两个紧盯”“四个聚焦”要求。紧盯重点人,加强对“一把手”、班子成员等“重点人”的监督,坚决清除同党离心离德的“两面人”、结党营私的“小团伙”、阳奉阴违的“伪忠诚”;紧盯重点事,紧盯“国之大者”等“重点事”的监督,坚决防止贯彻落实只停留在口头上,没有体现到实际行动上。聚焦重点岗位,加强对全区管人管钱管物、管项目管资源管审批、管监管管安全等重点岗位的监督,及时发现和坚决纠治不担当、不用力、不作为等问题;聚焦重点领域,强化对全区权力集中、资金密集、资源富集重点领域监督,及时发现和坚决纠治各行其是、各自为政,不顾大局、搞部门和地方保护主义等问题;聚焦重要工作,围绕党中央重点部署推进的“三农”工作、生态文明建设、党的建设等重点工作开展监督,及时防范和纠正对政策举措和工作部署片面理解、机械执行、野蛮操作等问题;聚焦重要环节,强化对决策、执行、监督等公权力运行重要环节的监督,及时纠治权力观异化、政绩观扭曲、事业观偏差,“堆盆景”、搞“形象工程”、数据造假、侵害群众利益等问题。</td></tr>
</table>

重大问题、重要事项的界定

法规依据	条文摘录	知识点提醒
	第十条第五项 党是根据自己的纲领和章程，按照民主集中制组织起来的统一整体。党的民主集中制的基本原则是： （五）党的各级委员会实行集体领导和个人分工负责相结合的制度。凡属重大问题都要按照集体领导、民主集中、个别酝酿、会议决定的原则，由党的委员会集体讨论，作出决定；委员会成员要根据集体的决定和分工，切实履行自己的职责。	
《中国共产党章程》	**第十七条** 党组织讨论决定问题，必须执行少数服从多数的原则。决定重要问题，要进行表决。对于少数人的不同意见，应当认真考虑。如对重要问题发生争论，双方人数接近，除了在紧急情况下必须按多数意见执行外，应当暂缓作出决定，进一步调查研究，交换意见，下次再表决；在特殊情况下，也可将争论情况向上级组织报告，请求裁决。 党员个人代表党组织发表重要主张，如果超出党组织已有决定的范围，必须提交所在的党组织讨论决定，或向上级党组织请示。任何党员不论职务高低，都不能个人决定重大问题；如遇紧急情况，必须由个人作出决定时，事后要迅速向党组织报告。不允许任何领导人实行个人专断和把个人凌驾于组织之上。	十分重要的组织原则：任何党员不论职务高低，都不能个人决定重大问题；如遇紧急情况，必须由个人作出决定时，事后要迅速向党组织报告。
	第四十八条 在中央和地方国家机关、人民团体、经济组织、文化组织和其他非党组织的领导机关中，可以成立党组。党组发挥领导作用。党组的任务，主要是负责贯彻执行党的路线、方针、政策；加强对本单位党的建设的领导，履行全面从严治党责任；讨论和决定本单位的重大问题；做好干部管理工作；讨论和决定基层党组织设置调整和发展党员、处分党员等重要事项；团结党外干部和群众，完成党和国家交给的任务；领导机关和直属单位党组织的工作。	党组的任务：讨论和决定本单位的重大问题。

续表

法规依据	条文摘录	知识点提醒
《关于新形势下党内政治生活的若干准则》	全党必须严格执行重大问题请示报告制度。全国人大常委会、国务院、全国政协,中央纪律检查委员会,最高人民法院、最高人民检察院,中央和国家机关各部门,各人民团体,各省、自治区、直辖市,其党组织要定期向党中央报告工作。研究涉及全局的重大事项或作出重大决定要及时向党中央请示报告,执行党中央重要决定的情况要专题报告。遇有突发性重大问题和工作中重大问题要及时向党中央请示报告,情况紧急必须临机处置的,要尽职尽力做好工作,并迅速报告。 各级党委(党组)必须坚持集体领导制度。凡属重大问题,要按照集体领导、民主集中、个别酝酿、会议决定的原则,由集体讨论、按少数服从多数作出决定,不允许用其他形式取代党委及其常委会(或党组)的领导。 领导干部必须强化组织观念,工作中重大问题和个人有关事项必须按规定按程序向组织请示报告,离开岗位或工作所在地要事先向组织请示报告。对无正当理由不按时报告、不如实报告或隐瞒不报的,要严肃处理。	凡属重大问题,要按照集体领导、民主集中、个别酝酿、会议决定的原则,由集体讨论、按少数服从多数作出决定,不允许用其他形式取代党委及其常委会(或党组)的领导。
《中国共产党地方委员会工作条例》	**第九条** 党的地方委员会在党代表大会闭会期间,执行上级党组织的指示和同级党代表大会的决议、决定,领导本地区的工作。 党的地方委员会应当通过召开全会的方式履行以下职责: (一)制定贯彻执行党中央和上级党组织决策部署以及同级党代表大会决议、决定的重大措施。 (二)讨论和决定本地区经济社会发展战略、重大改革事项、重大民生保障等经济社会发展重大问题。 (三)讨论和决定本地区党的建设方面的重大问题,审议通过重要党内法规或者规范性文件。 (四)决定召开同级党代表大会或者党代表会议,并对提议事项先行审议、提出意见。	同级党的纪律检查委员会全体会议选举产生的书记、副书记和常委会其他委员,由党的地方委员会通过。 党的地方委员会批准辞去或者决定免去党委委员、候补委员;决定改组或者解散下一级党组织;决定或者追认给予党委委员、候补委员撤销党内职务以上党纪处分。

续表

法规依据	条文摘录	知识点提醒
	（五）听取和审议常委会工作报告或者专项工作报告。 （六）选举书记、副书记和常委会其他委员；通过同级党的纪律检查委员会全体会议选举产生的书记、副书记和常委会其他委员。 （七）决定递补党委委员；批准辞去或者决定免去党委委员、候补委员；决定改组或者解散下一级党组织；决定或者追认给予党委委员、候补委员撤销党内职务以上党纪处分。 （八）研究讨论本地区行政区划调整以及有关党政群机构设立、变更和撤销方案。 （九）对常委会提请决定的事项或者应当由全会决定的其他重要事项作出决策。	
《中国共产党党组工作条例》	**第十七条** 党组讨论和决定本单位下列重大问题： （一）贯彻落实党中央以及上级党组织决策部署的重大举措； （二）制定拟订法律法规规章和重要规范性文件中的重大事项； （三）业务工作发展战略、重大部署和重大事项； （四）重大改革事项； （五）重要人事任免等事项； （六）重大项目安排； （七）大额资金使用、大额资产处置、预算安排； （八）职能配置、机构设置、人员编制事项； （九）审计、巡视巡察、督查检查、考核奖惩等重大事项； （十）重大思想动态的政治引导； （十一）党的建设方面的重大事项； （十二）其他应当由党组讨论和决定的重大问题。 党组应当紧密结合本单位实际，对前款规定的重大问题进行明确细化、列出具体清单。清单内容根据需要动态调整。	重大问题包括12种情形。

续表

法规依据	条文摘录	知识点提醒
《中国共产党重大事项请示报告条例》	**第三条** 本条例适用于下级党组织向上级党组织,以及党员、领导干部向党组织请示报告重大事项相关活动。 本条例所称重大事项,是指超出党组织和党员、领导干部自身职权范围,或者虽在自身职权范围内但关乎全局、影响广泛的重要事情和重要情况,包括党组织贯彻执行党中央决策部署和上级党组织决定、领导经济社会发展事务、落实全面从严治党责任,党员履行义务、行使权利,领导干部行使权力、担负责任的重要事情和重要情况。 本条例所称请示,是指下级党组织向上级党组织,党员、领导干部向党组织就重大事项请求指示或者批准;所称报告,是指下级党组织向上级党组织,党员、领导干部向党组织呈报重要事情和重要情况。	本条对重大事项进行了界定。
《中国共产党重大事项请示报告条例》	**第四十四条** 实行重大事项请示报告责任追究制度,有下列情形之一的,应当依规依纪追究有关党组织和党员、领导干部以及工作人员的责任,涉嫌违法犯罪的,按照有关法律规定处理: (一)违反政治纪律和政治规矩,擅自决定应当由党中央决定的重大事项,损害党中央权威和集中统一领导的; (二)履行领导责任不到位,对重大事项请示报告不重视不部署,工作开展不力的; (三)违反组织原则,该请示不请示,该报告不报告的; (四)缺乏责任担当,推诿塞责、上交矛盾、消极作为的; (五)搞形式主义、官僚主义,请示报告内容不实、信息不准,造成严重后果的; (六)违反工作要求,不按规定程序和方式请示报告,造成严重后果的; (七)其他应当追究责任的情形。	违反组织原则,该请示不请示,该报告不报告的;违反工作要求,不按规定程序和方式请示报告,造成严重后果的,应当依规依纪追究责任。

续表

法规依据	条文摘录	知识点提醒
《中国共产党纪律处分条例》	**第六十一条** 不按照有关规定向组织请示、报告重大事项，对直接责任者和领导责任者，情节较重的，给予警告或者严重警告处分；情节严重的，给予撤销党内职务或者留党察看处分。	不按照有关规定向组织请示、报告重大事项，定性为违反政治纪律。
	第七十七条 违反民主集中制原则，有下列行为之一的，给予警告或者严重警告处分；情节严重的，给予撤销党内职务或者留党察看处分： （一）拒不执行或者擅自改变党组织作出的重大决定； （二）违反议事规则，个人或者少数人决定重大问题； （三）故意规避集体决策，决定重大事项、重要干部任免、重要项目安排和大额资金使用； （四）借集体决策名义集体违规。	违反议事规则（违反民主集中制原则），个人或者少数人决定重大问题，定性为违反组织纪律。

“政治生态”有关规定

法规或权威表述依据	条文(表述)摘录	知识点提醒
《中国共产党章程》	加强和规范党内政治生活,增强党内政治生活的政治性、时代性、原则性、战斗性,发展积极健康的党内政治文化,营造风清气正的良好政治生态。	营造风清气正的良好政治生态,是党章和准则的要求。
《关于新形势下党内政治生活的若干准则》	党的十八大以来,以习近平同志为核心的党中央身体力行、率先垂范,坚定推进全面从严治党,坚持思想建党和制度治党紧密结合,集中整饬党风,严厉惩治腐败,净化党内政治生态,党内政治生活展现新气象,赢得了党心民心,为开创党和国家事业新局面提供了重要保证。全面从严治党永远在路上。全党要坚持不懈努力,共同营造风清气正的政治生态,确保党始终成为中国特色社会主义事业的坚强领导核心。	
《中国共产党地方委员会工作条例》	**第十四条** 党的地方委员会及其成员应当加强思想政治建设,坚持用马克思列宁主义、毛泽东思想、中国特色社会主义理论体系武装头脑,深入学习贯彻习近平总书记系列重要讲话精神,坚定理想信念,严守政治纪律和政治规矩。严肃党内政治生活,按照规定参加民主生活会和组织生活会。严格落实中央关于改进工作作风、密切联系群众的各项规定,坚决反对形式主义、官僚主义、享乐主义和奢靡之风。切实增强践行“三严三实”要求的思想自觉和行动自觉,带头营造良好政治生态。严格遵守《中国共产党廉洁自律准则》等有关规定,切实做到为民、务实、清廉。	地方党委有营造良好政治生态的法定义务。
《中国共产党纪律处分条例》	**第四十九条** 在党内搞团团伙伙、结党营私、拉帮结派、政治攀附、培植个人势力等非组织活动,或者通过搞利益交换、为自己营造声势等活动捞取政治资本的,给予严重警告或者撤销党内职务处分;导致本地区、本部门、本单位政治生态恶化的,给予留党察看或者开除党籍处分。	导致本地区、本部门、本单位政治生态恶化的,给予留党察看或者开除党籍处分。

续表

法规或权威表述依据	条文（表述）摘录	知识点提醒
《中国共产党纪律检查机关监督执纪工作规则》	**第十四条** 纪委监委（纪检监察组、纪检监察工委）报请或者会同党委（党组）定期召开专题会议，听取加强党内监督情况专题报告，综合分析所联系的地区、部门、单位政治生态状况，提出加强和改进的意见及工作措施，抓好组织实施和督促检查。	纪委监委（纪检监察组、纪检监察工委）综合分析所联系的地区、部门、单位政治生态状况。
《中国共产党纪律检查委员会工作条例》	**第二十六条第一款第四项** 党的各级纪律检查委员会协助同级党的委员会推进全面从严治党： （四）协助同级党委加强对本地区本单位政治生态、党风廉政等情况分析，有关问题向同级党委报告并提出意见建议。	纪委协助同级党委加强对本地区本单位政治生态、党风廉政等情况分析，并提出意见建议。
《中国共产党纪律检查委员会工作条例》	**第四十一条第一款** 在监督检查、纪律审查等过程中，应当注意查找分析监督对象所在党组织党风廉政建设、管理监督等方面存在的突出问题，采取制发纪律检查建议书或者其他适当方式，提出有关强化管党治党、净化政治生态、健全制度、整改纠正等意见建议，督促指导和推动有关地区、部门、单位党组织举一反三、切实整改。	纪委在监督检查、纪律审查等过程中要提出有关强化管党治党、净化政治生态等意见建议。
党的二十大报告	增强党内政治生活政治性、时代性、原则性、战斗性，用好批评和自我批评武器，持续净化党内政治生态。	
2024 年 1 月 8 日，习近平同志在二十届中央纪委三次全会上的讲话	要持之以恒净化政治生态。坚持激浊和扬清并举，严明政治纪律和政治规矩，严肃党内政治生活，破“潜规则”，立“明规矩”，坚决防止搞“小圈子”、“拜码头”、“搭天线”，有力打击各种政治骗子，严格防止把商品交换原则带到党内。坚持不懈整治选人用人上的不正之风，推动形成清清爽爽的同志关系、规规矩矩的上下级关系，促进政治生态山清水秀。	
备注	政治生态的主要内容：一是加强政治建设，做到“两个维护”情况；二是经济社会发展状况；三是人文地理、风土人情、社会风气等情况；四是新中国成立以来本地区本部门的政治文化；五是选人用人导向；六是党的十八大以来反腐败斗争成效；七是问题线索数量变化、特点；八是人民群众满意度等。	
	分析研判政治生态的主要方法：一是在日常监督中注重收集相关信息；二是开展本级和下沉一级政治生态谈话（比如适时让审查调查对象就所在单位、地区政治生态结合具体人和事进行画像，提出堵塞漏洞、健全防范机制的对策建议等）；三是用好巡视报告；四是剖析典型案例；五是开展专题调研；六是压实主体责任、监督责任开展自查自评。	

续表

法规或权威表述依据	条文(表述)摘录	知识点提醒
推荐阅读	《云南:抓深抓实政治生态分析研判》,载中央纪委国家监委网,https://www.ccdi.gov.cn/yaowenn/202111/t20211126_152270.html。 该文指出,政治生态是一个地方党风、政风、社会风气的综合反映。定期分析研判政治生态就如同定期体检一样,十分重要。坚持把加强政治生态分析研判作为政治监督具体化、常态化的重要抓手,推动政治生态不断净化。把日常监督作为夯实政治生态研判的基础,综合运用问题线索处置、廉政档案等方面掌握的工作信息,结合实地调研情况,对各部门政治生态进行全面客观研判。	

（二）日常监督

日常监督中问责与追责的区分

法规依据	条文摘录	知识点提醒
《中国共产党问责条例》	**第五条** 问责对象是党组织、党的领导干部，重点是党委（党组）、党的工作机关及其领导成员，纪委、纪委派驻（派出）机构及其领导成员。 **第七条** 党组织、党的领导干部违反党章和其他党内法规，不履行或者不正确履行职责，有下列情形之一，应当予以问责： （一）党的领导弱化，“四个意识”不强，“两个维护”不力，党的基本理论、基本路线、基本方略没有得到有效贯彻执行，在贯彻新发展理念，推进经济建设、政治建设、文化建设、社会建设、生态文明建设中，出现重大偏差和失误，给党的事业和人民利益造成严重损失，产生恶劣影响的； （二）党的政治建设抓得不实，在重大原则问题上未能同党中央保持一致，贯彻落实党的路线方针政策和执行党中央重大决策部署不力，不遵守重大事项请示报告制度，有令不行、有禁不止，阳奉阴违、欺上瞒下，团团伙伙、拉帮结派问题突出，党内政治生活不严肃不健康，党的政治建设工作责任制落实不到位，造成严重后果或者恶劣影响的； （三）党的思想建设缺失，党性教育特别是理想信念宗旨教育流于形式，意识形态工作责任制落实不到位，造成严重后果或者恶劣影响的； （四）党的组织建设薄弱，党建工作责任制不落实，严重违反民主集中制原则，不执行领导班子议事决策规则，民主生活会、“三会一课”等党的组织生活制度不执行，领导干部报告个人有关事项制度执行不力，党组织软弱涣散，违规选拔任用干部等问题突出，造成恶劣影响的； （五）党的作风建设松懈，落实中央八项规定及其实施细则精神不力，“四风”问题得不到有效整治，形式主义、官僚主义问题突出，执行党中央决策部署表态多调门高、行动少落实差，脱离实际、脱离群众，拖沓敷衍、推诿扯皮，造成严重后果的；	问责对象问的是党员领导干部和有关党组织。一般党员干部不能成为问责对象，但可成为追责对象。比如某党员干部，上班时间长时间打游戏，被给予纪律处分。他对自己的行为承担的是直接责任，简称“追责”，不能称为问责。而有关领导疏于管理，致使下属违纪，被纪律处分或者纪律处理，称为问责。问责问的是失职失责的党组织和领导干部。由此可见，追责、问责两者在适用对象、适用情形上存在显著区别，千万不能将追责等同于问责。 需要说明的是，主体责任、监督责任、领导责任，都是间接责任，不是直接责任。

续表

法规依据	条文摘录	知识点提醒
	(六)党的纪律建设抓得不严,维护党的政治纪律、组织纪律、廉洁纪律、群众纪律、工作纪律、生活纪律不力,导致违规违纪行为多发,造成恶劣影响的; (七)推进党风廉政建设和反腐败斗争不坚决、不扎实,削减存量、遏制增量不力,特别是对不收敛、不收手,问题线索反映集中、群众反映强烈,政治问题和经济问题交织的腐败案件放任不管,造成恶劣影响的; (八)全面从严治党主体责任、监督责任落实不到位,对公权力的监督制约不力,好人主义盛行,不负责不担当,党内监督乏力,该发现的问题没有发现,发现问题不报告不处置,领导巡视巡察工作不力,落实巡视巡察整改要求走过场、不到位,该问责不问责,造成严重后果的; (九)履行管理、监督职责不力,职责范围内发生重特大生产安全事故、群体性事件、公共安全事件,或者发生其他严重事故、事件,造成重大损失或者恶劣影响的; (十)在教育医疗、生态环境保护、食品药品安全、扶贫脱贫、社会保障等涉及人民群众最关心最直接最现实的利益问题上不作为、乱作为、慢作为、假作为,损害和侵占群众利益问题得不到整治,以言代法、以权压法、徇私枉法问题突出,群众身边腐败和作风问题严重,造成恶劣影响的; (十一)其他应当问责的失职失责情形。	
	第八条 对党组织的问责,根据危害程度以及具体情况,可以采取以下方式: (一)检查。责令作出书面检查并切实整改。 (二)通报。责令整改,并在一定范围内通报。 (三)改组。对失职失责,严重违犯党的纪律、本身又不能纠正的,应当予以改组。 对党的领导干部的问责,根据危害程度以及具体情况,可以采取以下方式: (一)通报。进行严肃批评,责令作出书面检查、切实整改,并在一定范围内通报。	对党组织的问责方式有三种,从轻到重排序为:检查、通报、改组。 对党的领导干部的问责方式从轻到重分别为:通报、诫勉、组织调整或组织处理、纪律处分。

续表

法规依据	条文摘录	知识点提醒
	（二）诫勉。以谈话或者书面方式进行诫勉。 （三）组织调整或者组织处理。对失职失责、危害较重，不适宜担任现职的，应当根据情况采取停职检查、调整职务、责令辞职、免职、降职等措施。 （四）纪律处分。对失职失责、危害严重，应当给予纪律处分的，依照《中国共产党纪律处分条例》追究纪律责任。 上述问责方式，可以单独使用，也可以依据规定合并使用。问责方式有影响期的，按照有关规定执行。	
《关于新形势下党内政治生活的若干准则》	对一切搞劳民伤财的“形象工程”和“政绩工程”的行为，要严肃问责追责，依纪依法处理。	“问责追责”并列描述，说明问责与追责，不是一个含义。
《中国共产党纪律处分条例》	**第三十九条** 违纪行为有关责任人员的区分： （一）直接责任者，是指在其职责范围内，不履行或者不正确履行自己的职责，对造成的损失或者后果起决定性作用的党员或者党员领导干部； （二）主要领导责任者，是指在其职责范围内，对主管的工作不履行或者不正确履行职责，对造成的损失或者后果负直接领导责任的党员领导干部； （三）重要领导责任者，是指在其职责范围内，对应管的工作或者参与决定的工作不履行或者不正确履行职责，对造成的损失或者后果负次要领导责任的党员领导干部。 本条例所称领导责任者，包括主要领导责任者和重要领导责任者。	直接责任与领导责任的逻辑关系界定。某些情况下，领导责任与直接责任可能存在竞合。比如，辽宁省委原书记王某严重违反政治纪律和政治规矩，身为省委书记没有履行管党治党政治责任，未按照中央要求履行换届工作第一责任人的职责，对辽宁省有关选举发生拉票贿选问题负有主要领导责任和直接责任。
《中国共产党农村基层组织工作条例》	**第四十一条第三款** 对党的农村基层组织建设重视不够、落实不力的，应当及时提醒、约谈；出现严重问题的，应当严肃问责追责。督促抓好问题的整改落实。	“问责追责”并列描述。
《中国共产党纪律检查机关监督执纪工作规则》	**第七十条第二款** 发生严重安全事故的，或者存在严重违规违纪违法行为的，省级纪检监察机关主要负责人应当向中央纪委作出检讨，并予以通报、严肃问责追责。	

续表

法规依据	条文摘录	知识点提醒
《党委(党组)书记抓基层党建工作述职评议考核办法(试行)》	**第七条第一款** 把抓基层党建工作情况作为党委(党组)书记工作实绩评定的重要内容,作为领导干部选拔任用、培养教育和奖励惩戒的重要依据,作为评价所在单位年度党建工作情况的重要依据。对述职评议考核综合评价等次未达到"好"的,其年度考核不得评定为"优秀"等次;对综合评价等次为"一般"和"差"的,要约谈提醒、限期整改,问题严重的要依照有关规定严肃追责问责。	此处将"追责问责"并列表述,表明追责、问责,不是一个含义。
《中共中央关于加强党的政治建设的意见》	坚持失责必问、问责必严,对落实党的政治建设责任不到位、推进党的政治建设工作不力以及违反党的政治纪律和政治规矩的行为严肃追责问责。	

日常监督中处理与处分、纪律处理联系与区别

法规依据	条文摘录	知识点提醒
《中国共产党纪律处分条例》	**第七条第一款** 党组织和党员违反党章和其他党内法规，违反国家法律法规，违反党和国家政策，违反社会主义道德，危害党、国家和人民利益的行为，依照规定应当给予纪律处理或者处分的，都必须受到追究。 **第八条** 对党员的纪律处分种类： （一）警告； （二）严重警告； （三）撤销党内职务； （四）留党察看； （五）开除党籍。	对违纪党员既可以作出批评教育、责令检查、诫勉等处理，也可以给予纪律处分。
《中国共产党纪律处分条例》	**第九条** 对于违犯党纪的党组织，上级党组织应当责令其作出书面检查或者给予通报批评。对于严重违犯党纪、本身又不能纠正的党组织，上一级党的委员会在查明核实后，根据情节严重的程度，可以予以： （一）改组； （二）解散。	对违纪的党组织只能给予纪律处理，不能作出处分。
《中华人民共和国公务员法》	**第九十五条第一款** 公务员对涉及本人的下列人事处理不服的，可以自知道该人事处理之日起三十日内向原处理机关申请复核；对复核结果不服的，可以自接到复核决定之日起十五日内，按照规定向同级公务员主管部门或者作出该人事处理的机关的上一级机关提出申诉；也可以不经复核，自知道该人事处理之日起三十日内直接提出申诉： （一）处分； （二）辞退或者取消录用； （三）降职； （四）定期考核定为不称职； （五）免职； （六）申请辞职、提前退休未予批准； （七）不按照规定确定或者扣减工资、福利、保险待遇； （八）法律、法规规定可以申诉的其他情形。	人事处理包括处分、辞退或者取消录用、降职、免职等。

续表

法规依据	条文摘录	知识点提醒
《中华人民共和国公职人员政务处分法》	**第十二条** 公职人员违法行为情节轻微,且具有本法第十一条规定的情形之一的,可以对其进行谈话提醒、批评教育、责令检查或者予以诫勉,免予或者不予政务处分。 公职人员因不明真相被裹挟或者被胁迫参与违法活动,经批评教育后确有悔改表现的,可以减轻、免予或者不予政务处分。	对存在轻微违法行为的公职人员,可以对其进行谈话提醒、批评教育、责令检查或者予以诫勉,免予或者不予政务处分,也是一种处理方式。

日常监督中诫勉处理措施

法规依据	条文摘录	知识点提醒
《中国共产党章程》	**第四十条第二款** 坚持惩前毖后、治病救人，执纪必严、违纪必究，抓早抓小、防微杜渐，按照错误性质和情节轻重，给以批评教育、责令检查、诫勉直至纪律处分……	诫勉首次被写入党章。
《中国共产党党内监督条例》	**第二十一条** 坚持党内谈话制度，认真开展提醒谈话、诫勉谈话。发现领导干部有思想、作风、纪律等方面苗头性、倾向性问题的，有关党组织负责人应当及时对其提醒谈话；发现轻微违纪问题的，上级党组织负责人应当对其诫勉谈话，并由本人作出说明或者检讨，经所在党组织主要负责人签字后报上级纪委和组织部门。	请注意诫勉谈话的适用条件：轻微违纪问题；苗头性问题适用措施是提醒谈话。
《中国共产党纪律处分条例》	**第十九条** 对于党员违犯党纪应当给予警告或者严重警告处分，但是具有本条例第十七条规定的情形之一或者本条例分则中另有规定的，可以给予批评教育、责令检查、诫勉或者组织处理，免予党纪处分。对违纪党员免予处分，应当作出书面结论。 党员有作风纪律方面的苗头性、倾向性问题或者违犯党纪情节轻微的，可以给予谈话提醒、批评教育、责令检查等，或者予以诫勉，不予党纪处分。 党员行为虽然造成损失或者后果，但不是出于故意或者过失，而是由于不可抗力等原因所引起的，不追究党纪责任。	批评教育、责令检查、诫勉在同一位阶，诫勉与组织处理并列，说明诫勉的性质不属于组织处理。
《中国共产党纪律检查机关监督执纪工作规则》	**第三十条第一款第二项** 承办部门应当在谈话结束或者收到函询回复后1个月内写出情况报告和处置意见，按程序报批。根据不同情形作出相应处理： （二）问题轻微，不需要追究纪律责任的，采取谈话提醒、批评教育、责令检查、诫勉谈话等方式处理。	请注意诫勉谈话的适用条件：问题轻微，不需要追究纪律责任。这里的不需要追究纪律责任，是指不需要给予党纪处分。

续表

法规依据	条文摘录	知识点提醒
《中国共产党纪律检查机关监督执纪工作规则》	**第三十一条** 被谈话函询的党员干部应当在民主生活会、组织生活会上就本年度或者上年度谈话函询问题进行说明,讲清组织予以采信了结的情况;存在违纪问题的,应当进行自我批评,作出检讨。	注意:因存在违纪问题受到诫勉的,应当在民主生活会、组织生活会上进行自我批评,作出检讨。
《中国共产党问责条例》	**第八条第二款第二项** 对党的领导干部的问责,根据危害程度以及具体情况,可以采取以下方式: (二)诫勉。以谈话或者书面方式进行诫勉。	诫勉,可以作为党的领导干部的问责方式之一。
《中国共产党问责条例》	**第十二条第三款** 对同级党委管理的领导干部,纪委和党的工作机关报经同级党委或者其主要负责人批准,可以采取通报、诫勉方式进行问责;提出组织调整或者组织处理的建议。采取纪律处分方式问责的,按照党章和有关党内法规规定的权限、程序执行。	纪委问责(含诫勉问责)同级党委管理的领导干部,要经同级党委或者其主要负责人批准。
《中国共产党问责条例》	**第十三条** 问责决定作出后,应当及时向被问责党组织、被问责领导干部及其所在党组织宣布并督促执行。有关问责情况应当向纪委和组织部门通报,纪委应当将问责决定材料归入被问责领导干部廉政档案,组织部门应当将问责决定材料归入被问责领导干部的人事档案,并报上一级组织部门备案;涉及组织调整或者组织处理的,相应手续应当在1个月内办理完毕。 被问责领导干部应当向作出问责决定的党组织写出书面检讨,并在民主生活会、组织生活会或者党的其他会议上作出深刻检查。建立健全问责典型问题通报曝光制度,采取组织调整或者组织处理、纪律处分方式问责的,应当以适当方式公开。	注意:纪委应当将问责决定材料归入被问责领导干部廉政档案,组织部门应当将问责决定材料归入被问责领导干部的人事档案。
《中国共产党问责条例》	**第十四条** 被问责党组织、被问责领导干部及其所在党组织应当深刻汲取教训,明确整改措施。作出问责决定的党组织应当加强督促检查,推动以案促改。	问责决定作出后,绝不是一问了之,而是要以案促改。

续表

法规依据	条文摘录	知识点提醒
《中华人民共和国监察法》	**第五十二条第一款第一项** 监察机关根据监督、调查结果，依法作出如下处置： （一）对有职务违法行为但情节较轻的公职人员，按照管理权限，直接或者委托有关机关、人员，进行谈话提醒、批评教育、责令检查，或者予以诫勉；	监察机关适用诫勉的条件：公职人员有职务违法行为但情节较轻。
《中华人民共和国监察法》	**第五十六条** 监察对象对监察机关作出的涉及本人的处理决定不服的，可以在收到处理决定之日起一个月内，向作出决定的监察机关申请复审，复审机关应当在一个月内作出复审决定；监察对象对复审决定仍不服的，可以在收到复审决定之日起一个月内，向上一级监察机关申请复核，复核机关应当在二个月内作出复核决定。复审、复核期间，不停止原处理决定的执行。复核机关经审查，认定处理决定有错误的，原处理机关应当及时予以纠正。	对于监察机关作出的诫勉决定，被诫勉人员可以在规定时限内申请复审，监察机关应当予以受理。
《中华人民共和国监察法实施条例》	**第二百零一条第四款** 诫勉由监察机关以谈话或者书面方式进行。以谈话方式进行的，应当制作记录。	监察机关可以作出书面诫勉决定，也可以诫勉谈话的方式进行诫勉。
《国有企业领导人员廉洁从业若干规定》	**第二十二条** 国有企业领导人员违反本规定第二章所列行为规范的，视情节轻重，由有关机构按照管理权限分别给予警示谈话、调离岗位、降职、免职处理。 应当追究纪律责任的，除适用前款规定外，视情节轻重，依照国家有关法律法规给予相应的处分。 对于其中的共产党员，视情节轻重，依照《中国共产党纪律处分条例》给予相应的党纪处分。 涉嫌犯罪的，依法移送司法机关处理。	关于警示谈话的法规并不多见，《国有企业领导人员廉洁从业若干规定》对此作了规定。国有企业领导人员受到警示谈话的，应当减发或者全部扣发当年的绩效薪金、奖金。
《国有企业领导人员廉洁从业若干规定》	**第二十三条** 国有企业领导人员受到警示谈话、调离岗位、降职、免职处理的，应当减发或者全部扣发当年的绩效薪金、奖金。	

续表

法规依据	条文摘录	知识点提醒
《农村基层干部廉洁履行职责若干规定(试行)》	**第二十条第一款** 乡镇领导班子成员和基层站所负责人有违反本规定第一章所列行为的,视情节轻重,由有关机关、部门依照职责权限给予诫勉谈话、通报批评、调离岗位、责令辞职、免职、降职等处理。	有关机关、部门依照职责权限可以对乡镇领导班子成员和基层站所负责人进行诫勉谈话。
《农村基层干部廉洁履行职责若干规定(试行)》	**第二十二条** 村民委员会成员有违反本规定第二章所列行为的,视情节轻重,由有关机关、部门依照职责权限给予警示谈话、责令公开检讨、通报批评、取消当选资格等处理或者责令其辞职,拒不辞职的,依照《中华人民共和国村民委员会组织法》的规定予以罢免。 对其中的党员,应当追究党纪责任的,依照《中国共产党纪律处分条例》给予相应的党纪处分。 涉嫌犯罪的,移送司法机关依法处理。	有关机关、部门依照职责权限可以对村民委员会成员进行警示谈话。村党组织领导班子成员和村民委员会成员受到警示谈话、责令公开检讨、通报批评的,减发或者扣发绩效补贴(工资)、奖金。
《农村基层干部廉洁履行职责若干规定(试行)》	**第二十四条** 村党组织领导班子成员和村民委员会成员受到本规定第二十一条、第二十二条处理的,由县(市、区、旗)或者乡镇党委和政府按照规定减发或者扣发绩效补贴(工资)、奖金。	
《关于对党员领导干部进行诫勉谈话和函询的暂行办法》	**第三条** 党员领导干部有下列情况之一的,应当对其进行诫勉谈话: (一)不能严格遵守党的政治纪律,贯彻落实党的路线方针政策和上级党组织决议、决定以及工作部署不力; (二)不认真执行民主集中制,作风专断,或者在领导班子中闹无原则纠纷; (三)不认真履行职责,给工作造成一定损失; (四)搞华而不实和脱离实际的"形象工程"、"政绩工程",铺张浪费,造成不良影响; (五)不严格执行《党政领导干部选拔任用工作条例》,用人失察失误; (六)不严格执行廉洁自律规定,造成不良影响; (七)其他需要进行诫勉谈话的情况。	本条规定的诫勉情形,均是行为已发生,有的还造成一定后果(造成一定损失或者不良影响),而不是尚未发生。

续表

<table>
<tr><th>法规依据</th><th>条文摘录</th><th>知识点提醒</th></tr>
<tr><td>《关于对党员领导干部进行诫勉谈话和函询的暂行办法》</td><td>第四条　诫勉谈话时，应当向谈话对象说明谈话原因，认真听取其对有关问题的解释和说明，指出需要注意的问题，并要求其提出改正措施。</td><td rowspan="2">诫勉谈话的方法和步骤：首先，向谈话对象说明谈话原因；其次，认真听取其对有关问题的解释和说明；最后，指出需要注意的问题，要求其提出改正措施。</td></tr>
<tr><td>《关于对党员领导干部进行诫勉谈话和函询的暂行办法》</td><td>第五条　纪律检查机关和组织（人事）部门应当采取适当方式，对诫勉谈话对象存在的主要问题的改正情况进行了解。对于没有改正或者改正不明显的，应当根据党委（党组）的意见，予以批评教育并督促改正，或者作出组织处理。</td></tr>
<tr><td>《关于组织人事部门对领导干部进行提醒、函询和诫勉的实施细则》</td><td>第一条　为从严管理监督干部，促进干部自觉践行“三严三实”，根据《中国共产党党内监督条例（试行）》《关于对党员领导干部进行诫勉谈话和函询的暂行办法》等党内法规，制定本细则。</td><td rowspan="2">本实施细则是根据《中国共产党党内监督条例（试行）》《关于对党员领导干部进行诫勉谈话和函询的暂行办法》等党内法规制定的。本实施细则第13条规定诫勉情形一共有13种，均要求行为已发生。</td></tr>
<tr><td>《关于组织人事部门对领导干部进行提醒、函询和诫勉的实施细则》</td><td>第十三条　领导干部存在下列问题，虽不构成违纪但造成不良影响的，或者虽构成违纪但根据有关规定免予党纪政纪处分的，应当对其进行诫勉：
（一）遵守党的政治纪律、组织纪律不够严格的；
（二）执行民主集中制不够严格，个人决定应由集体决策事项或者在领导班子中闹无原则纠纷的；
（三）执行《党政领导干部选拔任用工作条例》不够严格，用人失察失误的；
（四）法治观念淡薄，不依法履行职责或者妨碍他人依法履行职责的；
（五）违反规定干预市场经济活动的；
（六）不认真落实中央八项规定精神和厉行节约反对浪费规定的；
（七）脱离实际、弄虚作假，损害群众利益和党群干群关系的；
（八）无正当理由不按时报告、不如实报告个人有关事项的；
（九）执行廉洁自律规定不严格的；</td></tr>
</table>

续表

法规依据	条文摘录	知识点提醒
	(十)纪律松弛、监管不力,对身边工作人员发生严重违纪违法行为负有责任的; (十一)在巡视、经济责任审计中发现有违规行为的; (十二)从事有悖社会公德、职业道德、家庭美德活动的; (十三)其他需要进行诫勉的情形。	
《关于组织人事部门对领导干部进行提醒、函询和诫勉的实施细则》	**第十四条** 对领导干部进行诫勉,由组织人事部门提出意见,报同级党委(党组)批准后实施。	对领导干部进行诫勉,要报同级党委(党组)批准。
《关于组织人事部门对领导干部进行提醒、函询和诫勉的实施细则》	**第十五条** 对领导干部进行诫勉,可以采用谈话方式,也可以采用书面方式。	诫勉有谈话诫勉、书面诫勉两种方式。
《关于组织人事部门对领导干部进行提醒、函询和诫勉的实施细则》	**第十六条** 采用谈话方式进行诫勉的,应当根据诫勉对象的职务层次和具体岗位确定适当的谈话人。 (一)对党委(党组)主要负责人进行谈话诫勉,一般应由上一级党委(党组)负责人作为谈话人,也可以由上一级组织人事部门主要负责人作为谈话人。 (二)对党委(党组)领导班子其他成员进行谈话诫勉,一般应委托本级党委(党组)主要负责人作为谈话人,也可以由上一级组织人事部门负责人作为谈话人。 (三)对单位所属机构主要负责人进行谈话诫勉,一般应由本单位党委(党组)负责人作为谈话人。 (四)对单位其他人员进行谈话诫勉,由组织人事部门确定适当的谈话人。	谈话诫勉的实施,由相应层次的人员进行。

续表

法规依据	条文摘录	知识点提醒
《关于组织人事部门对领导干部进行提醒、函询和诫勉的实施细则》	**第十七条** 采用谈话方式进行诫勉的,谈话人应当实事求是地向诫勉对象说明诫勉的事由,提出有针对性的要求,并明确其提交书面检查的时间。谈话诫勉应当制作谈话记录,载明下列事项: (一)诫勉对象的基本情况,包括姓名、职务等; (二)谈话人、记录人的姓名、职务等; (三)进行谈话诫勉的日期、地点; (四)进行诫勉的事由; (五)谈话具体内容。	谈话诫勉应当制作谈话记录,谈话记录须载明5个事项。 书面诫勉,包括6方面内容。 采用书面形式进行诫勉的,组织人事部门应当向诫勉对象发送诫勉书。
《关于组织人事部门对领导干部进行提醒、函询和诫勉的实施细则》	**第十八条** 采用书面方式进行诫勉的,组织人事部门应当向诫勉对象发送诫勉书;同时,将诫勉事项告知诫勉对象所在单位党委(党组)主要负责人。诫勉书应当载明下列事项: (一)诫勉对象的基本情况,包括姓名、职务等; (二)进行诫勉的事由; (三)对诫勉对象提出的有针对性的要求; (四)要求诫勉对象提交书面检查的时间; (五)进行诫勉的组织人事部门的名称; (六)制作诫勉书的日期。	
《关于组织人事部门对领导干部进行提醒、函询和诫勉的实施细则》	**第十九条** 受到诫勉的领导干部,取消当年年度考核、本任期考核评优和评选各类先进的资格,六个月内不得提拔或者重用。	诫勉,不仅有6个月的影响期,还取消当年年度考核、本任期考核评优和评选各类先进的资格。
《关于组织人事部门对领导干部进行提醒、函询和诫勉的实施细则》	**第二十条** 诫勉六个月后,组织人事部门应当采取适当方式,对诫勉对象的改正情况进行了解。对于没有改正或者改正不明显的,根据情节轻重,给予调离岗位、引咎辞职、责令辞职、免职、降职等组织处理。	要对诫勉对象的改正情况进行了解,不能一谈了之。
《关于组织人事部门对领导干部进行提醒、函询和诫勉的实施细则》	**第二十一条** 组织人事部门要建立诫勉档案管理制度,对领导干部的谈话诫勉记录、诫勉书、书面检查材料等进行留存,并将有关情况作为领导干部考核、任免、奖惩的重要依据。	建立诫勉档案管理制度。

续表

法规依据	条文摘录	知识点提醒
《公务员职务与职级并行规定》	**第二十一条** 公务员具有下列情形之一的,不得晋升职级: (一)不符合第十七条、第十八条规定的; (二)受到诫勉、组织处理或者处分等影响期未满或者期满影响使用的; (三)涉嫌违纪违法正在接受审查调查尚未作出结论的; (四)影响晋升职级的其他情形。	根据本条第2项可知,不仅组织处理或者处分有影响期,而且诫勉也有影响期。
《党政领导干部考核工作条例》	**第四十条** 依据考核结果,激励约束领导干部: (一)领导干部作出重大贡献的,可以按照有关规定记功、授予称号,给予物质奖励;表现突出或者年度考核结果为优秀等次的,按照有关规定给予嘉奖;连续三年为优秀等次的,记三等功,同等条件下优先使用。 (二)领导干部年度考核结果为称职及以上等次的,按照有关规定享受年度考核奖金、晋升工资级别和级别工资档次。 (三)领导干部年度考核结果为基本称职等次的,应当对其进行诫勉,限期改进。 (四)领导干部年度考核结果为不称职等次的,按照规定程序降低一个职务或者职级层次任职。 (五)不参加年度考核、参加年度考核不确定等次或者年度考核结果为基本称职以下等次的,该年度不计算为晋升职务职级的任职年限,不计算为晋升工资级别和级别工资档次的考核年限。 (六)领导干部不适宜担任现职的,应当根据有关规定对其进行调整。	领导干部年度考核结果为基本称职等次的,应当对其进行诫勉,限期改进。
《党政领导干部选拔任用工作条例》	**第二十四条** 有下列情形之一的,不得列为考察对象: (一)违反政治纪律和政治规矩的; (二)群众公认度不高的; (三)上一年年度考核结果为基本称职以下等次的; (四)有跑官、拉票等非组织行为的; (五)除特殊岗位需要外,配偶已移居国(境)外,或者没有配偶但子女均已移居国(境)外的;	受到诫勉、组织处理或者党纪政务处分等影响期未满或者期满影响使用的,不得列为考察对象。此处将诫勉、组织处理并列表述,说明诫勉的性质不属于组织处理,且默认党组织作出的诫勉均有影响期。

续表

法规依据	条文摘录	知识点提醒
	（六）受到诫勉、组织处理或者党纪政务处分等影响期未满或者期满影响使用的； （七）其他原因不宜提拔或者进一步使用的。	
《中国共产党纪律检查委员会工作条例》	**第三十一条第二款第一项**　坚持把监督作为基本职责，抓早抓小、防微杜渐，综合考虑错误性质、情节后果、主观态度等因素，依规依纪依法、精准有效运用监督执纪“四种形态”： （一）党员、干部有作风纪律方面的苗头性、倾向性问题或者轻微违纪问题，或者有一般违纪问题但具备免予处分情形的，运用监督执纪第一种形态，按照规定进行谈话提醒、批评教育、责令检查等，或者予以诫勉。	《中国共产党纪律检查委员会工作条例》明确规定诫勉属于监督执纪第一种形态，适用情形为有一般违纪问题但具备免予处分情形的。
备注	2016年8月8日，中央纪委研究室答复：通报的影响大于诫勉，为什么在诫勉之前？ 2015年6月中央组织部印发的《关于组织人事部门对领导干部进行提醒、函询和诫勉的实施细则》第十九条规定，受到诫勉的领导干部六个月内不得提拔或者重用。而通报则没有影响期。诫勉的影响比通报要严重。	诫勉的影响比通报要严重。
推荐阅读	1. 刘飞：《诫勉的性质和影响期等问题探析》，载《中国纪检监察报》2023年4月23日，第6版。该文指出，诫勉的性质，可以从两个方面加以把握：一是一般意义上抓早抓小的监督与惩戒措施。根据《中国共产党党内监督条例》第21条、《中国共产党纪律检查机关监督执纪工作规则》第30条和《中华人民共和国公务员法》第57条等规定，诫勉适用于党员干部存在轻微违纪违法问题。二是诫勉可作为一种问责方式。根据《中国共产党问责条例》第8条和《中华人民共和国监察法实施条例》第204条等规定，对不履行或者不正确履行职责造成严重后果或者恶劣影响的党的领导干部或者领导人员的问责，根据危害程度以及具体情况，可以按照管理权限采取诫勉等方式进行问责。 关于诫勉的影响期。2015年6月中组部印发的《关于组织人事部门对领导干部进行提醒、函询和诫勉的实施细则》第19条规定，受到诫勉的领导干部，取消当年年度考核、本任期考核评优和评选各类先进的资格，6个月内不得提拔或者重用。该规定的适用主体和对象是组织人事部门作出的诫勉。至于纪检监察机关作出的诫勉决定，是否存在影响期，认识上存在分歧。	

续表

法规依据	条文摘录	知识点提醒
	《中华人民共和国监察法》《中华人民共和国公职人员政务处分法》《中华人民共和国监察法实施条例》等法律法规未对监察机关作出的诫勉决定的影响期作出明确规定。2019年中办印发的《公务员职务与职级并行规定》第21条规定,公务员受到诫勉、组织处理或者处分等影响期未满或者期满影响使用的,不得晋升职级。根据这个规定可以看出,诫勉存在影响期,且不区分诫勉决定的作出机关。 因此,无论是纪检监察机关、组织人事部门还是党委(党组)依规依纪依法作出的诫勉处理,都存在影响期。 2. 董开星:《诫勉的理解与适用初探》,载《中国纪检监察报》2019年10月9日,第8版。 3. 黑龙江省纪委监委法规室:《诫勉的主要依据及适用》,载《中国纪检监察报》2021年7月21日,第6版。 4. 黑龙江省纪委监委法规室:《诫勉的执行与影响》,载《中国纪检监察报》2021年8月11日,第6版。	

日常监督中谈话提醒、提醒谈话等相关知识点

法规依据	条文摘录	知识点提醒
《中国共产党党内监督条例》	**第二十一条** 坚持党内谈话制度,认真开展提醒谈话、诫勉谈话。发现领导干部有思想、作风、纪律等方面苗头性、倾向性问题的,有关党组织负责人应当及时对其提醒谈话;发现轻微违纪问题的,上级党组织负责人应当对其诫勉谈话,并由本人作出说明或者检讨,经所在党组织主要负责人签字后报上级纪委和组织部门。	提醒谈话适用于即将可能发生的苗头性、倾向性问题;诫勉谈话适用于轻微违纪问题,诫勉谈话由上级党组织负责人实施。
《中国共产党党员教育管理工作条例》	**第二十八条** 发现党员有思想、工作、生活、作风和纪律方面苗头性倾向性问题的,以及群众对其有不良反映的,党组织负责人应当及时进行提醒谈话,抓早抓小、防微杜渐。	提醒谈话适用于即将可能发生的苗头性、倾向性问题。
《中国共产党纪律检查机关监督执纪工作规则》	**第三十条第一款第二项** 承办部门应当在谈话结束或者收到函询回复后1个月内写出情况报告和处置意见,按程序报批。根据不同情形作出相应处理: (二)问题轻微,不需要追究纪律责任的,采取谈话提醒、批评教育、责令检查、诫勉谈话等方式处理。	诫勉谈话、谈话提醒均适用于问题轻微、不需要追究纪律责任的场合。
《党委(党组)落实全面从严治党主体责任规定》	**第十六条** 党委(党组)书记对领导班子其他成员、下一级党委(党组)书记,领导班子其他成员对分管部门和单位党组织书记,发现存在政治、思想、工作、生活、作风、纪律等方面苗头性、倾向性问题的,应当及时进行提醒谈话;发现落实全面从严治党责任不到位、管党治党问题较多、党员群众来信来访反映问题较多的,应当及时进行约谈,严肃批评教育,督促落实责任。	提醒谈话的实施权限,可以由同级党组织主要负责人实施,提醒谈话适用于即将可能发生的苗头性、倾向性问题。
《中国共产党党和国家机关基层组织工作条例》	**第二十七条** 机关基层党组织应当对党员、干部平时多过问、多提醒,及时发现和纠正苗头性、倾向性问题,问题严重的向上级党组织报告。对违犯党纪的党组织和党员依规依纪恰当予以处理。	机关基层党组织对党员的监督权限和方式是提醒、报告。

续表

法规依据	条文摘录	知识点提醒
《中国共产党问责条例》	**第十二条第三款** 对同级党委管理的领导干部,纪委和党的工作机关报经同级党委或者其主要负责人批准,可以采取通报、诫勉方式进行问责;提出组织调整或者组织处理的建议。采取纪律处分方式问责的,按照党章和有关党内法规规定的权限、程序执行。	对同级党委管理的领导干部,纪委采取诫勉方式进行问责须经同级党委或者其主要负责人批准。
《中国共产党纪律检查委员会工作条例》	**第三十一条第二款第一项** 坚持把监督作为基本职责,抓早抓小、防微杜渐,综合考虑错误性质、情节后果、主观态度等因素,依规依纪依法、精准有效运用监督执纪"四种形态": (一)党员、干部有作风纪律方面的苗头性、倾向性问题或者轻微违纪问题,或者有一般违纪问题但具备免予处分情形的,运用监督执纪第一种形态,按照规定进行谈话提醒、批评教育、责令检查等,或者予以诫勉。	对党员干部作风纪律方面的苗头性、倾向性问题,处置方式主要是提醒,也可以是批评教育、责令检查,但不能是诫勉。诫勉主要适用于党员干部存在轻微违纪问题(已发生)。 谈话提醒与提醒谈话存在显著区别:谈话提醒适用于已发生了的轻微违纪问题,而提醒谈话适用于尚未发生但有可能发生的苗头性、倾向性问题。
《纪检监察机关派驻机构工作规则》	**第三十二条第二项** 派驻机构开展日常监督应当深入实际、深入群众,监督方式包括: (二)谈心谈话。同党员、干部和群众广泛谈心谈话,听取对监督对象的反映,发现监督对象存在苗头性、倾向性问题的,进行谈话提醒、批评教育。	
《中共中央关于加强对"一把手"和领导班子监督的意见》	同下级"一把手"定期开展监督谈话,对存在苗头性、倾向性问题的进行批评教育,对存在轻微违纪问题的及时予以诫勉。	该意见规定,对"一把手"存在的苗头性、倾向性问题,处置方式是批评教育,对存在轻微违纪问题的及时予以诫勉。
《中国共产党纪律处分条例》	**第十九条** 对于党员违犯党纪应当给予警告或者严重警告处分,但是具有本条例第十七条规定的情形之一或者本条例分则中另有规定的,可以给予批评教育、责令检查、诫勉或者组织处理,免予党纪处分。对违纪党员免予处分,应当作出书面结论。 党员有作风纪律方面的苗头性、倾向性问题或者违犯党纪情节轻微的,可以给予谈话提醒、批评教育、责令检查等,或者予以诫勉,不予党纪处分。	第19条第1款与第2款,虽然均规定了诫勉,但适用条件存在区别。党员存在轻微违纪问题,需要给予诫勉的,只能引用第2款。第1款的适用条件要求是已经构成违纪,且需要适用监督执纪第二种形态,由

续表

法规依据	条文摘录	知识点提醒
	党员行为虽然造成损失或者后果，但不是出于故意或者过失，而是由于不可抗力等原因所引起的，不追究党纪责任。	于具备法定的从轻减轻处分情节，才予以诫勉。比如某人违规收受礼金1万元，积极退交违纪所得，且积极配合组织审查调查，这种情况下，可以引用第1款的规定。如果某人违规收受礼金1000元，违纪情节轻微，积极退交违纪所得，且积极配合组织审查调查，可以适用第2款。
《党政领导干部选拔任用工作条例》	**第二十四条第六项** 有下列情形之一的，不得列为考察对象： （六）受到诫勉、组织处理或者党纪政务处分等影响期未满或者期满影响使用的；	此规定明确诫勉与组织处理或者党纪政务处分一样存在影响期。
《县以上党和国家机关党员领导干部民主生活会若干规定》	**第六条第二款** 受到诫勉谈话的，应当说明整改情况。	受到诫勉谈话的党员领导干部，应当在民主生活会上说明整改情况。
《关于对党员领导干部进行诫勉谈话和函询的暂行办法》	**第五条** 纪律检查机关和组织（人事）部门应当采取适当方式，对诫勉谈话对象存在的主要问题的改正情况进行了解。对于没有改正或者改正不明显的，应当根据党委（党组）的意见，予以批评教育并督促改正，或者作出组织处理。	纪律检查机关和组织（人事）部门应当采取适当方式，对诫勉谈话对象存在的主要问题的改正情况进行了解。
《中华人民共和国监察法》	**第五十二条第一款第一项** 监察机关根据监督、调查结果，依法作出如下处置： （一）对有职务违法行为但情节较轻的公职人员，按照管理权限，直接或者委托有关机关、人员，进行谈话提醒、批评教育、责令检查，或者予以诫勉；	谈话提醒、诫勉适用于有职务违法行为但情节较轻的公职人员；监察机关对同级党委管理的干部实施诫勉谈话须经同级党委或者同级党委主要负责人批准。
《中华人民共和国公职人员政务处分法》	**第十二条第一款** 公职人员违法行为情节轻微，且具有本法第十一条规定的情形之一的，可以对其进行谈话提醒、批评教育、责令检查或者予以诫勉，免予或者不予政务处分。	

续表

法规依据	条文摘录	知识点提醒
《农村基层干部廉洁履行职责若干规定(试行)》	**第二十条** 乡镇领导班子成员和基层站所负责人有违反本规定第一章所列行为的,视情节轻重,由有关机关、部门依照职责权限给予诫勉谈话、通报批评、调离岗位、责令辞职、免职、降职等处理。 应当追究党纪政纪责任的,依照《中国共产党纪律处分条例》、《行政机关公务员处分条例》等有关规定给予相应的党纪政纪处分。 乡镇党委和政府领导班子成员因工作失职,应当进行问责的,依照《关于实行党政领导干部问责的暂行规定》处理。 涉嫌犯罪的,移送司法机关依法处理。	诫勉谈话也适用于乡镇领导班子成员和基层站所负责人。
《关于组织人事部门对领导干部进行提醒、函询和诫勉的实施细则》	**第十九条** 受到诫勉的领导干部,取消当年年度考核、本任期考核评优和评选各类先进的资格,六个月内不得提拔或者重用。	受到诫勉的领导干部,取消当年年度考核、本任期考核评优和评选各类先进的资格,6个月内不得提拔或者重用。
《公务员职务与职级并行规定》	**第二十一条** 公务员具有下列情形之一的,不得晋升职级: (一)不符合第十七条、第十八条规定的; (二)受到诫勉、组织处理或者处分等影响期未满或者期满影响使用的; (三)涉嫌违纪违法正在接受审查调查尚未作出结论的; (四)影响晋升职级的其他情形。	此规定暗示"诫勉"存在6个月的影响期,诫勉与组织处理并列表述,说明诫勉的性质不属于组织处理。
《中华人民共和国监察法实施条例》	**第二百零一条第二款** 谈话提醒、批评教育应当由监察机关相关负责人或者承办部门负责人进行,可以由被谈话提醒、批评教育人所在单位有关负责人陪同;经批准也可以委托其所在单位主要负责人进行。对谈话提醒、批评教育情况应当制作记录。	谈话提醒的实施须由相应职务层次的领导进行,且要制作记录。

日常监督中谈心谈话、警示谈话相关知识点

谈话种类	法规依据	适用对象、适用条件
谈心谈话	**《关于新形势下党内政治生活的若干准则》** 坚持谈心谈话制度。党组织领导班子成员之间、班子成员和党员之间、党员和党员之间要开展经常性的谈心谈话,坦诚相见,交流思想,交换意见。领导干部要带头谈,也要接受党员、干部约谈。	谈心谈话是党的优良传统和政治优势,是一项政治性、政策性都很强的思想政治工作。习近平总书记指出:"对干部经常开展同志式的谈心谈话,既指出缺点不足,又给予鞭策鼓励,这是个好传统,要注意保持和发扬。" 谈心谈话,可以是平级之间(党组织领导班子成员之间、党员和党员之间),也可以是上下级之间(班子成员和党员之间)。
	《中国共产党党员教育管理工作条例》第十九条 基层党组织应当注重分析党员思想状况和心理状态,党组织负责人应当经常同党员谈心谈话,有针对性地做好思想政治工作。	
	《党政领导干部考核工作条例》第十六条第二项 平时考核主要结合领导班子和领导干部日常管理进行,可以采取下列途径: (二)与干部本人或者知情人谈心谈话,到所在单位听取干部群众意见;	
	《中国共产党支部工作条例(试行)》第十七条第二款 组织生活会应当确定主题,会前认真学习,谈心谈话,听取意见;会上查摆问题,开展批评和自我批评,明确整改方向;会后制定整改措施,逐一整改落实。 **第十九条第一款** 党支部应当经常开展谈心谈话。党支部委员之间、党支部委员和党员之间、党员和党员之间,每年谈心谈话一般不少于1次。谈心谈话应当坦诚相见、交流思想、交换意见、帮助提高。	谈心谈话,不仅有助于党组织掌握党员思想状况和心理状态,还可用于交流思想、听取意见。 党支部有经常开展谈心谈话的义务。
	《县以上党和国家机关党员领导干部民主生活会若干规定》第九条第三项 召开民主生活会应当制定会议方案,提前10日报上级党组织审核,并做好以下准备工作: (三)领导班子成员之间互相谈心谈话,交流思想,交换意见,并与分管单位主要负责人谈心,也应当接受党员、干部约谈。	领导班子成员之间应互相谈心谈话,交流思想,交换意见。

续表

谈话种类	法规依据	适用对象、适用条件
警示谈话	**《国有企业领导人员廉洁从业若干规定》第二十二条第一款** 国有企业领导人员违反本规定第二章所列行为规范的,视情节轻重,由有关机构按照管理权限分别给予警示谈话、调离岗位、降职、免职处理。	警示谈话的主体是有关机构、部门;警示谈话的对象一是国有企业领导人员,二是村党组织领导班子成员;警示谈话的适用条件是上述两类主体存在法定的违规行为。
	《国有企业领导人员廉洁从业若干规定》第二十三条 国有企业领导人员受到警示谈话、调离岗位、降职、免职处理的,应当减发或者全部扣发当年的绩效薪金、奖金。	
	《农村基层干部廉洁履行职责若干规定(试行)》第二十一条第一款 村党组织领导班子成员有违反本规定第二章所列行为的,视情节轻重,由有关机关、部门依照职责权限给予警示谈话、责令公开检讨、通报批评、停职检查、责令辞职、免职等处理。	

日常监督中作风监督知识点

法规及权威表述依据	条文摘录	知识点提醒
《中国共产党纪律检查委员会工作条例》	**第二十七条** 党的各级纪律检查委员会协助同级党的委员会加强党风建设，锲而不舍落实中央八项规定精神，大力弘扬党的光荣传统和优良作风，驰而不息纠治形式主义、官僚主义、享乐主义和奢靡之风，坚决纠正损害群众利益的不正之风，保持党同人民群众的血肉联系。	作风建设的核心是保持党同人民群众的血肉联系。 不正之风和腐败问题的关系："四风"与腐败同根同源、互为表里、由风及腐、由风变腐、风腐一体，不正之风滋生、掩藏腐败，腐败行为助长、加剧不正之风，甚至催生新的作风问题。
《中国共产党纪律检查委员会工作条例》	**第三十四条** 党的纪律检查委员会应当加强日常监督，监督方式主要包括：座谈，召集、参加或者列席会议，了解党内同志和社会群众反映；查阅查询相关资料和信息数据；现场调查，驻点监督；督促巡视巡察整改；谈心谈话，听取工作汇报，听取述责述廉；建立健全党员领导干部廉政档案，开展党风廉政意见回复等工作。 开展专项监督，针对落实党中央决策部署中的突出问题，行业性、系统性、区域性的管党治党重点问题，形式主义、官僚主义、享乐主义和奢靡之风问题，群众反映强烈、损害群众利益的突出问题加强监督检查。必要时，可以组织、参加或者督促开展集中整治、专项治理。 加强基层监督，促进基层监督资源和力量整合，发挥纪检监察、巡察等作用，有效衔接村（居）务监督，建立监督信息网络平台，扩大群众参与，及时发现、处理群众身边的腐败问题和不正之风。	日常监督主要是指通过多种方式了解被监督对象的思想、工作、作风、生活情况等，发现苗头性、倾向性问题或者轻微违纪违法问题，及时约谈提醒、批评教育、责令检查、诫勉谈话等。日常监督，针对的是监督对象行使权力等情况，必须盯住重点人、重点事，尽可能做到见人与见事相结合，目的是抓早抓小、防微杜渐。 开展日常监督离不开谈话，开展监督谈话应注意把握四点：一是有高度，充分讲好党纪国法和反腐败形势政策等；二是有力度，让监督对象通过一次体检真正受到教育警醒；三是有温度，让监督对象感受到组织的关心与爱护，重燃干事创业激情；四是有深度。

续表

法规及权威表述依据	条文摘录	知识点提醒
《中国共产党纪律检查机关监督执纪工作规则》	**第十四条** 纪委监委(纪检监察组、纪检监察工委)报请或者会同党委(党组)定期召开专题会议,听取加强党内监督情况专题报告,综合分析所联系的地区、部门、单位政治生态状况,提出加强和改进的意见及工作措施,抓好组织实施和督促检查。	纪委监委监督方式:定期召开专题会议、听取专题报告。
《中国共产党纪律检查机关监督执纪工作规则》	**第十五条** 纪检监察机关应当结合被监督对象的职责,加强对行使权力情况的日常监督,通过多种方式了解被监督对象的思想、工作、作风、生活情况,发现苗头性、倾向性问题或者轻微违纪问题,应当及时约谈提醒、批评教育、责令检查、诫勉谈话,提高监督的针对性和实效性。	纪委监委监督日常方法和内容:监督重点是监督对象行使权力情况,还要了解被监督对象的思想、工作、作风、生活情况。
《中国共产党纪律检查机关监督执纪工作规则》	**第十六条** 纪检监察机关应当畅通来信、来访、来电和网络等举报渠道,建设覆盖纪检监察系统的检举举报平台,及时受理检举控告,发挥党员和群众的监督作用。 **第十八条** 纪检监察机关应当做好干部选拔任用党风廉政意见回复工作,对反映问题线索认真核查,综合用好巡视巡察等其他监督成果,严把政治关、品行关、作风关、廉洁关。	及时受理检举控告,对反映问题线索核查也是纪委监委监督方式之一。
《中国共产党纪律检查机关监督执纪工作规则》	**第十九条** 纪检监察机关对监督中发现的突出问题,应当向有关党组织或者单位提出纪律检查建议或者监察建议,通过督促召开专题民主生活会、组织开展专项检查等方式,督查督办,推动整改。	对监督中发现的突出问题,应当提出针对性、操作性强的纪律检查建议或监察建议。
《中华人民共和国监察法实施条例》	**第十七条** 监察机关应当结合公职人员的职责加强日常监督,通过收集群众反映、座谈走访、查阅资料、召集或者列席会议、听取工作汇报和述责述廉、开展监督检查等方式,促进公职人员依法用权、秉公用权、廉洁用权。	强化政治监督,让日常监督有高度;紧盯"关键少数",让日常监督有精度;抓好线索处置,让日常监督有力度;加强力量统筹,让日常监督有广度;用好"四种形态",

续表

法规及权威表述依据	条文摘录	知识点提醒
	第十九条 监察机关对于发现的系统性、行业性的突出问题,以及群众反映强烈的问题,可以通过专项检查进行深入了解,督促有关机关、单位强化治理,促进公职人员履职尽责。	让日常监督有温度。监督存在普遍性问题:从思想认识看,监督说起来重要、干起来次要、忙起来不要的问题仍不同程度存在。从政治监督看,离具体化常态化要求尚有差距。从担当作为看,不敢监督、不愿监督的问题依然存在。从职责定位看,落实"两个责任"新老问题交织。从工作规范看,监督的制度化建设有待加强。从方式方法看,监督手段多样但有效性不足。从工作机制看,"四项监督"贯通融合还不够到位。
2023 年 1 月,习近平同志在二十届中央纪委二次全会上的讲话	制定实施中央八项规定,是我们党在新时代的徙木立信之举,必须常抓不懈、久久为功,直至真正化风成俗,以优良党风引领社风民风。要继续纠治享乐主义、奢靡之风,把握作风建设地区性、行业性、阶段性特点,抓住普遍发生、反复出现的问题深化整治,推进作风建设常态化长效化。要把纠治形式主义、官僚主义摆在更加突出位置,作为作风建设的重点任务,研究针对性举措,科学精准靶向整治,动真碰硬、务求实效。	
中国共产党第二十届中央纪律检查委员会第三次全体会议公报	突出常态长效深化落实中央八项规定精神。对违规吃喝开展专项整治,严查"吃公函"、"吃食堂"、"吃老板"、"吃下级"等问题。健全风腐同查同治工作机制,既"由风查腐"又"由腐纠风"。重拳纠治干部群众反映强烈的形式主义、官僚主义,从领导机关抓起、领导干部改起,坚决纠治影响党中央决策部署落实落地、影响高质量发展、加重基层负担、权力观扭曲政绩观错位等问题。	
《中共中央关于进一步全面深化改革 推进中国式现代化的决定》	锲而不舍落实中央八项规定精神,健全防治形式主义、官僚主义制度机制。持续精简规范会议文件和各类创建示范、评比达标、节庆展会论坛活动,严格控制面向基层的督查、检查、考核总量,提高调研质量,下大气力解决过频过繁问题。制定乡镇(街道)履行职责事项清单,健全为基层减负长效机制。 健全不正之风和腐败问题同查同治机制。	

续表

法规及权威表述依据	条文摘录	知识点提醒
推荐阅读	兰琳宗:《一严到底纠治违规吃喝顽疾》,载《中国纪检监察报》2023年12月26日,第2版。该文指出,系统施治、纠树并举,努力取得持久性成效。纠治违规吃喝涉及思想观念、传统习俗、制度机制等因素,要突出综合施策,把系统观念贯穿纠治工作全过程。要抓住责任这个“牛鼻子”,督促各级党组织切实履行作风建设主体责任,把深入治理违规吃喝问题作为纠治“四风”的重要抓手,做实做细日常教育管理监督。深化以案促改促治,推动有关地区、部门总结转化实践成果,吸收借鉴有益经验,以改革的思路健全完善公务接待、商务接待、财务管理等规定,补齐制度短板。大力培育新风正气,教育引导广大党员干部自觉抵制享乐奢靡之风,净化“社交圈”“朋友圈”“生活圈”,高度警惕“酒肉之交”背后的危害和陷阱,追求健康的生活方式。	

(三)监察监督

监察对象的具体范围及处分处理

法规依据	条文摘录	知识点提醒
《中华人民共和国监察法》	**第三条** 各级监察委员会是行使国家监察职能的专责机关,依照本法对所有行使公权力的公职人员(以下称公职人员)进行监察,调查职务违法和职务犯罪,开展廉政建设和反腐败工作,维护宪法和法律的尊严。	注意:监委是行使国家监察职能的专责机关,不是专门机关。
《中华人民共和国监察法》	**第十一条** 监察委员会依照本法和有关法律规定履行监督、调查、处置职责: (一)对公职人员开展廉政教育,对其依法履职、秉公用权、廉洁从政从业以及道德操守情况进行监督检查; (二)对涉嫌贪污贿赂、滥用职权、玩忽职守、权力寻租、利益输送、徇私舞弊以及浪费国家资财等职务违法和职务犯罪进行调查; (三)对违法的公职人员依法作出政务处分决定;对履行职责不力、失职失责的领导人员进行问责;对涉嫌职务犯罪的,将调查结果移送人民检察院依法审查、提起公诉;向监察对象所在单位提出监察建议。	监察机关监督内容:对公职人员依法履职、秉公用权、廉洁从政从业以及道德操守情况进行监督检查;监督首要方式是对公职人员开展廉政教育。
《中华人民共和国监察法实施条例》	**第三十八条** 监察法第十五条第一项所称公务员范围,依据《中华人民共和国公务员法》(以下简称公务员法)确定。 监察法第十五条第一项所称参照公务员法管理的人员,是指有关单位中经批准参照公务员法进行管理的工作人员。 **第三十九条** 监察法第十五条第二项所称法律、法规授权或者受国家机关依法委托管理公共事务的组织中从事公务的人员,是指在上述组织中,除参照公务员法管理的人员外,对公共事务履行组织、领导、管理、监督等职责的人员,包括具有公共事务管理职能的行业协会等组织中从事公务的人员,以及法定检验检测、检疫等机构中从事公务的人员。	《中华人民共和国监察法实施条例》第38—43条是对《中华人民共和国监察法》第15条规定的六类监察对象的详解。 请注意,在国有独资、全资公司、企业中履行组织、领导、管理、监督等职责的人员属于国有企业管理人员,但在国有独资、全资公司、企业中履行经营职责的人员未被明确规定为国有企业管理人员。 在界定国有企业管理人员身份时,需要牢牢把握履行职责时代表国有股这个属性。

续表

法规依据	条文摘录	知识点提醒
	第四十条 监察法第十五条第三项所称国有企业管理人员,是指国家出资企业中的下列人员: (一)在国有独资、全资公司、企业中履行组织、领导、管理、监督等职责的人员; (二)经党组织或者国家机关,国有独资、全资公司、企业,事业单位提名、推荐、任命、批准等,在国有控股、参股公司及其分支机构中履行组织、领导、管理、监督等职责的人员; (三)经国家出资企业中负有管理、监督国有资产职责的组织批准或者研究决定,代表其在国有控股、参股公司及其分支机构中从事组织、领导、管理、监督等工作的人员。	
	第四十一条 监察法第十五条第四项所称公办的教育、科研、文化、医疗卫生、体育等单位中从事管理的人员,是指国家为了社会公益目的,由国家机关举办或者其他组织利用国有资产举办的教育、科研、文化、医疗卫生、体育等事业单位中,从事组织、领导、管理、监督等工作的人员。 **第四十二条** 监察法第十五条第五项所称基层群众性自治组织中从事管理的人员,是指该组织中的下列人员: (一)从事集体事务和公益事业管理的人员; (二)从事集体资金、资产、资源管理的人员; (三)协助人民政府从事行政管理工作的人员,包括从事救灾、防疫、抢险、防汛、优抚、帮扶、移民、救济款物的管理,社会捐助公益事业款物的管理,国有土地的经营和管理,土地征收、征用补偿费用的管理,代征、代缴税款,有关计划生育、户籍、征兵工作,协助人民政府等国家机关在基层群众性自治组织中从事的其他管理工作。	"帮扶"已取代"扶贫"表述。 人大代表,在履行代表职责时属于监察对象。政协委员、人民陪审员、人民监督员,在履行公职时属于监察对象。 注意,并不是只要在集体经济组织等单位、组织中从事组织、领导、管理、监督等工作的人员均属于监察对象,要求有关人员由党组织或者国家机关,国有独资、全资公司、企业,国家出资企业中负有管理监督国有和集体资产职责的组织,事业单位提名、推荐、任命、批准等。

续表

法规依据	条文摘录	知识点提醒
	第四十三条 下列人员属于监察法第十五条第六项所称其他依法履行公职的人员： （一）履行人民代表大会职责的各级人民代表大会代表，履行公职的中国人民政治协商会议各级委员会委员、人民陪审员、人民监督员； （二）虽未列入党政机关人员编制，但在党政机关中从事公务的人员； （三）在集体经济组织等单位、组织中，由党组织或者国家机关，国有独资、全资公司、企业，国家出资企业中负有管理监督国有和集体资产职责的组织，事业单位提名、推荐、任命、批准等，从事组织、领导、管理、监督等工作的人员； （四）在依法组建的评标、谈判、询价等组织中代表国家机关，国有独资、全资公司、企业，事业单位，人民团体临时履行公共事务组织、领导、管理、监督等职责的人员； （五）其他依法行使公权力的人员。	
《中华人民共和国监察法》	**第十一条** 监察委员会依照本法和有关法律规定履行监督、调查、处置职责： （一）对公职人员开展廉政教育，对其依法履职、秉公用权、廉洁从政从业以及道德操守情况进行监督检查； （二）对涉嫌贪污贿赂、滥用职权、玩忽职守、权力寻租、利益输送、徇私舞弊以及浪费国家资财等职务违法和职务犯罪进行调查； （三）对违法的公职人员依法作出政务处分决定；对履行职责不力、失职失责的领导人员进行问责；对涉嫌职务犯罪的，将调查结果移送人民检察院依法审查、提起公诉；向监察对象所在单位提出监察建议。	监委的职责概括起来就是6个字：监督、调查、处置。监督是监委的首要职责。

续表

法规依据	条文摘录	知识点提醒
《中华人民共和国监察法》	**第十五条** 监察机关对下列公职人员和有关人员进行监察: (一)中国共产党机关、人民代表大会及其常务委员会机关、人民政府、监察委员会、人民法院、人民检察院、中国人民政治协商会议各级委员会机关、民主党派机关和工商业联合会机关的公务员,以及参照《中华人民共和国公务员法》管理的人员; (二)法律、法规授权或者受国家机关依法委托管理公共事务的组织中从事公务的人员; (三)国有企业管理人员; (四)公办的教育、科研、文化、医疗卫生、体育等单位中从事管理的人员; (五)基层群众性自治组织中从事管理的人员; (六)其他依法履行公职的人员。	监察对象具体来说,一共有6大类,需要烂熟于心。
《中华人民共和国监察法》	**第五十二条** 监察机关根据监督、调查结果,依法作出如下处置: (一)对有职务违法行为但情节较轻的公职人员,按照管理权限,直接或者委托有关机关、人员,进行谈话提醒、批评教育、责令检查,或者予以诫勉; (二)对违法的公职人员依照法定程序作出警告、记过、记大过、降级、撤职、开除等政务处分决定; (三)对不履行或者不正确履行职责负有责任的领导人员,按照管理权限对其直接作出问责决定,或者向有权作出问责决定的机关提出问责建议; (四)对涉嫌职务犯罪的,监察机关经调查认为犯罪事实清楚,证据确实、充分的,制作起诉意见书,连同案卷材料、证据一并移送人民检察院依法审查、提起公诉; (五)对监察对象所在单位廉政建设和履行职责存在的问题等提出监察建议。 监察机关经调查,对没有证据证明被调查人存在违法犯罪行为的,应当撤销案件,并通知被调查人所在单位。	第1款所列内容是按照轻微违法到严重违法直至犯罪进行排序。 第2款规定了撤案的条件及应履行的程序。

续表

<table>
<tr><th>法规依据</th><th>条文摘录</th><th>知识点提醒</th></tr>
<tr><td>《中华人民共和国监察法实施条例》</td><td>第一百九十七条第三款　案件审理部门经审理认为现有证据不足以证明被调查人存在违法犯罪行为，且通过退回补充调查仍无法达到证明标准的，应当提出撤销案件的建议。</td><td rowspan="2">《中华人民共和国监察法》第52条第2款规定了监察机关撤案的实体要件“没有证据证明被调查人存在违法犯罪行为”。《中华人民共和国监察法实施条例》对此作了扩大解释：一是没有证据证明被调查人存在违法犯罪行为，二是现有证据不足以证明被调查人存在违法犯罪行为。
撤案的程序要求：一是要求通过退回补充调查仍无法达到证明标准，二是通知被调查人所在单位，三是撤销案件决定应向被调查人宣布（由被调查人在《撤销案件决定书》上签名、捺指印），四是撤销案件决定作出后，注意及时向上级监委备案报告。</td></tr>
<tr><td>《中华人民共和国监察法实施条例》</td><td>第二百零六条　监察机关经调查，对没有证据证明或者现有证据不足以证明被调查人存在违法犯罪行为的，应当依法撤销案件。省级以下监察机关撤销案件后，应当在七个工作日以内向上一级监察机关报送备案报告。上一级监察机关监督检查部门负责备案工作。
省级以下监察机关拟撤销上级监察机关指定管辖或者交办案件的，应当将《撤销案件意见书》连同案卷材料，在法定调查期限到期七个工作日前报指定管辖或者交办案件的监察机关审查。对于重大、复杂案件，在法定调查期限到期十个工作日前报指定管辖或者交办案件的监察机关审查。
指定管辖或者交办案件的监察机关由监督检查部门负责审查工作。指定管辖或者交办案件的监察机关同意撤销案件的，下级监察机关应当作出撤销案件决定，制作《撤销案件决定书》；指定管辖或者交办案件的监察机关不同意撤销案件的，下级监察机关应当执行该决定。
监察机关对于撤销案件的决定应当向被调查人宣布，由其在《撤销案件决定书》上签名、捺指印，立即解除留置措施，并通知其所在机关、单位。
撤销案件后又发现重要事实或者有充分证据，认为被调查人有违法犯罪事实需要追究法律责任的，应当重新立案调查。</td></tr>
</table>

续表

法规依据	条文摘录	知识点提醒
《中华人民共和国公职人员政务处分法》	**第十九条** 公务员以及参照《中华人民共和国公务员法》管理的人员在政务处分期内,不得晋升职务、职级、衔级和级别;其中,被记过、记大过、降级、撤职的,不得晋升工资档次。被撤职的,按照规定降低职务、职级、衔级和级别,同时降低工资和待遇。	本条规定了政务处分的后果,此知识点十分重要。
《中华人民共和国公职人员政务处分法》	**第二十条** 法律、法规授权或者受国家机关依法委托管理公共事务的组织中从事公务的人员,以及公办的教育、科研、文化、医疗卫生、体育等单位中从事管理的人员,在政务处分期内,不得晋升职务、岗位和职员等级、职称;其中,被记过、记大过、降级、撤职的,不得晋升薪酬待遇等级。被撤职的,降低职务、岗位或者职员等级,同时降低薪酬待遇。	此处隐含了监察机关不能对非监察对象作出降低岗位等级的处分决定。政务处分种类是法定的。
《中华人民共和国公职人员政务处分法》	**第二十一条** 国有企业管理人员在政务处分期内,不得晋升职务、岗位等级和职称;其中,被记过、记大过、降级、撤职的,不得晋升薪酬待遇等级。被撤职的,降低职务或者岗位等级,同时降低薪酬待遇。	国有企业管理人员受到警告处分的,在处分期内不能晋升职务、岗位等级和职称。
《中华人民共和国公职人员政务处分法》	**第二十二条** 基层群众性自治组织中从事管理的人员有违法行为的,监察机关可以予以警告、记过、记大过。 基层群众性自治组织中从事管理的人员受到政务处分的,应当由县级或者乡镇人民政府根据具体情况减发或者扣发补贴、奖金。	基层群众性自治组织中从事管理的人员无论是职务违法行为,还是非职务违法行为,监察机关均可以警告、记过、记大过处分。
《中华人民共和国公职人员政务处分法》	**第二十三条** 《中华人民共和国监察法》第十五条第六项规定的人员有违法行为的,监察机关可以予以警告、记过、记大过。情节严重的,由所在单位直接给予或者监察机关建议有关机关、单位给予降低薪酬待遇、调离岗位、解除人事关系或者劳动关系等处理。 《中华人民共和国监察法》第十五条第二项规定的人员,未担任公务员、参照《中华人民共和国公务员法》管理的人员、事业单位工作人员或者国有企业人员职务的,对其违法行为依照前款规定处理。	解除人事关系或者劳动关系的性质属于一种处理措施,不属于处分。

监察对象与国家工作人员逻辑关系

<table>
<tr><th>法规依据</th><th>条文摘录</th><th>知识点提醒</th></tr>
<tr><td>《中华人民共和国刑法》</td><td>第九十三条　本法所称国家工作人员，是指国家机关中从事公务的人员。
国有公司、企业、事业单位、人民团体中从事公务的人员和国家机关、国有公司、企业、事业单位委派到非国有公司、企业、事业单位、社会团体从事公务的人员，以及其他依照法律从事公务的人员，以国家工作人员论。</td><td rowspan="3">监察对象的范围大于国家工作人员的范围。监察对象不一定全属于国家工作人员（比如辅警、行使公权力但不在编的人民陪审员）；行使公权力的国家工作人员属于监察对象。
国家工作人员的概念和范围，由《中华人民共和国刑法》规定，侧重追究刑事责任；而监察对象的概念和范围则是由《中华人民共和国监察法》规定，强调抓早抓小，把监察对象作为监察机关的监督执法调查的对象，实现治理体系现代化。</td></tr>
<tr><td>《中华人民共和国监察法》</td><td>第十五条　监察机关对下列公职人员和有关人员进行监察：
（一）中国共产党机关、人民代表大会及其常务委员会机关、人民政府、监察委员会、人民法院、人民检察院、中国人民政治协商会议各级委员会机关、民主党派机关和工商业联合会机关的公务员，以及参照《中华人民共和国公务员法》管理的人员；
（二）法律、法规授权或者受国家机关依法委托管理公共事务的组织中从事公务的人员；
（三）国有企业管理人员；
（四）公办的教育、科研、文化、医疗卫生、体育等单位中从事管理的人员；
（五）基层群众性自治组织中从事管理的人员；
（六）其他依法履行公职的人员。</td></tr>
<tr><td>《中华人民共和国公职人员政务处分法》</td><td>第二条第三款　本法所称公职人员，是指《中华人民共和国监察法》第十五条规定的人员。</td></tr>
</table>

(四)巡视巡察监督

巡视巡察监督知识点梳理

知识点名称	具体内容	知识点提醒
巡视工作坚持的原则	**《中国共产党巡视工作条例》第四条** 巡视工作遵循下列原则： (一)坚持党中央集中统一领导、分级负责； (二)坚持围绕中心、服务大局； (三)坚持人民立场、贯彻群众路线； (四)坚持问题导向、发扬斗争精神； (五)坚持实事求是、依规依纪依法。	2024 年修订条例时，新增"坚持围绕中心、服务大局""坚持问题导向、发扬斗争精神"两项原则。
巡视巡察的内涵	政治巡视本质上是上级党组织对下级党组织履行党的领导职能责任的政治监督，重点在于发现和推动解决影响党的领导、党的建设、全面从严治党的根本性全局性问题，根本任务是督促全党增强"四个意识"、坚定"四个自信"、做到"两个维护"。	不能把巡视巡察变成一般的业务检查、工作督查，不能用巡视巡察代替职能部门的管理监督，防止巡视巡察泛化、简单化。
巡视对象	**《中国共产党巡视工作条例》第十六条** 中央巡视对象是： (一)省、自治区、直辖市党委及其领导班子，省、自治区、直辖市人大常委会、政府、政协党组，省、自治区、直辖市高级人民法院、人民检察院党组主要负责人，副省级城市党委和人大常委会、政府、政协党组主要负责人； (二)中央部委领导班子，中央国家机关部门、人民团体党组(党委)； (三)中管金融企业、中管企业、中管高校以及其他中管单位党委(党组)； (四)党中央要求巡视的其他党组织。 **第十七条** 省、自治区、直辖市党委巡视对象是： (一)市(地、州、盟)、县(市、区、旗)党委及其领导班子，市(地、州、盟)、县(市、区、旗)人大常委会、政府、政协党组，市(地、州、盟)中级人民法院、人民检察院和县(市、区、旗)人民法院、人民检察院党组主要负责人；	中央巡视对象，省、自治区、直辖市党委巡视对象，均有 4 项。

续表

知识点名称	具体内容	知识点提醒
	（二）省、自治区、直辖市党委工作部门领导班子，省一级国家机关部门、人民团体党组（党委）； （三）省、自治区、直辖市管理的国有企业、事业单位党委（党组）； （四）省、自治区、直辖市党委要求巡视的其他党组织。	
开展巡视工作的党组织主要职责	**《中国共产党巡视工作条例》第七条** 开展巡视工作的党组织应当把巡视作为推进全面从严治党、履行全面监督职责的重要抓手，承担巡视工作的主体责任。主要职责是： （一）贯彻落实党中央关于巡视工作的决策部署和习近平总书记关于巡视工作的重要指示要求； （二）研究部署巡视工作的重大事项，按照权限制定巡视工作党内法规和规范性文件； （三）审定巡视工作规划、年度计划和阶段任务安排，统筹谋划推进巡视全覆盖，定期听取巡视工作汇报； （四）统筹加强巡视整改和成果运用； （五）统筹构建巡视巡察上下联动工作格局； （六）发挥巡视综合监督平台作用，推动巡视监督与其他监督贯通协调； （七）统筹加强巡视机构和干部队伍建设； （八）研究决定巡视工作其他重要事项。 党组织主要负责人承担巡视工作第一责任人责任。	本条对巡视工作主体责任作出规定，明确了8项主要职责，突出强调开展巡视工作的党组织特别是主要负责人要把巡视作为推进全面从严治党、履行全面监督职责的重要抓手，推动形成一级抓一级、层层抓落实的生动局面。
巡视组的主要职责	**《中国共产党巡视工作条例》第十三条** 巡视组的主要职责是： （一）根据同级党组织及其巡视工作领导小组的部署要求开展巡视； （二）向巡视工作领导小组报告巡视情况，提出意见建议； （三）向被巡视党组织反馈巡视意见，向纪检监察机关、组织部门和有关单位移交巡视发现的问题和问题线索，参与推动巡视整改和成果运用；	巡视组的主要职责共有5项，不包括案件查办职责。 需要注意的是，巡视组承担对巡视组干部进行日常教育、管理和监督的职责。

续表

知识点名称	具体内容	知识点提醒
	(四)对巡视组干部进行日常教育、管理和监督; (五)办理巡视工作领导小组交办的其他事项。	
巡视的内容	**《中国共产党巡视工作条例》第十八条** 巡视工作应当紧盯权力和责任加强政治监督,严明政治纪律和政治规矩,重点检查下列情况: (一)落实党的理论和路线方针政策、党中央重大决策部署特别是贯彻习近平总书记重要讲话和重要指示批示精神的情况,执行党章和其他党内法规、履行职能责任的情况,落实意识形态工作责任制的情况; (二)落实全面从严治党主体责任和监督责任、推进党风廉政建设和反腐败斗争的情况,领导干部树立和践行正确政绩观、加强作风建设、落实中央八项规定及其实施细则精神、廉洁自律的情况; (三)落实新时代党的组织路线,贯彻执行民主集中制,加强领导班子和干部人才队伍建设、基层党组织和党员队伍建设的情况; (四)落实巡视监督以及审计、财会、统计等其他监督发现问题整改的情况; (五)开展巡视工作的党组织要求了解的其他情况。	巡视工作加强政治监督的方法、要领:紧盯权力和责任,重点检查5方面内容。
巡视工作方针	**《中国共产党巡视工作条例》第二条第二款** 巡视工作坚持发现问题、形成震慑,推动改革、促进发展的方针。	巡视工作方针以发现问题为导向,最终目的是促进发展。
巡视工作根本任务	**《中国共产党巡视工作条例》第二条第一款** 巡视工作是上级党组织对下级党组织履行党的领导职能责任的政治监督,根本任务是坚决维护习近平总书记党中央的核心、全党的核心地位,坚决维护以习近平同志为核心的党中央权威和集中统一领导。	巡视工作根本任务是做到落实"两个维护"。

续表

知识点名称	具体内容	知识点提醒
巡察监督重点	巡察工作应当坚守政治监督定位，聚焦党中央决策部署在基层落实情况、群众身边不正之风和腐败问题、基层党组织和党员队伍建设、巡察整改和成果运用等加强监督检查。	巡察监督坚守政治监督定位，要围绕“四个聚焦”加强监督检查。
巡视组可采取的工作方式	**《中国共产党巡视工作条例》第二十二条** 巡视组进驻后，应当向被巡视党组织通报巡视任务，按照规定的工作方式和权限，开展巡视了解工作。 巡视组对反映被巡视党组织领导班子及其成员的重要问题和问题线索，应当进行深入了解。	请注意把握巡视组深入了解的两个条件：一是对象上，反映被巡视党组织领导班子及其成员；二是对重要问题和问题线索进行深入了解。对苗头性倾向性轻微问题或者一般性问题，条例没有要求深入了解。
	《中国共产党巡视工作条例》第二十三条 巡视组采取下列方式了解情况： （一）听取被巡视党组织的工作汇报和有关机关、部门的专题汇报； （二）与被巡视党组织领导班子成员和其他干部群众进行个别谈话； （三）受理反映被巡视党组织领导班子及其成员和下一级党组织领导班子主要负责人问题的来信、来电、来访等； （四）抽查核实领导干部报告个人有关事项的情况； （五）向有关知情人询问情况； （六）调阅、复制有关文件、档案、会议记录等资料； （七）召开座谈会； （八）列席有关会议； （九）进行民主测评、问卷调查； （十）下沉调研了解情况； （十一）开展专项检查； （十二）提请有关单位予以协助； （十三）开展巡视工作的党组织批准的其他方式。	“下沉调研”系 2024 年修订时新增表述。 个别谈话、听取汇报、受理信访、调阅资料、下沉调研是主要、最常用的方法。

续表

知识点名称	具体内容	知识点提醒
提升个别谈话质量要求做到七个注重	注重谈话方案的制定与实施,注重谈话提纲的拟定与使用,注重把握谈话的原则,注重谈话策略的运用,注重做好与班子成员特别是“一把手”的谈话,注重做好谈话记录与整理,注重谈话情况的汇总分析。	
听取汇报要注意四个细节	安排汇报工作要提前通知、明确要求,审核汇报材料要坚持问题导向、先审后听,现场听取汇报要周密组织、善于倾听,消化汇报材料要全员参与、充分利用。	
调阅资料应注意的问题	有强烈的目标导向,防止调而不阅、阅而不研。要全面看材料。把握阅研的方法与技巧,要强化政治敏感性和问题意识,关注细节、加强比对。如注重看目录、看附件、看原始稿、看主要负责人讲话、看个人材料,关注观点、事例、数字、环节、时间节点、关键词等。	
下沉调研要力戒“四个防止”	制定详细方案有备而去,防止泛泛调研;深入剖析典型问题,防止浮于表面;坚持以下看上找准责任,防止偏离方向;注意分兵出击明暗结合,防止偏听偏信。	
撰写巡察报告应注意的问题	起草巡察报告,要有站位、有内容、有针对性,要围绕“三个聚焦”反映问题。 第一,要回应中央关切。具体要做到“五个突出”(突出政治站位、突出职责定位、突出关键少数、突出单位特点、突出人民立场)。 第二,要善于归纳提炼,做到“四个注重”(注重问题分析、注重问题提炼、注重问题归类、注重问题排序)。 第三,规避负面清单(防止散和碎、防止定性不准、防止问题摆错位、防止表述不准、防止简单看痕迹、防止以偏概全、防止数据引用不当、防止“炒冷饭”、防止把话说满、防止使用生僻和模糊语言等)。	
备注	党的二十大报告提出:“发挥政治巡视利剑作用,加强巡视整改和成果运用。” 《中共中央关于进一步全面深化改革　推进中国式现代化的决定》提出:“健全巡视巡察工作体制机制。”“以钉钉子精神抓好改革落实。对党中央进一步全面深化改革的决策部署,全党必须求真务实抓落实、敢作善为抓落实,坚持上下协同、条块结合,科学制定改革任务书、时间表、优先序,明确各项改革实施主体和责任,把重大改革落实情况纳入监督检查和巡视巡察内容,以实绩实效和人民群众满意度检验改革。”	
实践样本	1. 孟振:《巡察发现问题七法》,载《中国纪检监察报》2017年3月15日,第3版。该文指出,巡察发现问题的七种方法分别是:(1)从对被巡察单位的信访举报中“收集”问题;(2)从领导干部报告的事项中“看出”问题;(3)从调查问卷的结果中“汇总”问题;(4)从个别访谈和相关座谈会中“听出”问题;(5)从各类会议材料中“找出”问题;(6)从被巡察单位及其下属单位财务账中“查出”问题;(7)从对审计、专项检查的整改情况中“比对”问题。	

续表

知识点名称	具体内容	知识点提醒
	2. 宁万春:《提高巡视发现问题精准度》,载《中国纪检监察报》2019 年 9 月 19 日,第 7 版。该文指出,巡视过程中要注意以下几点:既要慎重稳妥又要积极作为,既抓大放小又注重以小见大,既要大胆设想又要小心求证,既要依规依纪又要善于创新方式,既要合理分工又要聚力合作。	
	3. 张晓明、王刚:《扎实做好后半篇文章　山东开展巡视整改成效双评估》,载中央纪委国家监委网 2021 年 10 月 27 日,https://www.ccdi.gov.cn/yaowenn/202110/t20211027_151789.html。该文指出,山东省委巡视工作领导小组开展"日常评估+实地评估"相结合的整改成效"双评估",将实地评估发现问题向有关党组织反馈,督促持续抓好整改,发挥以巡促改、以巡促建、以巡促治作用。	
	4.《江西井冈山:五方会审推动巡察整改责任落实》,载中央纪委国家监委网 2022 年 12 月 7 日,https://www.ccdi.gov.cn/xsxcn/202212/t20221206_235132.html。该文指出,江西省井冈山市积极实施巡察整改"五方会审"监督模式,由市纪委监委对口监督检查室、派驻纪检监察组、市委组织部、市委巡察办、市委巡察组相关负责同志组成会审成员,集中对被巡察党组织报送的巡察整改方案及整改情况报告逐一过筛,指出问题不足,提出意见建议,现场评定"好、一般、差、较差"四个等次,做实做细巡察"后半篇文章",提升巡察整改质效。	

◇ 五、初核、审查调查专题

纪检监察机关管辖相关知识点

法规依据	条文摘录	知识点提醒
《中国共产党纪律检查机关监督执纪工作规则》	**第七条** 监督执纪工作实行分级负责制: (一)中央纪委国家监委负责监督检查和审查调查中央委员、候补中央委员,中央纪委委员,中央管理的领导干部,党中央工作部门、党中央批准设立的党组(党委),各省、自治区、直辖市党委、纪委等党组织的涉嫌违纪或者职务违法、职务犯罪问题。 (二)地方各级纪委监委负责监督检查和审查调查同级党委委员、候补委员,同级纪委委员,同级党委管理的党员、干部以及监察对象,同级党委工作部门、党委批准设立的党组(党委),下一级党委、纪委等党组织的涉嫌违纪或者职务违法、职务犯罪问题。 (三)基层纪委负责监督检查和审查同级党委管理的党员,同级党委下属的各级党组织的涉嫌违纪问题;未设立纪律检查委员会的党的基层委员会,由该委员会负责监督执纪工作。 地方各级纪委监委依照规定加强对同级党委履行职责、行使权力情况的监督。	《中国共产党纪律检查机关监督执纪工作规则》规定了分级负责制;《中华人民共和国监察法》第16条第1款规定的是监察机关对监察事项的一般管辖原则。监察机关实行的是级别管辖与地域管辖相结合的原则,监察机关按照干部管理权限对本辖区内的监察对象依法进行监察。核心要点:按照干部管理权限。
《中华人民共和国监察法》	**第十六条** 各级监察机关按照管理权限管辖本辖区内本法第十五条规定的人员所涉监察事项。 上级监察机关可以办理下一级监察机关管辖范围内的监察事项,必要时也可以办理所辖各级监察机关管辖范围内的监察事项。 监察机关之间对监察事项的管辖有争议的,由其共同的上级监察机关确定。	

续表

法规依据	条文摘录	知识点提醒
《中华人民共和国监察法实施条例》	**第四十五条** 监察机关开展监督、调查、处置,按照管理权限与属地管辖相结合的原则,实行分级负责制。	本条是对《中华人民共和国监察法》第16条的解释、细化。
《中华人民共和国监察法实施条例》	**第四十六条** 设区的市级以上监察委员会按照管理权限,依法管辖同级党委管理的公职人员涉嫌职务违法和职务犯罪案件。 县级监察委员会和直辖市所辖区(县)监察委员会按照管理权限,依法管辖本辖区内公职人员涉嫌职务违法和职务犯罪案件。 地方各级监察委员会按照本条例第十三条、第四十九条规定,可以依法管辖工作单位在本辖区内的有关公职人员涉嫌职务违法和职务犯罪案件。 监察机关调查公职人员涉嫌职务犯罪案件,可以依法对涉嫌行贿犯罪、介绍贿赂犯罪或者共同职务犯罪的涉案人员中的非公职人员一并管辖。非公职人员涉嫌利用影响力受贿罪的,按照其所利用的公职人员的管理权限确定管辖。	监委管辖,首要原则是按照管理权限进行管辖。其次才是属地管辖。 对非公职人员涉嫌行贿犯罪、介绍贿赂犯罪或者共同职务犯罪、利用影响力受贿罪的管辖原则予以明确。
《中华人民共和国监察法实施条例》	**第四十七条** 上级监察机关对于下一级监察机关管辖范围内的职务违法和职务犯罪案件,具有下列情形之一的,可以依法提级管辖: (一)在本辖区有重大影响的; (二)涉及多个下级监察机关管辖的监察对象,调查难度大的; (三)其他需要提级管辖的重大、复杂案件。 上级监察机关对于所辖各级监察机关管辖范围内有重大影响的案件,必要时可以依法直接调查或者组织、指挥、参与调查。 地方各级监察机关所管辖的职务违法和职务犯罪案件,具有第一款规定情形的,可以依法报请上一级监察机关管辖。	本条第1款明确了上级监察机关可以提级管辖的3种情形。注意正确理解第二种情形的关键词"调查难度大",并不是涉及多个下级监察机关管辖的监察对象就要提级管辖。

续表

法规依据	条文摘录	知识点提醒
《中华人民共和国监察法实施条例》	**第四十八条** 上级监察机关可以依法将其所管辖的案件指定下级监察机关管辖。 设区的市级监察委员会将同级党委管理的公职人员涉嫌职务违法或者职务犯罪案件指定下级监察委员会管辖的,应当报省级监察委员会批准;省级监察委员会将同级党委管理的公职人员涉嫌职务违法或者职务犯罪案件指定下级监察委员会管辖的,应当报国家监察委员会相关监督检查部门备案。 上级监察机关对于下级监察机关管辖的职务违法和职务犯罪案件,具有下列情形之一,认为由其他下级监察机关管辖更为适宜的,可以依法指定给其他下级监察机关管辖: (一)管辖有争议的; (二)指定管辖有利于案件公正处理的; (三)下级监察机关报请指定管辖的; (四)其他有必要指定管辖的。 被指定的下级监察机关未经指定管辖的监察机关批准,不得将案件再行指定管辖。发现新的职务违法或者职务犯罪线索,以及其他重要情况、重大问题,应当及时向指定管辖的监察机关请示报告。	将同级党委管理的公职人员涉嫌职务违法或者职务犯罪案件指定下级监委管辖的,区分上级监委的层次:省级监委交办的,须报国家监委备案;设区的市级监委交办的,则须报省级监委批准。 被指定管辖的下级监委发现新的职务违法或者职务犯罪线索,以及其他重要情况、重大问题,不能擅自处置。
《中华人民共和国监察法实施条例》	**第四十九条** 工作单位在地方、管理权限在主管部门的公职人员涉嫌职务违法和职务犯罪,一般由驻在主管部门、有管辖权的监察机构、监察专员管辖;经协商,监察机构、监察专员可以按规定移交公职人员工作单位所在地的地方监察委员会调查,或者与地方监察委员会联合调查。地方监察委员会在工作中发现上述公职人员有关问题线索,应当向驻在主管部门、有管辖权的监察机构、监察专员通报,并协商确定管辖。	本条第 1 款与《中国共产党纪律检查机关监督执纪工作规则》第 8 条保持高度一致:"对党的组织关系在地方、干部管理权限在主管部门的党员、干部以及监察对象涉嫌违纪违法问题,应当按照谁主管谁负责的原则进行监督执纪,由设在主管部门、有管辖权的纪检监察机关进行审查调查,主管部门认为有必要的,可以与地方纪检监察机关联合审查调查。地方纪检监察

续表

法规依据	条文摘录	知识点提醒
	前款规定单位的其他公职人员涉嫌职务违法和职务犯罪，可以由地方监察委员会管辖；驻在主管部门的监察机构、监察专员自行立案调查的，应当及时通报地方监察委员会。 地方监察委员会调查前两款规定案件，应当将立案、留置、移送审查起诉、撤销案件等重要情况向驻在主管部门的监察机构、监察专员通报。	机关接到问题线索反映的，经与主管部门协调，可以对其进行审查调查，也可以与主管部门组成联合审查调查组，审查调查情况及时向对方通报。”
《中华人民共和国监察法实施条例》	**第五十条** 监察机关办理案件中涉及无隶属关系的其他监察机关的监察对象，认为需要立案调查的，应当商请有管理权限的监察机关依法立案调查。商请立案时，应当提供涉案人员基本情况、已经查明的涉嫌违法犯罪事实以及相关证据材料。 承办案件的监察机关认为由其一并调查更为适宜的，可以报请有权决定的上级监察机关指定管辖。	监察机关办理案件中涉及无隶属关系的其他监察机关的监察对象的，不能自行决定立案调查。
《中华人民共和国监察法实施条例》	**第五十一条** 公职人员既涉嫌贪污贿赂、失职渎职等严重职务违法和职务犯罪，又涉嫌公安机关、人民检察院等机关管辖的犯罪，依法由监察机关为主调查的，应当由监察机关和其他机关分别依职权立案，监察机关承担组织协调职责，协调调查和侦查工作进度、重要调查和侦查措施使用等重要事项。	本条是对《中华人民共和国监察法》第37条第2款规定的互涉案件“由监察机关为主调查”的阐释，由监察机关为主调查，并不是监察机关大包大揽、代替其他机关依法行使职责。
《中华人民共和国监察法实施条例》	**第五十二条** 监察机关必要时可以依法调查司法工作人员利用职权实施的涉嫌非法拘禁、刑讯逼供、非法搜查等侵犯公民权利、损害司法公正的犯罪，并在立案后及时通报同级人民检察院。	对司法工作人员利用职权实施的涉嫌非法拘禁、刑讯逼供、非法搜查等侵犯公民权利、损害司法公正的犯罪，监察机关也可以管辖，但须在立案后及时通报同级人民检察院。

续表

法规依据	条文摘录	知识点提醒
	监察机关在调查司法工作人员涉嫌贪污贿赂等职务犯罪中,可以对其涉嫌的前款规定的犯罪一并调查,并及时通报同级人民检察院。人民检察院在办理直接受理侦查的案件中,发现犯罪嫌疑人同时涉嫌监察机关管辖的其他职务犯罪,经沟通全案移送监察机关管辖的,监察机关应当依法进行调查。	
《中华人民共和国监察法实施条例》	**第五十三条** 监察机关对于退休公职人员在退休前或者退休后,或者离职、死亡的公职人员在履职期间实施的涉嫌职务违法或者职务犯罪行为,可以依法进行调查。 对前款规定人员,按照其原任职务的管辖规定确定管辖的监察机关;由其他监察机关管辖更为适宜的,可以依法指定或者交由其他监察机关管辖。	本条确立了涉嫌职务违法或者职务犯罪的离职、死亡的公职人员管辖依据和原则。
《中华人民共和国监察法实施条例》	**第二百二十四条** 对于涉嫌行贿犯罪、介绍贿赂犯罪或者共同职务犯罪等关联案件的涉案人员,移送起诉时一般应当随主案确定管辖。 主案与关联案件由不同监察机关立案调查的,调查关联案件的监察机关在移送起诉前,应当报告或者通报调查主案的监察机关,由其统一协调案件管辖事宜。因特殊原因,关联案件不宜随主案确定管辖的,调查主案的监察机关应当及时通报和协调有关事项。	由不同监察机关立案调查的主案与关联案件移送起诉前,应当报告或者通报调查主案的监察机关,由其统一协调案件管辖事宜。
《中华人民共和国监察法实施条例》	**第一百九十九条** 被指定管辖的监察机关在调查结束后应当将案件移送审理,提请监察机关集体审议。	被指定管辖的监察机关有初核权、立案权、审查调查权,但无处分权。虽无处分权,但有初步审理权。 对指定管辖案件,通常情况下,需要两次审理、两次审议。

续表

法规依据	条文摘录	知识点提醒
	上级监察机关将其所管辖的案件指定管辖的,被指定管辖的下级监察机关应当按照前款规定办理后,将案件报上级监察机关依法作出政务处分决定。上级监察机关在作出决定前,应当进行审理。 上级监察机关将下级监察机关管辖的案件指定其他下级监察机关管辖的,被指定管辖的监察机关应当按照第一款规定办理后,将案件送交有管理权限的监察机关依法作出政务处分决定。有管理权限的监察机关应当进行审理,审理意见与被指定管辖的监察机关意见不一致的,双方应当进行沟通;经沟通不能取得一致意见的,报请有权决定的上级监察机关决定。经协商,有管理权限的监察机关在被指定管辖的监察机关审理阶段可以提前阅卷,沟通了解情况。 对于前款规定的重大、复杂案件,被指定管辖的监察机关经集体审议后将处理意见报有权决定的上级监察机关审核同意的,有管理权限的监察机关可以经集体审议后依法处置。	值得注意的是,《中华人民共和国监察法实施条例》赋予有管理权限的监察机关审理人员阅卷权。
《中国共产党纪律检查机关监督执纪工作规则》	**第八条** 对党的组织关系在地方、干部管理权限在主管部门的党员、干部以及监察对象涉嫌违纪违法问题,应当按照谁主管谁负责的原则进行监督执纪,由设在主管部门、有管辖权的纪检监察机关进行审查调查,主管部门认为有必要的,可以与地方纪检监察机关联合审查调查。地方纪检监察机关接到问题线索反映的,经与主管部门协调,可以对其进行审查调查,也可以与主管部门组成联合审查调查组,审查调查情况及时向对方通报。	本条落实党章要求,进一步明确主管部门的主体责任,规定对这类干部的涉嫌违纪或者职务违法、职务犯罪问题,"按照谁主管谁负责的原则进行监督执纪,由设在主管部门、有管辖权的纪检监察机关进行审查调查"。同时,为了充分发挥地方纪检监察机关在审查调查措施权限、人员力量等方面的优势,规定"主管部门认为有必要的,可以与地方纪检监察机关联合审查调查"。为加强监督、提高工作效率,也授予地方纪检监察机关对这类干部开展审查调查的权限,但

续表

法规依据	条文摘录	知识点提醒
		无处分权。对党的组织关系在地方、没有纳入主管部门管理的党员、干部以及监察对象的涉嫌职务违法、职务犯罪问题,一般由地方纪委监委管辖。
《中国共产党纪律检查机关监督执纪工作规则》	**第九条** 上级纪检监察机关有权指定下级纪检监察机关对其他下级纪检监察机关管辖的党组织和党员、干部以及监察对象涉嫌违纪或者职务违法、职务犯罪问题进行审查调查,必要时也可以直接进行审查调查。上级纪检监察机关可以将其直接管辖的事项指定下级纪检监察机关进行审查调查。 纪检监察机关之间对管辖事项有争议的,由其共同的上级纪检监察机关确定;认为所管辖的事项重大、复杂,需要由上级纪检监察机关管辖的,可以报请上级纪检监察机关管辖。	指定管辖、提级管辖,体现上下级纪检监察机关领导和被领导的关系。 "报请提级管辖",是指纪检监察机关因法定事由可以报请上级纪检监察机关管辖原本属于自己管辖的监察事项。
《中华人民共和国监察法》	**第十七条** 上级监察机关可以将其所管辖的监察事项指定下级监察机关管辖,也可以将下级监察机关有管辖权的监察事项指定给其他监察机关管辖。 监察机关认为所管辖的监察事项重大、复杂,需要由上级监察机关管辖的,可以报请上级监察机关管辖。	本条第1款规定的指定管辖包含两种情形。 关于报请提级管辖,本条第2款与《中国共产党纪律检查机关监督执纪工作规则》第9条第2款内在精神一致。
《中华人民共和国监察法》	**第三十七条** 人民法院、人民检察院、公安机关、审计机关等国家机关在工作中发现公职人员涉嫌贪污贿赂、失职渎职等职务违法或者职务犯罪的问题线索,应当移送监察机关,由监察机关依法调查处置。 被调查人既涉嫌严重职务违法或者职务犯罪,又涉嫌其他违法犯罪的,一般应当由监察机关为主调查,其他机关予以协助。	本条是就监察机关与系统外单位分工的规定。

续表

法规依据	条文摘录	知识点提醒
备注	若指定对象既涉嫌违反党纪，又涉嫌职务违法犯罪，不需要分别就党纪和政务指定管辖，可以同时指定。若系党纪政务一并指定管辖，被指定管辖的纪委监委可以党纪、政务同时立案；若仅系政务指定管辖，则不得党纪立案。被指定管辖的纪委监委有管辖权，但无处分权。审查调查结束后，被指定管辖的纪委监委应当将经其纪委常委会审议通过的审理报告、涉案财物报告、起诉意见书等材料移送处分决定机关，处分决定机关在作出处分时，不必再次立案。	

主动投案、主动交代相关知识点

法规依据	条文摘录	知识点提醒
《中国共产党纪律检查机关监督执纪工作规则》	**第三条第三项** 监督执纪工作应当遵循以下原则: (三)坚持实事求是,以事实为依据,以党章党规党纪和国家法律法规为准绳,强化监督、严格执纪,把握政策、宽严相济,对主动投案、主动交代问题的宽大处理,对拒不交代、欺瞒组织的从严处理;	主动投案、主动交代并列表述,表明其存在语义上的差别。实践中,可能存在主动投案后,但不一定主动交代的现象,俗称假投案。
《中国共产党纪律处分条例》	**第十七条** 有下列情形之一的,可以从轻或者减轻处分: (一)主动交代本人应当受到党纪处分的问题; (二)在组织谈话函询、初步核实、立案审查过程中,能够配合核实审查工作,如实说明本人违纪违法事实; (三)检举同案人或者其他人应当受到党纪处分或者法律追究的问题,经查证属实,或者有其他立功表现; (四)主动挽回损失、消除不良影响或者有效阻止危害结果发生; (五)主动上交或者退赔违纪所得; (六)党内法规规定的其他从轻或者减轻处分情形。	组织谈话函询过程中,如实说明本人违纪违法事实,也可以从轻或者减轻处分。 主动上交或者退赔违纪所得,也属法定的从轻或者减轻处分情节。 主动交代,不再局限于组织核查和立案审查期间,已扩展到谈话函询期间。在组织谈话函询期间,交代组织未掌握的问题,也属于主动交代。
	第四十条 本条例所称主动交代,是指涉嫌违纪的党员在组织谈话函询、初步核实前向有关组织交代自己的问题,或者在谈话函询、初步核实和立案审查期间交代组织未掌握的问题。	
《中华人民共和国刑法》	**第六十七条** 犯罪以后自动投案,如实供述自己的罪行的,是自首。对于自首的犯罪分子,可以从轻或者减轻处罚。其中,犯罪较轻的,可以免除处罚。 被采取强制措施的犯罪嫌疑人、被告人和正在服刑的罪犯,如实供述司法机关还未掌握的本人其他罪行的,以自首论。	刑法中的自首,有一般自首与特殊自首之分。

续表

法规依据	条文摘录	知识点提醒
	犯罪嫌疑人虽不具有前两款规定的自首情节，但是如实供述自己罪行的，可以从轻处罚；因其如实供述自己罪行，避免特别严重后果发生的，可以减轻处罚。	
《中华人民共和国监察法》	**第三十四条** 涉嫌职务犯罪的被调查人主动认罪认罚，有下列情形之一的，监察机关经领导人员集体研究，并报上一级监察机关批准，可以在移送人民检察院时提出从宽处罚的建议： （一）自动投案，真诚悔罪悔过的； （二）积极配合调查工作，如实供述监察机关还未掌握的违法犯罪行为的； （三）积极退赃，减少损失的； （四）具有重大立功表现或者案件涉及国家重大利益等情形的。	《中华人民共和国监察法》规定的"自动投案"，是主动投案，但不包含主动交代之意。从宽处罚，既包括从轻处罚，也包括减轻处罚。
《中华人民共和国监察法实施条例》	**第二百一十四条** 涉嫌职务犯罪的被调查人有下列情形之一，如实交代自己主要犯罪事实的，可以认定为监察法第三十一条第一项规定的自动投案，真诚悔罪悔过： （一）职务犯罪问题未被监察机关掌握，向监察机关投案的； （二）在监察机关谈话、函询过程中，如实交代监察机关未掌握的涉嫌职务犯罪问题的； （三）在初步核实阶段，尚未受到监察机关谈话时投案的； （四）职务犯罪问题虽被监察机关立案，但尚未受到讯问或者采取留置措施，向监察机关投案的； （五）因伤病等客观原因无法前往投案，先委托他人代为表达投案意愿，或者以书信、网络、电话、传真等方式表达投案意愿，后到监察机关接受处理的； （六）涉嫌职务犯罪潜逃后又投案，包括在被通缉、抓捕过程中投案的； （七）经查实确已准备去投案，或者正在投案途中被有关机关抓获的； （八）经他人规劝或者在他人陪同下投案的；	本条列举了可以认定为自动投案的10种情形。自动投案的本质是涉嫌职务违法犯罪的公职人员自愿将本人交付国家调查。

续表

法规依据	条文摘录	知识点提醒
	(九)虽未向监察机关投案,但向其所在党组织、单位或者有关负责人员投案,向有关巡视巡察机构投案,以及向公安机关、人民检察院、人民法院投案的; (十)具有其他应当视为自动投案的情形的。 被调查人自动投案后不能如实交代自己的主要犯罪事实,或者自动投案并如实供述自己的罪行后又翻供的,不能适用前款规定。	
《中华人民共和国监察法实施条例》	**第二百一十五条** 涉嫌职务犯罪的被调查人有下列情形之一的,可以认定为监察法第三十一条第二项规定的积极配合调查工作,如实供述监察机关还未掌握的违法犯罪行为: (一)监察机关所掌握线索针对的犯罪事实不成立,在此范围外被调查人主动交代其他罪行的; (二)主动交代监察机关尚未掌握的犯罪事实,与监察机关已掌握的犯罪事实属不同种罪行的; (三)主动交代监察机关尚未掌握的犯罪事实,与监察机关已掌握的犯罪事实属同种罪行的; (四)监察机关掌握的证据不充分,被调查人如实交代有助于收集定案证据的。 前款所称同种罪行和不同种罪行,一般以罪名区分。被调查人如实供述其他罪行的罪名与监察机关已掌握犯罪的罪名不同,但属选择性罪名或者在法律、事实上密切关联的,应当认定为同种罪行。	本条列举了可以认定为"积极配合调查工作,如实供述监察机关还未掌握的违法犯罪行为"的4种情形。鼓励被调查人主动交代,有利于节约办案成本,有利于被调查人悔过自新。
《中华人民共和国监察法实施条例》	**第二百一十六条** 涉嫌职务犯罪的被调查人有下列情形之一的,可以认定为监察法第三十一条第三项规定的积极退赃,减少损失: (一)全额退赃的; (二)退赃能力不足,但被调查人及其亲友在监察机关追缴赃款赃物过程中积极配合,且大部分已追缴到位的; (三)犯罪后主动采取措施避免损失发生,或者积极采取有效措施减少、挽回大部分损失的。	积极退赃主要包括两种情形,一是全额退赃,二是退回大部分赃款赃物。 减少损失主要包括两种情形:一是防止损失发生;二是损失已经发生,但被挽回大部分。

续表

法规依据	条文摘录	知识点提醒
《中华人民共和国监察法实施条例》	**第二百一十七条** 涉嫌职务犯罪的被调查人有下列情形之一的,可以认定为监察法第三十一条第四项规定的具有重大立功表现: (一)检举揭发他人重大犯罪行为且经查证属实的; (二)提供其他重大案件的重要线索且经查证属实的; (三)阻止他人重大犯罪活动的; (四)协助抓捕其他重大职务犯罪案件被调查人、重大犯罪嫌疑人(包括同案犯)的; (五)为国家挽回重大损失等对国家和社会有其他重大贡献的。 前款所称重大犯罪一般是指依法可能被判处无期徒刑以上刑罚的犯罪行为;重大案件一般是指在本省、自治区、直辖市或者全国范围内有较大影响的案件;查证属实一般是指有关案件已被监察机关或者司法机关立案调查、侦查,被调查人、犯罪嫌疑人被监察机关采取留置措施或者被司法机关采取强制措施,或者被告人被人民法院作出有罪判决,并结合案件事实、证据进行判断。 监察法第三十一条第四项规定的案件涉及国家重大利益,是指案件涉及国家主权和领土完整、国家安全、外交、社会稳定、经济发展等情形。	重大立功表现的认定标准较高,一共包括5种情形。 请注意重大犯罪、重大案件、国家重大利益的界定。
《中华人民共和国监察法实施条例》	**第二百一十八条** 涉嫌行贿等犯罪的涉案人员有下列情形之一的,可以认定为监察法第三十二条规定的揭发有关被调查人职务违法犯罪行为,查证属实或者提供重要线索,有助于调查其他案件: (一)揭发所涉案件以外的被调查人职务犯罪行为,经查证属实的; (二)提供的重要线索指向具体的职务犯罪事实,对调查其他案件起到实质性推动作用的; (三)提供的重要线索有助于加快其他案件办理进度,或者对其他案件固定关键证据、挽回损失、追逃追赃等起到积极作用的。	涉案人员"检举揭发"的认定主要包括3种情形,但不包括本人所涉案件。

续表

法规依据	条文摘录	知识点提醒
《中华人民共和国监察法实施条例》	**第二百一十九条** 从宽处罚建议一般应当在移送起诉时作为《起诉意见书》内容一并提出,特殊情况下也可以在案件移送后、人民检察院提起公诉前,单独形成从宽处罚建议书移送人民检察院。对于从宽处罚建议所依据的证据材料,应当一并移送人民检察院。 监察机关对于被调查人在调查阶段认罪认罚,但不符合监察法规定的提出从宽处罚建议条件,在移送起诉时没有提出从宽处罚建议的,应当在《起诉意见书》中写明其自愿认罪认罚的情况。	从宽处罚建议提出时间,区分两种情形:一般应当在移送起诉时作为《起诉意见书》内容一并提出,特殊情况下在案件移送后、人民检察院提起公诉前以书面形式正式提出。
《中华人民共和国公职人员政务处分法》	**第十一条** 公职人员有下列情形之一的,可以从轻或者减轻给予政务处分: (一)主动交代本人应当受到政务处分的违法行为的; (二)配合调查,如实说明本人违法事实的; (三)检举他人违纪违法行为,经查证属实的; (四)主动采取措施,有效避免、挽回损失或者消除不良影响的; (五)在共同违法行为中起次要或者辅助作用的; (六)主动上交或者退赔违法所得的; (七)法律、法规规定的其他从轻或者减轻情节。	《中华人民共和国公职人员政务处分法》规定的"主动交代"与《中国共产党纪律处分条例》规定的"主动交代"含义相同。
《关于办理职务犯罪案件认定自首、立功等量刑情节若干问题的意见》	**一、关于自首的认定和处理** 根据刑法第六十七条第一款的规定,成立自首需同时具备自动投案和如实供述自己的罪行两个要件。犯罪事实或者犯罪分子未被办案机关掌握,或者虽被掌握,但犯罪分子尚未受到调查谈话、讯问,或者未被宣布采取调查措施或者强制措施时,向办案机关投案的,是自动投案。在此期间如实交代自己的主要犯罪事实的,应当认定为自首。 犯罪分子向所在单位等办案机关以外的单位、组织或者有关负责人员投案的,应当视为自动投案。 没有自动投案,在办案机关调查谈话、讯问、采取调查措施或者强制措施期间,犯罪分子如实交代办案机关掌握的线索所针对的事实的,不能认定为自首。 没有自动投案,但具有以下情形之一的,以自	自动投案与自首的逻辑关系:成立自首需同时具备自动投案和如实供述自己的罪行两个要件。 自首与坦白的一个重要区别是,在坦白的场合,犯罪事实、线索已被办案机关掌握。

续表

法规依据	条文摘录	知识点提醒
	首论:(1)犯罪分子如实交代办案机关未掌握的罪行,与办案机关已掌握的罪行属不同种罪行的;(2)办案机关所掌握线索针对的犯罪事实不成立,在此范围外犯罪分子交代同种罪行的。 单位犯罪案件中,单位集体决定或者单位负责人决定而自动投案,如实交代单位犯罪事实的,或者单位直接负责的主管人员自动投案,如实交代单位犯罪事实的,应当认定为单位自首。单位自首的,直接负责的主管人员和直接责任人员未自动投案,但如实交代自己知道的犯罪事实的,可以视为自首;拒不交代自己知道的犯罪事实或者逃避法律追究的,不应当认定为自首。单位没有自首,直接责任人员自动投案并如实交代自己知道的犯罪事实的,对该直接责任人员应当认定为自首。 对于具有自首情节的犯罪分子,办案机关移送案件时应当予以说明并移交相关证据材料。 对于具有自首情节的犯罪分子,应当根据犯罪的事实、性质、情节和对于社会的危害程度,结合自动投案的动机、阶段、客观环境,交代犯罪事实的完整性、稳定性以及悔罪表现等具体情节,依法决定是否从轻、减轻或者免除处罚以及从轻、减轻处罚的幅度。	
《最高人民法院关于适用〈中华人民共和国刑事诉讼法〉的解释》	**第一百四十四条** 证明被告人自首、坦白、立功的证据材料,没有加盖接受被告人投案、坦白、检举揭发等的单位的印章,或者接受人员没有签名的,不得作为定案的根据。 对被告人及其辩护人提出有自首、坦白、立功的事实和理由,有关机关未予认定,或者有关机关提出被告人有自首、坦白、立功表现,但证据材料不全的,人民法院应当要求有关机关提供证明材料,或者要求有关人员作证,并结合其他证据作出认定。 **第二百七十七条** 审判期间,合议庭发现被告人可能有自首、坦白、立功等法定量刑情节,而人民检察院移送的案卷中没有相关证据材料的,应当通知人民检察院在指定时间内移送。 审判期间,被告人提出新的立功线索的,人民法院可以建议人民检察院补充侦查。	证明被告人自首、坦白、立功的证据材料,形式上要求加盖接受职务犯罪人投案、坦白、检举揭发等的单位的印章,或者接受的人员的签名。

初步核实知识点

知识点	知识点提醒
初核的任务	核查对象是不是党员、监察对象,是否存在违纪违法事实,是否需要追究纪律责任、法律责任,是否属于纪检监察机关(本机构)管辖。
初核程序的启动	初核的决定机关即有权决定启动初核程序的主体即党委(党组)、纪委监委(派驻纪检监察组)。 启动初核的主体即具体启动、办理初核程序的部门,监督检查、审查调查、干部监督等承办部门。
初核帮手	互联网大数据、工商资料查询、银行存款查询、干部档案和个人有关事项报告查询。
摸清案情的基本方法	摸清核查对象生活社交圈有无异常,摸清核查对象家庭经济状况有无异常,摸查线索反映的问题相关的纪要、合同、手续、款项等内外部资料有无异常。
初核围绕“五准”下功夫	人物画像要绘准、核查重点要选准、关联人员要找准、家庭财产要查准、利益关切要摸准。
选择突破口应注意“三要素”	一要找薄弱环节,也就是事实比较清楚、情节比较具体、可查性较强、相对容易突破的问题或人物; 二要有因果联系,也就是查清这件事必然连带到违法违纪问题,抓住这个人必然牵涉到下一步要查的人; 三要有震慑力度,要抓住应予追究党纪、政务、法律责任的要害问题,提高初核工作质量。
初核的方法	先密后明、先外后内、先弱后强、先下后上、先纵后摘、先支后主、先易后难、先近后远。 优先选择涉嫌人员较少、涉嫌人员指向较明确的点作为切入点,优先选择那些关系网较简单、初核工作阻力较小的点开展初核,优先选择从与初核对象工作上有密切联系的人员着手,优先选择由外到内的切入点,优先选择易锁定的人、事着手,先从事实较为清晰、难度较小的点入手。
违纪违法案件线索初步核实的途径	提取书面文字资料,提取银行资料,向证人和知情人提取资料,向行贿人、介绍贿赂人提取资料,从反常的逻辑关系中提取资料。还可以按程序报批后调取个人有关事项报告、查核资产情况和有关信息、采取技术调查或者限制出境措施等方式。

续表

知识点	知识点提醒
初核问题线索应坚持三大原则	紧扣问题线索要点拟定初核方案，初核问题线索要对照具体规定进行，作出初核结论须言之有据。
初核阶段应增强四个意识	时间意识（一旦发现有关线索，马上提取相关证据，不给对方任何隐匿之机）、现场意识（外调取证尽可能去现场取证，与业务人员直接交流，直接翻阅有关书证）、安全意识（做好案件保密和核查对象的人身安全）、证据意识（初核过程中不放过任何蛛丝马迹、细枝末节，及时固定证据）。
初步核实工作结束后处置方式	承办部门应当综合分析初步核实情况，按照拟立案审查调查、予以了结、谈话提醒、暂存待查，或者移送有关党组织处理等方式提出处置建议。
初核与立案的关系	初核不是立案的必经程序，如对依法受到刑事责任追究的党员和监察对象需要进行党纪政务处分，原则上可以不再履行初核程序；对涉案人员，可以交由有关纪检监察机关直接立案审查调查。
初核报告	初核报告应包括的内容：被核查人基本情况、反映的主要问题、办理依据，以及初步核实结果、存在疑点、处理建议；初核报告由核查组全体人员签名备查。初核报告：应当报纪检监察机关主要负责人审批，必要时向同级党委主要负责人报告。
初核中存在的主要问题	1. 保密安全意识不够强。由于保密工作做得不好，导致在初核中泄露了相关案情，案件调查流产。在办案过程中，一些办案人员安全防范意识不够强，安全防范措施不够到位，为核查对象串供、隐匿销毁证据、打击报复举报人等埋下了伏笔。 2. 初核阶段谈话对象的安全重视不够。有的谈话对象在谈话中讲出了有关违纪问题后，思想压力过大，存在自杀的风险。做好安全预案，从谈话地点的选择、谈话对象的接送环节、谈话过程中的注意事项，以及谈话完成后的结束语等，都要制定工作预案，考虑周全，细致安排，认真执行，一丝一毫都不能大意。
推荐阅读	1. 陈艳红：《依纪依规将初核做细做实——准确把握线索初核工作的几点体会》，载《中国纪检监察报》2017 年 4 月 5 日，第 8 版。该文指出，(1)初核中的“三心二意”。三心：专心、细心、耐心。二意：时间意识、现场意识。(2)初核中的“四个帮手”。互联网强大的信息搜索功能、工商资料查询、银行存款查询、干部档案和个人有关事项报告查询。(3)初核中的“两个思维方式”：系统关联的思维方式、重点突破的思维方式。(4)初核中规范性、补充性的“两个记得”：务必记得不经审批同意不得随意扩大初核范围，记得形成必要的书面证据以及对书面证据的必要说明。

续表

知识点	知识点提醒
	2. 单珊:《从人事证入手做好初核工作》,载《中国纪检监察报》2021年10月13日,第6版。该文指出,(1)全面查清“人”。在初核工作中,通过全面了解核查对象的性格特征、人际关系以及口碑评价等,可以精准进行“人物画像”,分析掌握其违纪违法的可能性,为研判问题线索的真实性提供参考,并为立案后的谈话工作打下坚实的基础。(2)核实关键“事”。在初核工作中,核实事实时应尽量从小切口入手,以敏锐的现场感、追踪感和全局观析微察异,顺藤摸瓜,发现关键事实,确保立案依据扎实。(3)收集重要“证”。初核阶段同步收集重要证据,既可夯实立案基础又可以证促供,推动办案进程,应当在证据模型指引下,调取重要证据尤其是客观性证据,为立案及其后的谈话工作夯实基础。
	3. 张剑峰:《做好初核需具备四种能力》,载《中国纪检监察报》2023年1月18日,第7版。该文指出,初核需具备四种能力:(1)线索挖掘能力;(2)数据分析能力;(3)证据固定能力;(4)发现疑点能力。
	4. 赵德华、张东晓:《力求五准　确保初核质量》,载《中国纪检监察报》2020年4月29日,第8版。该文指出,(1)人物画像要绘准。初核工作要研究人、研究人的思想,需要精准政治画像、思想画像,对核查对象个人履历、工作表现、性格特点、家庭关系、兴趣爱好、为人处世、身体状况等情况做到“七必知”。(2)核查重点要选准。精选可查性较强的问题线索,抓大放小。(3)关联人员要找准。重点核查五类人:一是夫妻、子女、兄弟姐妹等近亲属,这类人员可能帮助核查对象对抗组织调查、涉嫌共同犯罪、藏匿财产等;二是核查对象朋友圈的老板,重点核查在核查对象管辖区域从事经营活动的老乡、战友、同学等,尤其是核查对象职务晋升、工作调动后跟随而来的老板等;三是核查对象关系密切的下属,如司机、秘书、办公室工作人员等,尤其是核查对象职务晋升、工作调动后随从人员,往往有较强依附关系,与核查对象是利益共同体,对于其中可能作为案件重要证人和案件突破口的部分人员需要同步调查;四是情妇(夫),其背后大都存在利益交换,普遍涉及房产、车辆、奢侈品消费、大额现金赠予或者承揽工程项目等;五是特定中间人,其作为行受贿行为发生的纽带与证人,是案件突破的关键因素。(4)家庭财产要查准。(5)利益关切要摸准。
	5. 丁伟、邰洪刚:《浅谈案件初核的五种方法》,载《中国纪检监察报》2019年11月13日,第8版。该文指出,(1)先从难度较小的点入手,如事实较为清晰或者查证难度较小的。(2)切入点要尽可能小,如涉嫌范围较小、知情面较小、涉及利益面较小。(3)把握好初核的时间和时机。(4)由外而内。若初核一开始就直接针对核心人物、核心事项进行,有时会适得其反。可以先从外围切入,从外到内地开展初核。(5)从易锁定的人、事着手。在初核工作中,会时常遇到不确定的、模糊的要素,比如初核对象可能不确定,事项可能太模糊,财物可能太不具体,在初核时应优先选择那些确定性较强的点开展工作。

纪检监察机关立案审查调查

法规依据	条文摘录	知识点提醒
《中国共产党纪律检查机关监督执纪工作规则》	**第三十七条** 纪检监察机关经过初步核实，对党员、干部以及监察对象涉嫌违纪或者职务违法、职务犯罪，需要追究纪律或者法律责任的，应当立案审查调查。 凡报请批准立案的，应当已经掌握部分违纪或者职务违法、职务犯罪事实和证据，具备进行审查调查的条件。	本条是党纪案件立案审查的法规依据。 立案审查前一般要经过初步核实，但初核并非必经程序。
《中国共产党纪律检查机关监督执纪工作规则》	**第三十八条** 对符合立案条件的，承办部门应当起草立案审查调查呈批报告，经纪检监察机关主要负责人审批，报同级党委主要负责人批准，予以立案审查调查。 立案审查调查决定应当向被审查调查人宣布，并向被审查调查人所在党委（党组）主要负责人通报。	承办部门起草立案审查调查呈批报告；对同级党委管理的党员干部立案审查调查，须报同级党委主要负责人批准。
《中国共产党纪律检查机关监督执纪工作规则》	**第三十九条** 对涉嫌严重违纪或者职务违法、职务犯罪人员立案审查调查，纪检监察机关主要负责人应当主持召开由纪检监察机关相关负责人参加的专题会议，研究批准审查调查方案。 纪检监察机关相关负责人批准成立审查调查组，确定审查调查谈话方案、外查方案，审批重要信息查询、涉案财物查扣等事项。 监督检查、审查调查部门主要负责人组织研究提出审查调查谈话方案、外查方案和处置意见建议，审批一般信息查询，对调查取证审核把关。 审查调查组组长应当严格执行审查调查方案，不得擅自更改；以书面形式报告审查调查进展情况，遇有重要事项及时请示。	对涉嫌严重违纪或者职务违法、职务犯罪人员立案审查调查，才由纪检监察机关主要负责人主持召开专题会议。 注意：纪检监察机关相关负责人，监督检查、审查调查部门主要负责人，审查调查组组长的批准权限。

续表

<table>
<tr><th>法规依据</th><th>条文摘录</th><th>知识点提醒</th></tr>
<tr><td>《中华人民共和国监察法》</td><td>第四十二条　经过初步核实,对监察对象涉嫌职务违法犯罪,需要追究法律责任的,监察机关应当按照规定的权限和程序办理立案手续。
监察机关主要负责人依法批准立案后,应当主持召开专题会议,研究确定调查方案,决定需要采取的调查措施。
立案调查决定应当向被调查人宣布,并通报相关组织。涉嫌严重职务违法或者职务犯罪的,应当通知被调查人家属,并向社会公开发布。</td><td>本条是监察机关立案调查的法规依据。
涉嫌严重职务违法或者职务犯罪的立案调查决定,应当通知被调查人家属,并向社会公开发布。对一般违法案件的立案调查决定,没有必要通知被调查人家属。</td></tr>
<tr><td rowspan="3">备注</td><td colspan="2">《中国共产党纪律检查机关监督执纪工作规则》没有对纪检监察机关如何办理立案手续作出具体规定。一般来说,纪检监察机关对于党组织和党员需要追究纪律责任的,办理纪委立案审查手续;对于监察对象涉嫌职务违法、职务犯罪,需要追究法律责任的,办理监委立案调查手续。对于具有党员身份的监察对象,既违纪又涉嫌职务违法、职务犯罪,需要追究纪律责任和法律责任的,原则上同时办理纪委立案审查手续和监委立案调查手续;认为违纪需要追究纪律责任,但尚不确定其涉嫌职务违法、职务犯罪的,可以先办理纪委立案审查手续,根据审查情况再决定是否办理监委立案调查手续。</td></tr>
<tr><td colspan="2">纪检监察机关对下级党委(党组)管理的党员、干部以及其他人员进行审查调查,一般经本机关主要负责人审批;上级纪检监察机关将涉案人员交下级纪检监察机关审查调查的,下级纪检监察机关经本机关主要负责人审批后予以立案,立案后可视情向同级党委主要负责人报告;派驻机构调查驻在部门管理的党员、干部违纪违法案件,立案前应当征求驻在部门主要负责人意见,而不是报驻在部门主要负责人审批。</td></tr>
<tr><td colspan="2">关于审查调查措施,《中国共产党纪律检查机关监督执纪工作规则》第40条第1款规定,审查调查组可以依法使用15项调查措施。这些措施有严格的使用权限、适用条件和报批程序,纪检监察机关应根据不同情况,如问题性质、对象身份等分别使用。</td></tr>
<tr><td>推荐阅读</td><td colspan="2">1. 张剑峰:《职务犯罪立案需注意六点》,载《中国纪检监察报》2020年8月12日,第8版。该文指出,职务犯罪立案需注意六点:(1)案件管辖要明确;(2)主体身份要查明;(3)数额情节要查清;(4)证据材料要掌握;(5)注意是否在追诉时效内;(6)立案程序要合法。</td></tr>
</table>

续表

法规依据	条文摘录	知识点提醒
	2. 黄璞:《坚持以人为本做好审查调查谈话》,载《中国纪检监察报》2021年12月1日,第6版。该文指出,在具体谈话实践中,注意处理好如下几个关系:一是尊重与同情的关系。二是对话与对抗的关系。三是肯定与否定的关系。把握好以下几点:一是要耐心细致做好说服教育工作,二是要敢于和善于讲好道理,三是要切实重视心理引导工作的作用,四是要注重帮助解决实际问题。	
	3. 宋冀峰:《做好审查调查谈话工作要注意的几个问题》,载《中国纪检监察报》2019年10月16日,第8版。该文指出,做好审查调查谈话工作要注意的要点:做实思想工作,有情感有温度;始终掌握主动,适时调整策略;培养学习意识,增强储备,提高能力。	
	4. 吕继访、徐保明:《做好审查调查对象的思想政治工作》,载《中国纪检监察报》2018年11月7日,第8版。该文指出,在审查调查过程中开展思想政治工作的方法:坚持以人为本,增强思想政治工作的实效性;找准问题症结,提高思想政治工作的针对性;围绕有效取证,把握思想政治工作的主动权。	
	5. 单珊:《从人事证入手做好初核工作》,载《中国纪检监察报》2021年10月13日,第6版。该文指出,(1)全面查清"人":一是从经历着手,挖掘核查对象性格特点;二是从"痕迹"着手,摸清核查对象人际关系;三是从周边着手,了解核查对象口碑风评。(2)核实关键"事":一是树立"全局观",从政治角度看问题,抓住核查重点;二是树立"现场感",分析逻辑疑点,研判基本事实;三是树立"追踪感",厘清事实关系,摸清来龙去脉。(3)收集重要"证":一是建立证据模型,二是收集重要证据,三是积累相关情节性证据。	
	6. 汪光华:《五要五防做好审查调查谈话》,载《中国纪检监察报》2020年5月20日,第8版。该文指出,审查调查谈话要注意五大细节:一要精心准备,防止仓促上阵;二要春风化雨,防止口大气粗;三要系统连贯,防止虎头蛇尾;四要持之以恒,防止急于求成;五要结合实际,防止空洞说教。	
	7. 谈志江、方雪:《职务犯罪案件言词笔录制作的几点思考》,载《中国纪检监察报》2022年6月8日,第7版。该文指出,无论制作哪种笔录,首先,调查人员需站在全案视角谋篇布局,吃透案情,对全案的发展经过、重要时间节点、关键地点、重要商议过程、谋利事项等了然于心;其次,调查人员需明确方向和效果,在每次笔录制作前需明确该份笔录制作的目的,要证明哪些事实,证明的程度如何。一份好的职务犯罪案件笔录既要忠于客观事实,具有较强的概括性,又要体现被调查人、证人表述的原意,同时还要符合逻辑思维习惯,可见做好职务犯罪案件笔录是专业性很强的"技术活"。	

监察调查措施一览表

措施名称	适用对象	适用要求	期限(时限)
谈话	可能发生职务违法的监察对象,或者涉嫌职务违法、职务犯罪的监察对象,以及在押的犯罪嫌疑人、被告人、在看守所、监狱服刑的人员	对可能发生职务违法的监察对象,监察机关按照管理权限,可以直接或者委托有关机关、人员进行谈话。 监察机关采取谈话方式处置一般性问题线索,应当形成谈话笔录或者记录。谈话结束后,可以根据需要要求被谈话人在15个工作日以内作出书面说明。被谈话人应当在书面说明每页签名,修改的地方也应当签名。 监察机关立案后,与涉嫌职务违法的被调查人首次谈话时,应当出示《被调查人权利义务告知书》,由其签名、捺指印。对于被调查人未被限制人身自由的,应当在首次谈话时出具《谈话通知书》。 与涉嫌严重职务违法的被调查人进行谈话的,应当全程同步录音录像,并告知被调查人。告知情况应当在录音录像中予以反映,并在笔录中记明。 立案后,与未被限制人身自由的被调查人谈话的,应当在具备安全保障条件的场所进行。调查人员与被留置的被调查人谈话的,按照法定程序在留置场所进行。 与在押的犯罪嫌疑人、被告人谈话的,应当持以监察机关名义出具的介绍信、工作证件,商请有关案件主管机关依法协助办理。 与在看守所、监狱服刑的人员谈话的,应当持以监察机关名义出具的介绍信、工作证件办理。 谈话笔录应当在谈话现场制作。 监察机关对被强制到案人员、被管护人员以及被留置人员谈话的,应当合理安排时间和时长,谈话笔录由被谈话人阅看后签名。 重要的谈话,应当全程同步录音录像,并保持录音录像资料的完整性。	合理安排时间和时长。
询问	证人、被害人等人员	按规定报批后,才可以依法对证人、被害人等人员进行询问。询问应当个别进行。负责询问的调查人员不得少于2人。首次询问时,应当向证人出示《证人权利义务告知书》,由其签名、捺指印。 证人未被限制人身自由的,可以在其工作地点、住所或者其提出的地点进行询问,也可以通知其到指定地点接	合理安排时间、控制时长。

续表

措施名称	适用对象	适用要求	期限(时限)
		受询问。到证人提出的地点或者调查人员指定的地点进行询问的,应当在笔录中记明。 询问重大或者有社会影响案件的重要证人,应当对询问过程全程同步录音录像,并告知证人。	
查询	涉案单位和个人的存款、汇款、债券、股票、基金份额等财产	查询财产时,调查人员不得少于2人。调查人员应当出具《协助查询财产通知书》。 调查人员可以根据需要对查询结果进行打印、抄录、复制、拍照,要求相关单位在有关材料上加盖证明印章。对查询结果有疑问的,可以要求相关单位进行书面解释并加盖印章。	—
调取	用以证明被调查人涉嫌违法犯罪的财物、文件和电子数据等信息	依照规定出示证件,出具书面通知,由2人以上进行,形成笔录、报告等书面材料,并由相关人员签名、盖章。 对调取的财物、文件,监察机关应当设立专用账户、专门场所,确定专门人员妥善保管,严格履行交接、调取手续,定期对账核实,不得毁损或者用于其他目的。对价值不明物品应当及时鉴定,专门封存保管。	—
查封、扣押	用以证明被调查人涉嫌违法犯罪以及情节轻重的财物、文件、电子数据等证据材料	查封、扣押时,应当出具《查封/扣押通知书》,调查人员不得少于2人。持有人拒绝交出应当查封、扣押的财物和文件的,可以依法强制查封、扣押。 调查人员对于查封、扣押的财物和文件,应当会同在场见证人和被查封、扣押财物持有人进行清点核对,开列《查封/扣押财物、文件清单》,由调查人员、见证人和持有人签名或者盖章。持有人不在场或者拒绝签名、盖章的,调查人员应当在清单上记明。 开展查封、扣押,应当全程同步录音录像,并保持录音录像资料的完整性。 查封、扣押的财物、文件经查明与案件无关的,应当在查明后3日内解除查封、扣押,予以退还。	查封、扣押的财物、文件,经查明与案件无关的,应当在查明后3日内解除查封、扣押,予以退还。
冻结	涉案单位和个人的存款、汇款、债券、股票、基金份额等财产	冻结财产时,调查人员不得少于2人。调查人员应当出具《协助冻结财产通知书》。冻结财产的期限不得超过6个月。冻结期限到期未办理续冻手续的,冻结自动解除。已被冻结的财产可以轮候冻结,不得重复冻结。 冻结财产应当通知权利人或者其法定代理人、委托代理人,要求其在《冻结财产告知书》上签名。	6个月。

续表

措施名称	适用对象	适用要求	期限(时限)
讯问	涉嫌职务犯罪的被调查人	监察机关对被强制到案人员、被管护人员以及被留置人员讯问的,应当合理安排时间和时长,讯问笔录由被谈话人、被讯问人阅看后签名。 讯问被留置的被调查人,应当在留置场所进行。讯问应当个别进行,调查人员不得少于2人。 首次讯问时,应当向被讯问人出示《被调查人权利义务告知书》,由其签名、捺指印。被讯问人拒绝签名、捺指印的,调查人员应当在文书上记明。被讯问人未被限制人身自由的,应当在首次讯问时向其出具《讯问通知书》。	合理安排时间、控制时长。
搜查	对涉嫌职务犯罪的被调查人以及可能隐藏被调查人或者犯罪证据的人的身体、物品、住处和其他有关地方	在搜查时,应当出示搜查证,并有被搜查人或者其家属等见证人在场。搜查女性身体,应当由女性工作人员进行。 县级以上监察机关需要提请公安机关依法协助采取搜查措施的,应当按规定报批,请同级公安机关予以协助。 对搜查取证工作,应当全程同步录音录像。 对搜查情况应当制作《搜查笔录》,由调查人员和被搜查人或者其家属、见证人签名。 对于查获的重要物证、书证、视听资料、电子数据及其放置、存储位置应当拍照,并在《搜查笔录》中作出文字说明。 搜查时,避免未成年人或者其他不适宜在搜查现场的人在场。搜查人员不得擅自变更搜查对象和扩大搜查范围。搜查的具体时间、方法,在实施前应当严格保密。	—
强制到案	涉嫌严重职务违法或者职务犯罪的被调查人	采取强制到案措施,应当按照规定的权限和程序,经监察机关主要负责人批准。 强制到案持续的时间不得超过12小时;需要采取管护或者留置措施的,强制到案持续的时间不得超过24小时。 不得以连续强制到案的方式变相拘禁被调查人。	12小时(需要管护或留置的,不超过24小时)。
管护	涉嫌严重职务违法或者职务犯罪的特定人员,未被留置但存在逃跑、自杀等重大安全风险	采取管护措施,应当按照规定的权限和程序,经监察机关主要负责人批准。 采取管护措施后,应当立即将被管护人员送留置场所,至迟不得超过24小时。 采取管护措施后,应当在24小时以内,通知被管护人员所在单位和家属,但有可能伪造、隐匿、毁灭证据,干扰证人作证或者串供等有碍调查情形的除外。有碍调查的情形消失后,应当立即通知被管护人员所在单位和家属。解除管护的,应当及时通知被管护人员所在单位和家属。	24小时。

续表

措施名称	适用对象	适用要求	期限(时限)
		监察机关采取管护措施的,应当在7日以内依法作出留置或者解除管护的决定,特殊情况下可以延长1日至3日。	7日(特殊情况下延长1-3日)。
责令候查	涉嫌严重职务违法或者职务犯罪且具有法定情形的被调查人	采取责令候查措施,应当按照规定的权限和程序,经监察机关主要负责人批准。 被责令候查人员应当遵守以下规定: (1)未经监察机关批准不得离开所居住的直辖市、设区的市的城市市区或者不设区的市、县的辖区; (2)住址、工作单位和联系方式发生变动的,在24小时以内向监察机关报告; (3)在接到通知的时候及时到案接受调查; (4)不得以任何形式干扰证人作证; (5)不得串供或者伪造、隐匿、毁灭证据。	住址、工作单位和联系方式发生变动的,在24小时以内报告。
		责令候查最长不得超过12个月。	12个月。
留置	被调查人涉嫌严重职务违法或者职务犯罪,且具有妨碍调查的法定情形	调查人员采取留置措施,应当依照规定出示证件,出具书面通知,由2人以上进行,形成笔录、报告等书面材料,并由相关人员签名、盖章。 采取留置措施时,应当向被留置人员宣布《留置决定书》,告知被留置人员权利义务,要求其在《留置决定书》上签名、捺指印。采取留置措施后,应当在24小时以内通知被留置人员所在单位和家属,但有可能伪造、隐匿、毁灭证据,干扰证人作证或者串供等有碍调查情形的除外。有碍调查的情形消失后,应当立即通知被管护人员、被留置人员所在单位和家属。解除留置的,应当及时通知被留置人员所在单位和家属。 监察机关采取留置措施,应当由监察机关领导人员集体研究决定。设区的市级以下监察机关采取留置措施,应当报上一级监察机关批准。省级监察机关采取留置措施,应当报国家监察委员会备案。	24小时。
		留置时间不得超过3个月。在特殊情况下,可以延长1次,延长时间不得超过3个月。省级以下监察机关采取留置措施的,延长留置时间应当报上一级监察机关批准。监察机关发现采取留置措施不当或者不需要继续采取留置措施的,应当及时解除或者变更为责令候查措施。	3个月+3个月+2个月。

续表

措施名称	适用对象	适用要求	期限(时限)
		对涉嫌职务犯罪的被调查人可能判处10年有期徒刑以上刑罚,监察机关依照前款规定延长期限届满,仍不能调查终结的,经国家监察委员会批准或者决定,可以再延长2个月。	
		省级以上监察机关在调查期间,发现涉嫌职务犯罪的被调查人另有与留置时的罪行不同种的重大职务犯罪或者同种的影响罪名认定、量刑档次的重大职务犯罪,经国家监察委员会批准或者决定,自发现之日起依照《监察法》第48条第1款的规定重新计算留置时间。留置时间重新计算以1次为限。	重新计算留置时间。
勘验检查	与违法犯罪有关的场所、物品、人身、尸体、电子数据等进行勘验检查	需要勘验检查的,应当制作《勘验检查证》;需要委托勘验检查的,应当出具《委托勘验检查书》,送具有专门知识、勘验检查资格的单位(人员)办理。 勘验检查应当由2名以上调查人员主持,邀请与案件无关的见证人在场。勘验检查情况应当制作笔录,并由参加勘验检查人员和见证人签名。 勘验检查现场、拆封电子数据存储介质应当全程同步录音录像。对现场情况应当拍摄现场照片、制作现场图,并由勘验检查人员签名。	—
鉴定	解决案件中的专门性问题(如对笔迹、印刷文件、污损文件、制成时间不明的文件和以其他形式表现的文件和录音录像资料等进行鉴定,会计鉴定,精神病鉴定等)	鉴定时应当出具《委托鉴定书》,由2名以上调查人员送交有专门知识的人进行鉴定。鉴定人进行鉴定后,应当出具鉴定意见,并且签名。	—

续表

措施名称	适用对象	适用要求	期限(时限)
通缉	依法应当留置的在逃被调查人	按规定报批，送交同级公安机关执行。送交执行时，应当出具《通缉决定书》，附《留置决定书》等法律文书和被通缉人员信息，以及承办单位、承办人员等有关情况。 监察机关接到公安机关抓获被通缉人员的通知后，应当立即核实被抓获人员身份，并在接到通知后 24 小时以内派员办理交接手续。边远或者交通不便地区，至迟不得超过 3 日。	24 小时以内（至迟不超过 3 日）。
限制出境	可能会逃匿境外的被调查人及相关人员	监察机关采取限制出境措施应当出具有关函件，与《采取限制出境措施决定书》一并送交移民管理机构执行。其中，采取边控措施的，应当附《边控对象通知书》；采取法定不批准出境措施的，应当附《法定不准出境人员报备表》。 限制出境措施有效期不超过 3 个月，到期自动解除。 到期后仍有必要继续采取措施的，应当按原程序报批。承办部门应当出具有关函件，在到期前与《延长限制出境措施期限决定书》一并送交移民管理机构执行。延长期限每次不得超过 3 个月。	3 个月（报批后可延长）。
技术调查	调查涉嫌重大贪污贿赂等职务犯罪	依法采取技术调查措施的，监察机关应当出具《采取技术调查措施委托函》《采取技术调查措施决定书》《采取技术调查措施适用对象情况表》，送交有关机关执行。其中，设区的市级以下监察机关委托有关执行机关采取技术调查措施，还应当提供《立案决定书》。 设区的市级以下监察机关在初步核实中不得采取技术调查措施。 采取技术调查措施批准决定，自签发之日起 3 个月以内有效；对于复杂、疑难案件，期限届满仍有必要继续采取技术调查措施的，经过批准，有效期可以延长，每次不得超过 3 个月。对于不需要继续采取技术调查措施的，应当及时解除。	3 个月。
禁闭	涉嫌严重职务违法或者职务犯罪的监察人员	监察人员涉嫌严重职务违法或者职务犯罪，为防止造成更为严重的后果或者恶劣影响，监察机关经依法审批，可以对其采取禁闭措施。禁闭的期限不得超过 7 日。 被禁闭人员应当配合监察机关调查。监察机关经调查发现被禁闭人员符合管护或者留置条件的，可以对其采取管护或者留置措施。	7 日。

续表

措施名称	适用对象	适用要求	期限(时限)
调查实验	—	为查明案情,在必要的时候,经审批可以依法进行调查实验。调查实验,可以聘请有关专业人员参加,也可以要求被调查人、被害人、证人参加。 进行调查实验,应当全程同步录音录像,制作调查实验笔录,由参加实验的人签名。进行调查实验,禁止一切足以造成危险、侮辱人格的行为。	—
备注	监察机关在初步核实中,可以依法采取谈话、询问、查询、调取、勘验检查、鉴定措施;立案后可以采取讯问、留置、冻结、搜查、查封、扣押、通缉措施。		

立案审查调查期间审查调查对象权利受限

法规依据	条文摘录	知识点提醒
《中华人民共和国公职人员政务处分法》	**第五十二条** 公职人员涉嫌违法,已经被立案调查,不宜继续履行职责的,公职人员任免机关、单位可以决定暂停其履行职务。 公职人员在被立案调查期间,未经监察机关同意,不得出境、辞去公职;被调查公职人员所在机关、单位及上级机关、单位不得对其交流、晋升、奖励、处分或者办理退休手续。	无论是党纪案件,还是政务案件,立案审查调查期间,通常情况下,不能提拔审查调查对象。如有违反,可依规依法追究有关人员的责任。如2015年1月27日,G市纪委向G市科协党组下达了对G市科协办公室主任曹某进行立案调查的决定书。1月30日,G市科协党组书记、主席刘某贵主持召开党组会,商议对曹某等8名中层干部调动事宜。经G市纪委常委会研究报市委同意,G市科协党组班子集体违反政治纪律、组织人事纪律被调查处理,并在全市通报批评。其中,刘某贵受到党内警告处分;G市科协党组成员、纪检组长王某理受到党内警告处分,调离现工作岗位;党组副书记、副主席李某,党组成员、副主席陈某渊被诫勉谈话。参见胡星:《下属被立案调查 G市科协主席开党组会调整其职务》,载《中国纪检监察报》2015年4月23日。
《中国共产党纪律处分条例》	**第一百三十六条** 党组织有下列行为之一,对直接责任者和领导责任者,情节较重的,给予警告或者严重警告处分;情节严重的,给予撤销党内职务或者留党察看处分: (一)党员被立案审查期间,擅自批准其出差、出国(境)、辞职,或者对其交流、提拔职务、晋升职级、进一步使用、奖励,或者办理退休手续;	党员被立案审查期间,有关党组织不得擅自批准其出差、出国(境)、辞职,或者对其交流、提拔职务、晋升职级、进一步使用、奖励,或者办理退休手续。

谈话笔录、讯问笔录、询问笔录相关知识点

名称	条文依据	知识点提醒
谈话笔录	**《中华人民共和国监察法》第二十条第一款** 在调查过程中,对涉嫌职务违法的被调查人,监察机关可以进行谈话,要求其就涉嫌违法行为作出陈述,必要时向被调查人出具书面通知。 **《中国共产党纪律检查机关监督执纪工作规则》第二十八条** 谈话应当由纪检监察机关相关负责人或者承办部门负责人进行,可以由被谈话人所在党委(党组)、纪委监委(纪检监察组、纪检监察工委)有关负责人陪同;经批准也可以委托被谈话人所在党委(党组)主要负责人进行。 谈话应当在具备安全保障条件的场所进行。由纪检监察机关谈话的,应当制作谈话笔录,谈话后可以视情况由被谈话人写出书面说明。 **第四十三条第一款** 立案审查调查方案批准后,应当由纪检监察机关相关负责人或者部门负责人与被审查调查人谈话,宣布立案决定,讲明党的政策和纪律,要求被审查调查人端正态度、配合审查调查。	纪检监察机关在监督执纪、监督执法工作中,均可以按规定采取谈话措施。在问题线索处置阶段,可以与可能违纪或者职务违法的党员、监察对象以及相关知情人员进行谈话;在初步核实中,可以与涉嫌违纪或者职务违法、职务犯罪的被核查人及相关知情人员进行谈话;在审查调查中,可以与涉嫌违纪、职务违法的被审查调查人及相关知情人员进行谈话。向证人等相关知情人员了解情况的,监督执纪中应当使用谈话措施(以纪委名义制作谈话笔录),监督执法中,应当使用询问措施(以监委名义制作询问笔录)。
	《中华人民共和国监察法实施条例》第七十八条 谈话笔录应当在谈话现场制作。笔录应当详细具体,如实反映谈话情况。笔录制作完成后,应当交给被调查人核对。被调查人没有阅读能力的,应当向其宣读。 笔录记载有遗漏或者差错的,应当补充或者更正,由被调查人在补充或者更正处捺指印。被调查人核对无误后,应当在笔录中逐页签名、捺指印。被调查人拒绝签名、捺指印的,调查人员应当在笔录中记明。调查人员也应当在笔录中签名。	要求谈话笔录在谈话现场制作。对谈话笔录质量要求:详细、具体。

续表

<table>
<tr><th>名称</th><th>条文依据</th><th>知识点提醒</th></tr>
<tr><td rowspan="2">讯问笔录</td><td>《中华人民共和国监察法》第二十条第二款 对涉嫌贪污贿赂、失职渎职等职务犯罪的被调查人，监察机关可以进行讯问，要求其如实供述涉嫌犯罪的情况。</td><td>讯问笔录只有在监察机关立案调查后才能使用，且只适用于涉嫌职务犯罪的被调查人，以及涉嫌行贿犯罪或者共同职务犯罪的涉案人员，不能适用于涉嫌职务违法的被调查人、行贿人。
讯问笔录只能以监察机关名义制作。</td></tr>
<tr><td>《中华人民共和国监察法实施条例》第八十二条 讯问被留置的被调查人，应当在留置场所进行。
第八十三条 讯问应当个别进行，调查人员不得少于二人。
首次讯问时，应当向被讯问人出示《被调查人权利义务告知书》，由其签名、捺指印。被讯问人拒绝签名、捺指印的，调查人员应当在文书上记明。被讯问人未被限制人身自由的，应当在首次讯问时向其出具《讯问通知书》。
讯问一般按照下列顺序进行：
（一）核实被讯问人的基本情况，包括姓名、曾用名、出生年月日、户籍地、身份证件号码、民族、职业、政治面貌、文化程度、工作单位及职务、住所、家庭情况、社会经历，是否属于党代表大会代表、人大代表、政协委员，是否受到过党纪政务处分，是否受到过刑事处罚等；
（二）告知被讯问人如实供述自己罪行可以依法从宽处理和认罪认罚的法律规定；
（三）讯问被讯问人是否有犯罪行为，让其陈述有罪的事实或者无罪的辩解，应当允许其连贯陈述。
调查人员的提问应当与调查的案件相关。被讯问人对调查人员的提问应当如实回答。调查人员对被讯问人的辩解，应当如实记录，认真查核。</td><td>讯问被留置的被调查人的地点：留置场所。
首次讯问，注意出示《被调查人权利义务告知书》。
讯问，存在顺序要求，不能随意讯问。
对被讯问人的辩解，要求调查人员如实记录，认真查核。
讯问，须全程同步录音录像。</td></tr>
</table>

续表

名称	条文依据	知识点提醒
	讯问时,应当告知被讯问人将进行全程同步录音录像。告知情况应当在录音录像中予以反映,并在笔录中记明。	
询问笔录	**《中华人民共和国监察法》第二十二条** 在调查过程中,监察机关可以询问证人等人员。	监察机关询问笔录在初步核实和立案调查阶段均可使用,对拟进入刑事诉讼程序的询问笔录,只能以监察机关名义制作询问笔录。
	《中华人民共和国监察法实施条例》第八十六条 证人未被限制人身自由的,可以在其工作地点、住所或者其提出的地点进行询问,也可以通知其到指定地点接受询问。到证人提出的地点或者调查人员指定的地点进行询问的,应当在笔录中记明。 调查人员认为有必要或者证人提出需要由所在单位派员或者其家属陪同到询问地点的,应当办理交接手续并填写《陪送交接单》。 **第八十七条** 询问应当个别进行。负责询问的调查人员不得少于二人。 首次询问时,应当向证人出示《证人权利义务告知书》,由其签名、捺指印。证人拒绝签名、捺指印的,调查人员应当在文书上记明。证人未被限制人身自由的,应当在首次询问时向其出具《询问通知书》。 询问时,应当核实证人身份,问明证人的基本情况,告知证人应当如实提供证据、证言,以及作伪证或者隐匿证据应当承担的法律责任。不得向证人泄露案情,不得采用非法方法获取证言。 询问重大或者有社会影响案件的重要证人,应当对询问过程全程同步录音录像,并告知证人。告知情况应当在录音录像中予以反映,并在笔录中记明。	询问证人地点:证人工作地点、证人住所或者证人提出的地点,还可以是调查人员指定的地点。 首次询问证人时,应当向证人出示《证人权利义务告知书》。 新规定:询问重大或者有社会影响案件的重要证人,应当对询问过程全程同步录音录像,并告知证人。 监察机关询问未成年人,须通知其法定代理人到场。

续表

名称	条文依据	知识点提醒
	第八十八条 询问未成年人，应当通知其法定代理人到场。无法通知或者法定代理人不能到场的，应当通知未成年人的其他成年亲属或者所在学校、居住地基层组织的代表等有关人员到场。询问结束后，由法定代理人或者有关人员在笔录中签名。调查人员应当将到场情况记录在案。 询问聋、哑人，应当有通晓聋、哑手势的人员参加。调查人员应当在笔录中记明证人的聋、哑情况，以及翻译人员的姓名、工作单位和职业。询问不通晓当地通用语言、文字的证人，应当有翻译人员。询问结束后，由翻译人员在笔录中签名。	
讯问笔录	**《最高人民法院关于适用〈中华人民共和国刑事诉讼法〉的解释》第九十四条** 被告人供述具有下列情形之一的，不得作为定案的根据： （一）讯问笔录没有经被告人核对确认的； （二）讯问聋、哑人，应当提供通晓聋、哑手势的人员而未提供的； （三）讯问不通晓当地通用语言、文字的被告人，应当提供翻译人员而未提供的； （四）讯问未成年人，其法定代理人或者合适成年人不在场的。	讯问笔录没有经被调查人核对确认的，不得作为定案的依据。
	《最高人民法院关于适用〈中华人民共和国刑事诉讼法〉的解释》第九十五条 讯问笔录有下列瑕疵，经补正或者作出合理解释的，可以采用；不能补正或者作出合理解释的，不得作为定案的根据： （一）讯问笔录填写的讯问时间、讯问地点、讯问人、记录人、法定代理人等有误或者存在矛盾的； （二）讯问人没有签名的； （三）首次讯问笔录没有记录告知被讯问人有关权利和法律规定的。	讯问笔录填写的讯问时间、讯问地点、讯问人、记录人等细节一定要准确，首次讯问要注意权利告知。

续表

名称	条文依据	知识点提醒
推荐阅读	黄璞:《制作谈话笔录的基本要求》,载《中国纪检监察报》2022年11月2日,第7版。1.要素要齐全。实体要素、程序要素和格式要素,一个都不能少。2.重点要突出。在事前拟制谈话提纲,并经过谈话小组讨论,形成比较成熟的调查取证框架。3.规律要遵循。审查调查谈话笔录要反映职务违法犯罪过程。在受贿案件调查中,讯问受贿人、询问行贿人的笔录,一般应当首先记录受贿人、行贿人之间的关系、认识和交往的过程,没有认识及逐步熟悉的过程,一般也不会发生行贿受贿的事实。4.结构要合理。一要主次分明。二要层次清晰、全面准确。5."后门"要堵住。对于重点内容、重要情节,在大致情况记录好以后,有必要对详细情况和细节内容进行重复确认。6.细节要到位。谈话时,要注意某些细节,尤其那些非亲身经历、非作案人员无法讲出的细节,详细地问、详细地记,并予以核实。	
	黄璞:《不同谈话阶段的笔录制作要点》,载《中国纪检监察报》2022年11月9日,第7版。1.程序性谈话阶段,首次谈话,主要是告知被谈话人权利义务,并询问其个人、家庭和社会关系等情况。2.突破性谈话阶段,记录的主要任务也即笔录的主要内容,在于如实反映谈话的过程和被谈话人的态度。3.巩固性谈话阶段,谈话的主要任务在于一件一件地把事情抠细抠实。4.深挖性谈话阶段,谈话的主要任务在于深挖余罪,以及由被谈话人揭发他人的违法犯罪问题,给予立功机会。5.补充性谈话阶段,进一步完善和补强谈话笔录体系。	
	黄天航:《从五个方面做好首谈笔录》,载《中国纪检监察报》2022年9月21日,第7版。1.突出思想动态。在办案机关与被谈话人第一次直接接触的关键节点,要在首谈笔录中详细记录被谈话人的思想变化过程,将思想政治工作落在纸面上。2.摸清基础信息。要发挥首次谈话对案件突破的"窗口期"作用,全面、详细记录被谈话人的背景信息,为审查调查中发现的苗头问题提供关联性依据。3.重视无声语言。在首谈笔录中,要注意捕捉这些非语言性的行为表达,在文字记录时予以描述。4.内容详略得当。首谈笔录在主体内容记录上要做到"三详三略"。提出问题要详细记录,被谈话人关于有无违纪违法行为的辩解要详细记录,被谈话人自相矛盾的供述要详细记录;细节描述应简略,专业性文字加工要简略,非关联性回答要忽略。5.彰显程序意识。首谈全程均应切实履行程序规范并予以记录,杜绝非法证据的隐患,避免主体内容出现指供、诱供的"硬伤"。	
	俞慧敏:《监察调查制作笔录应把握五个关键》,载《中国纪检监察报》2020年9月30日,第8版。1.关于"犯罪时间"的记录要尽量精确,忌前后矛盾,供证不一;2.关于"犯罪动机"的记录要直指内心,忌主观臆断,模棱两可;3.关于"犯罪手段"的记录要具体原始,忌简单概括,语意模糊;4.关于"犯罪经过"的记录要脉络清晰,忌逻辑混乱,条理不明;5.关于"犯罪证据"的记录要抓住细节,忌遗漏线索,难以印证。	

续表

名称	条文依据	知识点提醒
	徐承业、卢东为、丁伟:《笔录的三种引入方法》,载《中国纪检监察报》2019年6月19日,第8版。1. 以人引入。开头通过记录谈话对象与相关人物之间的关系和交往情况将笔录引入正题。这类笔录开头多用于各类行受贿、违反廉洁纪律等以人物间权钱交易为核心的违纪违法案件,通常分层逐步展开。2. 以事引入。开头通过记录谈话对象与某些特定事件之间的关联将笔录引入正题。3. 以物引入。开头通过直接点出或出示特定的物证、书证进行提问,这些物证、书证都是与笔录正题的内容有直接关联的,应为调查中的核心证据,让谈话对象对相应的物证、书证做出解释或说明,而快速将笔录引入正题。	

纪检监察机关办案取证标准及取证要求

法规依据	条文摘录	知识点提醒
《中共中央纪律检查委员会关于查处党员违纪案件中收集、鉴别、使用证据的具体规定》	**第二条** 证明案件真实情况的一切事实都是证据。证据包括： 1. 物证,指能够证明案件真实情况的物品和痕迹。 2. 书证,指以其记载的内容证明案件真实情况的文字(包括符号、图画)。 3. 证人证言,指证人就其所了解的案件情况所作的陈述。凡是知道案件真实情况的人都可以作为证人。不能辨别是非的人,不能正确表达的人,不能作证人。 4. 视听材料,指可以将重现的原始声响或形象的录音录像用作证明案件事实的材料。 5. 受侵害人员的陈述,指受违纪行为直接侵害的人员就案件事实情况所作的控告和述说。 6. 受审查党员的陈述,指受审查党员就案件事实所作的交待、申辩和对同案违纪人员的检举、揭发。 7. 鉴定结论,指鉴定人运用专门知识或技能对办案人员不能解决的专门事项进行科学鉴定后所作出的结论。 8. 勘验、检查笔录,指公安、司法人员对与案件有关的场所、物品及其他证据材料进行勘验、检查时所作的笔录。 9. 现场笔录,指纪律检查人员对案件(非刑事案件)有关的场所进行检查时所作的笔录。 证据必须经过审核属实,才能作为定案的根据。	鉴定结论现已改为鉴定意见;证据必须经过审核属实,才能作为定案的根据。

续表

法规依据	条文摘录	知识点提醒
《中共中央纪律检查委员会关于查处党员违纪案件中收集、鉴别、使用证据的具体规定》	**第四条** 收集违犯党纪案件的证据，由党的纪律检查工作人员或党组织委派的党员负责进行，收集证据必须两人以上。收集证据要及时、客观、全面。 证据的收集主要由案件检查人员进行。案件审理人员在审理案件时，发现证据不足或证据间存在矛盾，一般由报案单位补充调查取证，需要补充个别证据的也可以由案件审理部门补充收集。	证据主要由监督检查、审查调查人员收集。根据查审分离的原则，案件审理人员只能补充收集个别证据。
《中共中央纪律检查委员会关于查处党员违纪案件中收集、鉴别、使用证据的具体规定》	**第五条** 收集物证应尽可能提取原物。物证能随卷保存的即随卷保存，不能提取的原物或不能随卷保存的原物应拍成照片入卷，并注明原物存放何处。	对物证的鉴别，要审查是否错误地收集了疑似的物品和痕迹，收集的物证是否伪造，有无栽赃陷害的情况。研究、分析所取物证与案件事实的联系，确定其有无证明作用。
《中共中央纪律检查委员会关于查处党员违纪案件中收集、鉴别、使用证据的具体规定》	**第六条** 收集书证采用提取会议记录、介绍信、文件、个人记录、私人信件、日记等方法，并尽可能提取原件。如不能提取原件的，用摘抄或复印的方法提取，但应注明出处、原件保存单位，并应由原件保存单位加盖公章。摘抄或复印会议记录、个人记录、私人日记时，要注意时间的连续性，节录材料不得断章取义。 对可作为书证的原始材料或复制件，党的各级组织不得以任何借口拒绝提供。收集的材料涉及机密事项应履行一定的批准手续。党员有义务向组织提供记载有与案情有关系的工作记录本。 对可作为书证的私人日记、信件等原始材料的收集只能采取动员的方法，不得强行收集，涉及个人隐私的，有关党组织应为其保密。	对书证的鉴别，要查清其原始制作人是在何种情况下制作的，是否伪造，节录材料是否断章取义，所记载的内容有无差错，并联系其他证据判断所取书证的真实性。

续表

法规依据	条文摘录	知识点提醒
《中共中央纪律检查委员会关于查处党员违纪案件中收集、鉴别、使用证据的具体规定》	**第七条** 凡是知道案件情况的党员和群众,都应及时地、如实地提供证言,不得拒绝作证。党员故意提供虚假情况,情节严重的给予必要的纪律处分。 收集证人证言,不要采取座谈会的形式。证人证言要一人一证,一般情况下一事一证。由证人用钢笔或毛笔书写。没有书写能力的,由他人或调查取证人根据证人的讲述代写,写好后读给证人听,并按证人意见进行修改,然后由证人签字、盖章或按手印。书写证人证言,应把所要证明的事实发生的时间、地点、当事人、原因、情节、手段、结果等书写清楚。调查人员要作好询问笔录,并应由被询问人签字。 对证人证言,应由取证人注明证人工作单位、职务,并由取证人签字。不必由所在单位加盖公章或加注"属实"、"供参考"之类的文字。 证人作证后,如有补充、更正,可另行书写,并说明更正的理由。办案人员应将补充、更正的证人证言与该证人原出具的证言一并归入案卷。 证人作证后,党组织应为其保密。如发现受审查党员及其亲友对证人打击报复,从严处理。	对证人证言的鉴别,要注意审查证言的内容与案件事实是否有联系,来源有无问题,是否受到外界不正常因素的干扰,是否属实,证言前后是否一致,有无矛盾。不得采用对质的方法鉴别证言。
《中共中央纪律检查委员会关于查处党员违纪案件中收集、鉴别、使用证据的具体规定》	**第八条** 收集受审查党员的陈述包括:受审查党员对自己所犯错误的交待或申辩;揭发同案违纪人员的材料。 受审查党员应对党忠诚老实,如实向组织交待自己的问题,同时也有依据党章的规定为自己申辩的权利。受审查党员对"处分所依据的事实材料"如提出不同意见,有关党组织应认真研究并作出说明,一并归入案卷。	对受审查党员陈述的鉴别,要审查其交待或申辩前后是否一致,有无矛盾。把交待或申辩与其他证据相对照,看其是否合情合理,是否属实。

续表

法规依据	条文摘录	知识点提醒
《中共中央纪律检查委员会关于查处党员违纪案件中收集、鉴别、使用证据的具体规定》	**第十七条** 对视听材料的鉴别，要注意是否伪造，是否被裁剪，是否拼接组合。	视听材料容易被伪造、裁剪、拼接组合。
《中共中央纪律检查委员会关于查处党员违纪案件中收集、鉴别、使用证据的具体规定》	**第十八条** 对受侵害人员陈述的鉴别，要注意受侵害人员感情因素对其陈述真实性的影响。	感情因素会对受侵害人员陈述真实性产生影响。
《中共中央纪律检查委员会关于查处党员违纪案件中收集、鉴别、使用证据的具体规定》	**第十九条** 认定案件事实，证据必须确凿。证据经过鉴别，其真实性得到确认后，即成为有效证据，任何人无权涂改或弃毁，有关党组织在移送证据时，不得任意取舍。特别不得舍弃那些经过鉴别证明受审查党员无错的证据。要综合运用证据，证据之间矛盾时，不能仅凭数量多少决定其真实可靠性；认定主要错误事实所依据的证据之间的矛盾不能排除时，不能定案。	证据之间矛盾时，不能仅凭数量多少决定其真实可靠性；认定主要错误事实所依据的证据之间的矛盾不能排除时，不能定案。
	第二十条 在没有物证、书证的情况下，仅凭言词证据定案时，必须有两个以上（含两个）证据，才能定案。	孤证不能定案。
《中共中央纪律检查委员会关于查处党员违纪案件中收集、鉴别、使用证据的具体规定》	**第二十一条** 没有直接证据而仅凭间接证据定案时，所有间接证据必须查证属实；每个证据与案件事实都有着客观联系；取得的证据必须形成一个完整的证明体系，这个证明体系足以排除其他可能性，才能定案。不能排除其他可能时，不能定案。	依靠间接证据定案的，所有间接证据必须形成一个完整的证明体系，并足以排除其他可能性。
	第二十二条 仅有受审查党员的交待，没有其他证据，不能定案；受审查党员拒不承认，其他证据确实充分，仍可定案。	只有本人交待，不能定案。

续表

法规依据	条文摘录	知识点提醒
《中国共产党纪律检查机关监督执纪工作规则》	**第四十二条** 审查调查工作应当依照规定由两人以上进行,按照规定出示证件,出具书面通知。	关键词:两人以上、出示证件、书面通知。
	第四十六条 纪检监察机关应当严格依规依纪依法收集、鉴别证据,做到全面、客观,形成相互印证、完整稳定的证据链。 调查取证应当收集原物原件,逐件清点编号,现场登记,由在场人员签字盖章,原物不便搬运、保存或者取得原件确有困难的,可以将原物封存并拍照录像或者调取原件副本、复印件;谈话应当现场制作谈话笔录并由被谈话人阅看后签字。已调取证据必须及时交审查调查组统一保管。 严禁以威胁、引诱、欺骗以及其他违规违纪违法方式收集证据;严禁隐匿、损毁、篡改、伪造证据。	取证标准:形成相互印证、完整稳定的证据链。 收集物证,应当收集原物原件,逐件清点编号,现场登记,由在场人员签字盖章,原物不便搬运、保存或者取得原件确有困难的,可以将原物封存并拍照录像或者调取原件副本、复印件。
	第四十七条 查封、扣押(暂扣、封存)、冻结、移交涉案财物,应当严格履行审批手续。 执行查封、扣押(暂扣、封存)措施,监督执纪人员应当会同原财物持有人或者保管人、见证人,当面逐一拍照、登记、编号,现场填写登记表,由在场人员签名。对价值不明物品应当及时鉴定,专门封存保管。 纪检监察机关应当设立专用账户、专门场所,指定专门人员保管涉案财物,严格履行交接、调取手续,定期对账核实。严禁私自占有、处置涉案财物及其孳息。	收集物证应注意的要点:查封、扣押(暂扣、封存)涉案财物要严格履行审批手续。执行查封、扣押(暂扣、封存)措施时,一是会同原财物持有人或者保管人、见证人,当面逐一拍照、登记、编号,现场填写登记表,由在场人员签名;二是对价值不明物品应当及时鉴定,专门封存保管。
	第四十八条 对涉嫌严重违纪或者职务违法、职务犯罪问题的审查调查谈话、搜查、查封、扣押(暂扣、封存)涉案财物等重要取证工作应当全过程进行录音录像,并妥善保管,及时归档,案件监督管理部门定期核查。	全过程录音录像适用于涉嫌严重违纪或者职务违法、职务犯罪问题的审查调查。

续表

法规依据	条文摘录	知识点提醒
《中国共产党纪律检查机关监督执纪工作规则》	**第四十九条** 对涉嫌严重违纪或者职务违法、职务犯罪问题的审查调查，监督执纪人员未经批准并办理相关手续，不得将被审查调查人或者其他重要的谈话、询问对象带离规定的谈话场所，不得在未配置监控设备的场所进行审查调查谈话或者其他重要的谈话、询问，不得在谈话期间关闭录音录像设备。	对涉嫌严重违纪或者职务违法、职务犯罪问题的审查调查谈话，规定了“三个不得”(负面清单)。
	第五十三条第一款 纪检监察机关应当对涉嫌违纪或者违法、犯罪案件严格依规依纪依法审核把关，提出纪律处理或者处分的意见，做到事实清楚、证据确凿、定性准确、处理恰当、手续完备、程序合规。	关键词：事实清楚、证据确凿、定性准确、处理恰当、手续完备、程序合规。
《中华人民共和国监察法》	**第十八条** 监察机关行使监督、调查职权，有权依法向有关单位和个人了解情况，收集、调取证据。有关单位和个人应当如实提供。 监察机关及其工作人员对监督、调查过程中知悉的国家秘密、工作秘密、商业秘密、个人隐私和个人信息，应当保密。 任何单位和个人不得伪造、隐匿或者毁灭证据。	任何单位和个人不得伪造、隐匿或者毁灭证据。
《中华人民共和国监察法》	**第二十条** 在调查过程中，对涉嫌职务违法的被调查人，监察机关可以进行谈话，要求其就涉嫌违法行为作出陈述，必要时向被调查人出具书面通知。 对涉嫌贪污贿赂、失职渎职等职务犯罪的被调查人，监察机关可以进行讯问，要求其如实供述涉嫌犯罪的情况。	讯问只适用于涉嫌贪污贿赂、失职渎职等职务犯罪(不含职务违法)的被调查人。

续表

法规依据	条文摘录	知识点提醒
《中华人民共和国监察法》	**第二十七条** 监察机关可以对涉嫌职务犯罪的被调查人以及可能隐藏被调查人或者犯罪证据的人的身体、物品、住处和其他有关地方进行搜查。在搜查时,应当出示搜查证,并有被搜查人或者其家属等见证人在场。 搜查女性身体,应当由女性工作人员进行。 监察机关进行搜查时,可以根据工作需要提请公安机关配合。公安机关应当依法予以协助。	搜查只适用于涉嫌职务犯罪的场合,不包含严重职务违法。 公安机关有协助的法定义务。
《中华人民共和国监察法》	**第二十八条** 监察机关在调查过程中,可以调取、查封、扣押用以证明被调查人涉嫌违法犯罪的财物、文件和电子数据等信息。采取调取、查封、扣押措施,应当收集原物原件,会同持有人或者保管人、见证人,当面逐一拍照、登记、编号,开列清单,由在场人员当场核对、签名,并将清单副本交财物、文件的持有人或者保管人。 对调取、查封、扣押的财物、文件,监察机关应当设立专用账户、专门场所,确定专门人员妥善保管,严格履行交接、调取手续,定期对账核实,不得毁损或者用于其他目的。对价值不明物品应当及时鉴定,专门封存保管。 查封、扣押的财物、文件经查明与案件无关的,应当在查明后三日内解除查封、扣押,予以退还。	会同持有人或者保管人、见证人,当面逐一拍照、登记、编号,开列清单,由在场人员当场核对、签名,并将清单副本交财物、文件的持有人或者保管人。
《中华人民共和国监察法》	**第二十九条** 监察机关在调查过程中,可以直接或者指派、聘请具有专门知识的人在调查人员主持下进行勘验检查。勘验检查情况应当制作笔录,由参加勘验检查的人员和见证人签名或者盖章。 必要时,监察机关可以进行调查实验。调查实验情况应当制作笔录,由参加实验的人员签名或者盖章。	勘验检查的注意要点有3个:一是在调查人员主持下进行,由具有专门知识的人勘验检查;二是应当制作笔录;三是由参加勘验检查的人员和见证人签名或者盖章。

续表

法规依据	条文摘录	知识点提醒
《中华人民共和国监察法》	**第三十条** 监察机关在调查过程中，对于案件中的专门性问题，可以指派、聘请有专门知识的人进行鉴定。鉴定人进行鉴定后，应当出具鉴定意见，并且签名。	鉴定人出具鉴定意见（不是鉴定结论），并且签名。
《中华人民共和国监察法》	**第三十六条** 监察机关依照本法规定收集的物证、书证、证人证言、被调查人供述和辩解、视听资料、电子数据等证据材料，在刑事诉讼中可以作为证据使用。 监察机关在收集、固定、审查、运用证据时，应当与刑事审判关于证据的要求和标准相一致。 以非法方法收集的证据应当依法予以排除，不得作为案件处置的依据。	证据审查标准：监察机关在收集、固定、审查、运用证据时，应当与刑事审判关于证据的要求和标准相一致。
《中华人民共和国监察法》	**第四十三条** 监察机关对职务违法和职务犯罪案件，应当进行调查，收集被调查人有无违法犯罪以及情节轻重的证据，查明违法犯罪事实，形成相互印证、完整稳定的证据链。 调查人员应当依法文明规范开展调查工作。严禁以暴力、威胁、引诱、欺骗及其他非法方式收集证据，严禁侮辱、打骂、虐待、体罚或者变相体罚被调查人和涉案人员。 监察机关及其工作人员在履行职责过程中应当依法保护企业产权和自主经营权，严禁利用职权非法干扰企业生产经营。需要企业经营者协助调查的，应当保障其人身权利、财产权利和其他合法权益，避免或者尽量减少对企业正常生产经营活动的影响。	监察机关调查取证的证据标准是：形成相互印证、完整稳定的证据链。

续表

法规依据	条文摘录	知识点提醒
《中华人民共和国公职人员政务处分法》	**第五条** 给予公职人员政务处分,应当事实清楚、证据确凿、定性准确、处理恰当、程序合法、手续完备。 **第四十二条** 监察机关对涉嫌违法的公职人员进行调查,应当由二名以上工作人员进行。监察机关进行调查时,有权依法向有关单位和个人了解情况,收集、调取证据。有关单位和个人应当如实提供情况。 严禁以威胁、引诱、欺骗及其他非法方式收集证据。以非法方式收集的证据不得作为给予政务处分的依据。	政务处分,应遵循"二十四字"要求;以非法方式收集的证据不得作为给予政务处分的依据。
《中华人民共和国刑事诉讼法》	**第五十条** 可以用于证明案件事实的材料,都是证据。 证据包括: (一)物证; (二)书证; (三)证人证言; (四)被害人陈述; (五)犯罪嫌疑人、被告人供述和辩解; (六)鉴定意见; (七)勘验、检查、辨认、侦查实验等笔录; (八)视听资料、电子数据。 证据必须经过查证属实,才能作为定案的根据。	将物证、书证排在言词证据前面,折射出立法者重客观证据的立法价值取向。 将鉴定结论改为鉴定意见,表明鉴定意见带有鉴定人的主观认识,是否正确,有待于实践检验。
《中华人民共和国刑事诉讼法》	**第五十二条** 审判人员、检察人员、侦查人员必须依照法定程序,收集能够证实犯罪嫌疑人、被告人有罪或者无罪、犯罪情节轻重的各种证据。严禁刑讯逼供和以威胁、引诱、欺骗以及其他非法方法收集证据,不得强迫任何人证实自己有罪。必须保证一切与案件有关或者了解案情的公民,有客观地充分地提供证据的条件,除特殊情况外,可以吸收他们协助调查。	全面收集证据,严禁刑讯逼供和以威胁、引诱、欺骗以及其他非法方法收集证据,不得强迫任何人证实自己有罪。

续表

法规依据	条文摘录	知识点提醒
《中华人民共和国刑事诉讼法》	**第五十五条** 对一切案件的判处都要重证据，重调查研究，不轻信口供。只有被告人供述，没有其他证据的，不能认定被告人有罪和处以刑罚；没有被告人供述，证据确实、充分的，可以认定被告人有罪和处以刑罚。 证据确实、充分，应当符合以下条件： （一）定罪量刑的事实都有证据证明； （二）据以定案的证据均经法定程序查证属实； （三）综合全案证据，对所认定事实已排除合理怀疑。	重调查研究，不轻信口供。 刑事诉讼证据标准：证据确实、充分。
《中华人民共和国刑事诉讼法》	**第五十六条** 采用刑讯逼供等非法方法收集的犯罪嫌疑人、被告人供述和采用暴力、威胁等非法方法收集的证人证言、被害人陈述，应当予以排除。收集物证、书证不符合法定程序，可能严重影响司法公正的，应当予以补正或者作出合理解释；不能补正或者作出合理解释的，对该证据应当予以排除。 在侦查、审查起诉、审判时发现有应当排除的证据的，应当依法予以排除，不得作为起诉意见、起诉决定和判决的依据。	收集物证、书证不符合法定程序，可能严重影响司法公正的，应当予以补正或者作出合理解释；不能补正或者作出合理解释的，对该证据应当予以排除。
《中华人民共和国刑事诉讼法》	**第一百七十一条** 人民检察院审查案件的时候，必须查明： （一）犯罪事实、情节是否清楚，证据是否确实、充分，犯罪性质和罪名的认定是否正确； （二）有无遗漏罪行和其他应当追究刑事责任的人； （三）是否属于不应追究刑事责任的； （四）有无附带民事诉讼； （五）侦查活动是否合法。	人民检察院审查案件的时候，必须查明证据是否确实、充分。

续表

法规依据	条文摘录	知识点提醒
《关于办理刑事案件严格排除非法证据若干问题的规定》	**第一条** 严禁刑讯逼供和以威胁、引诱、欺骗以及其他非法方法收集证据,不得强迫任何人证实自己有罪。对一切案件的判处都要重证据,重调查研究,不轻信口供。 **第二条** 采取殴打、违法使用戒具等暴力方法或者变相肉刑的恶劣手段,使犯罪嫌疑人、被告人遭受难以忍受的痛苦而违背意愿作出的供述,应当予以排除。 **第三条** 采用以暴力或者严重损害本人及其近亲属合法权益等进行威胁的方法,使犯罪嫌疑人、被告人遭受难以忍受的痛苦而违背意愿作出的供述,应当予以排除。 **第四条** 采用非法拘禁等非法限制人身自由的方法收集的犯罪嫌疑人、被告人供述,应当予以排除。 **第五条** 采用刑讯逼供方法使犯罪嫌疑人、被告人作出供述,之后犯罪嫌疑人、被告人受该刑讯逼供行为影响而作出的与该供述相同的重复性供述,应当一并排除,但下列情形除外: (一)侦查期间,根据控告、举报或者自己发现等,侦查机关确认或者不能排除以非法方法收集证据而更换侦查人员,其他侦查人员再次讯问时告知诉讼权利和认罪的法律后果,犯罪嫌疑人自愿供述的; (二)审查逮捕、审查起诉和审判期间,检察人员、审判人员讯问时告知诉讼权利和认罪的法律后果,犯罪嫌疑人、被告人自愿供述的。 **第六条** 采用暴力、威胁以及非法限制人身自由等非法方法收集的证人证言、被害人陈述,应当予以排除。 **第七条** 收集物证、书证不符合法定程序,可能严重影响司法公正的,应当予以补正或者作出合理解释;不能补正或者作出合理解释的,对有关证据应当予以排除。	审查证据的合法性、真实性、关联性,审核证据的完整性、协调性、充分性,并判断证据有无证明力以及证明力的大小。 对非法证据的表现形式及认定要准确把握。

续表

法规依据	条文摘录	知识点提醒
《关于办理刑事案件收集提取和审查判断电子数据若干问题的规定》	**第一条** 电子数据是案件发生过程中形成的,以数字化形式存储、处理、传输的,能够证明案件事实的数据。 电子数据包括但不限于下列信息、电子文件: (一)网页、博客、微博客、朋友圈、贴吧、网盘等网络平台发布的信息; (二)手机短信、电子邮件、即时通信、通讯群组等网络应用服务的通信信息; (三)用户注册信息、身份认证信息、电子交易记录、通信记录、登录日志等信息; (四)文档、图片、音视频、数字证书、计算机程序等电子文件。 以数字化形式记载的证人证言、被害人陈述以及犯罪嫌疑人、被告人供述和辩解等证据,不属于电子数据。确有必要的,对相关证据的收集、提取、移送、审查,可以参照适用本规定。	电子数据是数据的一种,包括但不限于相关信息、电子文件。 以数字化形式记载的证人证言、被害人陈述以及犯罪嫌疑人、被告人供述和辩解等证据,不属于电子数据。
《关于办理刑事案件收集提取和审查判断电子数据若干问题的规定》	**第五条** 对作为证据使用的电子数据,应当采取以下一种或者几种方法保护电子数据的完整性: (一)扣押、封存电子数据原始存储介质; (二)计算电子数据完整性校验值; (三)制作、封存电子数据备份; (四)冻结电子数据; (五)对收集、提取电子数据的相关活动进行录像; (六)其他保护电子数据完整性的方法。	对收集、提取电子数据的相关活动进行录像,是保护电子数据完整性的方法之一。
《关于办理刑事案件收集提取和审查判断电子数据若干问题的规定》	**第八条** 收集、提取电子数据,能够扣押电子数据原始存储介质的,应当扣押、封存原始存储介质,并制作笔录,记录原始存储介质的封存状态。	

续表

法规依据	条文摘录	知识点提醒
	封存电子数据原始存储介质,应当保证在不解除封存状态的情况下,无法增加、删除、修改电子数据。封存前后应当拍摄被封存原始存储介质的照片,清晰反映封口或者张贴封条处的状况。 封存手机等具有无线通信功能的存储介质,应当采取信号屏蔽、信号阻断或者切断电源等措施。	收集、提取电子数据应注意的要点:1. 扣押、封存原始存储介质;2. 制作笔录,记录原始存储介质的封存状态;3. 封存前后应当拍摄被封存原始存储介质的照片,清晰反映封口或者张贴封条处的状况。
《关于办理刑事案件收集提取和审查判断电子数据若干问题的规定》	**第十四条** 收集、提取电子数据,应当制作笔录,记录案由、对象、内容、收集、提取电子数据的时间、地点、方法、过程,并附电子数据清单,注明类别、文件格式、完整性校验值等,由侦查人员、电子数据持有人(提供人)签名或者盖章;电子数据持有人(提供人)无法签名或者拒绝签名的,应当在笔录中注明,由见证人签名或者盖章。有条件的,应当对相关活动进行录像。	收集、提取电子数据,应当制作笔录。
《关于办理刑事案件收集提取和审查判断电子数据若干问题的规定》	**第十五条** 收集、提取电子数据,应当根据刑事诉讼法的规定,由符合条件的人员担任见证人。由于客观原因无法由符合条件的人员担任见证人的,应当在笔录中注明情况,并对相关活动进行录像。 针对同一现场多个计算机信息系统收集、提取电子数据的,可以由一名见证人见证。	收集、提取电子数据,须邀请见证人见证。
推荐阅读	福建省厦门市纪委监委案件审理室:《怎样把握违纪案件证明标准》,载《中国纪检监察报》2020年4月8日,第8版。该文指出,虽然违纪案件的证明标准是"证据确凿",但纪律处分的严厉程度不如刑罚,因此证明要求在对基本事实和基本证据严格把握的基础上,可以比照犯罪案件适当降低,防止过度取证。如受礼案件,一般情况下,只要收礼人、送礼人双方交代一致及有相关物证、书证即可认定,不需要逐一查清礼金或购买礼品的款项来源。	

续表

法规依据	条文摘录	知识点提醒
	贾锟:《查办贿赂案件应注重收集三种证据》,载《中国纪检监察报》2020年8月26日,第8版。该文指出,一是注重收集电子证据,培养大数据意识;二是注重收集间接证据,形成证据锁链;三是注重收集再生证据,实现纪法贯通。	
	艾军:《高质量开展证人证言收集运用工作》,载《中国纪检监察报》2020年8月20日,第8版。该文指出,证人证言收集和运用中存在的问题:一是询问笔录形式要件不完备;二是询问笔录没有全面反映证人基本情况;三是证人证言内容主观性过强;四是证言内容来源情况不明,多名证人询问笔录之间内容雷同。	
	宋冀峰:《职务违法证据标准的理解与适用》,载《中国纪检监察报》2022年1月19日,第6版。该文指出,无论是职务违法案件的"清晰且令人信服",还是职务犯罪案件的"排除合理怀疑",实际上都是经验标准。办案时要突出对疑点的分析论证,增强结论的可信性。	
	肖佳:《如何收集和运用电子数据》,载《中国纪检监察报》2020年3月4日,第8版。该文指出,收集和利用电子数据,一定要把握及时原则:(1)对可能存在电子数据的地方和人员,要及时依法采取搜查措施;(2)对已经发现或审查调查对象、涉案人员主动交出的电子数据原始存储介质,要及时依法办理查封、扣押手续;(3)对正在运行的电子数据,要在专业技术人员指导下及时依法采取打印、拍照、录像等固定措施;(4)对信息量大、一时难以固定和处理的电子数据,要及时依法采取冻结措施,计算电子数据的完整性校验值或者锁定网络应用账号。 收集和利用电子数据,还应注意把握合法原则:(1)收集和提取电子数据的措施和手段,必须达到一定使用条件、经过一定审批程序后才能组织实施;(2)收集和提取电子数据的所有措施和手段,必须具有相应的法律文书,做好工作笔录并随案移送;(3)依法采取搜查、查封、扣押、勘验检查等措施收集和固定电子数据,必须进行同步录音录像,并拍照;(4)依法采取搜查、查封、扣押、勘验检查等措施收集和固定电子数据,必须安排见证人在场,见证人要在工作笔录上签名,并附有见证人身份证明的复印件。	

初核、立案、审查调查等审批权限

《中国共产党纪律检查机关监督执纪工作规则》关于领导审批权限知识点

领导位阶	内容(对象)	处置方式	条文内容	"规则"出处
"同级党委主要负责人"(4处)	谈话函询下一级党委(党组)主要负责人	报告	需要谈话函询下一级党委(党组)主要负责人的,应当报纪检监察机关主要负责人批准,必要时向同级党委主要负责人报告。	第27条
	初步核实下一级党委(党组)主要负责人	批准	被核查人为下一级党委(党组)主要负责人的,纪检监察机关应当报同级党委主要负责人批准。	第33条
	初步核实情况报告	报告	初步核实情况报告应当报纪检监察机关主要负责人审批,必要时向同级党委主要负责人报告。	第35条
	立案审查调查呈批报告	批准	对符合立案条件的,承办部门应当起草立案审查调查呈批报告,经纪检监察机关主要负责人审批,报同级党委主要负责人批准,予以立案审查调查。	第38条
"纪检监察机关主要负责人"(12处)	线索处置、谈话函询、初步核实、立案审查调查、案件审理、处置执行中的重要问题	审批	纪检监察机关应当坚持民主集中制,对于线索处置、谈话函询、初步核实、立案审查调查、案件审理、处置执行中的重要问题,经集体研究后,报纪检监察机关相关负责人、主要负责人审批。	第10条第3款
	案件监督管理部门对问题线索提出分办意见	批准	案件监督管理部门对问题线索实行集中管理、动态更新、定期汇总核对,提出分办意见,报纪检监察机关主要负责人批准,按程序移送承办部门。	第23条

续表

领导位阶	内容(对象)	处置方式	条文内容	"规则"出处
	案件监督管理部门定期汇总、核对问题线索及处置情况	报告	案件监督管理部门定期汇总、核对问题线索及处置情况,向纪检监察机关主要负责人报告,并向相关部门通报。	第25条
	谈话函询下一级党委(党组)主要负责人	批准	需要谈话函询下一级党委(党组)主要负责人的,应当报纪检监察机关主要负责人批准,必要时向同级党委主要负责人报告。	第27条
	初步核实情况报告	审批	初步核实情况报告应当报纪检监察机关主要负责人审批,必要时向同级党委主要负责人报告。	第35条第3款
	立案审查调查呈批报告	审批	对符合立案条件的,承办部门应当起草立案审查调查呈批报告,经纪检监察机关主要负责人审批,报同级党委主要负责人批准,予以立案审查调查。	第38条第1款
	主持召开专题会议,研究批准审查调查方案	主持召开、批准	对涉嫌严重违纪或者职务违法、职务犯罪人员立案审查调查,纪检监察机关主要负责人应当主持召开由纪检监察机关相关负责人参加的专题会议,研究批准审查调查方案。	第39条第1款
	审查调查报告以及忏悔反思材料,违纪或者职务违法、职务犯罪事实材料,涉案财物报告	批准	审查调查报告以及忏悔反思材料,违纪或者职务违法、职务犯罪事实材料,涉案财物报告等,应当按程序报纪检监察机关主要负责人批准,连同全部证据和程序材料,依照规定移送审理。	第52条第1款
	退回监督检查、审查调查部门重新审查调查	批准	对主要事实不清、证据不足的,经纪检监察机关主要负责人批准,退回监督检查、审查调查部门重新审查调查。	第55条第1款第5项
	审理报告	批准	审理报告报经纪检监察机关主要负责人批准后,提请纪委常委会会议审议。	第56条第1款

续表

领导位阶	内容(对象)	处置方式	条文内容	“规则”出处
	发现审查调查组成员未经批准接触被审查调查人、涉案人员及其特定关系人,或者存在交往情形的	报告	发现审查调查组成员未经批准接触被审查调查人、涉案人员及其特定关系人,或者存在交往情形的,应当及时向审查调查组组长和监督检查、审查调查部门主要负责人直至纪检监察机关主要负责人报告并登记备案。	第64条第2款
	发生严重安全事故的,或者存在严重违规违纪违法行为的	检讨	发生严重安全事故的,或者存在严重违规违纪违法行为的,省级纪检监察机关主要负责人应当向中央纪委作出检讨,并予以通报、严肃问责追责。	第70条第2款
“纪检监察机关相关负责人”(9处)	线索处置、谈话函询、初步核实、立案审查调查、案件审理、处置执行中的重要问题	审批	纪检监察机关应当坚持民主集中制,对于线索处置、谈话函询、初步核实、立案审查调查、案件审理、处置执行中的重要问题,经集体研究后,报纪检监察机关相关负责人、主要负责人审批。	第10条第3款
	谈话	亲力亲为	谈话应当由纪检监察机关相关负责人或者承办部门负责人进行,可以由被谈话人所在党委(党组)、纪委监委(纪检监察组、纪检监察工委)有关负责人陪同;经批准也可以委托被谈话人所在党委(党组)主要负责人进行。	第28条第1款
	研究批准审查调查方案	参加专题会议	对涉嫌严重违纪或者职务违法、职务犯罪人员立案审查调查,纪检监察机关主要负责人应当主持召开由纪检监察机关相关负责人参加的专题会议,研究批准审查调查方案。	第39条第1款
	批准成立审查调查组,确定审查调查谈话方案、外查方案,审批重要信息查询、涉案财物查扣等事项	批准、审批	纪检监察机关相关负责人批准成立审查调查组,确定审查调查谈话方案、外查方案,审批重要信息查询、涉案财物查扣等事项。	第39条第2款

续表

领导位阶	内容(对象)	处置方式	条文内容	"规则"出处
	与被审查调查人谈话	亲力亲为	立案审查调查方案批准后,应当由纪检监察机关相关负责人或者部门负责人与被审查调查人谈话,宣布立案决定,讲明党的政策和纪律,要求被审查调查人端正态度、配合审查调查。	第 43 条 第 1 款
	加强对审查调查全过程的监督	亲力亲为	纪检监察机关相关负责人应当通过调取录音录像等方式,加强对审查调查全过程的监督。	第 50 条 第 2 款
	退回补充审查调查	批准	需要补充完善证据的,经纪检监察机关相关负责人批准,退回监督检查、审查调查部门补充审查调查。	第 55 条 第 1 款 第 5 项
	申诉件的受理	批准	对不服处分决定的申诉,由批准或者决定处分的党委(党组)或者纪检监察机关受理;需要复议复查的,由纪检监察机关相关负责人批准后受理。	第 59 条 第 1 款
	申诉件的办理意见	批准	申诉办理部门成立复查组,调阅原案案卷,必要时可以进行取证,经集体研究后,提出办理意见,报纪检监察机关相关负责人批准或者纪委常委会会议研究决定,作出复议复查决定。	第 59 条 第 2 款
"分管领导" (1 处)	审查调查期间的录音录像、谈话笔录、涉案财物登记资料	定期检查	监督检查、审查调查部门主要负责人、分管领导应当定期检查审查调查期间的录音录像、谈话笔录、涉案财物登记资料,发现问题及时纠正并报告。	第 50 条 第 1 款
"纪检监察组主要负责人" (1 处)	函询抄送派驻纪检监察组主要负责人		纪检监察机关进行函询应当以办公厅(室)名义发函给被反映人,并抄送其所在党委(党组)和派驻纪检监察组主要负责人。	第 29 条 第 1 款

《中国共产党纪律检查机关监督执纪工作规则》关于集体研究的知识点梳理

会议名称		条文摘录
专题会议	党内监督专题会议	**第十四条** 纪委监委(纪检监察组、纪检监察工委)报请或者会同党委(党组)定期召开专题会议,听取加强党内监督情况专题报告,综合分析所联系的地区、部门、单位政治生态状况,提出加强和改进的意见及工作措施,抓好组织实施和督促检查。
	问题线索专题会议	**第二十四条** 纪检监察机关应当根据工作需要,定期召开专题会议,听取问题线索综合情况汇报,进行分析研判,对重要检举事项和反映问题集中的领域深入研究,提出处置要求,做到件件有着落。
	审查调查专题会议	**第三十九条第一款** 对涉嫌严重违纪或者职务违法、职务犯罪人员立案审查调查,纪检监察机关主要负责人应当主持召开由纪检监察机关相关负责人参加的专题会议,研究批准审查调查方案。
纪委常委会会议	纪委常委会审议审理报告	**第五十六条第一款** 审理报告报经纪检监察机关主要负责人批准后,提请纪委常委会会议审议。需报同级党委审批的,应当在报批前以纪检监察机关办公厅(室)名义征求同级党委组织部门和被审查调查人所在党委(党组)意见。
	纪委常委会会议研究作出复议复查决定	**第五十九条第二款** 申诉办理部门成立复查组,调阅原案案卷,必要时可以进行取证,经集体研究后,提出办理意见,报纪检监察机关相关负责人批准或者纪委常委会会议研究决定,作出复议复查决定。决定应当告知申诉人,抄送相关单位,并在一定范围内宣布。

《中华人民共和国监察法》关于集体研究的规定

适用情形	条文摘录
在移送人民检察院时提出从宽处罚的建议	**第三十四条** 涉嫌职务犯罪的被调查人主动认罪认罚,有下列情形之一的,监察机关经领导人员集体研究,并报上一级监察机关批准,可以在移送人民检察院时提出从宽处罚的建议: (一)自动投案,真诚悔罪悔过的; (二)积极配合调查工作,如实供述监察机关还未掌握的违法犯罪行为的; (三)积极退赃,减少损失的; (四)具有重大立功表现或者案件涉及国家重大利益等情形的。
	第三十五条 职务违法犯罪的涉案人员揭发有关被调查人职务违法犯罪行为,查证属实的,或者提供重要线索,有助于调查其他案件的,监察机关经领导人员集体研究,并报上一级监察机关批准,可以在移送人民检察院时提出从宽处罚的建议。
请示报告调查过程中的重要事项	**第四十五条第二款** 对调查过程中的重要事项,应当集体研究后按程序请示报告。
采取留置措施	**第四十七条** 监察机关采取留置措施,应当由监察机关领导人员集体研究决定。设区的市级以下监察机关采取留置措施,应当报上一级监察机关批准。省级监察机关采取留置措施,应当报国家监察委员会备案。

《中华人民共和国监察法实施条例》
关于领导审批权限规定

法条依据	条文摘录
第一百零三条 第二款	留置期间发生被留置人员死亡、伤残、脱逃等办案安全事故、事件的,应当及时做好处置工作。相关情况应当立即报告监察机关主要负责人,并在二十四小时以内逐级上报至国家监察委员会。
第一百七十三条 第一款	案件监督管理部门应当对问题线索实行集中管理、动态更新,定期汇总、核对问题线索及处置情况,向监察机关主要负责人报告,并向相关部门通报。
第一百八十六条 第一款	案件立案后,监察机关主要负责人应当依照法定程序批准确定调查方案。
第二百二十六条	监察机关对于人民检察院依法退回补充调查的案件,应当向主要负责人报告,并积极开展补充调查工作。
第二百五十四条 第二款	监察机关对依法交由监察机关答复的质询案应当按照要求进行答复。口头答复的,由监察机关主要负责人或者委派相关负责人到会答复。书面答复的,由监察机关主要负责人签署。
第二百六十四条 第二款	监察机关主要负责人的回避,由上级监察机关主要负责人决定;其他监察人员的回避,由本级监察机关主要负责人决定。
第二百七十七条 第二款	地方各级监察机关履行管理、监督职责不力发生严重办案安全事故的,或者办案中存在严重违规违纪违法行为的,省级监察机关主要负责人应当向国家监察委员会作出检讨,并予以通报、严肃追责问责。
备注	第一百八十四条　批准立案后,应当由二名以上调查人员出示证件,向被调查人宣布立案决定。宣布立案决定后,应当及时向被调查人所在单位等相关组织送达《立案通知书》,并向被调查人所在单位主要负责人通报。
	第二百零一条第二款　谈话提醒、批评教育应当由监察机关相关负责人或者承办部门负责人进行,可以由被谈话提醒、批评教育人所在单位有关负责人陪同;经批准也可以委托其所在单位主要负责人进行。对谈话提醒、批评教育情况应当制作记录。
	第二百七十七条第一款　监察机关应当建立健全办案安全责任制。承办部门主要负责人和调查组组长是调查安全第一责任人。调查组应当指定专人担任安全员。

《中华人民共和国监察法实施条例》
关于审批权限规定

法条依据	条文摘录
第五十六条第二款	人民检察院、人民法院需要调取同步录音录像的，监察机关应当予以配合，经审批依法予以提供。
第七十二条第一款	采取谈话方式处置问题线索的，经审批可以由监察人员或者委托被谈话人所在单位主要负责人等进行谈话。
第九十二条第一款	监察机关调查严重职务违法或者职务犯罪，对于符合监察法第二十二条第一款规定的，经依法审批，可以对被调查人采取留置措施。
第一百零一条 第一款、第二款	留置时间不得超过三个月，自向被留置人员宣布之日起算。具有下列情形之一的，经审批可以延长一次，延长时间不得超过三个月： （一）案情重大，严重危害国家利益或者公共利益的； （二）案情复杂，涉案人员多、金额巨大，涉及范围广的； （三）重要证据尚未收集完成，或者重要涉案人员尚未到案，导致违法犯罪的主要事实仍须继续调查的； （四）其他需要延长留置时间的情形。 省级以下监察机关采取留置措施的，延长留置时间应当报上一级监察机关批准。
第一百一十条 第二款	对于被冻结的股票、债券、基金份额等财产，权利人或者其法定代理人、委托代理人申请出售，不损害国家利益、被害人利益，不影响调查正常进行的，经审批可以在案件办结前由相关机构依法出售或者变现。对于被冻结的汇票、本票、支票即将到期的，经审批可以在案件办结前由相关机构依法出售或者变现。出售上述财产的，应当出具《许可出售冻结财产通知书》。
第一百一十一条	对于冻结的财产，应当及时核查。经查明与案件无关的，经审批，应当在查明后三日以内将《解除冻结财产通知书》送交有关单位执行。解除情况应当告知被冻结财产的权利人或者其法定代理人、委托代理人。
第一百二十四条	调取的物证、书证、视听资料等原件，经查明与案件无关的，经审批，应当在查明后三日以内退还，并办理交接手续。

续表

法条依据	条文摘录
第一百二十八条 第三项	查封、扣押下列物品,应当依法进行相应的处理: (三)查封、扣押易损毁、灭失、变质等不宜长期保存的物品以及有消费期限的卡、券,应当在笔录中记明,以拍照、录像等方法加以保全后进行封存,或者经审批委托有关机构变卖、拍卖。变卖、拍卖的价款存入专用账户保管,待调查终结后一并处理。
第一百三十一条	对于已移交涉案财物保管部门保管的涉案财物,根据调查工作需要,经审批可以临时调用,并应当确保完好。调用结束后,应当及时归还。调用和归还时,调查人员、保管人员应当当面清点查验。保管部门应当对调用和归还情况进行登记,全程录像并上传涉案财物信息管理系统。
第一百三十四条	对查封、扣押的财物和文件,应当及时进行核查。经查明与案件无关的,经审批,应当在查明后三日以内解除查封、扣押,予以退还。解除查封、扣押的,应当向有关单位、原持有人或者近亲属送达《解除查封/扣押通知书》,附《解除查封/扣押财物、文件清单》,要求其签名或者盖章。
第一百三十五条 第一款	在立案调查之前,对监察对象及相关人员主动上交的涉案财物,经审批可以接收。
第一百四十条 第一款	为查明案情,在必要的时候,经审批可以依法进行调查实验。调查实验,可以聘请有关专业人员参加,也可以要求被调查人、被害人、证人参加。
第一百五十七条 第三款	对采取技术调查措施获取的与案件无关的材料,应当经审批及时销毁。对销毁情况应当制作记录,由调查人员签名。
第一百六十一条	监察机关对于被通缉人员已经归案、死亡,或者依法撤销留置决定以及发现有其他不需要继续采取通缉措施情形的,应当经审批出具《撤销通缉通知书》,送交协助采取原措施的公安机关执行。
第一百六十七条	县级以上监察机关在重要紧急情况下,经审批可以依法直接向口岸所在地口岸移民管理机构提请办理临时限制出境措施。
第一百七十二条 第三款	监督检查部门、调查部门在工作中发现的相关问题线索,属于本部门受理范围的,应当报送案件监督管理部门备案;属于本机关其他部门受理范围的,经审批后移交案件监督管理部门分办。

续表

法条依据	条文摘录
第一百七十四条第一款	监督检查部门应当结合问题线索所涉及地区、部门、单位总体情况进行综合分析,提出处置意见并制定处置方案,经审批按照谈话、函询、初步核实、暂存待查、予以了结等方式进行处置,或者按照职责移送调查部门处置。
第一百七十四条第四款	监察机关根据工作需要,经审批可以对谈话、函询情况进行核实。
第一百七十八条	在初步核实中发现或者受理被核查人新的具有可查性的问题线索的,应当经审批纳入原初核方案开展核查。
第一百八十一条第一款	监察机关立案调查职务违法或者职务犯罪案件,需要对涉嫌行贿犯罪、介绍贿赂犯罪或者共同职务犯罪的涉案人员立案调查的,应当一并办理立案手续。需要交由下级监察机关立案的,经审批交由下级监察机关办理立案手续。
第一百九十条第一款	经调查认为被调查人构成职务违法或者职务犯罪的,应当区分不同情况提出相应处理意见,经审批将调查报告、职务违法或者职务犯罪事实材料、涉案财物报告、涉案人员处理意见等材料,连同全部证据和文书手续移送审理。
第一百九十一条第二款	经审核符合移送条件的,应当予以受理;不符合移送条件的,经审批可以暂缓受理或者不予受理,并要求调查部门补充完善材料。
第一百九十五条第一款	案件审理部门根据案件审理情况,经审批可以与被调查人谈话,告知其在审理阶段的权利义务,核对涉嫌违法犯罪事实,听取其辩解意见,了解有关情况。与被调查人谈话时,案件审理人员不得少于二人。
第一百九十六条第一款	经审理认为主要违法犯罪事实不清、证据不足的,应当经审批将案件退回承办部门重新调查。
第一百九十六条第二款	有下列情形之一,需要补充完善证据的,经审批可以退回补充调查: (一)部分事实不清、证据不足的; (二)遗漏违法犯罪事实的; (三)其他需要进一步查清案件事实的情形。
第一百九十六条第四款	承办部门补充调查结束后,应当经审批将补证情况报告及相关证据材料,连同案卷材料一并移送案件审理部门;对确实无法查明的事项或者无法补充的证据,应当作出书面说明。重新调查终结后,应当重新形成调查报告,依法移送审理。

续表

法条依据	条文摘录
第二百零五条第一款	监察机关依法向监察对象所在单位提出监察建议的,应当经审批制作监察建议书。
第二百零七条第一款	对于涉嫌行贿等犯罪的非监察对象,案件调查终结后依法移送起诉。综合考虑行为性质、手段、后果、时间节点、认罪悔罪态度等具体情况,对于情节较轻,经审批不予移送起诉的,应当采取批评教育、责令具结悔过等方式处置;应当给予行政处罚的,依法移送有关行政执法部门。
第二百一十一条第一款	复审、复核机关承办部门应当成立工作组,调阅原案卷宗,必要时可以进行调查取证。承办部门应当集体研究,提出办理意见,经审批作出复审、复核决定。决定应当送达申请人,抄送相关单位,并在一定范围内宣布。
第二百一十三条第二款	上级监察机关相关监督检查部门负责审查工作,重点审核拟认定的从宽处罚情形、提出的从宽处罚建议,经审批在十五个工作日以内作出批复。
第二百二十三条第一款	监察机关对已经移送起诉的职务犯罪案件,发现遗漏被调查人罪行需要补充移送起诉的,应当经审批出具《补充起诉意见书》,连同相关案卷材料、证据等一并移送同级人民检察院。
第二百二十七条	对人民检察院退回补充调查的案件,经审批分别作出下列处理: (一)认定犯罪事实的证据不够充分的,应当在补充证据后,制作补充调查报告书,连同相关材料一并移送人民检察院审查,对无法补充完善的证据,应当作出书面情况说明,并加盖监察机关或者承办部门公章; (二)在补充调查中发现新的同案犯或者增加、变更犯罪事实,需要追究刑事责任的,应当重新提出处理意见,移送人民检察院审查; (三)犯罪事实的认定出现重大变化,认为不应当追究被调查人刑事责任的,应当重新提出处理意见,将处理结果书面通知人民检察院并说明理由; (四)认为移送起诉的犯罪事实清楚,证据确实、充分的,应当说明理由,移送人民检察院依法审查。
第二百三十六条第二款	国家监察委员会派驻或者派出的监察机构、监察专员和地方各级监察机关办理涉外案件中有关执法司法国际合作事项,应当逐级报送国家监察委员会审批。由国家监察委员会依法直接或者协调有关单位与有关国家(地区)相关机构沟通,以双方认可的方式实施。

“违纪违法事实材料”见面知识点

法规依据	条文摘录	知识点提醒
《中国共产党章程》	**第四十三条** 党组织对党员作出处分决定，应当实事求是地查清事实。处分决定所依据的事实材料和处分决定必须同本人见面，听取本人说明情况和申辩。如果本人对处分决定不服，可以提出申诉，有关党组织必须负责处理或者迅速转递，不得扣压。对于确属坚持错误意见和无理要求的人，要给以批评教育。	处分决定所依据的事实材料和处分决定必须同本人见面，听取本人说明情况和申辩。
《中国共产党纪律检查机关监督执纪工作规则》	**第五十一条第一款** 查明涉嫌违纪或者职务违法、职务犯罪问题后，审查调查组应当撰写事实材料，与被审查调查人见面，听取意见。被审查调查人应当在事实材料上签署意见，对签署不同意见或者拒不签署意见的，审查调查组应当作出说明或者注明情况。	核对违纪或者职务违法、职务犯罪事实，听取辩解意见。
《中国共产党纪律检查机关监督执纪工作规则》	**第五十五条第一款第四项** 审理工作按照以下程序进行： （四）……案件审理部门根据案件审理情况，应当与被审查调查人谈话，核对违纪或者职务违法、职务犯罪事实，听取辩解意见，了解有关情况。	
《党的纪律检查机关案件审理工作条例》	**第十七条** 党组织对党员所要作出的处分决定和所依据的事实材料必须同本人见面，听取本人说明情况和申辩。当本人对党组织所认定的错误事实有不同意见时，要认真地进行复核，采纳其合理的意见。对事实清楚、证据确凿，本人坚持错误意见或拒不签署意见的，由党组织作出书面说明，并根据事实作出处理决定。需要报上级审批的案件，连同本人意见一并上报。 要切实保障检举人、证明人的权利，检举材料和证人证言，不能给犯错误的人看。	检举材料和证人证言，不能给犯错误的人看。

续表

法规依据	条文摘录	知识点提醒
《中共中央纪律检查委员会关于审理党员违纪案件工作程序的规定》	**第十四条** 一般情况下,案件在提请本级纪委常委决定前,应派人与犯错误党员谈话,核对错误事实,听取本人意见。本人如对处分决定和所依据的事实材料提出不同意见,应写出书面材料。没有书写能力的,应由谈话人将其意见整理成书面材料,并交本人签字。 与犯错误党员谈话,应作好谈话记录。	审理谈话是必不可少的法定程序,两种情况下可不谈话:一是生效刑事判决、裁定已作出认定,且未增加违纪事实;二是审理对象已死亡或无意识。
《中华人民共和国公职人员政务处分法》	**第四十三条** 作出政务处分决定前,监察机关应当将调查认定的违法事实及拟给予政务处分的依据告知被调查人,听取被调查人的陈述和申辩,并对其陈述的事实、理由和证据进行核实,记录在案。被调查人提出的事实、理由和证据成立的,应予采纳。不得因被调查人的申辩而加重政务处分。	将调查认定的违法事实及拟给予政务处分的依据告知被调查人。
《中华人民共和国监察法实施条例》	**第七条** 监察机关应当在适用法律上一律平等,充分保障监察对象以及相关人员的人身权、知情权、财产权、申辩权、申诉权以及申请复审复核权等合法权益。	监察机关不仅要保障监察对象的合法权益,还要保障相关人员的申辩权等合法权益。
《中华人民共和国监察法实施条例》	**第一百八十七条第一款** 调查组应当将调查认定的涉嫌违法犯罪事实形成书面材料,交给被调查人核对,听取其意见。被调查人应当在书面材料上签署意见。对被调查人签署不同意见或者拒不签署意见的,调查组应当作出说明或者注明情况。对被调查人提出申辩的事实、理由和证据应当进行核实,成立的予以采纳。 **第一百八十七条第二款** 调查组对于立案调查的涉嫌行贿犯罪、介绍贿赂犯罪或者共同职务犯罪的涉案人员,在查明其涉嫌犯罪问题后,依照前款规定办理。	涉嫌违法犯罪事实见面程序不可少,该程序不仅适用于监察对象,也适用于涉案的非监察对象。

续表

法规依据	条文摘录	知识点提醒
说明	违纪违法事实材料内容包括被审查调查人的简历、主要违纪违法事实及责任;不得泄露调查过程、检举人、证明人等应予保密的内容;被审查调查人拒不签署意见的,由审查调查人员在违纪违法事实材料上注明;对被审查调查人就违纪违法事实所提出的意见或者辩解,审查调查组应当认真研究,合理的要予以采纳,不合理的要有针对性地写出说明,必要时还应作补充调查或者重新调查;审查调查组对原违纪违法事实材料内容作出实质性修改的,应将修改后的违纪违法事实重新与被审查调查人见面。 审查调查组与被审查调查人见面的违纪违法事实材料,以调查组的名义落款。	

监察机关、公安司法机关履行告知、信息传递义务相关知识点

法规依据	条文摘录	知识点提醒
《中华人民共和国监察法》	**第四十二条第三款** 立案调查决定应当向被调查人宣布,并通报相关组织。涉嫌严重职务违法或者职务犯罪的,应当通知被调查人家属,并向社会公开发布。	监察机关有义务将立案调查决定告知被调查人和相关组织;涉嫌严重职务违法或者职务犯罪的,应当将立案调查决定告知被调查人家属。
	第五十条 采取管护或者留置措施后,应当在二十四小时以内,通知被管护人员、被留置人员所在单位和家属,但有可能伪造、隐匿、毁灭证据,干扰证人作证或者串供等有碍调查情形的除外。有碍调查的情形消失后,应当立即通知被管护人员、被留置人员所在单位和家属。解除管护或者留置的,应当及时通知被管护人员、被留置人员所在单位和家属。	对被调查人采取管护或者留置措施后,通常情况下,24小时以内通知被管护人员、被留置人员所在单位和家属,有碍调查的除外。
《中国共产党纪律检查机关监督执纪工作规则》	**第三十八条** 对符合立案条件的,承办部门应当起草立案审查调查呈批报告,经纪检监察机关主要负责人审批,报同级党委主要负责人批准,予以立案审查调查。 立案审查调查决定应当向被审查调查人宣布,并向被审查调查人所在党委(党组)主要负责人通报。	向被审查调查人宣布立案审查调查决定,向被审查调查人所在党委(党组)主要负责人通报立案审查调查决定。
	第四十一条 需要对被审查调查人采取留置措施的,应当依据监察法进行,在24小时内通知其所在单位和家属,并及时向社会公开发布。因可能毁灭、伪造证据,干扰证人作证或者串供等有碍调查情形而不宜通知或者公开的,应当按程序报批并记录在案。有碍调查的情形消失后,应当立即通知被留置人员所在单位和家属。	留置被审查调查人的,24小时内通知其所在单位和家属,有碍调查的除外。

续表

法规依据	条文摘录	知识点提醒
《中国共产党党内监督条例》	**第三十七条** 各级党委应当支持和保证同级人大、政府、监察机关、司法机关等对国家机关及公职人员依法进行监督，人民政协依章程进行民主监督，审计机关依法进行审计监督。有关国家机关发现党的领导干部违反党规党纪、需要党组织处理的，应当及时向有关党组织报告。审计机关发现党的领导干部涉嫌违纪的问题线索，应当向同级党组织报告，必要时向上级党组织报告，并按照规定将问题线索移送相关纪律检查机关处理。 在纪律审查中发现党的领导干部严重违纪涉嫌违法犯罪的，应当先作出党纪处分决定，再移送行政机关、司法机关处理。执法机关和司法机关依法立案查处涉及党的领导干部案件，应当向同级党委、纪委通报；该干部所在党组织应当根据有关规定，中止其相关党员权利；依法受到刑事责任追究，或者虽不构成犯罪但涉嫌违纪的，应当移送纪委依纪处理。	有关国家机关发现党的领导干部违反党规党纪、需要党组织处理的，应当及时向有关党组织报告。 审计机关发现党的领导干部涉嫌违纪的问题线索，向同级党组织报告，必要时向上级党组织报告，并按照规定将问题线索移送相关纪律检查机关处理。 执法机关和司法机关依法立案查处涉及党的领导干部案件，应当向同级党委、纪委通报。
《中华人民共和国刑事诉讼法》	**第八十五条** 公安机关拘留人的时候，必须出示拘留证。 拘留后，应当立即将被拘留人送看守所羁押，至迟不得超过二十四小时。除无法通知或者涉嫌危害国家安全犯罪、恐怖活动犯罪通知可能有碍侦查的情形以外，应当在拘留后二十四小时以内，通知被拘留人的家属。有碍侦查的情形消失以后，应当立即通知被拘留人的家属。	通常情况下，公安机关在拘留被拘留人后 24 小时以内，通知被拘留人的家属，有碍侦查的除外。
	第九十三条 公安机关逮捕人的时候，必须出示逮捕证。 逮捕后，应当立即将被逮捕人送看守所羁押。除无法通知的以外，应当在逮捕后二十四小时以内，通知被逮捕人的家属。	通常情况下，公安机关在逮捕后 24 小时以内，通知被逮捕人的家属，无法通知的除外。无法通知的，应当将原因写明附卷。

续表

法规依据	条文摘录	知识点提醒
《人民检察院刑事诉讼规则》	**第一百四十四条** 除无法通知的以外,人民检察院应当在公安机关执行拘留、逮捕后二十四小时以内,通知犯罪嫌疑人的家属。	公安机关执行拘留、逮捕后24小时以内,人民检察院应当通知犯罪嫌疑人的家属。
《中华人民共和国刑事诉讼法》	**第一百一十条** 任何单位和个人发现有犯罪事实或者犯罪嫌疑人,有权利也有义务向公安机关、人民检察院或者人民法院报案或者举报。 被害人对侵犯其人身、财产权利的犯罪事实或者犯罪嫌疑人,有权向公安机关、人民检察院或者人民法院报案或者控告。 公安机关、人民检察院或者人民法院对于报案、控告、举报,都应当接受。对于不属于自己管辖的,应当移送主管机关处理,并且通知报案人、控告人、举报人;对于不属于自己管辖而又必须采取紧急措施的,应当先采取紧急措施,然后移送主管机关。 犯罪人向公安机关、人民检察院或者人民法院自首的,适用第三款规定。	关键词:通知、移送。
《中华人民共和国刑事诉讼法》	**第一百七十七条** 犯罪嫌疑人没有犯罪事实,或者有本法第十六条规定的情形之一的,人民检察院应当作出不起诉决定。 对于犯罪情节轻微,依照刑法规定不需要判处刑罚或者免除刑罚的,人民检察院可以作出不起诉决定。 人民检察院决定不起诉的案件,应当同时对侦查中查封、扣押、冻结的财物解除查封、扣押、冻结。对被不起诉人需要给予行政处罚、处分或者需要没收其违法所得的,人民检察院应当提出检察意见,移送有关主管机关处理。有关主管机关应当将处理结果及时通知人民检察院。	对被不起诉人需要给予行政处罚、处分或者需要没收其违法所得的,人民检察院应当提出检察意见,移送有关主管机关处理。有关主管机关应当将处理结果及时通知人民检察院。
	第一百七十八条 不起诉的决定,应当公开宣布,并且将不起诉决定书送达被不起诉人和他的所在单位。如果被不起诉人在押,应当立即释放。	将不起诉决定书送达被不起诉人和他的所在单位。

续表

法规依据	条文摘录	知识点提醒
	第二百零二条 宣告判决，一律公开进行。 当庭宣告判决的，应当在五日以内将判决书送达当事人和提起公诉的人民检察院；定期宣告判决的，应当在宣告后立即将判决书送达当事人和提起公诉的人民检察院。判决书应当同时送达辩护人、诉讼代理人。	判决书送达当事人和提起公诉的人民检察院、辩护人、诉讼代理人。党员、公职人员涉嫌犯罪的场合，人民法院应在判决（裁定）生效之日起15个工作日内送达纪检监察机关。
《人民检察院刑事诉讼规则》	**第十七条** 人民检察院办理直接受理侦查的案件，发现犯罪嫌疑人同时涉嫌监察机关管辖的职务犯罪线索的，应当及时与同级监察机关沟通。 经沟通，认为全案由监察机关管辖更为适宜的，人民检察院应当将案件和相应职务犯罪线索一并移送监察机关；认为由监察机关和人民检察院分别管辖更为适宜的，人民检察院应当将监察机关管辖的相应职务犯罪线索移送监察机关，对依法由人民检察院管辖的犯罪案件继续侦查。 人民检察院应当及时将沟通情况报告上一级人民检察院。沟通期间不得停止对案件的侦查。	人民检察院发现犯罪嫌疑人同时涉嫌监察机关管辖的职务犯罪线索的，应当及时与同级监察机关沟通。 认为由监察机关和人民检察院分别管辖更为适宜的，将监察机关管辖的相应职务犯罪线索移送监察机关。
《行政执法机关移送涉嫌犯罪案件的规定》	**第十九条** 行政执法机关在依法查处违法行为过程中，发现公职人员有贪污贿赂、失职渎职或者利用职权侵犯公民人身权利和民主权利等违法行为，涉嫌构成职务犯罪的，应当依照刑法、刑事诉讼法、监察法等法律规定及时将案件线索移送监察机关或者人民检察院处理。	关键词：及时、移送。

续表

<table>
<tr><th>法规依据</th><th>条文摘录</th><th>知识点提醒</th></tr>
<tr><td rowspan="3">备注</td><td colspan="2">《意见》共九条,对中央政法机关向纪检监察机关移送问题线索的范围、标准、具体方式、对接部门和工作要求等作出规定。
《意见》明确,除了党员、监察对象涉嫌违纪或者职务违法、职务犯罪的问题线索应当按规定移送纪检监察机关外,中央政法机关掌握的有关材料中反映的情况对纪检监察机关开展工作有一定参考价值的,也应当移送纪检监察机关了解掌握。比如,中央政法委在政治督察、执法司法监督、纪律作风督察巡查等工作中发现的领导干部本人或者授意、纵容身边工作人员、亲属请托说情、插手具体案件办理,干预执法司法、妨碍司法公正的情况;最高人民法院在审理行政案件中发现的行使公权力的机关懒政、怠政或者存在违规违纪违法问题,可能涉及领导干部不当履职的情况;最高人民检察院在履行刑事案件审查逮捕、审查起诉、出庭支持公诉、抗诉职责,以及诉讼监督工作中发现相关办案机关存在违规违纪违法问题,可能涉及领导干部不当履职的情况;公安部在政治督察、警务督察、受理核查群众举报投诉等工作中发现的领导干部不严格执行、有意规避"三重一大"决策制度,或者利用职权干预案件正常办理、打探案情,指使、授意职能部门不作为、慢作为、乱作为,行政自由裁量权的行使明显畸轻畸重、超出合理限度的情况;等等。
《意见》明确建立专门的协调联系机制。中央政法机关分别确定责任部门,与中央纪委国家监委案件监督管理室加强日常沟通联络,抓好移送问题线索和相关情况工作的落实。参见周根山:《中央纪委办公厅联合有关部门印发意见 规范中央政法机关向纪检监察机关移送问题线索工作》,载中央纪委国家监委网 2021 年 3 月 22 日,https://www.ccdi.gov.cn/toutiao/202103/t20210322_238257.html。</td></tr>
<tr><td colspan="2">法院、检察院、公安机关在办理案件中,应当查证核实案件当事人的政治面貌、是否系国家工作人员等身份信息,并将证据材料随案移送给相关纪检监察机关。</td></tr>
<tr><td colspan="2">注意学习《执法机关和司法机关向纪检监察机关移送问题线索工作办法》。</td></tr>
</table>

贪污贿赂犯罪相关知识点梳理

<table>
<tr><th>法规依据</th><th>条文摘录</th><th>知识点提醒</th></tr>
<tr><td rowspan="2">《中华人民共和国刑法》</td><td>第三百八十二条　国家工作人员利用职务上的便利，侵吞、窃取、骗取或者以其他手段非法占有公共财物的，是贪污罪。
受国家机关、国有公司、企业、事业单位、人民团体委托管理、经营国有财产的人员，利用职务上的便利，侵吞、窃取、骗取或者以其他手段非法占有国有财物的，以贪污论。
与前两款所列人员勾结，伙同贪污的，以共犯论处。</td><td rowspan="2">《最高人民检察院关于人民检察院直接受理立案侦查案件立案标准的规定(试行)》对于贪污罪中的“利用职务上的便利”解释为：“利用职务上的便利”是指利用职务上主管、管理、经手公共财物的权力及方便条件。</td></tr>
<tr><td>第三百八十三条　对犯贪污罪的，根据情节轻重，分别依照下列规定处罚：
(一)贪污数额较大或者有其他较重情节的，处三年以下有期徒刑或者拘役，并处罚金。
(二)贪污数额巨大或者有其他严重情节的，处三年以上十年以下有期徒刑，并处罚金或者没收财产。
(三)贪污数额特别巨大或者有其他特别严重情节的，处十年以上有期徒刑或者无期徒刑，并处罚金或者没收财产；数额特别巨大，并使国家和人民利益遭受特别重大损失的，处无期徒刑或者死刑，并处没收财产。
对多次贪污未经处理的，按照累计贪污数额处罚。
犯第一款罪，在提起公诉前如实供述自己罪行、真诚悔罪、积极退赃，避免、减少损害结果的发生，有第一项规定情形的，可以从轻、减轻或者免除处罚；有第二项、第三项规定情形的，可以从轻处罚。
犯第一款罪，有第三项规定情形被判处死刑缓期执行的，人民法院根据犯罪情节等情况可以同时决定在其死刑缓期执行二年期满依法减为无期徒刑后，终身监禁，不得减刑、假释。</td></tr>
</table>

续表

法规依据	条文摘录	知识点提醒
《中华人民共和国刑法》	**第三百八十七条第一款** 国家机关、国有公司、企业、事业单位、人民团体,索取、非法收受他人财物,为他人谋取利益,情节严重的,对单位判处罚金,并对其直接负责的主管人员和其他直接责任人员,处三年以下有期徒刑或者拘役;情节特别严重的,处三年以上十年以下有期徒刑。	为贯彻落实从严惩治行贿犯罪的精神,做好衔接,加大对单位受贿、对单位行贿犯罪行为的惩处力度。将单位受贿罪的刑罚由原来最高判处5年有期徒刑的一档刑罚,修改为“三年以下有期徒刑或者拘役”和“三年以上十年以下有期徒刑”两档刑罚。
《中华人民共和国刑法》	**第三百九十条** 对犯行贿罪的,处三年以下有期徒刑或者拘役,并处罚金;因行贿谋取不正当利益,情节严重的,或者使国家利益遭受重大损失的,处三年以上十年以下有期徒刑,并处罚金;情节特别严重的,或者使国家利益遭受特别重大损失的,处十年以上有期徒刑或者无期徒刑,并处罚金或者没收财产。 有下列情形之一的,从重处罚: (一)多次行贿或者向多人行贿的; (二)国家工作人员行贿的; (三)在国家重点工程、重大项目中行贿的; (四)为谋取职务、职级晋升、调整行贿的; (五)对监察、行政执法、司法工作人员行贿的; (六)在生态环境、财政金融、安全生产、食品药品、防灾救灾、社会保障、教育、医疗等领域行贿,实施违法犯罪活动的; (七)将违法所得用于行贿的。 行贿人在被追诉前主动交待行贿行为的,可以从轻或者减轻处罚。其中,犯罪较轻的,对调查突破、侦破重大案件起关键作用的,或者有重大立功表现的,可以减轻或者免除处罚。	党的十九大、二十大提出“坚持受贿行贿一起查”。系统治理行贿犯罪问题,需要进一步发挥刑法在一体推进不敢腐、不能腐、不想腐体制机制中的重要作用。将党中央确定要重点查处的行贿行为在立法上进一步加强惩治,增加一款规定:对多次行贿、向多人行贿,国家工作人员行贿等六类情形从重处罚。同时,调整行贿罪的起刑点和刑罚档次,与受贿罪相衔接。

续表

法规依据	条文摘录	知识点提醒
《中华人民共和国刑法》	**第三百九十一条第一款** 为谋取不正当利益，给予国家机关、国有公司、企业、事业单位、人民团体以财物的，或者在经济往来中，违反国家规定，给予各种名义的回扣、手续费的，处三年以下有期徒刑或者拘役，并处罚金；情节严重的，处三年以上七年以下有期徒刑，并处罚金。	为贯彻落实从严惩治行贿犯罪的精神，做好衔接，加大对单位受贿、对单位行贿犯罪行为的惩处力度。在对单位行贿罪中，增加一档"三年以上七年以下有期徒刑，并处罚金"的刑罚。
《中华人民共和国刑法》	**第三百九十三条** 单位为谋取不正当利益而行贿，或者违反国家规定，给予国家工作人员以回扣、手续费，情节严重的，对单位判处罚金，并对其直接负责的主管人员和其他直接责任人员，处三年以下有期徒刑或者拘役，并处罚金；情节特别严重的，处三年以上十年以下有期徒刑，并处罚金。因行贿取得的违法所得归个人所有的，依照本法第三百八十九条、第三百九十条的规定定罪处罚。	实践中单位行贿案件较多，与个人行贿相比法定刑悬殊。一些行贿人以单位名义行贿，规避处罚，导致案件处理不平衡，惩处力度不足。为此，将单位行贿罪刑罚由原来最高判处5年有期徒刑的一档刑罚，修改为"三年以下有期徒刑或者拘役，并处罚金"和"三年以上十年以下有期徒刑，并处罚金"两档刑罚。
《全国法院审理经济犯罪案件工作座谈会纪要》	二、关于贪污罪 （二）"受委托管理、经营国有财产"的认定 刑法第三百八十二条第二款规定的"受委托管理、经营国有财产"，是指因承包、租赁、临时聘用等管理、经营国有财产。	"受委托管理、经营国有财产"的界定。
《全国法院审理经济犯罪案件工作座谈会纪要》	二、关于贪污罪 （一）贪污罪既遂与未遂的认定 贪污罪是一种以非法占有为目的的财产性职务犯罪，与盗窃、诈骗、抢夺等侵犯财产罪一样，应当以行为人是否实际控制财物作为区分贪污罪既遂与未遂的标准。对于行为人利用职务上的便利，实施了虚假平帐等贪污行为，但公共财物尚未实际转移，或者尚未被行为人控制就被查获的，应当认定为贪污未遂。行为人控制公共财物后，是否将财物据为己有，不影响贪污既遂的认定。	以行为人是否实际控制财物作为区分贪污罪既遂与未遂的标准。

续表

法规依据	条文摘录	知识点提醒
《全国法院审理经济犯罪案件工作座谈会纪要》	二、关于贪污罪 (三)国家工作人员与非国家工作人员勾结共同非法占有单位财物行为的认定 对于国家工作人员与他人勾结,共同非法占有单位财物的行为,应当按照《最高人民法院关于审理贪污、职务侵占案件如何认定共同犯罪几个问题的解释》的规定定罪处罚。对于在公司、企业或者其他单位中,非国家工作人员与国家工作人员勾结,分别利用各自的职务便利,共同将本单位财物非法占有的,应当尽量区分主从犯,按照主犯的犯罪性质定罪。司法实践中,如果根据案件的实际情况,各共同犯罪人在共同犯罪中的地位、作用相当,难以区分主从犯的,可以贪污罪定罪处罚。	国家工作人员与非国家工作人员勾结,共同非法占有单位财物行为的认定:通常情况下,按照主犯的犯罪性质定罪,地位、作用相当;难以区分主从犯的,可以贪污罪定罪处罚。
《中华人民共和国刑法》	**第一百六十三条** 公司、企业或者其他单位的工作人员,利用职务上的便利,索取他人财物或者非法收受他人财物,为他人谋取利益,数额较大的,处三年以下有期徒刑或者拘役,并处罚金;数额巨大或者有其他严重情节的,处三年以上十年以下有期徒刑,并处罚金;数额特别巨大或者有其他特别严重情节的,处十年以上有期徒刑或者无期徒刑,并处罚金。 公司、企业或者其他单位的工作人员在经济往来中,利用职务上的便利,违反国家规定,收受各种名义的回扣、手续费,归个人所有的,依照前款的规定处罚。 国有公司、企业或者其他国有单位中从事公务的人员和国有公司、企业或者其他国有单位委派到非国有公司、企业以及其他单位从事公务的人员有前两款行为的,依照本法第三百八十五条、第三百八十六条的规定定罪处罚。	《最高人民法院、最高人民检察院关于办理商业贿赂刑事案件适用法律若干问题的意见》规定:《中华人民共和国刑法》第163条、第164条规定的"其他单位",既包括事业单位、社会团体、村民委员会、居民委员会、村民小组等常设性的组织,也包括为组织体育赛事、文艺演出或者其他正当活动而成立的组委会、筹委会、工程承包队等非常设性的组织。《中华人民共和国刑法》第163条、第164条规定的"公司、企业或者其他单位的工作人员",包括国有公司、企业以及其他国有单位中的非国家工作人员。

续表

法规依据	条文摘录	知识点提醒
《中华人民共和国刑法》	**第一百六十四条** 为谋取不正当利益，给予公司、企业或者其他单位的工作人员以财物，数额较大的，处三年以下有期徒刑或者拘役，并处罚金；数额巨大的，处三年以上十年以下有期徒刑，并处罚金。 为谋取不正当商业利益，给予外国公职人员或者国际公共组织官员以财物的，依照前款的规定处罚。 单位犯前两款罪的，对单位判处罚金，并对其直接负责的主管人员和其他直接责任人员，依照第一款的规定处罚。 行贿人在被追诉前主动交待行贿行为的，可以减轻处罚或者免除处罚。	
《最高人民法院、最高人民检察院关于办理商业贿赂刑事案件适用法律若干问题的意见》	**四**、医疗机构中的国家工作人员，在药品、医疗器械、医用卫生材料等医药产品采购活动中，利用职务上的便利，索取销售方财物，或者非法收受销售方财物，为销售方谋取利益，构成犯罪的，依照刑法第三百八十五条的规定，以受贿罪定罪处罚。 医疗机构中的非国家工作人员，有前款行为，数额较大的，依照刑法第一百六十三条的规定，以非国家工作人员受贿罪定罪处罚。 医疗机构中的医务人员，利用开处方的职务便利，以各种名义非法收受药品、医疗器械、医用卫生材料等医药产品销售方财物，为医药产品销售方谋取利益，数额较大的，依照刑法第一百六十三条的规定，以非国家工作人员受贿罪定罪处罚。	医疗机构中的国家工作人员可以成为受贿罪的主体，医疗机构中的非国家工作人员可以成为非国家工作人员受贿罪主体。
《最高人民法院、最高人民检察院关于办理商业贿赂刑事案件适用法律若干问题的意见》	**五**、学校及其他教育机构中的国家工作人员，在教材、教具、校服或者其他物品的采购等活动中，利用职务上的便利，索取销售方财物，或者非法收受销售方财物，为销售方谋取利益，构成犯罪的，依照刑法第三百八十五条的规定，以受贿罪定罪处罚。	学校及其他教育机构中的国家工作人员可以成为受贿罪的主体，学校及其他教育机构中的非国家工作人员可以成为非国家工作人员受贿罪主体。

续表

法规依据	条文摘录	知识点提醒
	学校及其他教育机构中的非国家工作人员,有前款行为,数额较大的,依照刑法第一百六十三条的规定,以非国家工作人员受贿罪定罪处罚。 学校及其他教育机构中的教师,利用教学活动的职务便利,以各种名义非法收受教材、教具、校服或者其他物品销售方财物,为教材、教具、校服或者其他物品销售方谋取利益,数额较大的,依照刑法第一百六十三条的规定,以非国家工作人员受贿罪定罪处罚。	
《最高人民法院、最高人民检察院关于办理商业贿赂刑事案件适用法律若干问题的意见》	**六、**依法组建的评标委员会、竞争性谈判采购中谈判小组、询价采购中询价小组的组成人员,在招标、政府采购等事项的评标或者采购活动中,索取他人财物或者非法收受他人财物,为他人谋取利益,数额较大的,依照刑法第一百六十三条的规定,以非国家工作人员受贿罪定罪处罚。 依法组建的评标委员会、竞争性谈判采购中谈判小组、询价采购中询价小组中国家机关或者其他国有单位的代表有前款行为的,依照刑法第三百八十五条的规定,以受贿罪定罪处罚。	依法组建的评标委员会、竞争性谈判采购中谈判小组、询价采购中询价小组的组成人员,若系国家机关或者其他国有单位的代表,则可成为受贿罪主体。
《最高人民法院、最高人民检察院关于办理贪污贿赂刑事案件适用法律若干问题的解释》	**第一条** 贪污或者受贿数额在三万元以上不满二十万元的,应当认定为刑法第三百八十三条第一款规定的"数额较大",依法判处三年以下有期徒刑或者拘役,并处罚金。 贪污数额在一万元以上不满三万元,具有下列情形之一的,应当认定为刑法第三百八十三条第一款规定的"其他较重情节",依法判处三年以下有期徒刑或者拘役,并处罚金: (一)贪污救灾、抢险、防汛、优抚、扶贫、移民、救济、防疫、社会捐助等特定款物的; (二)曾因贪污、受贿、挪用公款受过党纪、行政处分的;	贪污或者受贿罪入罪数额通常是3万元,但是也有例外。 贪污或者受贿"数额较大"指:3万元以上不满20万元。

续表

法规依据	条文摘录	知识点提醒
	（三）曾因故意犯罪受过刑事追究的； （四）赃款赃物用于非法活动的； （五）拒不交待赃款赃物去向或者拒不配合追缴工作，致使无法追缴的； （六）造成恶劣影响或者其他严重后果的。 受贿数额在一万元以上不满三万元，具有前款第二项至第六项规定的情形之一，或者具有下列情形之一的，应当认定为刑法第三百八十三条第一款规定的“其他较重情节”，依法判处三年以下有期徒刑或者拘役，并处罚金： （一）多次索贿的； （二）为他人谋取不正当利益，致使公共财产、国家和人民利益遭受损失的； （三）为他人谋取职务提拔、调整的。	
《最高人民法院、最高人民检察院关于办理贪污贿赂刑事案件适用法律若干问题的解释》	**第十五条**　对多次受贿未经处理的，累计计算受贿数额。 国家工作人员利用职务上的便利为请托人谋取利益前后多次收受请托人财物，受请托之前收受的财物数额在一万元以上的，应当一并计入受贿数额。	国家工作人员在受请托之前收受的财物计入受贿数额，有限制条件：一是具有职务上的便利，二是财物数额在1万元以上。
《最高人民法院、最高人民检察院关于办理贪污贿赂刑事案件适用法律若干问题的解释》	**第十六条**　国家工作人员出于贪污、受贿的故意，非法占有公共财物、收受他人财物之后，将赃款赃物用于单位公务支出或者社会捐赠的，不影响贪污罪、受贿罪的认定，但量刑时可以酌情考虑。 特定关系人索取、收受他人财物，国家工作人员知道后未退还或者上交的，应当认定国家工作人员具有受贿故意。	前提条件是对国家工作人员贪污、受贿故意的判定及推定。
《最高人民法院、最高人民检察院关于办理商业贿赂刑事案件适用法律若干问题的意见》	十、办理商业贿赂犯罪案件，要注意区分贿赂与馈赠的界限。主要应当结合以下因素全面分析、综合判断：(1)发生财物往来的背景，如双方是否存在亲友关系及历史上交往的情形和程度；(2)往来财物的价值；(3)财物往来的缘由、时机和方式，提供财物方对于接受方有无职务上的请托；(4)接受方是否利用职务上的便利为提供方谋取利益。	综合多种因素区分贿赂与馈赠、罪与非罪。

续表

法规依据	条文摘录	知识点提醒
《全国法院审理经济犯罪案件工作座谈会纪要》	一、关于贪污贿赂犯罪和渎职犯罪的主体 (一)国家机关工作人员的认定 刑法中所称的国家机关工作人员,是指在国家机关中从事公务的人员,包括在各级国家权力机关、行政机关、司法机关和军事机关中从事公务的人员。 根据有关立法解释的规定,在依照法律、法规规定行使国家行政管理职权的组织中从事公务的人员,或者在受国家机关委托代表国家行使职权的组织中从事公务的人员,或者虽未列入国家机关人员编制但在国家机关中从事公务的人员,视为国家机关工作人员。在乡(镇)以上中国共产党机关、人民政协机关中从事公务的人员,司法实践中也应当视为国家机关工作人员。 (二)国家机关、国有公司、企业、事业单位委派到非国有公司、企业、事业单位、社会团体从事公务的人员的认定 所谓委派,即委任、派遣,其形式多种多样,如任命、指派、提名、批准等。不论被委派的人身份如何,只要是接受国家机关、国有公司、企业、事业单位委派,代表国家机关、国有公司、企业、事业单位在非国有公司、企业、事业单位、社会团体中从事组织、领导、监督、管理等工作,都可以认定为国家机关、国有公司、企业、事业单位委派到非国有公司、企业、事业单位、社会团体从事公务的人员。如国家机关、国有公司、企业、事业单位委派在国有控股或者参股的股份有限公司从事组织、领导、监督、管理等工作的人员,应当以国家工作人员论。国有公司、企业改制为股份有限公司后,原国有公司、企业的工作人员和股份有限公司新任命的人员中,除代表国有投资主体行使监督、管理职权的人外,不以国家工作人员论。	《全国人民代表大会常务委员会关于〈中华人民共和国刑法〉第九章渎职罪主体适用问题的解释》规定,在依照法律、法规规定行使国家行政管理职权的组织中从事公务的人员,或者在受国家机关委托代表国家机关行使职权的组织中从事公务的人员,或者虽未列入国家机关人员编制但在国家机关中从事公务的人员,在代表国家机关行使职权时,有渎职行为,构成犯罪的,依照刑法关于渎职罪的规定追究刑事责任。

续表

法规依据	条文摘录	知识点提醒
	（三）“其他依照法律从事公务的人员”的认定 刑法第九十三条第二款规定的“其他依照法律从事公务的人员”应当具有两个特征：一是在特定条件下行使国家管理职能；二是依照法律规定从事公务。具体包括： （1）依法履行职责的各级人民代表大会代表； （2）依法履行审判职责的人民陪审员； （3）协助乡镇人民政府、街道办事处从事行政管理工作的村民委员会、居民委员会等农村和城市基层组织人员； （4）其他由法律授权从事公务的人员。 （四）关于“从事公务”的理解 从事公务，是指代表国家机关、国有公司、企业、事业单位、人民团体等履行组织、领导、监督、管理等职责。公务主要表现为与职权相联系的公共事务以及监督、管理国有财产的职务活动。如国家机关工作人员依法履行职责，国有公司的董事、经理、监事、会计、出纳人员等管理、监督国有财产等活动，属于从事公务。那些不具备职权内容的劳务活动、技术服务工作，如售货员、售票员等所从事的工作，一般不认为是公务。	
《最高人民法院、最高人民检察院关于办理贪污贿赂刑事案件适用法律若干问题的解释》	**第二条** 贪污或者受贿数额在二十万元以上不满三百万元的，应当认定为刑法第三百八十三条第一款规定的“数额巨大”，依法判处三年以上十年以下有期徒刑，并处罚金或者没收财产。 贪污数额在十万元以上不满二十万元，具有本解释第一条第二款规定的情形之一的，应当认定为刑法第三百八十三条第一款规定的“其他严重情节”，依法判处三年以上十年以下有期徒刑，并处罚金或者没收财产。 受贿数额在十万元以上不满二十万元，具有本解释第一条第三款规定的情形之一的，应当认定为刑法第三百八十三条第一款规定的“其他严重情节”，依法判处三年以上十年以下有期徒刑，并处罚金或者没收财产。	贪污或者受贿数额在20万元以上不满300万元的，为《中华人民共和国刑法》第383条第1款规定的“数额巨大”。

续表

法规依据	条文摘录	知识点提醒
《最高人民法院、最高人民检察院关于办理贪污贿赂刑事案件适用法律若干问题的解释》	**第三条** 贪污或者受贿数额在三百万元以上的,应当认定为刑法第三百八十三条第一款规定的“数额特别巨大”,依法判处十年以上有期徒刑、无期徒刑或者死刑,并处罚金或者没收财产。 贪污数额在一百五十万元以上不满三百万元,具有本解释第一条第二款规定的情形之一的,应当认定为刑法第三百八十三条第一款规定的“其他特别严重情节”,依法判处十年以上有期徒刑、无期徒刑或者死刑,并处罚金或者没收财产。 受贿数额在一百五十万元以上不满三百万元,具有本解释第一条第三款规定的情形之一的,应当认定为刑法第三百八十三条第一款规定的“其他特别严重情节”,依法判处十年以上有期徒刑、无期徒刑或者死刑,并处罚金或者没收财产。	贪污或者受贿数额在300万元以上的,属于“数额特别巨大”。
《最高人民法院、最高人民检察院关于办理贪污贿赂刑事案件适用法律若干问题的解释》	**第十七条** 国家工作人员利用职务上的便利,收受他人财物,为他人谋取利益,同时构成受贿罪和刑法分则第三章第三节、第九章规定的渎职犯罪的,除刑法另有规定外,以受贿罪和渎职犯罪数罪并罚。	除刑法另有规定外,以受贿罪和渎职犯罪数罪并罚。
《中华人民共和国刑法》	**第三百八十四条** 国家工作人员利用职务上的便利,挪用公款归个人使用,进行非法活动的,或者挪用公款数额较大、进行营利活动的,或者挪用公款数额较大、超过三个月未还的,是挪用公款罪,处五年以下有期徒刑或者拘役;情节严重的,处五年以上有期徒刑。挪用公款数额巨大不退还的,处十年以上有期徒刑或者无期徒刑。 挪用用于救灾、抢险、防汛、优抚、扶贫、移民、救济款物归个人使用的,从重处罚。	本条规定了挪用公款的罪状和法定刑。

续表

法规依据	条文摘录	知识点提醒
《最高人民法院、最高人民检察院关于办理贪污贿赂刑事案件适用法律若干问题的解释》	**第五条** 挪用公款归个人使用,进行非法活动,数额在三万元以上的,应当依照刑法第三百八十四条的规定以挪用公款罪追究刑事责任;数额在三百万元以上的,应当认定为刑法第三百八十四条第一款规定的"数额巨大"。具有下列情形之一的,应当认定为刑法第三百八十四条第一款规定的"情节严重": (一)挪用公款数额在一百万元以上的; (二)挪用救灾、抢险、防汛、优抚、扶贫、移民、救济特定款物,数额在五十万元以上不满一百万元的; (三)挪用公款不退还,数额在五十万元以上不满一百万元的; (四)其他严重的情节。	挪用公款归个人使用,进行非法活动,入罪数额:3万元。
《最高人民法院、最高人民检察院关于办理贪污贿赂刑事案件适用法律若干问题的解释》	**第六条** 挪用公款归个人使用,进行营利活动或者超过三个月未还,数额在五万元以上的,应当认定为刑法第三百八十四条第一款规定的"数额较大";数额在五百万元以上的,应当认定为刑法第三百八十四条第一款规定的"数额巨大"。具有下列情形之一的,应当认定为刑法第三百八十四条第一款规定的"情节严重": (一)挪用公款数额在二百万元以上的; (二)挪用救灾、抢险、防汛、优抚、扶贫、移民、救济特定款物,数额在一百万元以上不满二百万元的; (三)挪用公款不退还,数额在一百万元以上不满二百万元的; (四)其他严重的情节。	挪用公款归个人使用,进行营利活动或者超过3个月未还,入罪数额:5万元。
《全国法院审理经济犯罪案件工作座谈会纪要》	**四、关于挪用公款罪** (一)单位决定将公款给个人使用行为的认定 经单位领导集体研究决定将公款给个人使用,或者单位负责人为了单位的利益,决定	单位决定将公款给个人使用行为的认定:不以挪用公款罪定罪处罚。

续表

法规依据	条文摘录	知识点提醒
	将公款给个人使用的,不以挪用公款罪定罪处罚。上述行为致使单位遭受重大损失,构成其他犯罪的,依照刑法的有关规定对责任人员定罪处罚。	
《全国法院审理经济犯罪案件工作座谈会纪要》	**四、关于挪用公款罪** (二)挪用公款供其他单位使用行为的认定 根据全国人大常委会《关于〈中华人民共和国刑法〉第三百八十四条第一款的解释》的规定,"以个人名义将公款供其他单位使用的"、"个人决定以单位名义将公款供其他单位使用,谋取个人利益的",属于挪用公款"归个人使用"。在司法实践中,对于将公款供其他单位使用的,认定是否属于"以个人名义",不能只看形式,要从实质上把握。对于行为人逃避财务监管,或者与使用人约定以个人名义进行,或者借款、还款都以个人名义进行,将公款给其他单位使用的,应认定为"以个人名义"。"个人决定"既包括行为人在职权范围内决定,也包括超越职权范围决定。"谋取个人利益",既包括行为人与使用人事先约定谋取个人利益实际尚未获取的情况,也包括虽未事先约定但实际已获取了个人利益的情况。其中的"个人利益",既包括不正当利益,也包括正当利益;既包括财产性利益,也包括非财产性利益,但这种非财产性利益应当是具体的实际利益,如升学、就业等。	挪用公款供其他单位使用行为的认定,认定是否属于"以个人名义",不能只看形式,要从实质上把握。
《全国法院审理经济犯罪案件工作座谈会纪要》	**四、关于挪用公款罪** (三)国有单位领导向其主管的具有法人资格的下级单位借公款归个人使用的认定 国有单位领导利用职务上的便利指令具有法人资格的下级单位将公款供个人使用的,属于挪用公款行为,构成犯罪的,应以挪用公款罪定罪处罚。	国有单位领导向其主管的具有法人资格的下级单位借公款归个人使用的,以挪用公款罪定罪处罚。

续表

法规依据	条文摘录	知识点提醒
《全国法院审理经济犯罪案件工作座谈会纪要》	**四、关于挪用公款罪** (四)挪用有价证券、金融凭证用于质押行为性质的认定 挪用金融凭证、有价证券用于质押,使公款处于风险之中,与挪用公款为他人提供担保没有实质的区别,符合刑法关于挪用公款罪规定的,以挪用公款罪定罪处罚,挪用公款数额以实际或者可能承担的风险数额认定。	挪用有价证券、金融凭证用于质押行为性质的认定:以挪用公款罪定罪处罚。
《全国法院审理经济犯罪案件工作座谈会纪要》	**四、关于挪用公款罪** (五)挪用公款归还个人欠款行为性质的认定 挪用公款归还个人欠款的,应当根据产生欠款的原因,分别认定属于挪用公款的何种情形。归还个人进行非法活动或者进行营利活动产生的欠款,应当认定为挪用公款进行非法活动或者进行营利活动。	挪用公款归还个人欠款行为性质的认定:根据产生欠款的原因。
《全国法院审理经济犯罪案件工作座谈会纪要》	**四、关于挪用公款罪** (七)挪用公款后尚未投入实际使用的行为性质的认定 挪用公款后尚未投入实际使用的,只要同时具备"数额较大"和"超过三个月未还"的构成要件,应当认定为挪用公款罪,但可以酌情从轻处罚。	挪用公款后尚未投入实际使用的行为性质的认定:应当认定为挪用公款罪。
《全国法院审理经济犯罪案件工作座谈会纪要》	**四、关于挪用公款罪** (八)挪用公款转化为贪污的认定 挪用公款罪与贪污罪的主要区别在于行为人主观上是否具有非法占有公款的目的。挪用公款是否转化为贪污,应当按照主客观相一致的原则,具体判断和认定行为人主观上是否具有非法占有公款的目的。在司法实践中,具有以下情形之一的,可以认定行为人具有非法占有公款的目的: 1. 根据《最高人民法院关于审理挪用公款案件具体应用法律若干问题的解释》第六条的规定,行为人"携带挪用的公款潜逃的",对其携带挪用的公款部分,以贪污罪定罪处罚。	挪用公款罪与贪污罪的主要区别在于行为人主观上是否具有非法占有公款的目的。

续表

法规依据	条文摘录	知识点提醒
	2. 行为人挪用公款后采取虚假发票平帐、销毁有关帐目等手段,使所挪用的公款已难以在单位财务帐目上反映出来,且没有归还行为的,应当以贪污罪定罪处罚。 3. 行为人截取单位收入不入帐,非法占有,使所占有的公款难以在单位财务帐目上反映出来,且没有归还行为的,应当以贪污罪定罪处罚。 4. 有证据证明行为人有能力归还所挪用的公款而拒不归还,并隐瞒挪用的公款去向的,应当以贪污罪定罪处罚。	
《最高人民法院、最高人民检察院关于办理贪污贿赂刑事案件适用法律若干问题的解释》	**第七条** 为谋取不正当利益,向国家工作人员行贿,数额在三万元以上的,应当依照刑法第三百九十条的规定以行贿罪追究刑事责任。 行贿数额在一万元以上不满三万元,具有下列情形之一的,应当依照刑法第三百九十条的规定以行贿罪追究刑事责任: (一)向三人以上行贿的; (二)将违法所得用于行贿的; (三)通过行贿谋取职务提拔、调整的; (四)向负有食品、药品、安全生产、环境保护等监督管理职责的国家工作人员行贿,实施非法活动的; (五)向司法工作人员行贿,影响司法公正的; (六)造成经济损失数额在五十万元以上不满一百万元的。	行贿罪构成要件要求行为人主观上"为谋取不正当利益"。 通常情况下,行贿入罪数额为3万元,但是也有例外。
《最高人民法院、最高人民检察院关于办理商业贿赂刑事案件适用法律若干问题的意见》	**九**、在行贿犯罪中,"谋取不正当利益",是指行贿人谋取违反法律、法规、规章或者政策规定的利益,或者要求对方违反法律、法规、规章、政策、行业规范的规定提供帮助或者方便条件。	"谋取不正当利益"的界定。

续表

法规依据	条文摘录	知识点提醒
	在招标投标、政府采购等商业活动中，违背公平原则，给予相关人员财物以谋取竞争优势的，属于“谋取不正当利益”。	
《最高人民法院、最高人民检察院关于办理贪污贿赂刑事案件适用法律若干问题的解释》	**第八条** 犯行贿罪，具有下列情形之一的，应当认定为刑法第三百九十条第一款规定的“情节严重”： （一）行贿数额在一百万元以上不满五百万元的； （二）行贿数额在五十万元以上不满一百万元，并具有本解释第七条第二款第一项至第五项规定的情形之一的； （三）其他严重的情节。 为谋取不正当利益，向国家工作人员行贿，造成经济损失数额在一百万元以上不满五百万元的，应当认定为刑法第三百九十条第一款规定的“使国家利益遭受重大损失”。	行贿罪“情节严重”的界定。
《最高人民法院、最高人民检察院关于办理贪污贿赂刑事案件适用法律若干问题的解释》	**第九条** 犯行贿罪，具有下列情形之一的，应当认定为刑法第三百九十条第一款规定的“情节特别严重”： （一）行贿数额在五百万元以上的； （二）行贿数额在二百五十万元以上不满五百万元，并具有本解释第七条第二款第一项至第五项规定的情形之一的； （三）其他特别严重的情节。 为谋取不正当利益，向国家工作人员行贿，造成经济损失数额在五百万元以上的，应当认定为刑法第三百九十条第一款规定的“使国家利益遭受特别重大损失”。	行贿罪“情节特别严重”的界定。
《最高人民法院、最高人民检察院关于办理贪污贿赂刑事案件适用法律若干问题的解释》	**第十一条** 刑法第一百六十三条规定的非国家工作人员受贿罪、第二百七十一条规定的职务侵占罪中的“数额较大”“数额巨大”的数额起点，按照本解释关于受贿罪、贪污罪相对应的数额标准规定的二倍、五倍执行。	非国家工作人员受贿罪入罪数额标准，是受贿罪入罪数额标准的2倍。 职务侵占罪入罪数额标准，是贪污罪入罪数额标准的5倍。

续表

法规依据	条文摘录	知识点提醒
	刑法第二百七十二条规定的挪用资金罪中的"数额较大""数额巨大"以及"进行非法活动"情形的数额起点,按照本解释关于挪用公款罪"数额较大""情节严重"以及"进行非法活动"的数额标准规定的二倍执行。 刑法第一百六十四条第一款规定的对非国家工作人员行贿罪中的"数额较大""数额巨大"的数额起点,按照本解释第七条、第八条第一款关于行贿罪的数额标准规定的二倍执行。	挪用资金罪入罪数额标准,是挪用公款罪入罪数额标准的2倍。 非国家工作人员行贿罪入罪数额标准,是行贿罪入罪数额标准的2倍。
《最高人民法院、最高人民检察院关于办理贪污贿赂刑事案件适用法律若干问题的解释》	**第十二条** 贿赂犯罪中的"财物",包括货币、物品和财产性利益。财产性利益包括可以折算为货币的物质利益如房屋装修、债务免除等,以及需要支付货币的其他利益如会员服务、旅游等。后者的犯罪数额,以实际支付或者应当支付的数额计算。	贿赂犯罪中的"财物",包括货币、物品和财产性利益。
《最高人民法院、最高人民检察院关于办理受贿刑事案件适用法律若干问题的意见》	八、关于收受贿赂物品未办理权属变更问题 国家工作人员利用职务上的便利为请托人谋取利益,收受请托人房屋、汽车等物品,未变更权属登记或者借用他人名义办理权属变更登记的,不影响受贿的认定。 认定以房屋、汽车等物品为对象的受贿,应注意与借用的区分。具体认定时,除双方交代或者书面协议之外,主要应当结合以下因素进行判断:(1)有无借用的合理事由;(2)是否实际使用;(3)借用时间的长短;(4)有无归还的条件;(5)有无归还的意思表示及行为。	收受贿赂物品,未办理权属变更,不影响受贿的认定。
《最高人民法院、最高人民检察院关于办理商业贿赂刑事案件适用法律若干问题的意见》	八、收受银行卡的,不论受贿人是否实际取出或者消费,卡内的存款数额一般应全额认定为受贿数额。使用银行卡透支的,如果由给予银行卡的一方承担还款责任,透支数额也应当认定为受贿数额。	在收受银行卡的场合,受贿金额的认定。

续表

法规依据	条文摘录	知识点提醒
《最高人民法院、最高人民检察院关于办理贪污贿赂刑事案件适用法律若干问题的解释》	**第十三条** 具有下列情形之一的，应当认定为“为他人谋取利益”，构成犯罪的，应当依照刑法关于受贿犯罪的规定定罪处罚： （一）实际或者承诺为他人谋取利益的； （二）明知他人有具体请托事项的； （三）履职时未被请托，但事后基于该履职事由收受他人财物的。 国家工作人员索取、收受具有上下级关系的下属或者具有行政管理关系的被管理人员的财物价值三万元以上，可能影响职权行使的，视为承诺为他人谋取利益。	“为他人谋取利益”的界定，此知识点十分重要。
《最高人民法院、最高人民检察院关于办理贪污贿赂刑事案件适用法律若干问题的解释》	**第十四条第三款** 具有下列情形之一的，可以认定为刑法第三百九十条第二款规定的“对侦破重大案件起关键作用”： （一）主动交待办案机关未掌握的重大案件线索的； （二）主动交待的犯罪线索不属于重大案件的线索，但该线索对于重大案件侦破有重要作用的； （三）主动交待行贿事实，对于重大案件的证据收集有重要作用的； （四）主动交待行贿事实，对于重大案件的追逃、追赃有重要作用的。	“对侦破重大案件起关键作用”，一共包括4种情形，需要掌握。
《最高人民法院、最高人民检察院关于办理受贿刑事案件适用法律若干问题的意见》	**一、关于以交易形式收受贿赂问题** 国家工作人员利用职务上的便利为请托人谋取利益，以下列交易形式收受请托人财物的，以受贿论处： （1）以明显低于市场的价格向请托人购买房屋、汽车等物品的； （2）以明显高于市场的价格向请托人出售房屋、汽车等物品的； （3）以其他交易形式非法收受请托人财物的。 受贿数额按照交易时当地市场价格与实际支付价格的差额计算。	以交易形式收受贿赂的情形。

续表

法规依据	条文摘录	知识点提醒
	前款所列市场价格包括商品经营者事先设定的不针对特定人的最低优惠价格。根据商品经营者事先设定的各种优惠交易条件,以优惠价格购买商品的,不属于受贿。	
《最高人民法院、最高人民检察院关于办理受贿刑事案件适用法律若干问题的意见》	**二、关于收受干股问题** 干股是指未出资而获得的股份。国家工作人员利用职务上的便利为请托人谋取利益,收受请托人提供的干股的,以受贿论处。进行了股权转让登记,或者相关证据证明股份发生了实际转让的,受贿数额按转让行为时股份价值计算,所分红利按受贿孳息处理。股份未实际转让,以股份分红名义获取利益的,实际获利数额应当认定为受贿数额。	干股是指未出资而获得的股份。
《最高人民法院、最高人民检察院关于办理受贿刑事案件适用法律若干问题的意见》	**三、关于以开办公司等合作投资名义收受贿赂问题** 国家工作人员利用职务上的便利为请托人谋取利益,由请托人出资,"合作"开办公司或者进行其他"合作"投资的,以受贿论处。受贿数额为请托人给国家工作人员的出资额。 国家工作人员利用职务上的便利为请托人谋取利益,以合作开办公司或者其他合作投资的名义获取"利润",没有实际出资和参与管理、经营的,以受贿论处。	以开办公司等合作投资名义收受贿赂,强调没有实际出资和参与管理、经营。
《最高人民法院、最高人民检察院关于办理受贿刑事案件适用法律若干问题的意见》	**四、关于以委托请托人投资证券、期货或者其他委托理财的名义收受贿赂问题** 国家工作人员利用职务上的便利为请托人谋取利益,以委托请托人投资证券、期货或者其他委托理财的名义,未实际出资而获取"收益",或者虽然实际出资,但获取"收益"明显高于出资应得收益的,以受贿论处。受贿数额,前一情形,以"收益"额计算;后一情形,以"收益"额与出资应得收益额的差额计算。	以委托请托人投资证券、期货或者其他委托理财的名义收受贿赂。

续表

法规依据	条文摘录	知识点提醒
《最高人民法院、最高人民检察院关于办理受贿刑事案件适用法律若干问题的意见》	**五、关于以赌博形式收受贿赂的认定问题** 根据《最高人民法院、最高人民检察院关于办理赌博刑事案件具体应用法律若干问题的解释》第七条规定，国家工作人员利用职务上的便利为请托人谋取利益，通过赌博方式收受请托人财物的，构成受贿。 实践中应注意区分贿赂与赌博活动、娱乐活动的界限。具体认定时，主要应当结合以下因素进行判断：(1)赌博的背景、场合、时间、次数；(2)赌资来源；(3)其他赌博参与者有无事先通谋；(4)输赢钱物的具体情况和金额大小。	以赌博形式收受贿赂。
《最高人民法院、最高人民检察院关于办理受贿刑事案件适用法律若干问题的意见》	**六、关于特定关系人“挂名”领取薪酬问题** 国家工作人员利用职务上的便利为请托人谋取利益，要求或者接受请托人以给特定关系人安排工作为名，使特定关系人不实际工作却获取所谓薪酬的，以受贿论处。	特定关系人“挂名”领取薪酬，国家工作人员的行为构成受贿罪。
《最高人民法院、最高人民检察院关于办理受贿刑事案件适用法律若干问题的意见》	**七、关于由特定关系人收受贿赂问题** 国家工作人员利用职务上的便利为请托人谋取利益，授意请托人以本意见所列形式，将有关财物给予特定关系人的，以受贿论处。 特定关系人与国家工作人员通谋，共同实施前款行为的，对特定关系人以受贿罪的共犯论处。特定关系人以外的其他人与国家工作人员通谋，由国家工作人员利用职务上的便利为请托人谋取利益，收受请托人财物后双方共同占有的，以受贿罪的共犯论处。	区分为两种情况：一是由特定关系人收受贿赂；二是特定关系人以外的其他人与国家工作人员通谋，收受请托人财物后双方共同占有，以受贿罪的共犯论处。
《最高人民法院、最高人民检察院关于办理商业贿赂刑事案件适用法律若干问题的意见》	**十一、**非国家工作人员与国家工作人员通谋，共同收受他人财物，构成共同犯罪的，根据双方利用职务便利的具体情形分别定罪追究刑事责任：	非国家工作人员与国家工作人员通谋，共同收受他人财物，构成共同犯罪的性质界定。

续表

法规依据	条文摘录	知识点提醒
	(1)利用国家工作人员的职务便利为他人谋取利益的,以受贿罪追究刑事责任。 (2)利用非国家工作人员的职务便利为他人谋取利益的,以非国家工作人员受贿罪追究刑事责任。 (3)分别利用各自的职务便利为他人谋取利益的,按照主犯的犯罪性质追究刑事责任,不能分清主从犯的,可以受贿罪追究刑事责任。	
《最高人民法院、最高人民检察院关于办理受贿刑事案件适用法律若干问题的意见》	**九、**关于收受财物后退还或者上交问题 国家工作人员收受请托人财物后及时退还或者上交的,不是受贿。 国家工作人员受贿后,因自身或者与其受贿有关联的人、事被查处,为掩饰犯罪而退还或者上交的,不影响认定受贿罪。	索取贿赂后退还或者上交的,依然成立受贿罪。"及时退还或者上交"不是一个单纯的时间概念,而是表明行为人没有受贿故意,故只能联系行为人是否具有受贿故意得出判断结论;第2款与第1款不是对立关系,完全存在既不符合第1款也不符合第2款的情形;不构成受贿罪的退还行为可能成立帮助毁灭证据罪。
《最高人民法院、最高人民检察院关于办理受贿刑事案件适用法律若干问题的意见》	**十、**关于在职时为请托人谋利,离职后收受财物问题 国家工作人员利用职务上的便利为请托人谋取利益之前或者之后,约定在其离职后收受请托人财物,并在离职后收受的,以受贿论处。 国家工作人员利用职务上的便利为请托人谋取利益,离职前后连续收受请托人财物的,离职前后收受部分均应计入受贿数额。	在职时为请托人谋利,约定离职后收受财物,并在离职后收受的,以受贿论处。关键词:"约定"。
备注	"特定关系人",是指与国家工作人员有近亲属、情妇(夫)以及其他共同利益关系的人。	"特定关系人"的范围。

续表

法规依据	条文摘录	知识点提醒
	利用影响力受贿罪的定罪量刑适用标准，参照受贿罪的规定执行。 对有影响力的人行贿罪的定罪量刑适用标准，参照行贿罪的规定执行。 单位对有影响力的人行贿数额在20万元以上的，应当依照《中华人民共和国刑法》第390条之一的规定以对有影响力的人行贿罪追究刑事责任。	利用影响力受贿罪的定罪量刑标准。
	根据行贿犯罪的事实、情节，可能被判处3年有期徒刑以下刑罚的，可以认定为《中华人民共和国刑法》第390条第2款规定的“犯罪较轻”。 根据犯罪的事实、情节，已经或者可能被判处10年有期徒刑以上刑罚的，或者案件在本省、自治区、直辖市或者全国范围内有较大影响的，可以认定为《中华人民共和国刑法》第390条第2款规定的“重大案件”。	轻罪的标准是可能被判处3年有期徒刑以下刑罚的。 重大案件的认定，需要掌握。
推荐阅读	请注意学习《国家监察委员会与最高人民检察院办理职务犯罪案件工作衔接办法》《国家监察委员会移送最高人民检察院职务犯罪案件证据收集审查基本要求与案件材料移送清单》。	

受贿罪、斡旋受贿罪、利用影响力受贿罪区分

名称	刑法条文摘录	知识点提醒
受贿罪	**第三百八十五条** 国家工作人员利用职务上的便利,索取他人财物的,或者非法收受他人财物,为他人谋取利益的,是受贿罪。 国家工作人员在经济往来中,违反国家规定,收受各种名义的回扣、手续费,归个人所有的,以受贿论处。	《最高人民法院、最高人民检察院关于办理贪污贿赂刑事案件适用法律若干问题的解释》规定:"受贿数额在三万元以上不满二十万元的,应当认定为刑法第三百八十三条第一款规定的'数额较大',依法判处三年以下有期徒刑或者拘役,并处罚金。贪污数额在一万元以上不满三万元,具有下列情形之一的,应当认定为刑法第三百八十三条第一款规定的'其他较重情节',依法判处三年以下有期徒刑或者拘役,并处罚金:(一)贪污救灾、抢险、防汛、优抚、扶贫、移民、救济、防疫、社会捐助等特定款物的;(二)曾因贪污、受贿、挪用公款受过党纪、行政处分的;(三)曾因故意犯罪受过刑事追究的;(四)赃款赃物用于非法活动的;(五)拒不交待赃款赃物去向或者拒不配合追缴工作,致使无法追缴的;(六)造成恶劣影响或者其他严重后果的。受贿数额在一万元以上不满三万元,具有前款第二项至第六项规定的情形之一,或者具有下列情形之一的,应当认定为刑法第三百八十三条第一款规定的'其他较重情节',依法判处三年以下有期徒刑或者拘役,并处罚金:(一)多次索贿的;(二)为他人谋取不正当利益,致使公共财产、国家和人民利益遭受损失的;(三)为他人谋取职务提拔、调整的。" 【典型案例】中国华融资产管理股份有限公司原党委书记、董事长赖某民受贿数额高达17.88亿元,成为党的十八大以来因犯贪污贿赂犯罪被判处并执行死刑的第一人。

续表

名称	刑法条文摘录	知识点提醒
利用影响力受贿罪	**第三百八十八条之一** 国家工作人员的近亲属或者其他与该国家工作人员关系密切的人,通过该国家工作人员职务上的行为,或者利用该国家工作人员职权或者地位形成的便利条件,通过其他国家工作人员职务上的行为,为请托人谋取不正当利益,索取请托人财物或者收受请托人财物,数额较大或者有其他较重情节的,处三年以下有期徒刑或者拘役,并处罚金;数额巨大或者有其他严重情节的,处三年以上七年以下有期徒刑,并处罚金;数额特别巨大或者有其他特别严重情节的,处七年以上有期徒刑,并处罚金或者没收财产。 离职的国家工作人员或者其近亲属以及其他与其关系密切的人,利用该离职的国家工作人员原职权或者地位形成的便利条件实施前款行为的,依照前款的规定定罪处罚。	利用影响力受贿罪与受贿罪共犯的最大区别就在于,国家工作人员主观上是否与关系密切的人有共同受贿的犯罪故意。 国家工作人员的近亲属、关系密切的姻亲、情妇(夫)、身边工作人员(秘书、司机)等,还包括依附或紧密围绕在国家工作人员身边的其他人员,例如保姆、发小、战友、老同学、老板等小团体人员等也可成为本罪的主体。 离退休后受贿与利用影响力受贿的区别是,离退休后受贿是对履职时谋利事项的兑现,双方存在约定收受财物行为,谋取利益发生于在职期间;公职人员离退休后利用影响力受贿是利用其原职权或者地位形成的便利条件实施权钱交易的行为,请托事项和收受财物均发生在离职、退休以后。 【典型案例】2019 年,胡某峰退休后利用曾担任内蒙古自治区高级人民法院党组书记、院长的职权、地位形成的便利条件,通过有关国家工作人员为他人所涉案件处理提供帮助,收受他人所送 200 万元。胡某峰被以利用影响力受贿罪判处有期徒刑 3 年,并处罚金 20 万元。
斡旋受贿罪	**第三百八十八条** 国家工作人员利用本人职权或者地位形成的便利条件,通过其他国家工作人员职务上的行为,为请托人谋取不正当利益,索取请托人财物或者收受请托人财物的,以受贿论处。	《全国法院审理经济犯罪案件工作座谈会纪要》规定,"利用本人职权或者地位形成的便利条件",是指行为人与被其利用的国家工作人员之间在职务上虽然没有隶属、制约关系,但是行为人利用了本人职权或者地位产生的影响和一定的工作联系,如单位内不同部门的国家工作人员之间、上下级单位没有职务上隶属、制约关系的国家工作人员之间、有工作联系的不同单位的国家工作人员之间等。 斡旋受贿中的权力影响力是基于行为人自己的职权或者地位形成的便利条件,而非基于被斡旋的其他国家工作人员的职务便利。 普通受贿中有为他人谋取利益即可,对于利益是否正当在所不问,而斡旋受贿中为他人谋取的必须是不正当利益。

续表

名称	刑法条文摘录	知识点提醒
介绍贿赂	**第三百九十二条** 向国家工作人员介绍贿赂,情节严重的,处三年以下有期徒刑或者拘役,并处罚金。 介绍贿赂人在被追诉前主动交待介绍贿赂行为的,可以减轻处罚或者免除处罚。	在介绍贿赂罪中,行为人仅是在行贿、受贿双方之间充当"掮客",目的就是通过自己的居间沟通、撮合,促成行贿、受贿结果的实现。介绍贿赂人一般不依附于行贿或受贿的任何一方,不参与实施行贿、受贿犯罪的实行行为,只是为行贿、受贿双方的沟通交流创造条件、传递信息。 涉嫌下列情形之一的,应予立案,处3年以下有期徒刑或者拘役,并处罚金:1. 介绍个人行贿3万元(参照行受贿标准)以上的;介绍单位行贿20万元以上的。2. 介绍贿赂数额不满上述标准,但具有下列情形之一的:(1)为使行贿人获取非法利益而介绍贿赂的;(2)3次以上或者为3人以上介绍贿赂的;(3)向党政领导、司法工作人员、行政执法人员介绍贿赂的;(4)致使国家或者社会利益遭受重大损失的。
备注	《最高人民法院、最高人民检察院关于办理贪污贿赂刑事案件适用法律若干问题的解释》 第十二条 贿赂犯罪中的"财物",包括货币、物品和财产性利益。财产性利益包括可以折算为货币的物质利益如房屋装修、债务免除等,以及需要支付货币的其他利益如会员服务、旅游等。后者的犯罪数额,以实际支付或者应当支付的数额计算。 第十三条 具有下列情形之一的,应当认定为"为他人谋取利益",构成犯罪的,应当依照刑法关于受贿犯罪的规定定罪处罚: (一)实际或者承诺为他人谋取利益的; (二)明知他人有具体请托事项的; (三)履职时未被请托,但事后基于该履职事由收受他人财物的。 国家工作人员索取、收受具有上下级关系的下属或者具有行政管理关系的被管理人员的财物价值三万元以上,可能影响职权行使的,视为承诺为他人谋取利益。 第十六条第一款 国家工作人员出于贪污、受贿的故意,非法占有公共财物、收受他人财物之后,将赃款赃物用于单位公务支出或者社会捐赠的,不影响贪污罪、受贿罪的认定,但量刑时可以酌情考虑。 第十七条 国家工作人员利用职务上的便利,收受他人财物,为他人谋取利益,同时构成受贿罪和刑法分则第三章第三节、第九章规定的渎职犯罪的,除刑法另有规定外,以受贿罪和渎职犯罪数罪并罚。	

续表

名称	刑法条文摘录	知识点提醒
推荐阅读	1. 郭辉:《斡旋被拒后收受财物构成何罪》,载《中国纪检监察报》2023 年 5 月 10 日,第 6 版。该文指出,普通受贿中的贿赂,本质在于它是国家工作人员的职务行为的对价,而斡旋受贿中的贿赂,是斡旋行为的对价,并不是其他国家工作人员职务行为的对价。国家工作人员接受请托,索取或者收受贿赂,实施斡旋行为被拒绝没有实现的,属于斡旋受贿的既遂。 2. 张剑峰:《接受逢年过节感情投资行为如何定性》,载《中国纪检监察报》2024 年 1 月 3 日,第 6 版。该文指出,认定受贿犯罪的关键是履职谋利,重点是有无履职行为,以此为依托将处罚范围向前、向后延伸,受请托之后收受的财物当然要以受贿论处,受请托之前收受的财物数额在 1 万元以上的,也应当一并计入受贿犯罪数额。因此,在实际办案中,要重点关注行为人有没有利用职务便利。行贿人长期连续给予受贿人财物,且超出正常人情往来,其间只要发生过具体请托事项,则可以把这些连续收受的财物视为一个整体行为,全额认定受贿数额。 3. 吴海生、张剑峰、袁一鸣:《通过非国家工作人员为他人谋利并收受财物如何定性》,载《中国纪检监察报》2023 年 6 月 21 日,第 6 版。该文指出,受贿罪的本质是权钱交易,受贿人之所以能用权换钱,根本原因在于其所具有的"职务上的便利",该职权通常与行贿人之所以请托或给予好处,都有一定的制约和影响关系。因此,对国家工作人员通过非国家工作人员为第三人谋利并收受财物的行为是否涉嫌受贿犯罪,关键要看行为人的职权对相关事项的实际制约力和影响力,综合进行分析评价,从而得出客观、精准、公正的结论。 4. 艾萍:《中间人截贿或获得感谢费行为性质探析》,载《中国纪检监察报》2023 年 3 月 29 日,第 7 版。该文指出,对于中间人截贿和获得"感谢费"行为性质的认定,不能机械地把单个行为片面抽离出来,简单套用财产犯罪的构成要件,必须抓住各行为人的主观方面,整体、全面、本质地分析把握。从本质上,无论对于请托人给予中间人财物行为,还是对于中间人截取财物或获得"感谢费"行为,根本都是建立在中间人与国家工作人员关系密切的基础上,目的都是通过国家工作人员实现请托事项,整个行为的社会危害性体现于对公权力廉洁性的损害,应从贿赂犯罪角度评价,符合行为本质和主客观相一致原则。整体上看,可将行为人的行为评价为对有影响力的人行贿罪。 5. 敬靖:《行贿罪的共犯还是介绍贿赂罪?》,载中央纪委国家监委网 2021 年 12 月 9 日,https://www.ccdi.gov.cn/hdjln/ywtt/202112/t20211209_157660.html。该文指出,介绍贿赂罪与行贿罪的共犯的主要区别在于:(1)从客观方面看,介绍贿赂人必须与行贿受贿双方都有联系,从中沟通撮合,如果行为人只与行贿一方有联系,为行贿一方出谋划策,则构成行贿罪的共犯。(2)从主观方面看,如果行贿、受贿方本就有贿赂意图,行为人只是为行、受贿双方进行沟通联系或代为传递钱物,应认定行为人构成介绍贿赂罪。如果他人本无行贿或受贿的意思,只是在行为人的怂恿、劝说、诱导等之下才产生行贿、受贿意图,那么行为人便不是介绍贿赂,而是行贿、受贿的教唆犯。	

续表

名称	刑法条文摘录	知识点提醒
	6. 李丁涛:《为结算工程款送钱是否构成行贿》,载《中国纪检监察报》2021年4月28日,第8版。该文指出,通常情况下,行为人为结算工程款而送钱的行为不宜认定为谋取不正当利益,但存在例外情况:一是结算工程款缺乏合理依据的。如果行为人本身不符合结算工程款的条件,这种情况下,为结算工程款而送钱的行为就属于谋取不正当利益。如某项目,合同约定项目建成移交运行一段时间后政府才支付相关款项,但在项目实施过程中或者在未达到移交后运行时间的情况下,行为人为提前得到工程款而送予相关国家工作人员财物的,即应认定为谋取不正当利益。二是结算工程款违反相关规定的。例如,某公司为顺利获得工程款,通过送予国家工作人员大额财物,让该国家工作人员将其他专项资金或确定用于其他事项上的资金挪用于支付该公司工程款,对此,应认定该公司谋取了不正当利益。	
推荐阅读(理论文章:关于受贿罪保护的法益)	1. 张明楷:《受贿犯罪的保护法益》,载《法学研究》2018年第1期。该文指出,倘若将国家工作人员本身的廉洁性作为贿赂犯罪的保护法益,就意味着国家工作人员所有收受财物、接受馈赠的行为均会成立受贿罪,但事实上并非如此。 2. 孙国祥:《受贿罪的保护法益及其实践意义》,载《法律科学(西北政法大学学报)》2018年第2期。该文指出,廉洁性说难以将受贿罪与贪污罪、挪用公款罪、巨额财产来源不明罪等相关罪名区分开来,因为廉洁性义务的要求是十分广泛的,禁止贿赂只是其中的一项要求而已,换言之,廉洁性说根本无法发挥其罪与非罪、此罪与彼罪的界分功能。 3. 马春晓:《廉洁性不是贪污贿赂犯罪的法益》,载《政治与法律》2018年第2期。该文指出,廉洁性说是国家工作人员必须遵守的行为规范,而非规范所保护的对象化客体,因为法益须系行为规范保护的真实客体,而廉洁性并不对应于客观世界中实在性的法益侵害结果。如果将规范的概念偷换为法益,便会将利益和谋求利益的手段相混淆,同时模糊了"违反"与"侵害"之间的根本差异。 4. 劳东燕:《受贿犯罪的保护法益:公职的不可谋私利性》,载《法学研究》2019年第5期。该文指出,探究受贿犯罪的不法本质,不应以行贿人的视角为主,而必须将关注的重心放在受贿人身上。受贿犯罪的保护法益应定位为公职的不可谋私利性。 5. 黎宏:《贿赂犯罪的保护法益与事后受财行为的定性》,《中国法学》2017年第4期。该文指出,贿赂犯罪的保护法益不是职务行为的廉洁性,也不是职务行为的不可收买性,而是职务行为的公正性。因此,只有危及职务行为公正性的行为才有可能构成受贿罪。事后受财行为,在事先没有约定的场合,因为不可能危及职务行为的公正性,原则上不构成受贿罪;但是,在有证据证明行为人履行职务行为时具有事后受财的心理期待或者心理联想的场合,因为这种期待或者心理联想会对行为人的履职行为产生影响,因此,构成受贿罪。	

渎职侵权犯罪知识点

法规依据	条文摘录	知识点提醒
《中华人民共和国刑法》	**第三百九十七条**　国家机关工作人员滥用职权或者玩忽职守，致使公共财产、国家和人民利益遭受重大损失的，处三年以下有期徒刑或者拘役；情节特别严重的，处三年以上七年以下有期徒刑。本法另有规定的，依照规定。 国家机关工作人员徇私舞弊，犯前款罪的，处五年以下有期徒刑或者拘役；情节特别严重的，处五年以上十年以下有期徒刑。本法另有规定的，依照规定。	滥用职权罪、玩忽职守罪，均是以发生一定危害结果为构成要件的结果犯。 “徇私舞弊”，是指国家机关工作人员为徇私情、私利，故意违背事实和法律，伪造材料，隐瞒情况，弄虚作假的行为。
《全国人民代表大会常务委员会关于〈中华人民共和国刑法〉第九章渎职罪主体适用问题的解释》	在依照法律、法规规定行使国家行政管理职权的组织中从事公务的人员，或者在受国家机关委托代表国家机关行使职权的组织中从事公务的人员，或者虽未列入国家机关人员编制但在国家机关中从事公务的人员，在代表国家机关行使职权时，有渎职行为，构成犯罪的，依照刑法关于渎职罪的规定追究刑事责任。	渎职罪的主体以职责论进行界定。也就是说，不管是否属于正式编制的国家机关工作人员，只要行使了国家机关工作人员的职权，即代表国家行使职权时，就应属于国家机关工作人员范围，即为渎职罪主体。
《最高人民检察院关于镇财政所所长是否适用国家机关工作人员的批复》	对于属行政执法事业单位的镇财政所中按国家机关在编干部管理的工作人员，在履行政府行政公务活动中，滥用职权或玩忽职守构成犯罪的，应以国家机关工作人员论。	渎职罪的主体多元化，具体包括： 1. 在国家机关中从事公务的人员，包括在国家权力机关、行政机关、审判机关、检察机关、军事机关等国家机关中从事公务的人员。如政府公务员、审判人员、检察人员等。 2. 在依照法律、法规规定行使国家行政管理职
最高人民检察院《关于属工人编制的乡（镇）工商所所长能否依照刑法第397条的规定追究刑事责任问题的批复》	根据刑法第93条第2款的规定，经人事部门任命，但为工人编制的乡（镇）工商所所长，依法履行工商行政管理职责时，属其他依照法律从事公务的人员，应以国家机关工作人员论。如果玩忽职守，致使公共财产、国家和人民利益遭受重大损失，可适用刑法第397条的规定，以玩忽职守罪追究刑事责任。	

续表

法规依据	条文摘录	知识点提醒
《最高人民检察院关于合同制民警能否成为玩忽职守罪主体问题的批复》	根据刑法第九十三条第二款的规定,合同制民警在依法执行公务期间,属其他依照法律从事公务的人员,应以国家机关工作人员论。对合同制民警在依法执行公务活动中的玩忽职守行为,符合刑法第三百九十七条规定的玩忽职守罪构成条件的,依法以玩忽职守罪追究刑事责任。	权的组织中从事公务的人员。如证券监督管理委员会、地方烟草专卖局、土地所及房产所工作人员等。 3. 在受国家机关委托代表国家机关行使职权的组织中从事公务的人员。如新疆生产建设兵团工作人员等。 4. 虽未列入国家机关人员编制,但在国家机关中从事公务的人员。如国家机关中的合同制、聘用制人员。 不唯"身份论",而是主要看职责。
《最高人民检察院关于企业事业单位的公安机构在机构改革过程中其工作人员能否构成渎职侵权犯罪主体问题的批复》	企业事业单位的公安机构在机构改革过程中虽尚未列入公安机关建制,其工作人员在行使侦查职责时,实施渎职侵权行为的,可以成为渎职侵权犯罪的主体。	
《最高人民检察院关于对海事局工作人员如何使用法律问题的答复》	根据国办发〔1999〕90号、中编办函〔2000〕184号等文件的规定,海事局负责行使国家水上安全监督和防止船舶污染及海上设施检验、航海保障的管理职权,是国家执法监督机构。海事局及其分支机构工作人员在从事上述公务活动中,滥用职权或者玩忽职守,致使公共财产、国家和人民利益遭受重大损失的,应当依照刑法第三百九十七条的规定,以滥用职权罪或者玩忽职守罪追究刑事责任。	
《最高人民法院、最高人民检察院关于办理渎职刑事案件适用法律若干问题的解释(一)》	**第七条** 依法或者受委托行使国家行政管理职权的公司、企业、事业单位的工作人员,在行使行政管理职权时滥用职权或者玩忽职守,构成犯罪的,应当依照《全国人民代表大会常务委员会关于〈中华人民共和国刑法〉第九章渎职罪主体适用问题的解释》的规定,适用渎职罪的规定追究刑事责任。	
《全国法院审理经济犯罪案件工作座谈会纪要》	**六、关于渎职罪** (三)国有公司、企业人员渎职犯罪的法律适用 对于1999年12月24日《中华人民共和国刑法修正案》实施以前发生的国有公司、企业人员渎职行为(不包括徇私舞弊行为),尚未处理或者正在处理的,不能按照刑法修正案追究刑事责任。	国有公司、企业人员渎职犯罪的法律适用。

续表

法规依据	条文摘录	知识点提醒
《最高人民检察院关于渎职侵权犯罪案件立案标准的规定》	三、附则 （三）本规定中的“国家机关工作人员”，是指在国家机关中从事公务的人员，包括在各级国家权力机关、行政机关、司法机关和军事机关中从事公务的人员。在依照法律、法规规定行使国家行政管理职权的组织中从事公务的人员，或者在受国家机关委托代表国家行使职权的组织中从事公务的人员，或者虽未列入国家机关人员编制但在国家机关中从事公务的人员，在代表国家机关行使职权时，视为国家机关工作人员。在乡（镇）以上中国共产党机关、人民政协机关中从事公务的人员，视为国家机关工作人员。	认定渎职犯罪主体时，主要考虑职责。
《最高人民法院、最高人民检察院关于办理渎职刑事案件适用法律若干问题的解释（一）》	**第一条** 国家机关工作人员滥用职权或者玩忽职守，具有下列情形之一的，应当认定为刑法第三百九十七条规定的“致使公共财产、国家和人民利益遭受重大损失”： （一）造成死亡 1 人以上，或者重伤 3 人以上，或者轻伤 9 人以上，或者重伤 2 人、轻伤 3 人以上，或者重伤 1 人、轻伤 6 人以上的； （二）造成经济损失 30 万元以上的； （三）造成恶劣社会影响的； （四）其他致使公共财产、国家和人民利益遭受重大损失的情形。 具有下列情形之一的，应当认定为刑法第三百九十七条规定的“情节特别严重”： （一）造成伤亡达到前款第（一）项规定人数 3 倍以上的； （二）造成经济损失 150 万元以上的； （三）造成前款规定的损失后果，不报、迟报、谎报或者授意、指使、强令他人不报、迟报、谎报事故情况，致使损失后果持续、扩大或者抢救工作延误的； （四）造成特别恶劣社会影响的； （五）其他特别严重的情节。	第 1 款，属于滥用职权或者玩忽职守罪定罪标准。 第 2 款，属于滥用职权或者玩忽职守罪情节加重犯。

续表

法规依据	条文摘录	知识点提醒
《最高人民法院、最高人民检察院关于办理渎职刑事案件适用法律若干问题的解释(一)》	**第八条** 本解释规定的“经济损失”,是指渎职犯罪或者与渎职犯罪相关联的犯罪立案时已经实际造成的财产损失,包括为挽回渎职犯罪所造成损失而支付的各种开支、费用等。立案后至提起公诉前持续发生的经济损失,应一并计入渎职犯罪造成的经济损失。 债务人经法定程序被宣告破产,债务人潜逃、去向不明,或者因行为人的责任超过诉讼时效等,致使债权已经无法实现的,无法实现的债权部分应当认定为渎职犯罪的经济损失。 渎职犯罪或者与渎职犯罪相关联的犯罪立案后,犯罪分子及其亲友自行挽回的经济损失,司法机关或者犯罪分子所在单位及其上级主管部门挽回的经济损失,或者因客观原因减少的经济损失,不予扣减,但可以作为酌定从轻处罚的情节。	“经济损失”的界定。
《最高人民法院、最高人民检察院关于办理渎职刑事案件适用法律若干问题的解释(一)》	**第九条** 负有监督管理职责的国家机关工作人员滥用职权或者玩忽职守,致使不符合安全标准的食品、有毒有害食品、假药、劣药等流入社会,对人民群众生命、健康造成严重危害后果的,依照渎职罪的规定从严惩处。	对人民群众生命、健康造成严重危害后果的,也属于渎职罪造成的结果,从严惩处。
《全国法院审理经济犯罪案件工作座谈会纪要》	六、关于渎职罪 (一)渎职犯罪行为造成的公共财产重大损失的认定 根据刑法规定,玩忽职守、滥用职权等渎职犯罪是以致使公共财产、国家和人民利益遭受重大损失为构成要件的。其中,公共财产的重大损失,通常是指渎职行为已经造成的重大经济损失。在司法实践中,有以下情形之一的,虽然公共财产作为债权存在,但已无法实现债权的,可以认定为行为人的渎职行为造成了经济损失: (1)债务人已经法定程序被宣告破产; (2)债务人潜逃,去向不明; (3)因行为人责任,致使超过诉讼时效; (4)有证据证明债权无法实现的其他情况。	渎职犯罪行为造成的公共财产重大损失的认定来源于该纪要。

续表

法规依据	条文摘录	知识点提醒
《最高人民检察院关于渎职侵权犯罪案件立案标准的规定》	三、附则 (四)本规定中的"直接经济损失",是指与行为有直接因果关系而造成的财产损毁、减少的实际价值;"间接经济损失",是指由直接经济损失引起和牵连的其他损失,包括失去的在正常情况下可以获得的利益和为恢复正常的管理活动或者挽回所造成的损失所支付的各种开支、费用等。 有下列情形之一的,虽然有债权存在,但已无法实现债权的,可以认定为已经造成了经济损失:(1)债务人已经法定程序被宣告破产,且无法清偿债务;(2)债务人潜逃,去向不明;(3)因行为人责任,致使超过诉讼时效;(4)有证据证明债权无法实现的其他情况。 直接经济损失和间接经济损失,是指立案时确已造成的经济损失。移送审查起诉前,犯罪嫌疑人及其亲友自行挽回的经济损失,以及由司法机关或者犯罪嫌疑人所在单位及其上级主管部门挽回的经济损失,不予扣减,但可作为对犯罪嫌疑人从轻处理的情节考虑。	"直接经济损失"的界定。
《最高人民法院、最高人民检察院关于办理渎职刑事案件适用法律若干问题的解释(一)》	**第二条** 国家机关工作人员实施滥用职权或者玩忽职守犯罪行为,触犯刑法分则第九章第三百九十八条至第四百一十九条规定的,依照该规定定罪处罚。 国家机关工作人员滥用职权或者玩忽职守,因不具备徇私舞弊等情形,不符合刑法分则第九章第三百九十八条至第四百一十九条的规定,但依法构成第三百九十七条规定的犯罪的,以滥用职权罪或者玩忽职守罪定罪处罚。	注意:一般规定与特别规定发生竞合时,按照特别规定处理。
《最高人民法院、最高人民检察院关于办理盗窃油气、破坏油气设备等刑事案件具体应用法律若干问题的解释》	**第七条** 国家机关工作人员滥用职权或者玩忽职守,实施下列行为之一,致使公共财产、国家和人民利益遭受重大损失的,依照刑法第三百九十七条的规定,以滥用职权罪或者玩忽职守罪定罪处罚:	以滥用职权罪或者玩忽职守罪定罪处罚。

续表

法规依据	条文摘录	知识点提醒
	(一)超越职权范围,批准发放石油、天然气勘查、开采、加工、经营等许可证的; (二)违反国家规定,给不符合法定条件的单位、个人发放石油、天然气勘查、开采、加工、经营等许可证的; (三)违反《石油天然气管道保护条例》等国家规定,在油气设备安全保护范围内批准建设项目的; (四)对发现或者经举报查实的未经依法批准、许可擅自从事石油、天然气勘查、开采、加工、经营等违法活动不予查封、取缔的。	
《最高人民法院、最高人民检察院关于办理与盗窃、抢劫、诈骗、抢夺机动车相关刑事案件具体应用法律若干问题的解释》	**第三条** 国家机关工作人员滥用职权,有下列情形之一,致使盗窃、抢劫、诈骗、抢夺的机动车被办理登记手续,数量达到三辆以上或者价值总额达到三十万元以上的,依照刑法第三百九十七条第一款的规定,以滥用职权罪定罪,处三年以下有期徒刑或者拘役: (一)明知是登记手续不全或者不符合规定的机动车而办理登记手续的; (二)指使他人为明知是登记手续不全或者不符合规定的机动车办理登记手续的; (三)违规或者指使他人违规更改、调换车辆档案的; (四)其他滥用职权的行为。 国家机关工作人员疏于审查或者审查不严,致使盗窃、抢劫、诈骗、抢夺的机动车被办理登记手续,数量达到五辆以上或者价值总额达到五十万元以上的,依照刑法第三百九十七条第一款的规定,以玩忽职守罪定罪,处三年以下有期徒刑或者拘役。 国家机关工作人员实施前两款规定的行为,致使盗窃、抢劫、诈骗、抢夺的机动车被办理登记手续,分别达到前两款规定数量、数额标准五倍以上的,或者明知是盗窃、抢劫、诈骗、抢夺的机动车而办理登记手续的,属于刑法第三百九十七条第一款规定的"情节特别严重",处三年以上七	区分不同情况,分别以滥用职权罪、玩忽职守罪定罪处罚。

续表

法规依据	条文摘录	知识点提醒
	年以下有期徒刑。 国家机关工作人员徇私舞弊，实施上述行为，构成犯罪的，依照刑法第三百九十七条第二款的规定定罪处罚。	
《最高人民检察院关于对林业主管部门工作人员在发放林木采伐许可证之外滥用职权玩忽职守致使森林遭受严重破坏的行为适用法律问题的批复》	林业主管部门工作人员违法发放林木采伐许可证，致使森林遭受严重破坏的，依照刑法第四百零七条的规定，以违法发放林木采伐许可证罪追究刑事责任；以其他方式滥用职权或者玩忽职守，致使森林遭受严重破坏的，依照刑法第三百九十七条的规定，以滥用职权罪或者玩忽职守罪追究刑事责任，立案标准依照《最高人民检察院关于渎职侵权犯罪案件立案标准的规定》第一部分渎职犯罪案件第十八条第三款的规定执行。	以滥用职权罪或者玩忽职守罪追究刑事责任。
《最高人民法院、最高人民检察院关于办理危害生产安全刑事案件适用法律若干问题的解释》	**第十五条** 国家机关工作人员在履行安全监督管理职责时滥用职权、玩忽职守，致使公共财产、国家和人民利益遭受重大损失的，或者徇私舞弊，对发现的刑事案件依法应当移交司法机关追究刑事责任而不移交，情节严重的，分别依照刑法第三百九十七条、第四百零二条的规定，以滥用职权罪、玩忽职守罪或者徇私舞弊不移交刑事案件罪定罪处罚。 公司、企业、事业单位的工作人员在依法或者受委托行使安全监督管理职责时滥用职权或者玩忽职守，构成犯罪的，应当依照《全国人民代表大会常务委员会关于〈中华人民共和国刑法〉第九章渎职罪主体适用问题的解释》的规定，适用渎职罪的规定追究刑事责任。	区分不同情况，分别以滥用职权罪、玩忽职守罪或者徇私舞弊不移交刑事案件罪定罪处罚。
《最高人民法院、最高人民检察院关于办理扰乱无线电通讯管理秩序等刑事案件适用法律若干问题的解释》	**第七条** 负有无线电监督管理职责的国家机关工作人员滥用职权或者玩忽职守，致使公共财产、国家和人民利益遭受重大损失的，应当依照刑法第三百九十七条的规定，以滥用职权罪或者玩忽职守罪追究刑事责任。 有查禁扰乱无线电管理秩序犯罪活动职责的国家机关工作人员，向犯罪分子通风报信、提供便利，帮助犯罪分子逃避处罚的，应当依照刑法第四百一十七条的规定，以帮助犯罪分子逃避处罚罪追究刑事责任；事先通谋的，以共同犯罪论处。	区分不同情况，分别以滥用职权罪或者玩忽职守罪、帮助犯罪分子逃避处罚罪追究刑事责任。

续表

法规依据	条文摘录	知识点提醒
《最高人民法院、最高人民检察院关于办理渎职刑事案件适用法律若干问题的解释(一)》	**第三条** 国家机关工作人员实施渎职犯罪并收受贿赂,同时构成受贿罪的,除刑法另有规定外,以渎职犯罪和受贿罪数罪并罚。	"刑法另有规定",如《中华人民共和国刑法》第399条第4款规定"依照处罚较重的规定定罪处罚"。
《最高人民法院、最高人民检察院关于办理渎职刑事案件适用法律若干问题的解释(一)》	**第四条** 国家机关工作人员实施渎职行为,放纵他人犯罪或者帮助他人逃避刑事处罚,构成犯罪的,依照渎职罪的规定定罪处罚。 国家机关工作人员与他人共谋,利用其职务行为帮助他人实施其他犯罪行为,同时构成渎职犯罪和共谋实施的其他犯罪共犯的,依照处罚较重的规定定罪处罚。 国家机关工作人员与他人共谋,既利用其职务行为帮助他人实施其他犯罪,又以非职务行为与他人共同实施该其他犯罪行为,同时构成渎职犯罪和其他犯罪的共犯的,依照数罪并罚的规定定罪处罚。	区分不同情形,分别处罚。
《最高人民法院、最高人民检察院关于办理渎职刑事案件适用法律若干问题的解释(一)》	**第五条** 国家机关负责人员违法决定,或者指使、授意、强令其他国家机关工作人员违法履行职务或者不履行职务,构成刑法分则第九章规定的渎职犯罪的,应当依法追究刑事责任。 以"集体研究"形式实施的渎职犯罪,应当依照刑法分则第九章的规定追究国家机关负有责任的人员的刑事责任。对于具体执行人员,应当在综合认定其行为性质、是否提出反对意见、危害结果大小等情节的基础上决定是否追究刑事责任和应当判处的刑罚。	"集体研究"不是免罪的挡箭牌。
《最高人民法院、最高人民检察院关于办理渎职刑事案件适用法律若干问题的解释(一)》	**第六条** 以危害结果为条件的渎职犯罪的追诉期限,从危害结果发生之日起计算;有数个危害结果的,从最后一个危害结果发生之日起计算。	渎职犯罪从危害结果发生之日起计算追诉期限。

续表

法规依据	条文摘录	知识点提醒
《全国法院审理经济犯罪案件工作座谈会纪要》	六、关于渎职罪 (二)玩忽职守罪的追诉时效 玩忽职守行为造成的重大损失当时没有发生,而是玩忽职守行为之后一定时间发生的,应从危害结果发生之日起计算玩忽职守罪的追诉期限。	追诉时效需记牢。
备注	2022年初,国家监察委员会、最高人民法院、最高人民检察院印发了《关于办理国有企业管理人员渎职犯罪案件适用法律若干问题的意见》。该意见以《中华人民共和国监察法》《中华人民共和国刑法》《中华人民共和国公司法》等国家法律为依据,共分八部分内容,围绕非法经营同类营业罪,为亲友非法牟利罪,国有公司、企业人员失职罪和国有公司、企业人员滥用职权罪等4类案件的法律适用问题,主要明确和解决了追诉标准、犯罪主体、犯罪地、“国家利益遭受损失”及挽回后处置、犯罪构成的认定标准等问题。	

◇ 六、案件审理专题

案件审理理念及三大核心技能(证据审核、阅读笔录、审理报告)

名称	出处	要点摘录
案件审理理念	吉林省长春市纪委监委案件审理室:《认真履行审核把关和监督制约职责》,载《中国纪检监察报》2022 年 3 月 31 日,第 7 版。	加强形式审核,做到实体与程序并重。重视审理谈话,做到惩治与教育相结合。严格"双重审理",加强审核把关和对下指导。体现宽严相济,坚持政治与纪法双重评价。
	孟祥璟:《案件审理工作要处理好四个关系》,载《中国纪检监察报》2018 年 1 月 24 日,第 8 版。	1. 处理好站位要高与落到实处的关系。 2. 处理好"严"与"质"的关系。 3. 处理好内部的监督制约与外部的协调配合关系。 4. 处理好"惩"与"防"的关系。
	王臻:《准确把握独立审理的四个维度》,载《中国纪检监察报》2020 年 7 月 1 日,第 8 版。	案件审理需要把握的四个维度:实体维度,程序维度,主体维度,权责维度。
	黄睿:《坚持从严从实切实把好审核关》,载《中国纪检监察报》2019 年 10 月 24 日,第 7 版。	案件审核工作面对的是一本本卷宗,但绝不仅仅是看看材料全不全、格式对不对的"阅卷";做好案件审核工作功夫在日常,根本靠担当;要始终秉持公心,手握执纪执法的"公器",心里就不能有"私念",始终坚持实事求是,客观公正地对待每一起案件;要有强烈的责任心,不急不躁、一丝不苟、精益求精,做到审理意见的每一句话都有来源、有出处,有充分的证据支持。
	汪曦永、何艳:《认真履行审核把关和监督制约职责》,载《中国纪检监察报》2023 年 3 月 16 日,第 7 版。	严把案件事实关,通过制作阅卷笔录、开展实质性审理谈话、与案件承办部门充分沟通了解等方式,全面梳理违纪违法认定事实是否清楚,主观因素、情节手段、行为后果是否清楚明确,从中发现偏差、找准问题,及时提出补证或完善意见,为精准审核认定违纪违法案件事实打好基础。严把案件证据关,准确把握"纪法罪"三类案件证据标准差异性,全面严格审核在案证据是否能够证明违纪违法事实存在、证据链条是否完备、提取手续是

续表

名称	出处	要点摘录
		否合规合法、是否存在非法证据及瑕疵证据、审查调查文书是否齐全等内容,确保证据质量过硬。严把纪法适用关,强化精准思维,将审核关口前移,通过答复咨询、参与会商、提前介入审理等方式,进行政策解答、个案研判,确保案件办理中纪法使用规范、定性处置恰当。
证据审核应树立的理念	陈国树:《证据审核 应坚持“四个并重”》,载《中国纪检监察报》2022年3月2日,第7版。	1. 坚持实体思维和程序思维并重;2. 坚持正向思维和逆向思维并重;3. 坚持宏观思维和微观思维并重;4. 坚持宏观思维和微观思维并重。
违纪与职务犯罪标准的联系与区分	丁永豪:《违纪案件与职务违法犯罪案件证据相关问题辨析》,载《中国纪检监察报》2019年10月16日,第8版。	1. 违纪案件与刑事案件的证明标准均应达到证据确实充分的程度,不应因案件仅给予党纪处分就降低证明标准。2. 违纪案件构成要件区别于职务违法、职务犯罪案件,因此有些情形虽不能认定职务违法或职务犯罪,但已构成违纪。3. 不能认为违纪案件证据在内部审核就可以放松案件质量要求。
	王宗光:《如何把握违纪与职务犯罪案件证据标准》,载《中国纪检监察报》2021年4月21日,第8版。	违纪案件与职务犯罪案件虽然在证明标准上总体一致,但在证据标准上存在差异性,即职务犯罪案件收集、固定、审查和运用证据的具体程度和要求要高于一般违纪案件。刑事处罚的后果相较于党纪处分而言更加严厉,刑事处罚限制或剥夺公民人身权益、财产权益等,涉及公民的财产、人身自由甚至是生命,在证据把握上应当严之又严,而党纪处分涉及对党员权利的限制或党内职务的调整,严厉程度低于刑罚。
证据审核判断的方法	叶飞:《证据审核判断的五种常用方法》,载《中国纪检监察报》2020年6月3日,第8版。	1. 关联共证法。即审核证据与待证事实的关联程度,集有用证据共同证明案件事实。一般从以下三个方面审核判断:(1)分析判断证据与待证事实有无客观联系。凡是与案件事实无关的证据材料,先行剔除。(2)分析判断证据与案件事实之间关联的性质,是因果联系还是非因果联系,是必然联系还是偶然联系,是直接联系还是间接联系等。(3)多层面解读实物证据,全面细致地把握其蕴含的信息,通过辨认、鉴定等方式,把实物关联到人、到案。如受贿案件中,在被调查人处搜查收集的贵重礼品,未经过行贿、受贿双方辨认,不得作为定案的物证。 2. 印证求同法。即审核证据之间能否相互印证,以判断其是否真实。

续表

名称	出处	要点摘录
		3. 矛盾除异法。即审核证据所反映的信息差异与冲突,发现证据自身的矛盾、证据间的矛盾和证据与事实的矛盾等,从而有效地排除矛盾,或者合理地解释矛盾。 4. 专家咨询法。纪法案件涉及领域广泛,办案人员难以做到对各行业领域都精通,这就需要对案件中的专门性问题,借助有专门知识的人辅助审核判断。 5. 存疑豁免法。存疑即不能正面证实、形成内心确信,并排除非法证据。
	新疆维吾尔自治区纪委监委案件审理室:《"六看"避免瑕疵证据》,载《中国纪检监察报》2021 年 4 月 21 日,第 8 版。	一看笔录方面的注意事宜。二看讯问(询问)通知书和权利义务告知书等所附法律文书是否完善。三看被讯问人(被询问人)的身份证明材料。四看自书材料。五看调取书证方面的注意事宜。六看调证通知书相关注意事宜。
证据审核	常青华:《如何有效提升证据审核质量》,载《中国纪检监察报》2023 年 8 月 9 日,第 6 版。	监督执纪工作规则、监察法实施条例对违纪、职务违法、职务犯罪案件规定了不同的证据标准。证据审核工作,不仅是对单个证据的审核,也是对证据链条和证据标准的审核。虽然纪法罪的证据标准有差异,但为确保单个证据的证据资格,对单个证据的收集要求都是一致的,不能因系违纪或职务违法案件而放松对证据客观性、合法性、关联性的要求。
	胡艺瀚:《怎样提升证据审核能力》,载《中国纪检监察报》2022 年 8 月 3 日,第 7 版。	纪检监察工作要坚持事实为上、证据为王。证据审核是保障案件质量的最基础最重要的一环。掌握三种方法。1. 图表印证法。抓住"人、事、权、纪、法、钱"关键环节,围绕不同违纪违法和职务犯罪构成要件,针对性制作涉案证据一览表,全面反映证据体系。通过纵、横双向对比,即同类证据之间、同一言词证据前后比对,全面印证证据内容的完整性,证据链条的闭合性,排除证据间矛盾,确保证据确凿、充分。2. 正反对照法。3. 集体研讨法。
言词证据的审查	周其国:《言词证据的审查与运用》,载《中国纪检监察报》2022 年 1 月 5 日,第 6 版。	一要从取证过程的角度,审查言词证据的合法性。二要从逻辑经验的角度,审查言词证据的真实性。三要从证据对比印证的角度,审查言词证据的关联性。

续表

名称	出处	要点摘录
审核职务犯罪案件证据	邓文:《审核职务犯罪案件证据应抓住四个重点》,载《中国纪检监察报》2022 年 6 月 15 日,第 7 版。	1. 单个证据的审核把关,重点抓住证据是否满足证据"三性"要求。 2. 多份证据的分析比对,重点抓住证据之间是否形成相互印证、完整稳定的证据链。 3. 全案证据的综合审查,重点抓住证据是否与刑事审判关于证据的要求和标准相一致。 4. 量刑情节的证据审查,重点抓住证据是否全面反映从轻减轻、从重加重情节。
审理阅卷方法技巧及笔录制作要点	戚新明:《如何从审理阅卷中甄别事实要点》,载《中国纪检监察报》,2017 年 4 月 5 日,第 8 版。	从身份信息看违纪对象党性养成,从前后供述看违纪事实稳定性,从书证言证看违纪事实客观性,从问题解剖看违纪对象认错态度。
	戴暕:《怎样写好审理阅卷笔录》,载《中国纪检监察报》2021 年 4 月 28 日,第 8 版。	审理阅卷笔录主要由被审查调查人的主体身份情况,案件来源、领导批示、办案程序,事实、证据、定性情况,涉案财物情况,对被审查调查人的处理建议五个部分组成。
	李尚徽:《高质量制作审理阅卷笔录的思考》,载《中国纪检监察报》2023 年 8 月 9 日,第 6 版。	阅卷笔录是案件审理环节理顺案件事实的重要载体和审核证据程序的重要记录,反映审理人员阅看案卷材料、发现案件问题、提出审核意见、形成审理报告的过程。高质量的阅卷笔录能够化繁为简,直观展现违纪违法事实,清晰反映证据状态,对准确起草审理报告具有重要意义。
审理谈话方法技巧	周其国:《怎样做好审理谈话工作》,载《中国纪检监察报》2021 年 9 月 29 日,第 6 版。	1. 要以充分阅卷并掌握案情为基础。2. 要准确掌握谈话对象的个人情况。3. 要预先制作谈话提纲。4. 要运用好谈话策略。
	常青华:《如何提升审理谈话质效》,载《中国纪检监察报》2023 年 7 月 26 日,第 6 版。	1. 精准界定审理谈话的功能定位。2. 准确把握审理谈话的适用情形。3. 扎实推进审理谈话的组织实施。4. 充分发挥审理谈话的效果。

续表

名称	出处	要点摘录
制作审理报告的方法及要领	丁永豪:《练好起草审理报告基本功》,载《中国纪检监察报》2020 年 10 月 14 日,第 8 版。	审理报告是案件审理部门就移送审理的案件的事实、证据、定性、处理、程序、手续等提出审理意见时制作的文书,是案件审理部门履行审核把关和监督制约职责的主要载体,是审理业务水平的集中体现。审理报告不仅是纪检监察机关审议案件的重要参考,还是制作党纪政务处分请示、批复、决定和纪检监察建议等相关文书的基础。起草审理报告注意要点:站位要高,行文要简,认定要准,要素要全。
	夏学文:《如何规范撰写审理报告》,载《中国纪检监察报》2021 年 1 月 13 日,第 8 版。	主要违纪违法事实是反映案件情况的关键部分,是审理报告的核心。在起草该部分内容时,应根据"事实清楚、证据确凿"的要求,按照违反党的纪律、违反国家法律法规、涉嫌犯罪问题的先后顺序,围绕违纪、违法和犯罪的构成要件展开叙述,全面、客观、详细写明被审查调查人违纪违法的时间、地点、手段、后果以及是否有从轻、减轻、从重、加重处分的情节等。同时应注意以下问题:1. 对违反中央八项规定精神问题,要单独作为一类违纪问题予以认定处理,表述在违反政治纪律之后;2. 对利用职务上的便利在干部选拔任用中为他人谋取利益并收受财物的行为,除在涉嫌受贿犯罪部分予以认定外,还应认定为违反组织纪律;3. 在叙述完主要违纪违法事实后,应简要写明证据状况以及本人在违纪违法事实材料上签署的意见;4. 该部分事实应是经过审理部门审理认定的能够作为处分依据的违纪违法事实,对于仅有被审查调查人单方交代,但证据不足的事实,可作为情节描述,但不作为处分依据。
	杨敏:《撰写审理报告应注意什么》,载《中国纪检监察报》2020 年 12 月 30 日,第 8 版。	一是定案依据要确实充分,二是表述事实要完整,三是描述细节要清楚到位,四是叙述内容要紧扣要件。
	张思尧:《起草审理报告需注意的几个问题》,载《中国纪检监察报》2022 年 9 月 21 日,第 7 版。	1. 起草审理报告要服务案件处理;2. 起草审理报告要精准甄选材料;3. 起草审理报告要恰当选择结构;4. 起草审理报告要严谨推敲文字。

续表

名称	出处	要点摘录
起草审理报告注意要点	孟松:《高质量起草审理报告需注意什么》,载《中国纪检监察报》2022 年 9 月 28 日,第 7 版。	关于主要违纪违法事实,实践中注意以下问题。 一是关于行为归类,对于系中共党员的公职人员违纪违法案件,审理报告"主要违纪违法事实""违反党的纪律"部分应当按照"违反六大纪律"归类,同时构成职务违法的在"违反国家法律法规"部分不再引用相关条规,表述相应调整为"前述××违反××纪律、××纪律的行为,同时构成职务违法"。对非中共党员的公职人员违法案件,审理报告"主要违法事实""违反国家法律法规"部分应当按照"违反六项要求"归类,并将"其他违法行为"放在"违反六项要求"之后表述,这里的"其他违法行为"指违反六项要求之外的其他违法行为。 二是关于行为认定,对抗组织审查和在组织进行谈话、函询时不如实说明问题等不是独立的职务违法行为,只是从重处分的情节,不应认定职务违法。其中,对于系中共党员的公职人员具有上述行为的,应当认定违纪但不应认定职务违法,并引用《中国共产党纪律处分条例》相应党纪处分条款和《中华人民共和国公职人员政务处分法》相关政务从重条款;对于非中共党员的公职人员具有上述行为的,不得认定职务违法,可在"主要违法事实"部分增加表述"此外,××还具有××等从重情节",并引用《中华人民共和国公职人员政务处分法》相关从重条款。 三是对违反中央八项规定精神问题,要单独认定并表述在"违反政治纪律"之后、"违反组织纪律"之前,对中央八项规定出台前后连续发生的违规收受礼金行为,应当分别认定为"违反廉洁纪律"和"违反中央八项规定精神"等。 四是对涉嫌犯罪问题应当简要表述,在总括犯罪事实之后择要分列 2 笔至 3 笔具体事实即可,并在起诉意见书中详细表述。
推荐阅读	1. 应梦卿:《如何做好量纪平衡》,载《中国纪检监察报》2021 年 10 月 13 日,第 6 版。该文指出,做好量纪平衡方法有四个:注重与同案人的量纪平衡,注重与同类型案件的量纪平衡,注重用大数据手段实现量纪平衡,注重量纪证据的收集以及充分阐释量纪理由。 2. 薄维雷:《如何在审理工作中一体推进"三不"》,载《中国纪检监察报》2020 年 9 月 30 日,第 8 版。该文指出,要转变就案办案、机械办案的思维模式,在理念思路、方法举措、业务流程等方面重塑和再造,强化贯通协同,放大叠加效应,充分发挥监督保障执行、促进完善发展的作用。	

政务处分执行

公务员受政务处分执行一览表

<table>
<tr><th>处分类别
及处分期</th><th>年度考核</th><th>职务、职级、衔级和级别</th></tr>
<tr><td>政务警告
(6个月)</td><td>当年考核不得确定为优秀等次。</td><td>公务员在受处分期间,不得晋升职务、职级、衔级和级别。</td></tr>
<tr><td>政务记过
(12个月)</td><td>受记过处分的当年,只写评语,不确定等次。</td><td>公务员在受处分期间,不得晋升职务、职级、衔级和级别。</td></tr>
<tr><td>政务记大过
(18个月)</td><td rowspan="3">受记过处分的当年,受记大过、降级、撤职处分的当年及第二年,参加年度考核,只写评语,不确定等次。</td><td>公务员在受处分期间,不得晋升职务、职级、衔级和级别。</td></tr>
<tr><td>政务降级
(24个月)</td><td>从受处分的次月起,降低一个级别,级别工资就近就低套入降低后级别相应的工资档次,相应降低按级别确定标准的津贴补贴。受处分前的级别为本职务对应最低级别的,降低一个级别工资档次,级别工资为本级别最低档的,按本级别的一个工资档差降低级别工资,级别工资为二十七级1档的,可给予记大过处分。公务员在受处分期间,不得晋升职务、职级、衔级和级别。</td></tr>
<tr><td>政务撤职
(24个月)</td><td>从受处分的次月起,职务工资按新任职务确定,级别按每降低一个职务层次相应降低两个级别确定,最低降为二十七级,级别工资逐级就低套入降低后级别相应的工资档次,津贴补贴按新任职务和级别确定。未明确新任职务的,暂按本人原基本工资和津贴补贴之和的70%计发临时工资。明确新任职务后,被多减发或少减发的工资予以补发或扣发。公务员在受处分期间,不得晋升职务、职级、衔级和级别;被撤职的,按照规定降低职务、职级、衔级和级别,同时降低工资和待遇。公务员在受处分期间,不得晋升职务、职级、衔级和级别。</td></tr>
<tr><td>开除</td><td>—</td><td>自处分决定生效之日起,解除其与单位的人事关系,不得再录用为公务员。
从受处分的次月起,取消原工资待遇。</td></tr>
<tr><td colspan="3">备注:法规依据主要有《中华人民共和国公务员法》《中华人民共和国公职人员政务处分法》《公务员考核规定》等。</td></tr>
</table>

从事管理岗的事业单位工作人员受政务处分或者处分影响一览表

处分类别及处分期	年度考核	职务、岗位或者职员等级	薪酬待遇
警告（6个月）	受到警告处分的，在作出处分决定的当年，参加年度考核，不能确定为优秀档次。	在政务处分期内，不得晋升职务、岗位和职员等级、职称。	受处分期间符合正常增加薪级工资条件的，从次年1月1日起增加薪级工资。
记过（12个月）	受到记过处分的当年，只写评语，不确定档次。	在政务处分期内，不得晋升职务、岗位和职员等级、职称。 事业单位工作人员年度考核不确定档次的，本考核年度不计算为现聘岗位（职员）等级的任职年限，连续两年不确定档次的，视情况调整工作岗位。	事业单位工作人员年度考核不确定档次的，不得增加薪级工资，相应核减绩效工资。
记大过（18个月）	虽然暂时未作出明确规定，但由于记大过、降级处分重于政务记过处分，因此，年度考核，也至少是“只写评语，不确定档次”。		
降级（24个月）			
降低岗位等级（24个月）	受到降低岗位等级处分的当年及第二年，参加年度考核，只写评语，不确定档次。	事业单位工作人员受到降低岗位等级处分的，自处分决定生效之日起降低一个以上岗位和职员等级聘用，按照事业单位收入分配有关规定确定其工资待遇；对同时在管理和专业技术两类岗位任职的事业单位工作人员发生违规违纪违法行为的，给予降低岗位等级处分时，应当同时降低两类岗位的等级，并根据违规违纪违法的情形与岗位性质的关联度确定降低岗位类别的主次。	从作出处分决定的次月起，岗位工资、绩效工资、津贴补贴按新聘（任）岗位确定，薪级工资按每降低一个岗位等级相应降低两级薪级工资确定，最低降至新聘（任）岗位的起点薪级。无岗位等级可降的，不降低岗位工资，薪级工资按降低两级确定，最低降至薪级工资1级。未明确新聘（任）岗位的，停发工资待遇，暂按本人原岗位工资、薪级工资和津贴补贴之和的70%计发临时工资，绩效工资按本单位有关规定发放。明确新聘（任）岗位后，被多减发或少减发的
撤职（24个月）	当年及第二年，参加年度考核，只写评语，不确定等次。	被撤职的，降低职务、岗位或者职员等级，同时降低薪酬待遇。	

续表

处分类别及处分期	年度考核	职务、岗位或者职员等级	薪酬待遇
			工资予以补发或扣发。受处分期间,不得增加薪级工资。处分期满解除处分的当年,符合正常增加薪级工资条件的,从次年1月1日起增加薪级工资。
开除	—	自处分决定生效之日起,解除其与所在机关、单位的人事关系或者劳动关系。	从作出处分决定的次月起,取消原工资待遇。
备注:法规依据主要有《中华人民共和国公职人员政务处分法》第20条,《事业单位工作人员处分规定》第6条,《事业单位工作人员考核规定》第31条、第43条第1款,《中共中央组织部、人力资源社会保障部、监察部关于事业单位工作人员和机关工人受处分工资待遇处理有关问题的通知》等。			

国有企业领导人员(管理人员)受纪律惩戒一览表

法规依据	条文摘录
《中华人民共和国公职人员政务处分法》	**第二十一条** 国有企业管理人员在政务处分期内,不得晋升职务、岗位等级和职称;其中,被记过、记大过、降级、撤职的,不得晋升薪酬待遇等级。被撤职的,降低职务或者岗位等级,同时降低薪酬待遇。
《国有企业领导人员廉洁从业若干规定》	**第二十二条** 国有企业领导人员违反本规定第二章所列行为规范的,视情节轻重,由有关机构按照管理权限分别给予警示谈话、调离岗位、降职、免职处理。 应当追究纪律责任的,除适用前款规定外,视情节轻重,依照国家有关法律法规给予相应的处分。 对于其中的共产党员,视情节轻重,依照《中国共产党纪律处分条例》给予相应的党纪处分。 涉嫌犯罪的,依法移送司法机关处理。
	第二十三条 国有企业领导人员受到警示谈话、调离岗位、降职、免职处理的,应当减发或者全部扣发当年的绩效薪金、奖金。
	第二十四条 国有企业领导人员违反本规定获取的不正当经济利益,应当责令清退;给国有企业造成经济损失的,应当依据国家或者企业的有关规定承担经济赔偿责任。

续表

法规依据	条文摘录
	第二十五条 国有企业领导人员违反本规定受到降职处理的，两年内不得担任与其原任职务相当或者高于其原任职务的职务。 受到免职处理的，两年内不得担任国有企业的领导职务；因违反国家法律，造成国有资产重大损失被免职的，五年内不得担任国有企业的领导职务。 构成犯罪被判处刑罚的，终身不得担任国有企业的领导职务。
《国有企业管理人员处分条例》	**第十四条** 国有企业管理人员在处分期内，不得晋升职务、岗位等级和职称；其中，被记过、记大过、降级、撤职的，不得晋升薪酬待遇等级。被撤职的，降低职务或者岗位等级，同时降低薪酬待遇。被开除的，用人单位依法解除劳动合同。

基层群众性自治组织中从事管理的人员受政务处分一览表

法规依据	条文摘录
《中华人民共和国公职人员政务处分法》	**第二十二条** 基层群众性自治组织中从事管理的人员有违法行为的，监察机关可以予以警告、记过、记大过。 基层群众性自治组织中从事管理的人员受到政务处分的，应当由县级或者乡镇人民政府根据具体情况减发或者扣发补贴、奖金。

行使公权力的其他人员受政务处分一览表

法规依据	条文摘录
《中华人民共和国公职人员政务处分法》	**第二十三条** 《中华人民共和国监察法》第十五条第六项规定的人员有违法行为的，监察机关可以予以警告、记过、记大过。情节严重的，由所在单位直接给予或者监察机关建议有关机关、单位给予降低薪酬待遇、调离岗位、解除人事关系或者劳动关系等处理。 《中华人民共和国监察法》第十五条第二项规定的人员，未担任公务员、参照《中华人民共和国公务员法》管理的人员、事业单位工作人员或者国有企业人员职务的，对其违法行为依照前款规定处理。

处分决定宣布和送达

法规依据	条文摘录	知识点提醒
《中国共产党纪律处分条例》	**第四十四条** 党纪处分决定作出后,应当在一个月内向受处分党员所在党的基层组织中的全体党员及其本人宣布,是领导班子成员的还应当向所在党组织领导班子宣布,并按照干部管理权限和组织关系将处分决定材料归入受处分者档案;对于受到撤销党内职务以上处分的,还应当在一个月内办理职务、工资、工作及其他有关待遇等相应变更手续;涉及撤销或者调整其党外职务的,应当建议党外组织及时撤销或者调整其党外职务。特殊情况下,经作出或者批准作出处分决定的组织批准,可以适当延长办理期限。办理期限最长不得超过六个月。	1个月内向受处分党员所在党的基层组织中的全体党员及其本人宣布;是领导班子成员的还应当向所在党组织领导班子宣布。
	第四十五条第一款 执行党纪处分决定的机关或者受处分党员所在单位,应当在六个月内将处分决定的执行情况向作出或者批准处分决定的机关报告。	6个月内报告执行情况。
《中国共产党纪律检查机关监督执纪工作规则》	**第五十六条第二款** 处分决定作出后,纪检监察机关应当通知受处分党员所在党委(党组),抄送同级党委组织部门,并依照规定在1个月内向其所在党的基层组织中的全体党员以及本人宣布。处分决定执行情况应当及时报告。	1个月内向其所在党的基层组织中的全体党员以及本人宣布。
《党的纪律检查机关案件审理工作条例》	**第十八条** 党组织作出的处分决定(或结论),需由本人签字,经上级批准后,连同批复给本人一份,并在适当范围内宣布。	处分决定(或结论),需由本人签字。
《中国共产党问责条例》	**第十三条** 问责决定作出后,应当及时向被问责党组织、被问责领导干部及其所在党组织宣布并督促执行。有关问责情况应当向纪委和组织部门通报,纪委应当将问责决定材料归入被问责领导干部廉政档案,组织部门应当将问责决定材料归入被问责领导干部的人事档案,并报上一	纪委应当将问责决定材料归入被问责领导干部廉政档案,组织部门应当将问责决定材料归入被问责领导干部的人事档案。

续表

法规依据	条文摘录	知识点提醒
	级组织部门备案；涉及组织调整或者组织处理的，相应手续应当在1个月内办理完毕。 被问责领导干部应当向作出问责决定的党组织写出书面检讨，并在民主生活会、组织生活会或者党的其他会议上作出深刻检查。建立健全问责典型问题通报曝光制度，采取组织调整或者组织处理、纪律处分方式问责的，应当以适当方式公开。	
《中华人民共和国公职人员政务处分法》	**第四十六条第一款** 政务处分决定书应当及时送达被处分人和被处分人所在机关、单位，并在一定范围内宣布。	政务处分决定书应当及时送达被处分人和被处分人所在机关、单位，并在一定范围内宣布。
	第四十六条第二款 作出政务处分决定后，监察机关应当根据被处分人的具体身份书面告知相关的机关、单位。	对受处分的公职人员还具备人大代表、政协委员等特殊身份的，监察机关还应当书面告知相关的机关、单位（如人大常委会机关、政协机关、同级党委统战部等）。
《中华人民共和国公务员法》	**第六十三条** 对公务员的处分，应当事实清楚、证据确凿、定性准确、处理恰当、程序合法、手续完备。 公务员违纪违法的，应当由处分决定机关决定对公务员违纪违法的情况进行调查，并将调查认定的事实以及拟给予处分的依据告知公务员本人。公务员有权进行陈述和申辩；处分决定机关不得因公务员申辩而加重处分。 处分决定机关认为对公务员应当给予处分的，应当在规定的期限内，按照管理权限和规定的程序作出处分决定。处分决定应当以书面形式通知公务员本人。	处分决定应当以书面形式通知公务员本人。

续表

法规依据	条文摘录	知识点提醒
	第六十四条 公务员在受处分期间不得晋升职务、职级和级别,其中受记过、记大过、降级、撤职处分的,不得晋升工资档次。 受处分的期间为:警告,六个月;记过,十二个月;记大过,十八个月;降级、撤职,二十四个月。 受撤职处分的,按照规定降低级别。	处分决定对当事人的影响,十分重要,建议牢记。
《中华人民共和国监察法实施条例》	**第二百零三条** 监察机关应当将政务处分决定书在作出后一个月以内送达被处分人和被处分人所在机关、单位,并依法履行宣布、书面告知程序。 政务处分决定自作出之日起生效。有关机关、单位、组织应当依法及时执行处分决定,并将执行情况向监察机关报告。处分决定应当在作出之日起一个月以内执行完毕,特殊情况下经监察机关批准可以适当延长办理期限,最迟不得超过六个月。	政务处分决定书在作出后1个月以内送达被处分人和被处分人所在机关、单位,并依法履行宣布、书面告知程序。处分决定应当在作出之日起1个月以内执行完毕,特殊情况下经监察机关批准可以适当延长办理期限,最迟不得超过6个月。
	第二百零九条第三款 追缴或者责令退赔应当自处置决定作出之日起一个月以内执行完毕。因被调查人的原因逾期执行的除外。	追缴或者责令退赔应当自处置决定作出之日起1个月以内执行完毕。
《国有企业管理人员处分条例》	**第二十七条** 对涉嫌违法的国有企业管理人员进行调查、处理,应当由2名以上工作人员进行,按照下列程序办理: (一)经任免机关、单位负责人同意,由承办部门对需要调查处理的问题线索进行初步核实; (二)经初步核实,承办部门认为该国有企业管理人员涉嫌违反公职人员政务处分法和本条例规定,需要进一步查证的,经任免机关、单位主要负责人批准同意后立案,书面告知被调查的国有企业管理人员本人(以下称被调查人)及其所在单位,并向有管理权限的监察机关通报;	任免机关、单位应当自决定作出之日起1个月以内,将处分、免予处分、不予处分或者撤销案件的决定以书面形式通知被调查人及其所在单位,并在一定范围内宣布。

续表

法规依据	条文摘录	知识点提醒
	（三）承办部门负责对被调查人的违法行为作进一步调查，收集、查证有关证据材料，向有关单位和人员了解情况，并形成书面调查报告，向任免机关、单位负责人报告，有关单位和个人应当如实提供情况； （四）承办部门将调查认定的事实以及拟给予处分的依据告知被调查人，听取其陈述和申辩，并对其提出的事实、理由和证据进行核实，记录在案，被调查人提出的事实、理由和证据成立的，应予采纳； （五）承办部门经审查提出处理建议，按程序报任免机关、单位领导成员集体讨论，作出对被调查人给予处分、免予处分、不予处分或者撤销案件的决定，并向有管理权限的监察机关通报； （六）任免机关、单位应当自本条第一款第五项决定作出之日起1个月以内，将处分、免予处分、不予处分或者撤销案件的决定以书面形式通知被调查人及其所在单位，并在一定范围内宣布，涉及国家秘密、商业秘密或者个人隐私的，按照国家有关规定办理； （七）承办部门应当将处分有关决定及执行材料归入被调查人本人档案，同时汇集有关材料形成该处分案件的工作档案。 严禁以威胁、引诱、欺骗等非法方式收集证据。以非法方式收集的证据不得作为给予处分的依据。不得因被调查人的申辩而加重处分。	
《国有企业管理人员处分条例》	**第三十六条** 国有企业管理人员受到降级、撤职、开除处分的，应当在处分决定作出后1个月内，由相应人事部门等按照管理权限办理岗位、职务、工资和其他有关待遇等变更手续，并依法变更或者解除劳动合同；特殊情况下，经任免机关、单位主要负责人批准可以适当延长办理期限，但是最长不得超过6个月。	在处分决定作出后1个月内，由相应人事部门等按照管理权限办理岗位、职务、工资和其他有关待遇等变更手续。

续表

法规依据	条文摘录	知识点提醒
《国有企业管理人员处分条例》	**第四十条** 原处分决定单位接到复核申请、申诉机关受理申诉后,相关承办部门应当成立工作组,调阅原案材料,必要时可以进行调查,收集、查证有关证据材料,向有关单位和人员了解情况。工作组应当集体研究,提出办理意见,按程序报原处分决定单位、申诉机关领导成员集体讨论作出复核、申诉决定,并向有管理权限的监察机关通报。复核、申诉决定应当自作出之日起1个月以内以书面形式通知被处分人及其所在单位,并在一定范围内宣布;涉及国家秘密、商业秘密或者个人隐私的,按照国家有关规定办理。 复核、申诉期间,不停止原处分决定的执行。 国有企业管理人员不因提出复核、申诉而被加重处分。 坚持复核、申诉与原案调查相分离,原案调查、承办人员不得参与复核、申诉。	复核、申诉决定应当自作出之日起1个月以内以书面形式通知被处分人及其所在单位,并在一定范围内宣布。
	第四十五条 国有企业管理人员的处分决定被变更,需要调整该国有企业管理人员的职务、岗位等级、薪酬待遇等级等的,应当按照规定予以调整。国有企业管理人员的处分决定被撤销,需要恢复该国有企业管理人员的职务、岗位等级、薪酬待遇等级等的,应当按照原职务和岗位等级安排相应的职务和岗位,并在原处分决定公布范围内为其恢复名誉。 国有企业管理人员因有本条例第四十二条、第四十三条规定情形被撤销处分或者减轻处分的,应当结合其实际履职、业绩贡献等情况对其薪酬待遇受到的损失予以适当补偿。 维持、变更、撤销处分的决定应当在作出后1个月内按照本条例第二十七条第一款第六项规定予以送达、宣布,并存入被处分人本人档案。	维持、变更、撤销处分的决定应当在作出后1个月内按照有关规定予以送达、宣布,并存入被处分人本人档案。

处分违纪地方党委委员、纪委(监委)委员

法规依据	条文摘录	知识点提醒
《中国共产党章程》	**第四十二条** 对党员的纪律处分,必须经过支部大会讨论决定,报党的基层委员会批准;如果涉及的问题比较重要或复杂,或给党员以开除党籍的处分,应分别不同情况,报县级或县级以上党的纪律检查委员会审查批准。在特殊情况下,县级和县级以上各级党的委员会和纪律检查委员会有权直接决定给党员以纪律处分。 对党的中央委员会委员、候补委员,给以警告、严重警告处分,由中央纪律检查委员会常务委员会审议后,报党中央批准。对地方各级党的委员会委员、候补委员,给以警告、严重警告处分,应由上一级纪律检查委员会批准,并报它的同级党的委员会备案。 对党的中央委员会和地方各级委员会的委员、候补委员,给以撤销党内职务、留党察看或开除党籍的处分,必须由本人所在的委员会全体会议三分之二以上的多数决定。在全体会议闭会期间,可以先由中央政治局和地方各级委员会常务委员会作出处理决定,待召开委员会全体会议时予以追认。对地方各级委员会委员和候补委员的上述处分,必须经过上级纪律检查委员会常务委员会审议,由这一级纪律检查委员会报同级党的委员会批准。 严重触犯刑律的中央委员会委员、候补委员,由中央政治局决定开除其党籍;严重触犯刑律的地方各级委员会委员、候补委员,由同级委员会常务委员会决定开除其党籍。	给予地方党委委员轻处分,应由上一级纪律检查委员会批准,并报它的同级党的委员会备案;重处分,应由上一级纪律检查委员会审议,并报它的同级党的委员会批准。
《中国共产党地方委员会工作条例》	**第七条第三款** 因调离本地区、辞去公职、退休等原因不适宜继续担任党委委员、候补委员的,应当辞去或者由所在的党的地方委员会按程序免去其党委委员、候补委员职务。死亡、丧失国籍、被追究刑事责任、被停止党籍、受到留党察看以上党纪处分的,委员、候补委员职务自动终止。辞去、免去或者自动终止委员、候补委员职务的,应当报上一级党委备案。确有必要时,上一级党委可以任免下级党委委员、候补委员职务。	死亡、丧失国籍、被追究刑事责任、被停止党籍、受到留党察看以上党纪处分的,地方党委委员、候补委员职务自动终止。

续表

法规依据	条文摘录	知识点提醒
《纪检监察机关处理检举控告工作规则》	**第十一条** 检举控告工作按照管理权限实行分级受理: (一)中央纪委国家监委受理反映中央委员、候补中央委员,中央纪委委员,中央管理的领导干部,党中央工作机关、党中央批准设立的党组(党委),各省、自治区、直辖市党委、纪委等涉嫌违纪或者职务违法、职务犯罪问题的检举控告。 (二)地方各级纪委监委受理反映同级党委委员、候补委员,同级纪委委员,同级党委管理的党员、干部以及监察对象,同级党委工作机关、党委批准设立的党组(党委),下一级党委、纪委等涉嫌违纪或者职务违法、职务犯罪问题的检举控告。 (三)基层纪委受理反映同级党委管理的党员,同级党委下属的各级党组织涉嫌违纪问题的检举控告;未设立纪律检查委员会的党的基层委员会,由该委员会受理检举控告。 各级纪委监委按照管理权限受理反映本机关干部涉嫌违纪或者职务违法、职务犯罪问题的检举控告。	地方各级纪委监委受理反映同级党委委员、候补委员涉嫌违纪或者职务违法、职务犯罪问题的检举控告。
《中国共产党纪律检查机关监督执纪工作规则》	**第七条** 监督执纪工作实行分级负责制: (一)中央纪委国家监委负责监督检查和审查调查中央委员、候补中央委员,中央纪委委员,中央管理的领导干部,党中央工作部门、党中央批准设立的党组(党委),各省、自治区、直辖市党委、纪委等党组织的涉嫌违纪或者职务违法、职务犯罪问题。 (二)地方各级纪委监委负责监督检查和审查调查同级党委委员、候补委员,同级纪委委员,同级党委管理的党员、干部以及监察对象,同级党委工作部门、党委批准设立的党组(党委),下一级党委、纪委等党组织的涉嫌违纪或者职务违法、职务犯罪问题。 (三)基层纪委负责监督检查和审查同级党委管理的党员,同级党委下属的各级党组织的涉嫌违纪问题;未设立纪律检查委员会的党的基层委员会,由该委员会负责监督执纪工作。 地方各级纪委监委依照规定加强对同级党委履行职责、行使权力情况的监督。	

续表

<table>
<tr><th>法规依据</th><th>条文摘录</th><th>知识点提醒</th></tr>
<tr><td rowspan="2">《中国共产党纪律检查机关监督执纪工作规则》</td><td>第二十二条　纪检监察机关对反映同级党委委员、候补委员，纪委常委、监委委员，以及所辖地区、部门、单位主要负责人的问题线索和线索处置情况，应当及时向上级纪检监察机关报告。</td><td>向上级纪检监察机关报告。</td></tr>
<tr><td>第五十五条第二款　对给予同级党委委员、候补委员，同级纪委委员、监委委员处分的，在同级党委审议前，应当与上级纪委监委沟通并形成处理意见。</td><td>拟处分同级党委委员、候补委员，同级纪委委员、监委委员，与上级纪委监委沟通并形成处理意见。</td></tr>
<tr><td rowspan="2">《中国共产党处分违纪党员批准权限和程序规定》</td><td>第六条　除本规定和有关党内法规另有规定外，给予各级党委管理的党员警告、严重警告处分，可以由同级纪委审查批准；给予其撤销党内职务、留党察看或者开除党籍处分，须经同级纪委审查同意后报请这一级党委审议批准。</td><td rowspan="2">拟处分地方党委委员、候补委员和地方纪委委员、监委委员的，不仅要报请同级党委审议，还要呈报上级党组织审批。</td></tr>
<tr><td>第十七条第三款　给予地方党委委员、候补委员和地方纪委委员、监委委员党纪处分，依照本规定须呈报上级党组织审批的，在报请同级党委审议前，有监督执纪权限的纪委常委会审议通过后，应当于3日内形成书面情况报告与上级纪委沟通；上级纪委应当基于该书面情况报告载明的违纪事实和处分意见进行审核，并及时反馈处理意见。上级纪委受理该案件后，应当认真审核，不受此前已反馈处理意见的限制。</td></tr>
</table>

处分处理违纪违法的基层群众性自治组织人员

法规依据	条文摘录	知识点提醒
《中华人民共和国公职人员政务处分法》	**第二十二条** 基层群众性自治组织中从事管理的人员有违法行为的,监察机关可以予以警告、记过、记大过。 基层群众性自治组织中从事管理的人员受到政务处分的,应当由县级或者乡镇人民政府根据具体情况减发或者扣发补贴、奖金。	监察机关可以给予基层群众性自治组织中从事管理的人员警告、记过、记大过,但不能给予降级、撤职、开除处分。
《农村基层干部廉洁履行职责若干规定(试行)》	**第二十一条** 村党组织领导班子成员有违反本规定第二章所列行为的,视情节轻重,由有关机关、部门依照职责权限给予警示谈话、责令公开检讨、通报批评、停职检查、责令辞职、免职等处理。 应当追究党纪责任的,依照《中国共产党纪律处分条例》给予相应的党纪处分。 涉嫌犯罪的,移送司法机关依法处理。	可对村党组织领导班子成员警示谈话、责令公开检讨、通报批评、停职检查、责令辞职、免职等处理。
《农村基层干部廉洁履行职责若干规定(试行)》	**第二十二条** 村民委员会成员有违反本规定第二章所列行为的,视情节轻重,由有关机关、部门依照职责权限给予警示谈话、责令公开检讨、通报批评、取消当选资格等处理或者责令其辞职,拒不辞职的,依照《中华人民共和国村民委员会组织法》的规定予以罢免。 对其中的党员,应当追究党纪责任的,依照《中国共产党纪律处分条例》给予相应的党纪处分。 涉嫌犯罪的,移送司法机关依法处理。	可以对村民委员会成员采取警示谈话、责令公开检讨、通报批评、取消当选资格等处理或者责令其辞职等处理。
《农村基层干部廉洁履行职责若干规定(试行)》	**第二十四条** 村党组织领导班子成员和村民委员会成员受到本规定第二十一条、第二十二条处理的,由县(市、区、旗)或者乡镇党委和政府按照规定减发或者扣发绩效补贴(工资)、奖金。	县(市、区、旗)或者乡镇党委和政府可以按照规定减发或者扣发绩效补贴(工资)、奖金。
《农村基层干部廉洁履行职责若干规定(试行)》	**第二十五条** 村党组织领导班子成员和村民委员会成员中的党员因违反本规定受到撤销党内职务处分的,或者受到留党察看处分恢复党员权	被责令辞职、免职的,1年内不得担任村党组织领导班子成员。

续表

法规依据	条文摘录	知识点提醒
	利后,两年内不得担任村党组织领导班子成员;被责令辞职、免职的,一年内不得担任村党组织领导班子成员。	
《农村基层干部廉洁履行职责若干规定(试行)》	**第二十六条** 本规定适用于乡镇党委和政府领导班子成员、人大主席团负责人、基层站所负责人,村(社区)党组织(含党委、总支、支部)领导班子成员、村(居)民委员会成员。 乡镇其他干部、基层站所其他工作人员,农村集体经济组织中的党组织(含党委、总支、支部)领导班子成员、农村集体经济组织负责人,村民小组负责人,参照执行本规定。	农村基层干部范围,包括乡镇其他干部、基层站所其他工作人员,农村集体经济组织中的党组织(含党委、总支、支部)领导班子成员、农村集体经济组织负责人,村民小组负责人等。
《中华人民共和国村民委员会组织法》	**第六条** 村民委员会由主任、副主任和委员共三至七人组成。 村民委员会成员中,应当有妇女成员,多民族村民居住的村应当有人数较少的民族的成员。 对村民委员会成员,根据工作情况,给予适当补贴。	村民委员会成员可领取适当补贴。
《中华人民共和国村民委员会组织法》	**第十一条** 村民委员会主任、副主任和委员,由村民直接选举产生。任何组织或者个人不得指定、委派或者撤换村民委员会成员。 村民委员会每届任期五年,届满应当及时举行换届选举。村民委员会成员可以连选连任。	村民委员会主任、副主任和委员,由村民直接选举产生。
《中华人民共和国村民委员会组织法》	**第十七条** 以暴力、威胁、欺骗、贿赂、伪造选票、虚报选举票数等不正当手段当选村民委员会成员的,当选无效。 对以暴力、威胁、欺骗、贿赂、伪造选票、虚报选举票数等不正当手段,妨害村民行使选举权、被选举权,破坏村民委员会选举的行为,村民有权向乡、民族乡、镇的人民代表大会和人民政府或者县级人民代表大会常务委员会和人民政府及其有关主管部门举报,由乡级或者县级人民政府负责调查并依法处理。	对以暴力、威胁、欺骗、贿赂、伪造选票、虚报选举票数等不正当手段破坏村民委员会选举的行为,由乡级或者县级人民政府负责调查并依法处理。

续表

法规依据	条文摘录	知识点提醒
《中华人民共和国村民委员会组织法》	**第十八条** 村民委员会成员丧失行为能力或者被判处刑罚的,其职务自行终止。	村民委员会成员丧失行为能力或者被判处刑罚的,其职务自行终止。
《中华人民共和国村民委员会组织法》	**第三十一条** 村民委员会不及时公布应当公布的事项或者公布的事项不真实的,村民有权向乡、民族乡、镇的人民政府或者县级人民政府及其有关主管部门反映,有关人民政府或者主管部门应当负责调查核实,责令依法公布;经查证确有违法行为的,有关人员应当依法承担责任。	村民委员会不及时公布应当公布的事项或者公布的事项不真实的,有关人民政府或者主管部门应当负责调查核实,责令依法公布。
《中华人民共和国村民委员会组织法》	**第三十六条** 村民委员会或者村民委员会成员作出的决定侵害村民合法权益的,受侵害的村民可以申请人民法院予以撤销,责任人依法承担法律责任。 村民委员会不依照法律、法规的规定履行法定义务的,由乡、民族乡、镇的人民政府责令改正。 乡、民族乡、镇的人民政府干预依法属于村民自治范围事项的,由上一级人民政府责令改正。	乡、民族乡、镇的人民政府干预依法属于村民自治范围事项的,由上一级人民政府责令改正。
《全国人民代表大会常务委员会关于〈中华人民共和国刑法〉第九十三条第二款的解释》	村民委员会等村基层组织人员协助人民政府从事下列行政管理工作,属于刑法第九十三条第二款规定的"其他依照法律从事公务的人员": (一)救灾、抢险、防汛、优抚、扶贫、移民、救济款物的管理; (二)社会捐助公益事业款物的管理; (三)国有土地的经营和管理; (四)土地征收、征用补偿费用的管理; (五)代征、代缴税款; (六)有关计划生育、户籍、征兵工作; (七)协助人民政府从事的其他行政管理工作。 村民委员会等村基层组织人员从事前款规定的公务,利用职务上的便利,非法占有公共财物、挪用公款、索取他人财物或者非法收受他人财物,构成犯罪的,适用刑法第三百八十二条和第三百八十三条贪污罪、第三百八十四条挪用公款罪、第三百八十五条和第三百八十六条受贿罪的规定。	村民委员会等村基层组织人员可能成为贪污罪、受贿罪、挪用公款罪的主体,也可能成为职务侵占罪、挪用资金罪、非国家工作人员受贿罪的主体,核心区别在于村民委员会等村基层组织人员是协助人民政府从事该解释所列的行政管理工作还是村民自治范围内的工作。

续表

法规依据	条文摘录	知识点提醒
《中华人民共和国监察法》	**第十五条第五项** 监察机关对下列公职人员和有关人员进行监察： （五）基层群众性自治组织中从事管理的人员；	监察机关对基层群众性自治组织中从事管理的人员进行监察。 这里的“管理”包括两种情形：一种是协助乡镇人民政府从事行政管理；另一种是群众自治范畴内集体事务的管理。
《中华人民共和国监察法实施条例》	**第四十二条** 监察法第十五条第五项所称基层群众性自治组织中从事管理的人员，是指该组织中的下列人员： （一）从事集体事务和公益事业管理的人员； （二）从事集体资金、资产、资源管理的人员； （三）协助人民政府从事行政管理工作的人员，包括从事救灾、防疫、抢险、防汛、优抚、帮扶、移民、救济款物的管理，社会捐助公益事业款物的管理，国有土地的经营和管理，土地征收、征用补偿费用的管理，代征、代缴税款，有关计划生育、户籍、征兵工作，协助人民政府等国家机关在基层群众性自治组织中从事的其他管理工作。	基层群众性自治组织中从事公益事业管理的人员，也属于监察对象。 “扶贫”表述，已不存在，被“帮扶”取代。
《中国共产党农村工作条例》	**第十九条第一款** 加强农村党的建设。以提升组织力为重点，突出政治功能，把农村基层党组织建设成为宣传党的主张、贯彻党的决定、领导基层治理、团结动员群众、推动改革发展的坚强战斗堡垒，发挥党员先锋模范作用。坚持农村基层党组织领导地位不动摇，乡镇党委和村党组织全面领导乡镇、村的各类组织和各项工作。村党组织书记应当通过法定程序担任村民委员会主任和村级集体经济组织、合作经济组织负责人，推行村“两委”班子成员交叉任职。加强村党组织对共青团、妇联等群团组织的领导，发挥它们的积极作用。健全村党组织领导下的议事决策机制、监督机制，建立健全村务监督委员会，村级重大事项决策实行“四议两公开”。各级党委特别是县级党委	村党组织书记应当通过法定程序担任村民委员会主任和村级集体经济组织、合作经济组织负责人，推行村“两委”班子成员交叉任职。通俗地说，就是村支书、村主任“一肩挑”。如果村支书职务被撤销，则理论上也很难再任村主任。

续表

法规依据	条文摘录	知识点提醒
	应当认真履行农村基层党建主体责任,坚持抓乡促村,选优配强村党组织书记,整顿软弱涣散村党组织,加强党内激励关怀帮扶,健全以财政投入为主的稳定的村级组织运转经费保障制度,持续加强基本队伍、基本活动、基本阵地、基本制度、基本保障建设。	

国有企业管理人员纪律惩戒规定

法规依据	条文摘录	知识点提醒
《国有企业管理人员处分条例》	**第六条** 给予国有企业管理人员处分，应当事实清楚、证据确凿、定性准确、处理恰当、程序合法、手续完备，与其违法行为的性质、情节、危害程度相适应。	给予国有企业管理人员处分，应当遵循二十四字方针，同时做到三个相适应。
《国有企业管理人员处分条例》	**第七条** 处分的种类为： （一）警告； （二）记过； （三）记大过； （四）降级； （五）撤职； （六）开除。	对国有企业管理人员的处分种类共有6种。
《国有企业管理人员处分条例》	**第八条** 处分的期间为： （一）警告，6个月； （二）记过，12个月； （三）记大过，18个月； （四）降级、撤职，24个月。 处分决定自作出之日起生效，处分期自处分决定生效之日起计算。	给予国有企业管理人员的处分期间及处分期起始时间（处分期自处分决定生效之日起计算）
《国有企业管理人员处分条例》	**第十四条** 国有企业管理人员在处分期内，不得晋升职务、岗位等级和职称；其中，被记过、记大过、降级、撤职的，不得晋升薪酬待遇等级。被撤职的，降低职务或者岗位等级，同时降低薪酬待遇。被开除的，用人单位依法解除劳动合同。	关于国有企业管理人员被处分的后果，相比《中华人民共和国公职人员政务处分法》第21条的规定，此处规定开除的后果：用人单位依法解除劳动合同。
《国有企业管理人员处分条例》	**第十一条** 国有企业管理人员有下列情形之一的，可以从轻或者减轻给予处分： （一）主动交代本人应当受到处分的违法行为； （二）配合调查，如实说明本人违法事实； （三）检举他人违法行为，经查证属实； （四）主动采取措施，有效避免、挽回损失或者消除不良影响；	《中华人民共和国公职人员政务处分法》第11条规定了7种可以从轻或者减轻给予处分情节。《国有企业管理人员处分条例》第11条第1款第7项，属于新增情形。

续表

法规依据	条文摘录	知识点提醒
	(五)在共同违法行为中起次要或者辅助作用; (六)主动上交或者退赔违法所得; (七)属于推进国有企业改革中因缺乏经验、先行先试出现的失误错误; (八)法律、法规规定的其他从轻或者减轻情节。 从轻给予处分,是指在本条例规定的违法行为应当受到的处分幅度以内,给予较轻的处分。 减轻给予处分,是指在本条例规定的违法行为应当受到的处分幅度以外,减轻一档给予处分。	
《国有企业管理人员处分条例》	**第十三条** 国有企业管理人员有下列情形之一的,应当从重给予处分: (一)在处分期内再次故意违法,应当受到处分; (二)阻止他人检举、提供证据; (三)串供或者伪造、隐匿、毁灭证据; (四)包庇同案人员; (五)胁迫、唆使他人实施违法行为; (六)拒不上交或者退赔违法所得; (七)法律、法规规定的其他从重情节。 从重给予处分,是指在本条例规定的违法行为应当受到的处分幅度以内,给予较重的处分。	本条规定的 7 种应当从重处分情节与《中华人民共和国公职人员政务处分法》第 13 条内容相同。需要注意的是,在从重处分时,立法用的措辞是“应当”,而在从轻或者减轻处分时,立法用的措辞是“可以”。
《国有企业管理人员处分条例》	**第二十七条** 对涉嫌违法的国有企业管理人员进行调查、处理,应当由 2 名以上工作人员进行,按照下列程序办理: (一)经任免机关、单位负责人同意,由承办部门对需要调查处理的问题线索进行初步核实; (二)经初步核实,承办部门认为该国有企业管理人员涉嫌违反公职人员政务处分法和本条例规定,需要进一步查证的,经任免机关、单位主要负责人批准同意后立案,书面告知被调查的国有企业管理人员本人(以下称被调查人)及其所在单位,并向有管理权限的监察机关通报; (三)承办部门负责对被调查人的违法行为作进一步调查,收集、查证有关证据材料,向有关单位和人员了解情况,并形成书面调查报告,向任免机关、单位负责人报告,有关单位和个人应当如实提供情况;	对涉嫌违法的国有企业管理人员进行调查、处理程序:初核、立案(含告知、通报)、撰写调查报告、违法事实见面、集体审议、下达和宣布书面决定、归档等。

续表

法规依据	条文摘录	知识点提醒
	（四）承办部门将调查认定的事实以及拟给予处分的依据告知被调查人，听取其陈述和申辩，并对其提出的事实、理由和证据进行核实，记录在案，被调查人提出的事实、理由和证据成立的，应予采纳； （五）承办部门经审查提出处理建议，按程序报任免机关、单位领导成员集体讨论，作出对被调查人给予处分、免予处分、不予处分或者撤销案件的决定，并向有管理权限的监察机关通报； （六）任免机关、单位应当自本条第一款第五项决定作出之日起1个月以内，将处分、免予处分、不予处分或者撤销案件的决定以书面形式通知被调查人及其所在单位，并在一定范围内宣布，涉及国家秘密、商业秘密或者个人隐私的，按照国家有关规定办理； （七）承办部门应当将处分有关决定及执行材料归入被调查人本人档案，同时汇集有关材料形成该处分案件的工作档案。 严禁以威胁、引诱、欺骗等非法方式收集证据。以非法方式收集的证据不得作为给予处分的依据。不得因被调查人的申辩而加重处分。	
《国有企业管理人员处分条例》	**第二十九条** 给予国有企业管理人员处分，应当自立案之日起6个月内作出决定；案情复杂或者遇有其他特殊情形的，经任免机关、单位主要负责人批准可以适当延长，但是延长期限不得超过6个月。	给予国有企业管理人员处分，作出时限：自立案之日起6个月内作出决定。案情复杂或者遇有其他特殊情形的，经批准，可以延长不超过6个月的时间。
《国有企业管理人员处分条例》	**第三十四条** 国有企业管理人员涉嫌违法，已经被立案调查，不宜继续履行职责的，任免机关、单位可以决定暂停其履行职务。国有企业管理人员在被立案调查期间，未经决定立案的任免机关、单位同意，不得出境、辞去公职；其任免机关、单位以及上级机关、单位不得对其交流、晋升、奖励或者办理退休手续。	国有企业管理人员在被立案调查期间，应遵守的纪律规定：未经决定立案的任免机关、单位同意，不得出境、辞去公职。被调查人的任免机关、单位以及上级机关、单位不得对其交流、晋升、奖励或者办理退休手续。

续表

法规依据	条文摘录	知识点提醒
《国有企业管理人员处分条例》	**第三十六条** 国有企业管理人员受到降级、撤职、开除处分的,应当在处分决定作出后1个月内,由相应人事部门等按照管理权限办理岗位、职务、工资和其他有关待遇等变更手续,并依法变更或者解除劳动合同;特殊情况下,经任免机关、单位主要负责人批准可以适当延长办理期限,但是最长不得超过6个月。	处分决定的执行(通常情况下1个月内,特殊情况下6个月),执行主体是相应人事部门。
《中华人民共和国企业国有资产法》	**第七十一条** 国家出资企业的董事、监事、高级管理人员有下列行为之一,造成国有资产损失的,依法承担赔偿责任;属于国家工作人员的,并依法给予处分: (一)利用职权收受贿赂或者取得其他非法收入和不当利益的; (二)侵占、挪用企业资产的; (三)在企业改制、财产转让等过程中,违反法律、行政法规和公平交易规则,将企业财产低价转让、低价折股的; (四)违反本法规定与本企业进行交易的; (五)不如实向资产评估机构、会计师事务所提供有关情况和资料,或者与资产评估机构、会计师事务所串通出具虚假资产评估报告、审计报告的; (六)违反法律、行政法规和企业章程规定的决策程序,决定企业重大事项的; (七)有其他违反法律、行政法规和企业章程执行职务行为的。 国家出资企业的董事、监事、高级管理人员因前款所列行为取得的收入,依法予以追缴或者归国家出资企业所有。 履行出资人职责的机构任命或者建议任命的董事、监事、高级管理人员有本条第一款所列行为之一,造成国有资产重大损失的,由履行出资人职责的机构依法予以免职或者提出免职建议。	国家出资企业的董事、监事、高级管理人员有法定的违法情形,造成国有资产损失的,要依法承担赔偿责任,而且还可以给予其处分。《中华人民共和国企业国有资产法》与《中华人民共和国公职人员政务处分法》系旧法与新法的关系,注意遵守从旧兼从轻原则。
《中华人民共和国企业国有资产法》	**第七十二条** 在涉及关联方交易、国有资产转让等交易活动中,当事人恶意串通,损害国有资产权益的,该交易行为无效。	注意结合《中华人民共和国民法典》相关规定理解本条。

续表

法规依据	条文摘录	知识点提醒
《中华人民共和国企业国有资产法》	**第七十三条** 国有独资企业、国有独资公司、国有资本控股公司的董事、监事、高级管理人员违反本法规定,造成国有资产重大损失,被免职的,自免职之日起五年内不得担任国有独资企业、国有独资公司、国有资本控股公司的董事、监事、高级管理人员;造成国有资产特别重大损失,或者因贪污、贿赂、侵占财产、挪用财产或者破坏社会主义市场经济秩序被判处刑罚的,终身不得担任国有独资企业、国有独资公司、国有资本控股公司的董事、监事、高级管理人员。	违规造成国有资产重大损失,被免职或者被判处刑罚的后果。
推荐阅读	杨阳:《国有企业中从事管理活动的人员是否都属于监察对象?》,载《中国纪检监察》2021年第15期。该文指出,国有企业中从事管理活动的人员不一定属于监察对象,只有经国有独资公司、企业或者国家出资公司、企业中负有管理、监督国有资产职责的组织,以多种形式委派的,代表组织对国有资产履行监督管理职责的国有企业管理人员,才属于监察对象。	

处分处理违法的人大代表、政协委员

法规依据	条文摘录	知识点提醒
《中华人民共和国公职人员政务处分法》	**第五十条** 监察机关对经各级人民代表大会、县级以上各级人民代表大会常务委员会选举或者决定任命的公职人员予以撤职、开除的,应当先依法罢免、撤销或者免去其职务,再依法作出政务处分决定。 监察机关对经中国人民政治协商会议各级委员会全体会议或者其常务委员会选举或者决定任命的公职人员予以撤职、开除的,应当先依章程免去其职务,再依法作出政务处分决定。 监察机关对各级人民代表大会代表、中国人民政治协商会议各级委员会委员给予政务处分的,应当向有关的人民代表大会常务委员会,乡、民族乡、镇的人民代表大会主席团或者中国人民政治协商会议委员会常务委员会通报。	经各级人民代表大会、县级以上各级人民代表大会常务委员会选举或者决定任命的公职人员予以撤职、开除的,一定要先履行罢免、撤销或者免职前置程序,党纪处分未作此要求。 实践中,可以由纪检监察机关在立案审查调查后向相关人大、政协机关提出建议,也可以由被审查调查人本人提出辞职,再由相关人大、政协机关履行相应程序。
《中华人民共和国全国人民代表大会和地方各级人民代表大会代表法》	**第四十八条** 代表有下列情形之一的,暂时停止执行代表职务,由代表资格审查委员会向本级人民代表大会常务委员会或者乡、民族乡、镇的人民代表大会报告: (一)因刑事案件被羁押正在受侦查、起诉、审判的; (二)被依法判处管制、拘役或者有期徒刑而没有附加剥夺政治权利,正在服刑的。 前款所列情形在代表任期内消失后,恢复其执行代表职务,但代表资格终止者除外。	暂时停止执行代表职务的法定情形有两种。《中共中央关于加强和改进人大代表、政协委员有关工作的通知》下发后,对人大代表的要求越来越高。
《中华人民共和国全国人民代表大会和地方各级人民代表大会代表法》	**第四十九条** 代表有下列情形之一的,其代表资格终止: (一)地方各级人民代表大会代表迁出或者调离本行政区域的; (二)辞职被接受的; (三)未经批准两次不出席本级人民代表大会会议的; (四)被罢免的;	此为人大代表资格终止的法定事由。

续表

法规依据	条文摘录	知识点提醒
	(五)丧失中华人民共和国国籍的; (六)依照法律被剥夺政治权利的; (七)丧失行为能力的。	
《中华人民共和国全国人民代表大会和地方各级人民代表大会代表法》	**第五十条** 县级以上的各级人民代表大会代表资格的终止,由代表资格审查委员会报本级人民代表大会常务委员会,由本级人民代表大会常务委员会予以公告。 乡、民族乡、镇的人民代表大会代表资格的终止,由代表资格审查委员会报本级人民代表大会,由本级人民代表大会予以公告。	代表资格终止需公告。
《中华人民共和国全国人民代表大会和地方各级人民代表大会选举法》	**第四十九条** 全国和地方各级人民代表大会的代表,受选民和原选举单位的监督。选民或者选举单位都有权罢免自己选出的代表。	选民或者选举单位都有权罢免自己选出的代表。
《中华人民共和国全国人民代表大会和地方各级人民代表大会选举法》	**第五十五条** 全国人民代表大会代表,省、自治区、直辖市、设区的市、自治州的人民代表大会代表,可以向选举他的人民代表大会的常务委员会书面提出辞职。常务委员会接受辞职,须经常务委员会组成人员的过半数通过。接受辞职的决议,须报送上一级人民代表大会常务委员会备案、公告。 县级的人民代表大会代表可以向本级人民代表大会常务委员会书面提出辞职,乡级的人民代表大会代表可以向本级人民代表大会书面提出辞职。县级的人民代表大会常务委员会接受辞职,须经常务委员会组成人员的过半数通过。乡级的人民代表大会接受辞职,须经人民代表大会过半数的代表通过。接受辞职的,应当予以公告。	人大代表可向选举他的人民代表大会的常务委员会书面提出辞职。
《中华人民共和国全国人民代表大会和地方各级人民代表大会选举法》	**第五十七条第二款** 地方各级人民代表大会代表在任期内调离或者迁出本行政区域的,其代表资格自行终止,缺额另行补选。	调离或者迁出本行政区域的,其代表资格自行终止。

续表

法规依据	条文摘录	知识点提醒
《中国人民政治协商会议章程》	**第二十九条** 参加中国人民政治协商会议全国委员会和地方委员会的单位和个人,如果严重违反中国人民政治协商会议章程或全体会议和常务委员会的决议,由全国委员会常务委员会或地方委员会常务委员会分别依据情节给予警告处分,或撤销其参加中国人民政治协商会议全国委员会或地方委员会的资格。 受警告处分或撤销参加资格的单位或个人,如果不服,可以请求复议。	政协全国委员会常务委员会或地方委员会常务委员会依据情节可给予政协委员警告处分。 这里的警告处分,不同于党纪政务处分,后果暂不明确。
《中国人民政治协商会议章程》	**第三十七条** 对严重损害国家和人民利益的,因严重违纪违法被给予组织处理、处分或被判刑以及涉嫌违纪违法正在接受调查处理的,在身份上弄虚作假的等,不得提名或继续提名为委员人选。	不得提名或继续提名为政协委员人选的法定事由。
《中国人民政治协商会议章程》	**第三十八条** 因工作变动或其他原因不宜继续担任委员的,本人应当辞去委员。对违反社会道德或存在与委员身份不符行为的,应当及时约谈或函询,经提醒仍不改正的,应当责令其辞去委员。	主动辞去或责令辞去政协委员情形。
	第三十九条 对违纪违法的委员,中国人民政治协商会议全国委员会常务委员会或地方委员会常务委员会应当依照法律和有关规定作出相应处理……	
《中华人民共和国监察法实施条例》	**第四十三条第一项** 下列人员属于监察法第十五条第六项所称其他依法履行公职的人员: (一)履行人民代表大会职责的各级人民代表大会代表,履行公职的中国人民政治协商会议各级委员会委员、人民陪审员、人民监督员;	人大代表、政协委员等,在履行相应职责时属于监察对象。

下落不明违纪党员的处理处分

法规依据	条文摘录	知识点提醒
《中国共产党章程》	**第九条第三款** 党员如果没有正当理由，连续六个月不参加党的组织生活，或不交纳党费，或不做党所分配的工作，就被认为是自行脱党。支部大会应当决定把这样的党员除名，并报上级党组织批准。	党员如果没有正当理由，连续6个月不参加党的组织生活，或不交纳党费，或不做党所分配的工作，就被认为是自行脱党，应予以除名。
《关于新形势下党内政治生活的若干准则》	领导干部必须强化组织观念，工作中重大问题和个人有关事项必须按规定按程序向组织请示报告，离开岗位或工作所在地要事先向组织请示报告。对无正当理由不按时报告、不如实报告或隐瞒不报的，要严肃处理。	离开岗位或工作所在地要事先向组织请示报告。
《中国共产党纪律处分条例》	**第三十七条** 对违纪后下落不明的党员，应当区别情况作出处理： （一）对有严重违纪行为，应当给予开除党籍处分的，党组织应当作出决定，开除其党籍； （二）除前项规定的情况外，下落不明时间超过六个月的，党组织应当按照党章规定对其予以除名。	党员违纪后下落不明，是指违纪党员离开工作地点、居住地点后不知去向、没有音讯的状况。认定违纪党员下落不明，应当注意以下两点：首先，必须是违纪后下落不明，即有证据证明该党员犯有违纪错误。其次，必须是违纪党员离开工作地点、居住地点后不知去向、没有音讯达到一定的时间，有关党组织无法知道其去向，且通过各种方式都无法与其取得联系的情形。如果仅是在相对较短时间内无法联系或者无法找到涉嫌违纪党员，不能适用《中国共产党纪律处分条例》第37条的规定。

续表

法规依据	条文摘录	知识点提醒
《中国共产党重大事项请示报告条例》	**第三十六条** 党员应当向党组织报告下列事项: (一)贯彻执行党组织决议以及完成党组织交办工作任务情况; (二)对党的工作和领导干部的意见建议; (三)发现党员、领导干部违纪违法线索情况; (四)流动外出情况; (五)其他应当向党组织报告的事项。	党员应当向党组织报告流动外出情况。
《中国共产党党员教育管理工作条例》	**第二十四条第三款** 对与党组织失去联系6个月以上、通过各种方式查找仍然没有取得联系的党员,予以停止党籍。停止党籍的决定由所在党支部或者上级党组织按照有关规定作出。停止党籍2年后确实无法取得联系的,按照自行脱党予以除名。	对与党组织失去联系6个月以上、通过各种方式查找仍然没有取得联系的党员,予以停止党籍。

处分处理已故违纪党员干部知识点梳理

法规依据	条文摘录	知识点提醒
《中国共产党纪律处分条例》	**第三十八条** 违纪党员在党组织作出处分决定前死亡，或者在死亡之后发现其曾有严重违纪行为，对于应当给予开除党籍处分的，开除其党籍；对于应当给予留党察看以下处分的，作出违犯党纪的书面结论和相应处理。	对符合立案条件的，承办部门应当起草立案审查调查呈批报告，经纪检监察机关主要负责人审批，报同级党委主要负责人批准，予以立案审查调查。
《中华人民共和国监察法》	**第五十五条** 监察机关在调查贪污贿赂、失职渎职等职务犯罪案件过程中，被调查人逃匿或者死亡，有必要继续调查的，应当继续调查并作出结论。被调查人逃匿，在通缉一年后不能到案，或者死亡的，由监察机关提请人民检察院依照法定程序，向人民法院提出没收违法所得的申请。	职务犯罪被调查人死亡，有必要继续调查的，应当继续调查并作出结论，依法没收违法所得。
《中华人民共和国监察法实施条例》	**第五十三条** 监察机关对于退休公职人员在退休前或者退休后，或者离职、死亡的公职人员在履职期间实施的涉嫌职务违法或者职务犯罪行为，可以依法进行调查。 对前款规定人员，按照其原任职务的管辖规定确定管辖的监察机关；由其他监察机关管辖更为适宜的，可以依法指定或者交由其他监察机关管辖。	对离职、死亡的公职人员立案调查，按照其原任职务的管辖规定确定管辖。
《中华人民共和国监察法实施条例》	**第一百六十一条** 监察机关对于被通缉人员已经归案、死亡，或者依法撤销留置决定以及发现有其他不需要继续采取通缉措施情形的，应当经审批出具《撤销通缉通知书》，送交协助采取原措施的公安机关执行。	被通缉人员死亡的，应当经审批出具《撤销通缉通知书》。
《中华人民共和国监察法实施条例》	**第二百三十二条** 对于贪污贿赂、失职渎职等职务犯罪案件，被调查人逃匿，在通缉一年后不能到案，或者被调查人死亡，依法应当追缴其违法所得及其他涉案财产的，承办部门在调查终结后应当依法移送审理。	被调查人死亡，依法应当追缴其违法所得及其他涉案财产的，承办部门在调查终结后应当依法移送审理。

续表

法规依据	条文摘录	知识点提醒
	监察机关应当经集体审议,出具《没收违法所得意见书》,连同案卷材料、证据等,一并移送人民检察院依法提出没收违法所得的申请。 监察机关将《没收违法所得意见书》移送人民检察院后,在逃的被调查人自动投案或者被抓获的,监察机关应当及时通知人民检察院。	
《中华人民共和国公职人员政务处分法》	**第二十五条** 公职人员违法取得的财物和用于违法行为的本人财物,除依法应当由其他机关没收、追缴或者责令退赔的,由监察机关没收、追缴或者责令退赔;应当退还原所有人或者原持有人的,依法予以退还;属于国家财产或者不应当退还以及无法退还的,上缴国库。 公职人员因违法行为获得的职务、职级、衔级、级别、岗位和职员等级、职称、待遇、资格、学历、学位、荣誉、奖励等其他利益,监察机关应当建议有关机关、单位、组织按规定予以纠正。 **第二十七条** 已经退休的公职人员退休前或者退休后有违法行为的,不再给予政务处分,但是可以对其立案调查;依法应当予以降级、撤职、开除的,应当按照规定相应调整其享受的待遇,对其违法取得的财物和用于违法行为的本人财物依照本法第二十五条的规定处理。 已经离职或者死亡的公职人员在履职期间有违法行为的,依照前款规定处理。	可以对离职或死亡的公职人员立案调查的法规依据。
《中国共产党纪律检查机关监督执纪工作规则》	**第五十八条** 对被审查调查人违规违纪违法所得财物,应当依规依纪依法予以收缴、责令退赔或者登记上交。 对涉嫌职务犯罪所得财物,应当随案移送司法机关。 对经认定不属于违规违纪违法所得的,应当在案件审结后依规依纪依法予以返还,并办理签收手续。	对涉嫌职务犯罪所得财物,应当随案移送司法机关。 对经认定不属于违规违纪违法所得的,应当在案件审结后依规依纪依法予以返还,并办理签收手续。

处分犯罪的公职人员

法规依据	条文摘录	知识点提醒
《中华人民共和国公职人员政务处分法》	**第十四条** 公职人员犯罪,有下列情形之一的,予以开除: (一)因故意犯罪被判处管制、拘役或者有期徒刑以上刑罚(含宣告缓刑)的; (二)因过失犯罪被判处有期徒刑,刑期超过三年的; (三)因犯罪被单处或者并处剥夺政治权利的。 因过失犯罪被判处管制、拘役或者三年以下有期徒刑的,一般应当予以开除;案件情况特殊,予以撤职更为适当的,可以不予开除,但是应当报请上一级机关批准。 公职人员因犯罪被单处罚金,或者犯罪情节轻微,人民检察院依法作出不起诉决定或者人民法院依法免予刑事处罚的,予以撤职;造成不良影响的,予以开除。	因过失犯罪被判处刑罚的,开除公职是原则,不开除是例外。 因故意犯罪被人民检察院相对不起诉、被人民法院判处免予刑事处罚的,量纪起点是撤职。
《事业单位人事管理条例》	**第二十八条** 事业单位工作人员有下列行为之一的,给予处分: (一)损害国家声誉和利益的; (二)失职渎职的; (三)利用工作之便谋取不正当利益的; (四)挥霍、浪费国家资财的; (五)严重违反职业道德、社会公德的; (六)其他严重违反纪律的。	《事业单位人事管理条例》由国务院制定,《事业单位工作人员处分规定》由中组部、人力资源社会保障部制定。
《国有企业管理人员处分条例》	**第三十二条** 国有企业管理人员被依法追究刑事责任的,任免机关、单位应当根据司法机关的生效判决、裁定、决定及其认定的事实和情节,依法给予处分。 国有企业管理人员依法受到行政处罚,应当给予处分的,任免机关、单位可以根据生效的行政处罚决定认定的事实和情节,经核实后依法给予处分。 任免机关、单位根据本条第一款、第二款规定作出处分决定后,司法机关、行政机关依法改变原生效判决、裁定、决定等,对原处分决定产生影响的,任免机关、单位应当根据改变后的判决、裁定、决定等重新作出相应处理。	国有企业管理人员被依法追究刑事责任的,包括被人民检察院相对不起诉、人民法院定罪免刑和判处刑罚。处分标准,按照《公职人员政务处分法》第14条规定执行。

续表

法规依据	条文摘录	知识点提醒
《人民法院工作人员处分条例》	**第十六条第二款** 被依法判处刑罚的,一律给予开除处分。	《人民法院工作人员处分条例》《检察人员纪律处分条例》的法律效力低于《中华人民共和国公职人员政务处分法》。2020年7月1日之后司法人员被判处刑罚的,优先适用《中华人民共和国公职人员政务处分法》。
《检察人员纪律处分条例》	**第二十七条** 因犯罪被判处刑罚的,应当给予开除处分。 因犯罪情节轻微,被人民检察院依法作出不起诉决定的,或者被人民法院免予刑事处罚的,给予降级、撤职或者开除处分。 属于前款规定情形的,应当根据司法机关的生效裁判、决定及其认定的事实、性质和情节,依照本条例规定给予纪律处分。	
《事业单位工作人员处分规定》	**第二十三条** 事业单位工作人员犯罪,有下列情形之一的,给予开除处分: (一)因故意犯罪被判处管制、拘役或者有期徒刑以上刑罚(含宣告缓刑)的; (二)因过失犯罪被判处有期徒刑,刑期超过三年的; (三)因犯罪被单处或者并处剥夺政治权利的。 因过失犯罪被判处管制、拘役或者三年以下有期徒刑的,一般应当给予开除处分;案件情况特殊,给予降低岗位等级处分更为适当的,可以不予开除,但是应当报请事业单位主管部门批准,并报同级事业单位人事综合管理部门备案。 事业单位工作人员因犯罪被单处罚金,或者犯罪情节轻微,人民检察院依法作出不起诉决定或者人民法院依法免予刑事处罚的,给予降低岗位等级处分;造成不良影响的,给予开除处分。	《事业单位工作人员处分规定》,不适用于行使公权力的事业单位工作人员。如果行使公权力的事业单位工作人员,在2020年7月1日之后被判处刑罚,要适用《中华人民共和国公职人员政务处分法》的规定对其处分。

党员、公职人员酒驾醉驾处分处理

法规及权威表述依据	条文摘录	知识点提醒
《中华人民共和国刑法》	**第一百三十三条之一** 在道路上驾驶机动车,有下列情形之一的,处拘役,并处罚金: (一)追逐竞驶,情节恶劣的; (二)醉酒驾驶机动车的; (三)从事校车业务或者旅客运输,严重超过额定乘员载客,或者严重超过规定时速行驶的; (四)违反危险化学品安全管理规定运输危险化学品,危及公共安全的。 机动车所有人、管理人对前款第三项、第四项行为负有直接责任的,依照前款的规定处罚。 有前两款行为,同时构成其他犯罪的,依照处罚较重的规定定罪处罚。	醉酒驾驶犯罪是抽象的危险犯,不需要司法人员具体判断醉酒行为是否具有公共危险,只要行为人是在醉酒状态下在道路上驾驶机动车,就构成犯罪。
《最高人民法院、最高人民检察院、公安部、司法部关于办理醉酒危险驾驶刑事案件的意见》	**第四条** 在道路上驾驶机动车,经呼气酒精含量检测,显示血液酒精含量达到80毫克/100毫升以上的,公安机关应当依照刑事诉讼法和本意见的规定决定是否立案。对情节显著轻微、危害不大,不认为是犯罪的,不予立案。 公安机关应当及时提取犯罪嫌疑人血液样本送检。认定犯罪嫌疑人是否醉酒,主要以血液酒精含量鉴定意见作为依据。 犯罪嫌疑人经呼气酒精含量检测,显示血液酒精含量达到80毫克/100毫升以上,在提取血液样本前脱逃或者找人顶替的,可以以呼气酒精含量检测结果作为认定其醉酒的依据。 犯罪嫌疑人在公安机关依法检查时或者发生道路交通事故后,为逃避法律追究,在呼气酒精含量检测或者提取血液样本前故意饮酒的,可以以查获后血液酒精含量鉴定意见作为认定其醉酒的依据。	在道路上驾驶机动车,血液酒精含量达到80毫克/100毫升以上的,属于醉酒驾驶机动车。

续表

法规及权威表述依据	条文摘录	知识点提醒
《最高人民法院、最高人民检察院、公安部、司法部关于办理醉酒危险驾驶刑事案件的意见》	**第十二条** 醉驾具有下列情形之一,且不具有本意见第十条规定情形的,可以认定为情节显著轻微、危害不大,依照刑法第十三条、刑事诉讼法第十六条的规定处理: (一)血液酒精含量不满150毫克/100毫升的; (二)出于急救伤病人员等紧急情况驾驶机动车,且不构成紧急避险的; (三)在居民小区、停车场等场所因挪车、停车入位等短距离驾驶机动车的; (四)由他人驾驶至居民小区、停车场等场所短距离接替驾驶停放机动车的,或者为了交由他人驾驶,自居民小区、停车场等场所短距离驶出的; (五)其他情节显著轻微的情形。 醉酒后出于急救伤病人员等紧急情况,不得已驾驶机动车,构成紧急避险的,依照刑法第二十一条的规定处理。	醉驾通常情况下需要判处拘役;特殊情况下,可以认定为情节显著轻微、危害不大。
《中国共产党纪律处分条例》	**第三十条第一款** 党组织在纪律审查中发现党员有刑法规定的行为,虽不构成犯罪但须追究党纪责任的,或者有其他破坏社会主义市场经济秩序、违反治安管理等违法行为,损害党、国家和人民利益的,应当视具体情节给予警告直至开除党籍处分。	酒驾,视情节给予相应的党纪处分;醉驾被判处刑罚的,给予开除党籍处分。
《中国共产党纪律处分条例》	**第三十三条** 党员犯罪情节轻微,人民检察院依法作出不起诉决定的,或者人民法院依法作出有罪判决并免予刑事处罚的,应当给予撤销党内职务、留党察看或者开除党籍处分。 党员犯罪,被单处罚金的,依照前款规定处理。 **第三十四条** 党员犯罪,有下列情形之一的,应当给予开除党籍处分: (一)因故意犯罪被依法判处刑法规定的主刑(含宣告缓刑);	因醉驾被人民检察院相对不起诉、人民法院免予刑事处罚的,至少给予撤销党内职务、政务撤职以上重处分。公职人员酒驾,可以视情节给予相应的政务处分。

续表

法规及权威表述依据	条文摘录	知识点提醒
	(二)被单处或者附加剥夺政治权利; (三)因过失犯罪,被依法判处三年以上(不含三年)有期徒刑。 因过失犯罪被判处三年以下有期徒刑或者被判处管制、拘役的,一般应当开除党籍。对于个别可以不开除党籍的,应当对照处分违纪党员批准权限的规定,报请再上一级党组织批准。	
《中华人民共和国公职人员政务处分法》	**第四十一条** 公职人员有其他违法行为,影响公职人员形象,损害国家和人民利益的,可以根据情节轻重给予相应政务处分。	
《中华人民共和国公职人员政务处分法》	**第十四条** 公职人员犯罪,有下列情形之一的,予以开除: (一)因故意犯罪被判处管制、拘役或者有期徒刑以上刑罚(含宣告缓刑)的; (二)因过失犯罪被判处有期徒刑,刑期超过三年的; (三)因犯罪被单处或者并处剥夺政治权利的。 因过失犯罪被判处管制、拘役或者三年以下有期徒刑的,一般应当予以开除;案件情况特殊,予以撤职更为适当的,可以不予开除,但是应当报请上一级机关批准。 公职人员因犯罪被单处罚金,或者犯罪情节轻微,人民检察院依法作出不起诉决定或者人民法院依法免予刑事处罚的,予以撤职;造成不良影响的,予以开除。	醉驾属故意犯罪,醉驾的公务员一旦被处刑罚,就得开除其公职。
《公安机关人民警察纪律条令》	**第二十三条** 工作时间饮酒或者在公共场所酗酒滋事的,给予警告、记过或者记大过处分;造成后果的,给予降级或者撤职处分;造成严重后果的,给予开除处分。 携带枪支饮酒、酒后驾驶机动车,造成严重后果的,给予开除处分。	人民警察工作时间饮酒、酒驾的处分。

续表

法规及权威表述依据	条文摘录	知识点提醒
《中华人民共和国道路交通安全法》	**第九十一条** 饮酒后驾驶机动车的,处暂扣六个月机动车驾驶证,并处一千元以上二千元以下罚款。因饮酒后驾驶机动车被处罚,再次饮酒后驾驶机动车的,处十日以下拘留,并处一千元以上二千元以下罚款,吊销机动车驾驶证。 醉酒驾驶机动车的,由公安机关交通管理部门约束至酒醒,吊销机动车驾驶证,依法追究刑事责任;五年内不得重新取得机动车驾驶证。 饮酒后驾驶营运机动车的,处十五日拘留,并处五千元罚款,吊销机动车驾驶证,五年内不得重新取得机动车驾驶证。 醉酒驾驶营运机动车的,由公安机关交通管理部门约束至酒醒,吊销机动车驾驶证,依法追究刑事责任;十年内不得重新取得机动车驾驶证,重新取得机动车驾驶证后,不得驾驶营运机动车。 饮酒后或者醉酒驾驶机动车发生重大交通事故,构成犯罪的,依法追究刑事责任,并由公安机关交通管理部门吊销机动车驾驶证,终生不得重新取得机动车驾驶证。	饮酒后驾驶机动车的,要依法给予其行政处罚。
钟纪晟:《党员公职人员发生醉驾行为应如何适用条规和确定处分档次》,载《中国纪检监察报》2024年1月31日,第6版。	一是因构成犯罪被依法判处刑法规定的主刑(含宣告缓刑)的。纪检监察机关应当根据生效判决、裁定、决定及其认定的事实、性质和情节,按照判决、裁定、决定生效时间适用《中国共产党纪律处分条例》第34条第1款第1项,《中华人民共和国公职人员政务处分法》第14条第1款第1项之规定,给予开除党籍、开除公职处分。 二是因犯罪情节轻微,人民检察院依据《中华人民共和国刑事诉讼法》第177条第2款作出不起诉决定,或者人民法院依法作出有罪判决并免予刑事处罚的。纪检监察机关应当根据生效判决、裁定、决定及其认定的事实、性质和情节,按照判决、裁定、决定生效时间适用《中国共产党纪律处分条例》第33条第1款,《中华人民共和国公职人员政务处分法》第14条第3款之规定,给予撤销党内职务、政务撤职以上处分。 需要强调的是,上述2种情形中,人民检察院、人民法院已综合考虑驾驶动机目的、醉酒程度、机动车类型、道路情况、行驶时间、速度、距离以及认罪悔罪表现等因素,故在给予党纪政务处分时不宜再适用《中国共产党纪律处分条	

续表

法规及权威表述依据	条文摘录	知识点提醒
	例》《中华人民共和国公职人员政务处分法》关于从轻或者减轻处分的规定。 三是情节显著轻微不构成犯罪的。按照2023年12月13日最高人民法院、最高人民检察院、公安部、司法部联合印发的《关于办理醉酒危险驾驶刑事案件的意见》，具有第12条第1款规定的五种情形之一，且不具有第10条规定的从重处理情形的，可以依照《中华人民共和国刑法》第13条、《中华人民共和国刑事诉讼法》第16条的规定处理，即醉驾情节显著轻微危害不大的，不认为是犯罪；已追究刑事责任的，应当撤销案件、不起诉、终止审理或者宣告无罪，但同时应当给予吊销机动车驾驶证的行政处罚，并按照道路交通安全法规定的相应情形给予罚款、行政拘留的行政处罚。具有上述情形，纪检监察机关认为需要追究党纪政务责任的，可以根据生效行政处罚决定认定的事实、性质和情节，经立案核实并综合考虑被审查调查人的主观动机、态度认识等因素，按照醉驾行为发生时间适用《中国共产党纪律处分条例》第30条第1款，《中华人民共和国公职人员政务处分法》第41条之规定，给予相应党纪政务处分。 需要注意的是，党员、公职人员发生醉驾行为，除对其醉驾行为按照规定处理外，如果查实同时存在违规公款吃喝、接受可能影响公正执行公务的宴请等问题的，应当合并处理。	

党员、公职人员嫖娼、赌博、吸毒等违法行为处分

法规名称	法规索引	知识点提醒
《中国共产党纪律处分条例》	**第三十条** 党组织在纪律审查中发现党员有刑法规定的行为，虽不构成犯罪但须追究党纪责任的，或者有其他破坏社会主义市场经济秩序、违反治安管理等违法行为，损害党、国家和人民利益的，应当视具体情节给予警告直至开除党籍处分。 违反国家财经纪律，在公共资金收支、税务管理、国有资产管理、政府采购管理、金融管理、财务会计管理等财经活动中有违法行为的，依照前款规定处理。 党员有嫖娼或者吸食、注射毒品等丧失党员条件，严重败坏党的形象行为的，应当给予开除党籍处分。	党员模范遵守国家法律法规是《中国共产党章程》《中国共产党纪律处分条例》规定的法定义务。 对党员存在嫖娼、赌博、吸毒等违法行为的，适用纪法衔接条款进行处分。 卖淫、嫖娼是以金钱为发生两性关系的对价，不能评价为违反生活纪律，而应评价为违法行为，党纪处分应适用纪法衔接条款。卖淫、嫖娼，一经实施，通常须开除党籍。
《中国共产党纪律处分条例》	**第三十五条第一款、第二款** 党员依法受到刑事责任追究的，党组织应当根据司法机关的生效判决、裁定、决定及其认定的事实、性质和情节，依照本条例规定给予党纪处分，是公职人员的由监察机关给予相应政务处分或者由任免机关（单位）给予相应处分。 党员依法受到政务处分、任免机关（单位）给予的处分、行政处罚，应当追究党纪责任的，党组织可以根据生效的处分、行政处罚决定认定的事实、性质和情节，经核实后依照规定给予相应党纪处分或者组织处理。其中，党员依法受到撤职以上处分的，应当依照本条例规定给予撤销党内职务以上处分。	党纪、政务处分（处分）要匹配：党员受到撤销党内职务以上处分的，通常要与政务撤职（以上）处分匹配。
《中华人民共和国公职人员政务处分法》	**第四十条** 有下列行为之一的，予以警告、记过或者记大过；情节较重的，予以降级或者撤职；情节严重的，予以开除： （一）违背社会公序良俗，在公共场所有不当行为，造成不良影响的； （二）参与或者支持迷信活动，造成不良影	参与赌博、组织赌博存在较大区别：前者仅是单纯地参与到赌博活动中去；后者表现形式多样，如采取招募、雇佣、引诱、容留等手段，纠集、控制多人从事赌博的行为。

续表

法规名称	法规索引	知识点提醒
	响的； （三）参与赌博的； （四）拒不承担赡养、抚养、扶养义务的； （五）实施家庭暴力，虐待、遗弃家庭成员的； （六）其他严重违反家庭美德、社会公德的行为。 吸食、注射毒品，组织赌博，组织、支持、参与卖淫、嫖娼、色情淫乱活动的，予以撤职或者开除。	参与卖淫、嫖娼、色情淫乱活动的，量纪起点是撤职。
《中华人民共和国公职人员政务处分法》	**第四十九条** 公职人员依法受到刑事责任追究的，监察机关应当根据司法机关的生效判决、裁定、决定及其认定的事实和情节，依照本法规定给予政务处分。 公职人员依法受到行政处罚，应当给予政务处分的，监察机关可以根据行政处罚决定认定的事实和情节，经立案调查核实后，依照本法给予政务处分。 监察机关根据本条第一款、第二款的规定作出政务处分后，司法机关、行政机关依法改变原生效判决、裁定、决定等，对原政务处分决定产生影响的，监察机关应当根据改变后的判决、裁定、决定等重新作出相应处理。	这里的刑事责任，包括刑罚和非刑罚两种方式，非刑罚方式包括人民检察院相对不起诉和人民法院定罪免刑。 公职人员依法受到刑事责任追究后，拟给予政务处分的，不需要办理立案手续。
《中华人民共和国治安管理处罚法》	**第六十六条** 卖淫、嫖娼的，处十日以上十五日以下拘留，可以并处五千元以下罚款；情节较轻的，处五日以下拘留或者五百元以下罚款。 在公共场所拉客招嫖的，处五日以下拘留或者五百元以下罚款。 **第六十七条** 引诱、容留、介绍他人卖淫的，处十日以上十五日以下拘留，可以并处五千元以下罚款；情节较轻的，处五日以下拘留或者五百元以下罚款。	卖淫、嫖娼是以金钱为发生两性关系的对价，不能评价为违反生活纪律，而应评价为违法行为。卖淫、嫖娼，一经实施，政务撤职为量纪起点。
	第七十条 以营利为目的，为赌博提供条件的，或者参与赌博赌资较大的，处五日以下拘留或者五百元以下罚款；情节严重的，处十日以上十五日以下拘留，并处五百元以上三千元以下罚款。	关于何为“赌资较大”，公安部没有统一的规定，少数地区根据授权自行制定规章制度，认定“赌资较大”须适用当地规定。

续表

法规名称	法规索引	知识点提醒
		《最高人民法院、最高人民检察院关于办理赌博刑事案件具体应用法律若干问题的解释》第7条规定:“通过赌博或者为国家工作人员赌博提供资金的形式实施行贿、受贿行为,构成犯罪的,依照刑法关于贿赂犯罪的规定定罪处罚。”

党员、公职人员高利放贷处分

法规依据	条文摘录	知识点提醒
《中国共产党纪律处分条例》	**第三十条第一款** 党组织在纪律审查中发现党员有刑法规定的行为，虽不构成犯罪但须追究党纪责任的，或者有其他破坏社会主义市场经济秩序、违反治安管理等违法行为，损害党、国家和人民利益的，应当视具体情节给予警告直至开除党籍处分。	本条是对高利放贷的党员党纪处分的依据。
《中国共产党纪律处分条例》	**第九十九条** 借用管理和服务对象的钱款、住房、车辆等，可能影响公正执行公务，情节较重的，给予警告或者严重警告处分；情节严重的，给予撤销党内职务、留党察看或者开除党籍处分。 通过民间借贷等金融活动获取大额回报，可能影响公正执行公务的，依照前款规定处理。	2018年条例采用的表述是“影响公正执行公务”，2023年条例采用的表述是“可能影响公正执行公务”。党员干部利用职务便利，以“借贷”形式掩盖利益输送，获取不当回报，构成违纪。实践中，取证时应注意以下四点：一是借款人是否有实际借款需要，二是出借人资金来源（系自有资金还是套取金融机构资金），三是党员干部是否利用职务上的便利，四是利息是否远高于法律规定的标准。
《中华人民共和国民法典》	**第六百八十条** 禁止高利放贷，借款的利率不得违反国家有关规定。 借款合同对支付利息没有约定的，视为没有利息。 借款合同对支付利息约定不明确，当事人不能达成补充协议的，按照当地或者当事人的交易方式、交易习惯、市场利率等因素确定利息；自然人之间借款的，视为没有利息。	高利贷的认定，请读者注意学习《最高人民法院关于审理民间借贷案件适用法律若干问题的规定》第25条：“出借人请求借款人按照合同约定利率支付利息的，人民法院应予支持，但是双方约定的利率超过合同成立时一年期贷款市场报价利率四倍的除外。”“一年期贷款市场报价利率”，是指中国人民银行授权全国银行间同业拆借中心自2019年8月20日起每月发布的一年期贷款市场报价利率。

续表

法规依据	条文摘录	知识点提醒
《中华人民共和国刑法》	**第一百七十五条** 以转贷牟利为目的,套取金融机构信贷资金高利转贷他人,违法所得数额较大的,处三年以下有期徒刑或者拘役,并处违法所得一倍以上五倍以下罚金;数额巨大的,处三年以上七年以下有期徒刑,并处违法所得一倍以上五倍以下罚金。 单位犯前款罪的,对单位判处罚金,并对其直接负责的主管人员和其他直接责任人员,处三年以下有期徒刑或者拘役。	民间借贷中,出借人套取金融机构贷款转贷给借款人的民间借贷行为,既增加了融资成本,又扰乱了信贷秩序,根据《最高人民法院关于审理民间借贷案件适用法律若干问题的规定》第13条第1项的规定,应当认定此类民间借贷行为无效。党员、监察对象套取金融机构信贷资金高利转贷他人,不仅违纪,还可能涉嫌高利转贷犯罪。
《最高人民法院、最高人民检察院、公安部、司法部关于办理非法放贷刑事案件若干问题的意见》	一、违反国家规定,未经监管部门批准,或者超越经营范围,以营利为目的,经常性地向社会不特定对象发放贷款,扰乱金融市场秩序,情节严重的,依照刑法第二百二十五条第(四)项的规定,以非法经营罪定罪处罚。 前款规定中的"经常性地向社会不特定对象发放贷款",是指2年内向不特定多人(包括单位和个人)以借款或其他名义出借资金10次以上。 贷款到期后延长还款期限的,发放贷款次数按照1次计算。	个人以超过36%的实际年利率实施非法放贷数额累计在200万元以上的,构成非法经营罪。
《最高人民法院、国家发展和改革委员会关于为新时代加快完善社会主义市场经济体制提供司法服务和保障的意见》	13.……统筹兼顾利率市场化改革与维护正常金融秩序的关系,对于借贷合同中一方主张的利息、复利、罚息、违约金和其他费用总和超出司法保护上限的,不予支持。对于当事人以预扣利息、租金、保证金或加收中介费、服务费等方式变相提高实体经济融资成本、规避民间借贷利率司法保护上限的行为,按照实际形成的借款关系确定各方权利义务。	2020年修正的《最高人民法院关于审理民间借贷案件适用法律若干问题的规定》大幅度降低了民间借贷利率的司法保护上限,坚决否定高利转贷行为、违法放贷行为的效力。
《中华人民共和国公职人员政务处分法》	**第四十一条** 公职人员有其他违法行为,影响公职人员形象,损害国家和人民利益的,可以根据情节轻重给予相应政务处分。	本条是对高利放贷的公职人员政务处分的依据。

续表

法规依据	条文摘录	知识点提醒
推荐阅读	佟尚锷:《怎样认定违规借贷行为》,载《中国纪检监察报》2021 年 3 月 17 日,第 8 版。该文指出,对"大额回报"的判断,应主要基于回报的数量,而非基于利率的高低。以高于国家规定的利率向借款方提供资金,属于民事违法行为,不宜认定为违纪。	
	佟尚锷:《运用民法典准确认定利用职务便利高息放贷行为》,载《中国纪检监察报》2020 年 9 月 16 日,第 8 版。该文指出,认定被审查调查人利用职务便利高息放贷行为的性质从以下三个角度判断:一是借助平等原则判定交易双方地位是否具有平等性,二是借助意思自治原则判定交易达成是否具有自愿性,三是借助公平原则判定交易行为是否具有公平性。	

党员、公职人员私设小金库等处分

法规依据	条文摘录	知识点提醒
《中国共产党纪律处分条例》	**第三十条第二款** 违反国家财经纪律,在公共资金收支、税务管理、国有资产管理、政府采购管理、金融管理、财务会计管理等财经活动中有违法行为的,依照前款规定处理。	私设小金库,违反了国家财经纪律,对违纪党员进行处分时,可引用本款。
《中华人民共和国商业银行法》	**第四十八条** 企业事业单位可以自主选择一家商业银行的营业场所开立一个办理日常转账结算和现金收付的基本账户,不得开立两个以上基本账户。 任何单位和个人不得将单位的资金以个人名义开立账户存储。	法律禁止将单位的资金以个人名义存储。
《中华人民共和国预算法》	**第五十六条** 政府的全部收入应当上缴国家金库(以下简称国库),任何部门、单位和个人不得截留、占用、挪用或者拖欠。 对于法律有明确规定或者经国务院批准的特定专用资金,可以依照国务院的规定设立财政专户。 **第五十七条** 各级政府财政部门必须依照法律、行政法规和国务院财政部门的规定,及时、足额地拨付预算支出资金,加强对预算支出的管理和监督。 各级政府、各部门、各单位的支出必须按照预算执行,不得虚假列支。 各级政府、各部门、各单位应当对预算支出情况开展绩效评价。 **第九十三条** 各级政府及有关部门、单位有下列行为之一的,责令改正,对负有直接责任的主管人员和其他直接责任人员依法给予降级、撤职、开除的处分: (一)未将所有政府收入和支出列入预算或者虚列收入和支出的; (二)违反法律、行政法规的规定,多征、提前征收或者减征、免征、缓征应征预算收入的;	第56条明确规定政府的全部收入应当上缴国库。 第93条属于特别法。虚列收入和支出的,对负有直接责任的主管人员和其他直接责任人员依法给予降级、撤职、开除的处分。 第95条可作为处分处理的依据。

续表

法规依据	条文摘录	知识点提醒
	（三）截留、占用、挪用或者拖欠应当上缴国库的预算收入的； （四）违反本法规定，改变预算支出用途的； （五）擅自改变上级政府专项转移支付资金用途的； （六）违反本法规定拨付预算支出资金，办理预算收入收纳、划分、留解、退付，或者违反本法规定冻结、动用国库库款或者以其他方式支配已入国库库款的。 **第九十四条** 各级政府、各部门、各单位违反本法规定举借债务或者为他人债务提供担保，或者挪用重点支出资金，或者在预算之外及超预算标准建设楼堂馆所的，责令改正，对负有直接责任的主管人员和其他直接责任人员给予撤职、开除的处分。 **第九十五条** 各级政府有关部门、单位及其工作人员有下列行为之一的，责令改正，追回骗取、使用的资金，有违法所得的没收违法所得，对单位给予警告或者通报批评；对负有直接责任的主管人员和其他直接责任人员依法给予处分： （一）违反法律、法规的规定，改变预算收入上缴方式的； （二）以虚报、冒领等手段骗取预算资金的； （三）违反规定扩大开支范围、提高开支标准的； （四）其他违反财政管理规定的行为。	
《中华人民共和国会计法》	**第二条第二款** 国家机关、社会团体、公司、企业、事业单位和其他组织（以下统称单位）必须依照本法办理会计事务。 **第三条** 各单位必须依法设置会计账簿，并保证其真实、完整。 **第四条** 单位负责人对本单位的会计工作和会计资料的真实性、完整性负责。	任何单位不得以虚假的经济业务事项或者资料进行会计核算。以虚假发票套取公款，即是违反此规定。

续表

法规依据	条文摘录	知识点提醒
	第九条 各单位必须根据实际发生的经济业务事项进行会计核算,填制会计凭证,登记会计账簿,编制财务会计报告。 任何单位不得以虚假的经济业务事项或者资料进行会计核算。 **第十三条** 会计凭证、会计账簿、财务会计报告和其他会计资料,必须符合国家统一的会计制度的规定。 使用电子计算机进行会计核算的,其软件及其生成的会计凭证、会计账簿、财务会计报告和其他会计资料,也必须符合国家统一的会计制度的规定。 任何单位和个人不得伪造、变造会计凭证、会计账簿及其他会计资料,不得提供虚假的财务会计报告。	
2003 年《中国共产党纪律处分条例》	**第一百二十六条** 在财经方面有其他违纪违法行为,情节较轻的,给予警告或者严重警告处分;情节较重的,给予撤销党内职务或者留党察看处分;情节严重的,给予开除党籍处分。	有设立"小金库"行为的,或者使用"小金库"款项新建、改建、扩建、装修办公楼或者培训中心等的,或者使用"小金库"款项提高福利补贴标准或者扩大福利补贴范围、滥发资金实物或者有其他超标准支出行为的,如果上述行为发生在 2003 年 12 月 31 日至 2016 年 1 月 1 日,可对有关责任人员,依照本条的规定追究责任。
《设立"小金库"和使用"小金库"款项违纪行为适用〈中国共产党纪律处分条例〉若干问题的解释》	一、本解释所称"小金库",是指违反法律法规及其他有关规定,应列入而未列入符合规定的单位账簿的各项资金(含有价证券)及其形成的资产。	认定"小金库"行为,要求主观上有使相应资金、财物,规避或者脱离有关部门监管监督的主观故意。如果由于财务人员业务不精或工作疏忽大意,导致一些资金及资产未列入符合规定的指定单位账簿,或未列入单位账簿中符合规定的指定科目,不应认定为设立"小金库"行为。

续表

法规依据	条文摘录	知识点提醒
2003 年《中国共产党纪律处分条例》	**第七十二条** 利用职务上的便利,非法占有非本人经管的国家、集体和个人财物,或者以购买物品时象征性地支付钱款等方式非法占有国家、集体和个人财物,或者无偿、象征性地支付报酬接受服务、使用劳务,情节较轻的,给予警告或者严重警告处分;情节较重的,给予撤销党内职务或者留党察看处分;情节严重的,给予开除党籍处分。 利用职务上的便利,将本人或者亲属应当由个人支付的费用,由下属单位或者其他单位支付、报销的,依照前款规定处理。 利用职务上的便利,将配偶、子女及其配偶应当由个人支付的出国(境)留学费用,由他人支付、报销的,依照第一款规定处理。	使用"小金库"款项报销应由个人负担的费用的,如果上述行为发生在 2003 年 12 月 31 日至 2016 年 1 月 1 日,可对有关责任人员依照本条的规定追究责任。
2003 年《中国共产党纪律处分条例》	**第七十八条** 挥霍浪费公共财产,有下列行为之一,情节较轻的,给予警告或者严重警告处分;情节较重的,给予撤销党内职务或者留党察看处分;情节严重的,给予开除党籍处分: (一)用公款旅游或者以考察、学习、培训、研讨、招商、参展等名义用公款出国(境)旅游的; (二)违反规定参与用公款支付的高消费娱乐、健身活动的; (三)购买、更换超过规定标准的小轿车或者对所乘坐的小轿车进行豪华装修的; (四)有其他挥霍浪费公共财产行为的。	使用"小金库"款项吃喝、旅游、送礼、进行娱乐活动或者以其他方式挥霍的,如果上述行为发生在 2003 年 12 月 31 日至 2016 年 1 月 1 日,对有关责任人员可依照本条的规定追究责任。
2003 年《中国共产党纪律处分条例》	**第八十四条** 党和国家机关、国有企业(公司)、事业单位、人民团体,违反有关规定以单位名义将国有资产集体私分给个人的,追究主要责任者和其他直接责任人员的责任,情节较轻的,给予警告或者严重警告处分;情节较重的,给予撤销党内职务或者留党察看处分;情节严重的,给予开除党籍处分。 执纪机关、行政执法机关、司法机关违反有关规定将应当上缴国家的罚没财物以单位名义集体私分给个人的,对主要责任者和其他直接责任人员,依照前款规定处理。	以单位名义将"小金库"财物集体私分给单位职工的,如果上述行为发生在 2003 年 12 月 31 日至 2016 年 1 月 1 日,可对有关责任人员依照本条的规定追究责任。

续表

法规依据	条文摘录	知识点提醒
备注	在处理设立“小金库”案件时,要注意查清“小金库”资金来源和去向。违规设立“小金库”之后,一般都会发生使用“小金库”资金违规发放津补贴、用公款赠送礼品礼金等行为,一般按照择一重处理的原则定性处理(评价为违反中央八项规定精神问题)。	

收缴违纪违法所得知识点梳理

法规依据	条文摘录	知识点提醒
《中国共产党纪律处分条例》	**第四十三条** 对于违纪行为所获得的经济利益,应当收缴或者责令退赔。对于主动上交的违纪所得和经济损失赔偿,应当予以接收,并按照规定收缴或者返还有关单位、个人。 对于违纪行为所获得的职务、职级、职称、学历、学位、奖励、资格等其他利益,应当由承办案件的纪检机关或者由其上级纪检机关建议有关组织、部门、单位按照规定予以纠正。 对于依照本条例第三十七条、第三十八条规定处理的党员,经调查确属其实施违纪行为获得的利益,依照本条规定处理。	"对于主动上交的违纪所得和经济损失赔偿,应当予以接收,并按照规定收缴或者返还有关单位、个人。"此表述系2023年修订时新增表述。 责令退赔适用于违纪违法主体采取侵占等非法方式,从国家机关、国有企业、事业单位、社会团体、基层自治组织、集体企业、私企、个人等独立主体处获取利益或者致使上述对象受到财物损失,如某村支书侵占村集体财物,对该部分财物应当责令违纪违法主体退赔被侵权人。
《中国共产党纪律检查机关监督执纪工作规则》	**第五十八条** 对被审查调查人违规违纪违法所得财物,应当依规依纪依法予以收缴、责令退赔或者登记上交。 对涉嫌职务犯罪所得财物,应当随案移送司法机关。 对经认定不属于违规违纪违法所得的,应当在案件审结后依规依纪依法予以返还,并办理签收手续。	"返还"的适用对象是与案件无关的财物,既包括经查明与案件无关的财物,如被审查调查人的合法财产,也包括没收、追缴财物错误,应当依法退还的财物,如经纪委常委会审议未认定为违纪行为的,应予以退还的有关财物。
《中国共产党纪律检查机关监督执纪工作规则》	**第七十一条** 对纪检监察干部越权接触相关地区、部门、单位党委(党组)负责人,私存线索、跑风漏气、违反安全保密规定,接受请托、干预审查调查、以案谋私、办人情案,侮辱、打骂、虐待、体罚或者变相体罚被审查调查人,以违规违纪违法方式收集证据,截留挪用、侵占私分涉案财物,接受宴请和财物等行为,依规依纪严肃处理;涉嫌职务违法、职务犯罪的,依法追究法律责任。	严禁截留挪用、侵占私分涉案财物。

续表

法规依据	条文摘录	知识点提醒
《中华人民共和国监察法》	**第五十三条** 监察机关经调查,对违法取得的财物,依法予以没收、追缴或者责令退赔;对涉嫌犯罪取得的财物,应当随案移送人民检察院。	对涉嫌犯罪取得的财物,随案移送。
《中华人民共和国公职人员政务处分法》	**第二十五条** 公职人员违法取得的财物和用于违法行为的本人财物,除依法应当由其他机关没收、追缴或者责令退赔的,由监察机关没收、追缴或者责令退赔;应当退还原所有人或者原持有人的,依法予以退还;属于国家财产或者不应当退还以及无法退还的,上缴国库。 公职人员因违法行为获得的职务、职级、衔级、级别、岗位和职员等级、职称、待遇、资格、学历、学位、荣誉、奖励等其他利益,监察机关应当建议有关机关、单位、组织按规定予以纠正。	没收是针对“违法取得的财物和用于违法行为的本人财物”的实体处理,追缴是针对“违法取得的财物”的程序性措施,追缴财物后仍应采取没收、退赔、移送司法机关处理、退还等实体处理方式。 注意,并不是所有的违法所得,均由监察机关没收、追缴或者责令退赔。
《中华人民共和国刑法》	**第三十六条** 由于犯罪行为而使被害人遭受经济损失的,对犯罪分子除依法给予刑事处罚外,并应根据情况判处赔偿经济损失。 承担民事赔偿责任的犯罪分子,同时被判处罚金,其财产不足以全部支付的,或者被判处没收财产的,应当先承担对被害人的民事赔偿责任。	贪污行为使国家遭受经济损失的,理论上,可判处其向国家赔偿经济损失。
《中华人民共和国刑法》	**第三十七条** 对于犯罪情节轻微不需要判处刑罚的,可以免予刑事处罚,但是可以根据案件的不同情况,予以训诫或者责令具结悔过、赔礼道歉、赔偿损失,或者由主管部门予以行政处罚或者行政处分。	该条系纪法衔接条款。
《中华人民共和国刑法》	**第六十四条** 犯罪分子违法所得的一切财物,应当予以追缴或者责令退赔;对被害人的合法财产,应当及时返还;违禁品和供犯罪所用的本人财物,应当予以没收。没收的财物和罚金,一律上缴国库,不得挪用和自行处理。	违法所得:追缴或者责令退赔;被害人的合法财产应当及时返还。

续表

法规依据	条文摘录	知识点提醒
《中华人民共和国监察法实施条例》	**第二百零七条第三款** 对于涉案单位和人员通过行贿等非法手段取得的财物及孳息，应当依法予以没收、追缴或者责令退赔。对于违法取得的其他不正当利益，依照法律法规及有关规定予以纠正处理。	通过行贿等非法手段取得的财物及孳息，应当依法予以没收、追缴或者责令退赔。
《中华人民共和国监察法实施条例》	**第二百零八条** 对查封、扣押、冻结的涉嫌职务犯罪所得财物及孳息应当妥善保管，并制作《移送司法机关涉案财物清单》随案移送人民检察院。对作为证据使用的实物应当随案移送；对不宜移送的，应当将清单、照片和其他证明文件随案移送。 对于移送人民检察院的涉案财物，价值不明的，应当在移送起诉前委托进行价格认定。在价格认定过程中，需要对涉案财物先行作出真伪鉴定或者出具技术、质量检测报告的，应当委托有关鉴定机构或者检测机构进行真伪鉴定或者技术、质量检测。 对不属于犯罪所得但属于违法取得的财物及孳息，应当依法予以没收、追缴或者责令退赔，并出具有关法律文书。 对经认定不属于违法所得的财物及孳息，应当及时予以返还，并办理签收手续。	涉嫌职务犯罪所得财物及孳息，通常情况下，不需要移送实物，移送清单即可，方便快捷。
《中华人民共和国监察法实施条例》	**第二百零九条** 监察机关经调查，对违法取得的财物及孳息决定追缴或者责令退赔的，可以依法要求公安、自然资源、住房城乡建设、市场监管、金融监管等部门以及银行等机构、单位予以协助。 追缴涉案财物以追缴原物为原则，原物已经转化为其他财物的，应当追缴转化后的财物；有证据证明依法应当追缴、没收的涉案财物无法找到、被他人善意取得、价值灭失减损或者与其他合法财产混合且不可分割的，可以依法追缴、没收其他等值财产。	监察机关应注意善意取得的第三人的合法权益。他人已善意取得财物的，监察机关可追缴、没收其他等值财产。

续表

法规依据	条文摘录	知识点提醒
	追缴或者责令退赔应当自处置决定作出之日起一个月以内执行完毕。因被调查人的原因逾期执行的除外。 人民检察院、人民法院依法将不认定为犯罪所得的相关涉案财物退回监察机关的,监察机关应当依法处理。	
《最高人民法院关于刑事裁判涉财产部分执行的若干规定》	**第十一条** 被执行人将刑事裁判认定为赃款赃物的涉案财物用于清偿债务、转让或者设置其他权利负担,具有下列情形之一的,人民法院应予追缴: (一)第三人明知是涉案财物而接受的; (二)第三人无偿或者以明显低于市场的价格取得涉案财物的; (三)第三人通过非法债务清偿或者违法犯罪活动取得涉案财物的; (四)第三人通过其他恶意方式取得涉案财物的。 第三人善意取得涉案财物的,执行程序中不予追缴。作为原所有人的被害人对该涉案财物主张权利的,人民法院应当告知其通过诉讼程序处理。	纪检监察机关在追缴违纪违法所得时,可能会涉及第三人善意取得,可参照此规定精神处理。
《最高人民法院关于适用〈中华人民共和国刑事诉讼法〉的解释》	**第二百七十九条** 法庭审理过程中,应当对查封、扣押、冻结财物及其孳息的权属、来源等情况,是否属于违法所得或者依法应当追缴的其他涉案财物进行调查,由公诉人说明情况、出示证据、提出处理建议,并听取被告人、辩护人等诉讼参与人的意见。 案外人对查封、扣押、冻结的财物及其孳息提出权属异议的,人民法院应当听取案外人的意见;必要时,可以通知案外人出庭。 经审查,不能确认查封、扣押、冻结的财物及其孳息属于违法所得或者依法应当追缴的其他涉案财物的,不得没收。	注意保障案外人的合法权益。纪检监察机关在处置涉案款物时,也要听取案外人的意见。

案件审理环节党员权利保护

法规依据	条文摘录	知识点提醒
《中国共产党党员权利保障条例》	**第十八条** 党员有党内申诉权,对于党组织给予本人的处理、处分或者作出的鉴定、审查结论不服的,有权按照规定程序逐级向本人所在党组织、上级党组织直至中央提出申诉。 党员认为党组织给予其他党员的处理、处分或者作出的鉴定、审查结论不当的,有权按照规定程序逐级向党组织直至中央提出意见。	请注意关键词“按照规定程序”“逐级”,受处分处理的党员如果直接向党中央提出申诉,不符合规定精神。
《中国共产党党员权利保障条例》	**第三十条** 党员被依法留置、逮捕的,党组织应当按照管理权限中止其表决权、选举权和被选举权等党员权利。根据监察机关、司法机关处理结果,可以恢复其党员权利的,应当及时予以恢复。 党员受留党察看处分期间,没有表决权、选举权和被选举权。留党察看期间确有悔改表现的,期满后应当恢复其党员权利。 党员被停止党籍的,党员权利相应停止。对于停止党籍的党员,符合条件的,可以按照规定程序恢复党籍和党员权利。	党员受留党察看处分期间,没有表决权、选举权和被选举权。 停止党员权利、恢复党员权利的情形。
《中国共产党党员权利保障条例》	**第三十五条** 在对党员进行监督执纪中应当充分保障党员权利,严格依规依纪依法开展工作,不得使用违反党章党规党纪和法律法规的手段、措施。对于本人的说明和申辩、其他党员所作的证明和辩护,应当认真听取、如实记录、及时核实,合理的予以采纳;不予采纳的,应当说明理由。党员实事求是的申辩、作证和辩护,应当受到保护。 处理、处分所依据的事实材料应当同本人见面。处理、处分的决定应当向本人宣布,并写明党员的申诉权以及受理申诉的组织等内容。事实材料和决定应当由本人签署意见,对签署不同意见或者拒不签署意见的,应当作出说明或者注明情况。	听取说明和解释:保障党内申辩权、申诉权。

续表

法规依据	条文摘录	知识点提醒
《中国共产党党员权利保障条例》	**第三十六条** 党组织对受到处理、处分的党员应当进行跟踪回访,教育引导他们正确认识、改正错误,放下包袱、积极工作。对于影响期满、表现好的党员,符合条件的应当正常使用。	跟踪回访受到处理、处分的党员。
《中国共产党党员权利保障条例》	**第三十七条** 党组织应当认真处理党员的申诉,并给予负责的答复。对于党员的申诉,有关党组织应当按照规定进行复议、复查,不得扣压。上级党组织认为必要时,可以直接或者指定有关党组织进行复议、复查。 经复议、复查或者审查决定,对于全部或者部分纠正的案件,重新作出的决定应当在一定范围内宣布。对于处理正确而本人拒不接受的,给予批评教育;对于无正当理由反复申诉的,有关党组织应当正式通知本人不再受理并在适当范围内宣布。 党员对党组织给予其他党员的处理、处分或者鉴定、审查结论提出的意见,有关党组织应当认真研究处理。	保障党员申诉权。 复议复查后,对于全部纠正或部分纠正的案件,要在一定范围内宣布。

恢复党员权利

法规依据	条文摘录	知识点提醒
《中国共产党章程》	**第四十一条第二款** 留党察看最长不超过两年。党员在留党察看期间没有表决权、选举权和被选举权。党员经过留党察看，确已改正错误的，应当恢复其党员的权利；坚持错误不改的，应当开除党籍。	党员经过留党察看，坚持错误不改的，应当开除党籍。
《中国共产党纪律处分条例》	**第十二条** 留党察看处分，分为留党察看一年、留党察看二年。对于受到留党察看处分一年的党员，期满后仍不符合恢复党员权利条件的，应当延长一年留党察看期限。留党察看期限最长不得超过二年。 党员受留党察看处分期间，没有表决权、选举权和被选举权。留党察看期间，确有悔改表现的，期满后恢复其党员权利；坚持不改或者又发现其他应当受到党纪处分的违纪行为的，应当开除党籍。 党员受到留党察看处分，其党内职务自然撤销。对于担任党外职务的，应当建议党外组织撤销其党外职务。受到留党察看处分的党员，恢复党员权利后二年内，不得在党内担任和向党外组织推荐担任与其原任职务相当或者高于其原任职务的职务。	《中共中央纪委关于规范和明确党员受留党察看处分期满后恢复党员权利等工作程序的通知》指出，“党员受留党察看处分期满后恢复党员权利工作，由所在党支部在留党察看期满后1个月内依职权启动办理程序，经基层党委审议后层报原作出党纪处分决定的党组织的下一级党委(党组)审议批准”。当然，受到留党察看处分的党员在留党察看期满后，也可以向所在党支部提交恢复党员权利书面申请。
《中国共产党党员权利保障条例》	**第三十条** 党员被依法留置、逮捕的，党组织应当按照管理权限中止其表决权、选举权和被选举权等党员权利。根据监察机关、司法机关处理结果，可以恢复其党员权利的，应当及时予以恢复。 党员受留党察看处分期间，没有表决权、选举权和被选举权。留党察看期间确有悔改表现的，期满后应当恢复其党员权利。 党员被停止党籍的，党员权利相应停止。对于停止党籍的党员，符合条件的，可以按照规定程序恢复党籍和党员权利。	请注意，恢复党员权利的义务主体是党组织(党支部、党支部党员大会、基层党委)。

续表

法规依据	条文摘录	知识点提醒
《中国共产党党员教育管理工作条例》	**第三十条** 对缺乏革命意志,不履行党员义务,不符合党员条件,但本人能够正确认识错误、愿意接受教育管理并且决心改正的党员,党组织应当作出限期改正处置,限期改正时间不超过1年。对给予限期改正处置的党员应当采取帮助教育措施。	限期改正时间不超过1年。
备注	关于恢复党员权利的具体程序最新规定,请见《中国共产党处分违纪党员批准权限和程序规定》第21条,以及《中共中央纪委关于规范和明确党员受留党察看处分期满后恢复党员权利等工作程序的通知》。	

受处分处理党员、公职人员申诉

法规依据	条文摘录	知识点提醒
《中国共产党章程》	**第四条** 党员享有下列权利： （一）参加党的有关会议，阅读党的有关文件，接受党的教育和培训。 （二）在党的会议上和党报党刊上，参加关于党的政策问题的讨论。 （三）对党的工作提出建议和倡议。 （四）在党的会议上有根据地批评党的任何组织和任何党员，向党负责地揭发、检举党的任何组织和任何党员违法乱纪的事实，要求处分违法乱纪的党员，要求罢免或撤换不称职的干部。 （五）行使表决权、选举权，有被选举权。 （六）在党组织讨论决定对党员的党纪处分或作出鉴定时，本人有权参加和进行申辩，其他党员可以为他作证和辩护。 （七）对党的决议和政策如有不同意见，在坚决执行的前提下，可以声明保留，并且可以把自己的意见向党的上级组织直至中央提出。 （八）向党的上级组织直至中央提出请求、申诉和控告，并要求有关组织给以负责的答复。 党的任何一级组织直至中央都无权剥夺党员的上述权利。	党员享有申辩、申诉的权利：申辩针对党组织处理案件过程中，党员对案件性质、违纪情节、实施描述、证据、定性量纪等充分发表自己的意见。申诉是党组织的处分处理决定生效后，党员对处分处理决定不服提出重新处理的请求。 党组织应注重保护党员的申辩权、申诉权。
《中国共产党党员权利保障条例》	**第三十七条** 党组织应当认真处理党员的申诉，并给予负责的答复。对于党员的申诉，有关党组织应当按照规定进行复议、复查，不得扣压。上级党组织认为必要时，可以直接或者指定有关党组织进行复议、复查。 经复议、复查或者审查决定，对于全部或者部分纠正的案件，重新作出的决定应当在一定范围内宣布。对于处理正确而本人拒不接受的，给予批评教育；对于无正当理由反复申诉的，有关党组织应当正式通知本人不再受理并在适当范围内宣布。	复议、复查，存在细微差别，主要体现在主体上：复议是下达处分处理决定的原机关，复查是上级党组织。

续表

法规依据	条文摘录	知识点提醒
	党员对党组织给予其他党员的处理、处分或者鉴定、审查结论提出的意见,有关党组织应当认真研究处理。	
《中国共产党纪律检查机关监督执纪工作规则》	**第五十九条** 对不服处分决定的申诉,由批准或者决定处分的党委(党组)或者纪检监察机关受理;需要复议复查的,由纪检监察机关相关负责人批准后受理。 申诉办理部门成立复查组,调阅原案案卷,必要时可以进行取证,经集体研究后,提出办理意见,报纪检监察机关相关负责人批准或者纪委常委会会议研究决定,作出复议复查决定。决定应当告知申诉人,抄送相关单位,并在一定范围内宣布。 坚持复议复查与审查审理分离,原案审查、审理人员不得参与复议复查。 复议复查工作应当在3个月内办结。	申诉办理部门可以取证,强调经集体研究,再提出办理意见。 复议复查决定一般要送达申诉人、相关单位,并且要在一定范围内宣布。 复议复查工作在3个月内办结。
《中国共产党问责条例》	**第二十条** 问责对象对问责决定不服的,可以自收到问责决定之日起1个月内,向作出问责决定的党组织提出书面申诉。作出问责决定的党组织接到书面申诉后,应当在1个月内作出申诉处理决定,并以书面形式告知提出申诉的党组织、领导干部及其所在党组织。 申诉期间,不停止问责决定的执行。	问责对象对问责决定不服的,有申诉期限限制(1个月)。
《纪检监察机关处理检举控告工作规则》	**第三十八条** 被检举控告人享有以下权利: (一)对被检举控告的问题作出说明、辩解; (二)基层党组织讨论决定对自身处理、处分时,可以参加和进行申辩; (三)申请反馈核查处理结论; (四)对所受处理、处分不服的,可以申诉或者申请复审; (五)对受理机关以及处理检举控告工作人员的失职渎职等违纪违法行为提出检举控告; (六)党内法规和法律法规规定的其他权利。	被处理对象、处分人对所受处理、处分不服的,可以申诉或者申请复审。

续表

法规依据	条文摘录	知识点提醒
《中华人民共和国公务员法》	**第九十五条** 公务员对涉及本人的下列人事处理不服的,可以自知道该人事处理之日起三十日内向原处理机关申请复核;对复核结果不服的,可以自接到复核决定之日起十五日内,按照规定向同级公务员主管部门或者作出该人事处理的机关的上一级机关提出申诉;也可以不经复核,自知道该人事处理之日起三十日内直接提出申诉: (一)处分; (二)辞退或者取消录用; (三)降职; (四)定期考核定为不称职; (五)免职; (六)申请辞职、提前退休未予批准; (七)不按照规定确定或者扣减工资、福利、保险待遇; (八)法律、法规规定可以申诉的其他情形。 对省级以下机关作出的申诉处理决定不服的,可以向作出处理决定的上一级机关提出再申诉。 受理公务员申诉的机关应当组成公务员申诉公正委员会,负责受理和审理公务员的申诉案件。 公务员对监察机关作出的涉及本人的处理决定不服向监察机关申请复审、复核的,按照有关规定办理。	《中华人民共和国公务员法》第95条对公务员申请复核、申诉作了区分,且对复核、申诉期限作了规定。 公务员对监察机关作出的涉及本人的处理决定不服向监察机关申请复审、复核的,按照《中华人民共和国监察法》《中华人民共和国公职人员政务处分法》等的规定办理。
《中华人民共和国监察法》	**第五十六条** 监察对象对监察机关作出的涉及本人的处理决定不服的,可以在收到处理决定之日起一个月内,向作出决定的监察机关申请复审,复审机关应当在一个月内作出复审决定;监察对象对复审决定仍不服的,可以在收到复审决定之日起一个月内,向上一级监察机关申请复核,复核机关应当在二个月内作出复核决定。复审、复核期间,不停止原处理决定的执行。复核机关经审查,认定处理决定有错误的,原处理机关应当及时予以纠正。	注意申请复审复核期限及监察机关作出复审复核决定时间。

续表

法规依据	条文摘录	知识点提醒
《中华人民共和国监察法实施条例》	**第二百一十条** 监察对象对监察机关作出的涉及本人的处理决定不服的,可以在收到处理决定之日起一个月以内,向作出决定的监察机关申请复审。复审机关应当依法受理,并在受理后一个月以内作出复审决定。监察对象对复审决定仍不服的,可以在收到复审决定之日起一个月以内,向上一级监察机关申请复核。复核机关应当依法受理,并在受理后二个月以内作出复核决定。 上一级监察机关的复核决定和国家监察委员会的复审、复核决定为最终决定。	《中华人民共和国监察法实施条例》明确规定上一级监察机关的复核决定和国家监察委员会的复审、复核决定为最终决定,这有利于防止无休止的申诉。 值得注意的是,监察对象对监察机关作出的涉及本人的处理决定不服提出申诉的,有时间限制(申请复审、复核在收到处理决定之日起1个月以内)。相比之下,党员对党组织给予的党纪处分决定不服提出申诉的,无时间限制。
《中华人民共和国监察法实施条例》	**第二百一十一条** 复审、复核机关承办部门应当成立工作组,调阅原案卷宗,必要时可以进行调查取证。承办部门应当集体研究,提出办理意见,经审批作出复审、复核决定。决定应当送达申请人,抄送相关单位,并在一定范围内宣布。 复审、复核期间,不停止原处理决定的执行。复审、复核机关经审查认定处理决定有错误或者不当的,应当依法撤销、变更原处理决定,或者责令原处理机关及时予以纠正。复审、复核机关经审查认定处理决定事实清楚、适用法律正确的,应当予以维持。 坚持复审复核与调查审理分离,原案调查、审理人员不得参与复审复核。	本条与《中国共产党纪律检查机关监督执纪工作规则》第59条的规定保持一致。
《中华人民共和国公务员法》	**第九十六条** 原处理机关应当自接到复核申请书后的三十日内作出复核决定,并以书面形式告知申请人。受理公务员申诉的机关应当自受理之日起六十日内作出处理决定;案情复杂的,可以适当延长,但是延长时间不得超过三十日。	注意复核、申诉决定作出时限。"公务员不因申请复核、提出申诉而被加重处理",系新增规定。

续表

法规依据	条文摘录	知识点提醒
	复核、申诉期间不停止人事处理的执行。 公务员不因申请复核、提出申诉而被加重处理。	
《中华人民共和国公职人员政务处分法》	**第五十五条** 公职人员对监察机关作出的涉及本人的政务处分决定不服的，可以依法向作出决定的监察机关申请复审；公职人员对复审决定仍不服的，可以向上一级监察机关申请复核。 监察机关发现本机关或者下级监察机关作出的政务处分决定确有错误的，应当及时予以纠正或者责令下级监察机关及时予以纠正。	监察机关可以依照职权自行纠正原处分决定。
《中华人民共和国公职人员政务处分法》	**第五十六条** 复审、复核期间，不停止原政务处分决定的执行。 公职人员不因提出复审、复核而被加重政务处分。	复审、复核期间，不停止原政务处分决定的执行。
《中华人民共和国公职人员政务处分法》	**第五十七条** 有下列情形之一的，复审、复核机关应当撤销原政务处分决定，重新作出决定或者责令原作出决定的监察机关重新作出决定： （一）政务处分所依据的违法事实不清或者证据不足的； （二）违反法定程序，影响案件公正处理的； （三）超越职权或者滥用职权作出政务处分决定的。	撤销原政务处分决定共有3种情形，较为重要。
《中华人民共和国公职人员政务处分法》	**第五十八条** 有下列情形之一的，复审、复核机关应当变更原政务处分决定，或者责令原作出决定的监察机关予以变更： （一）适用法律、法规确有错误的； （二）对违法行为的情节认定确有错误的； （三）政务处分不当的。	变更原政务处分决定共有3种情形，较为重要。
《中华人民共和国公职人员政务处分法》	**第六十条** 公职人员的政务处分决定被变更，需要调整该公职人员的职务、职级、衔级、级别、岗位和职员等级或者薪酬待遇等的，应当按照规定予以调整。政务处分决定被撤销的，应当恢复该公职人员的级别、薪酬待遇，按照原职务、	区分对待变更政务处分决定、撤销政务处分决定。没收、追缴财物错误的，一是依法返还；二是赔偿，注意不是补偿。

续表

法规依据	条文摘录	知识点提醒
	职级、衔级、岗位和职员等级安排相应的职务、职级、衔级、岗位和职员等级,并在原政务处分决定公布范围内为其恢复名誉。没收、追缴财物错误的,应当依法予以返还、赔偿。 公职人员因有本法第五十七条、第五十八条规定的情形被撤销政务处分或者减轻政务处分的,应当对其薪酬待遇受到的损失予以补偿。	
推荐阅读	1. 常青华:《办理申诉案件需注意什么》,载《中国纪检监察报》2022 年 10 月 12 日,第 7 版。根据该文,要精准确定承办单位。在初步甄别确定申诉性质的基础上,应当依据有关规定确定申诉具体承办单位。这些规定具体包括《中华人民共和国监察法》第 56 条及第 69 条、《信访工作条例》第 31 条、《党政领导干部选拔任用工作条例》第 64 条、《推进领导干部能上能下规定》第 8 条、《党政领导干部交流工作规定》第 23 条等。据此,对司法机关作出的生效判决、裁定、决定或者对行政机关作出的有关决定不服提出的申诉,应当由相应的司法机关、行政机关受理。对干部组织调整等事项的申诉,应当由有关党组织或组织人事部门受理。对国有企业依据内部规章制度给予开除等处理的,应当依据企业有关规定办理。对党纪政务处分决定或审查调查结论不服而提出申诉的,按照"谁决定谁受理""谁批准谁受理"的原则,应当由决定或批准的党组织或纪检监察机关受理。对申诉处理结论不服的再申诉,应当由作出申诉处理结论的上一级党组织或纪检监察机关受理。对被调查人及其近亲属认为监察机关及监察人员具有《中华人民共和国监察法》第 69 条第 1 款规定的情形而申诉的,应当按照管理权限由相应的纪检监察机关受理。特殊情形下,上级纪检监察机关也可直接受理申诉或指定、交由有关纪检监察机关办理申诉。 2. 田升、杨乐:《如何办好申诉案件》,载《中国纪检监察报》2020 年 8 月 12 日,第 8 版。该文指出,在办理申诉复审案件时,应当针对申诉理由认真审核相关事实证据材料,必要时调卷全面审核原案程序、事实证据等方面的材料,并根据审核情况提出补充完善或请有关部门、人员作出说明的意见;对以受逼供、诱供等为由,主张排除本人供述,否认案件事实的申诉案件,应当重点审核同步录音录像;对不服复议复查、复审决定,再次申诉和申请复核的,除审核原案全部材料外,还应当审核原复议复查、复审的相关材料。	

◇ 七、案件查办后半篇文章

以案为鉴、以案促改、以案促治

依据	条文(表述)摘录	知识点提醒
《中国共产党问责条例》	**第十四条** 被问责党组织、被问责领导干部及其所在党组织应当深刻汲取教训,明确整改措施。作出问责决定的党组织应当加强督促检查,推动以案促改。	问责决定作出后,不能一问了之,要做实做深“以案促改”。
《党委(党组)落实全面从严治党主体责任规定》	**第十五条** 党委(党组)及其领导班子成员应当将落实全面从严治党责任情况作为年度民主生活会对照检查内容,深入查摆存在的问题,开展严肃认真的批评和自我批评,提出务实管用的整改措施。 本地区本单位发生重大违纪违法案件、严重“四风”问题,党委(党组)应当及时召开专题民主生活会,认真对照检查,深刻剖析反思,明确整改责任。	“专题民主生活会”适用于两种情形:一是发生重大违纪违法案件,二是严重“四风”问题。发生轻微违纪问题的,没有要求召开“专题民主生活会”。
《中国共产党纪律检查委员会工作条例》	**第三十二条第一款** 党的各级纪律检查委员会应当把自觉遵守纪律的教育作为基础性工作,经常开展党章党规教育,强化党的政治纪律、组织纪律、廉洁纪律、群众纪律、工作纪律、生活纪律教育,深入开展警示教育,以案明纪、以案说法。	开展警示教育,以案明纪、以案说法。
《中华人民共和国监察法实施条例》	**第十六条** 监察机关应当加强对公职人员理想教育、为人民服务教育、宪法法律法规教育、优秀传统文化教育,弘扬社会主义核心价值观,深入开展警示教育,教育引导公职人员树立正确的权力观、责任观、利益观,保持为民务实清廉本色。	对公职人员深入开展警示教育即以案为鉴,已成为监察机关的法定职责。
《中华人民共和国监察法实施条例》	**第二十条** 监察机关应当以办案促进整改、以监督促进治理,在查清问题、依法处置的同时,剖析问题发生的原因,发现制度建设、权	以办案促进整改即以案促改,促进完善制度,提高治理效能。据此,以案促改法定化、制度化。

续表

依据	条文(表述)摘录	知识点提醒
	力配置、监督机制等方面存在的问题,向有关机关、单位提出改进工作的意见或者监察建议,促进完善制度,提高治理效能。	
《关于加强和改进中央和国家机关党的建设的意见》	**五、持之以恒强化正风肃纪** (十八)……加强警示教育,定期召开警示教育大会。凡查结严重违纪违法案件,须在本部门组织开展警示教育。领导干部要注重家庭家教家风,教育引导亲属坚决听党话跟党走,立德修身、遵纪守法、廉洁从业。	关键词:警示教育;凡查结严重违纪违法案件,须在本部门组织开展警示教育。
《关于巩固深化“不忘初心、牢记使命”主题教育成果的意见》	常态化开展警示教育,以案明纪、以案为戒、以案促改。	
2014年10月8日,习近平总书记在党的群众路线教育实践活动总结大会上的讲话	要加强警示教育,让广大党员、干部受警醒、明底线、知敬畏,主动在思想上划出红线、在行为上明确界限,真正敬法畏纪、遵规守矩。	
2019年7月9日,习近平总书记在中央和国家机关党的建设工作会议上的讲话	要抓好纪律教育、政德教育、家风教育,深化以案为鉴、以案促改,引导党员、干部正确处理自律和他律、信任和监督、职权和特权、原则和感情的关系,筑牢拒腐防变的思想道德防线。	
2023年1月9日,习近平总书记在二十届中央纪委二次全会上的讲话	必须深化标本兼治、系统治理,一体推进不敢腐、不能腐、不想腐。要在不敢腐上持续加压,始终保持零容忍震慑不变、高压惩治力量常在,坚决惩治不收敛不收手、胆大妄为者,坚决查处政治问题和经济问题交织的腐败,坚决防止领导干部成为利益集团和权势团体的代言人、代理人,坚决防止政商勾连、资本向政治领域渗透等破坏政治生态和经济发展环境。要对比较突出的行业性、系统性、地域性腐败问题进行专项整治。要在不能腐上深化拓展,前移反腐关口,深化源头治理,加强重点领域监督机制改革和制度建设,健全防治腐败滋生蔓延的体制机制。要在不想腐上巩固提升,更加注重正本清源、固本培元,加强新时代廉洁文化建设,涵养求真务实、团结奋斗的时代新风。要把不敢腐、不能腐、不想腐有效贯通起来,三者同时发力、同向发力、综合发力,把不敢腐的震慑力、不能腐的约束力、不想腐的感召力结合起来。	

续表

依据	条文(表述)摘录	知识点提醒
2024年1月8日，习近平总书记在二十届中央纪委三次全会上的讲话	新征程反腐败斗争，必须在铲除腐败问题产生的土壤和条件上持续发力、纵深推进。总的要求是，坚持一体推进不敢腐、不能腐、不想腐，深化标本兼治、系统施治，不断拓展反腐败斗争深度广度，对症下药、精准施治、多措并举，让反复发作的老问题逐渐减少，让新出现的问题难以蔓延，推动防范和治理腐败问题常态化、长效化。 要抓住定政策、作决策、审批监管等关键权力，聚焦重点领域深化体制机制改革，加快新兴领域治理机制建设，完善权力配置和运行制约机制，进一步堵塞制度漏洞，规范自由裁量权，减少设租寻租机会。要建立腐败预警惩治联动机制，加强廉洁风险隐患动态监测，强化对新型腐败和隐性腐败的快速处置。 要加强新时代廉洁文化建设。深入开展党性党风党纪教育，传承党的光荣传统和优良作风，激发共产党员崇高理想追求，把以权谋私、贪污腐败看成是极大的耻辱。要注重家庭家教家风，督促领导干部从严管好亲属子女。积极宣传廉洁理念、廉洁典型，营造崇廉拒腐的良好风尚。	
2024年5月，习近平总书记在山东考察时的讲话	要加强警示教育，抓好以案促学、以案说纪，让心存敬畏、手握戒尺真正成为日常自觉。	
中国共产党第二十届中央纪律检查委员会第三次全体会议公报	强化以案促改、以案促治，推动重点领域体制机制改革。强化正反两方面教育，加强新时代廉洁文化建设，推动形成廉荣贪耻的社会氛围。强化受贿行贿一起查，完善对重点行贿人的联合惩戒机制。强化完善反腐败工具箱，继续加大审计等移送问题线索查处力度，持续推进反腐败国家立法。	
《中共中央关于进一步全面深化改革 推进中国式现代化的决定》	完善一体推进不敢腐、不能腐、不想腐工作机制，着力铲除腐败滋生的土壤和条件。健全不正之风和腐败问题同查同治机制，深化整治权力集中、资金密集、资源富集领域腐败，严肃查处政商勾连破坏政治生态和经济发展环境问题，完善对重点行贿人的联合惩戒机制，丰富防治新型腐败和隐性腐败的有效办法。加强诬告行为治理。健全追逃防逃追赃机制。加强新时代廉洁文化建设。	
推荐阅读	1. 兰琳宗：《深化以案促改 做好“后半篇文章”》，载《中国纪检监察报》2019年12月13日，第2版。该文指出，个别地方有的对以案促改重视不够，大案要案开警示教育大会，小案子就一查了之、一处了之，甚至只挑选极个别案例剖析充数；有的以案促改停留在表态上，发文了、开会了，却是走过场、不走心；有的案件剖析针对性不强，千人一面、“一锅煮”，整改措施列了几十条，和案件特点紧密相关的不多，“换一个也能套上”；有的只抓警示，不抓整改，“书面整改”“表面整改”等形式主义问题时有发生，等等。案件教训深刻，代价不能白付。要坚持一案一总结，用好用足典型案件资源。既要查清案件本身的问题，又要查明涉及的主体责任和监督责任缺位问题，还要查找相关单位在某些领域存在的制度障碍、机制梗阻等问题。通过打好“组合拳”，真正让身	

续表

依据	条文(表述)摘录	知识点提醒
	边人受到触动,让案件暴露的问题得到整改,起到"查处一人、警示一批、教育一方"的效果。深化以案促改,要提高针对性,注重实效性。案件剖析、警示教育要入木三分,精准"画像"。既要梳理共性问题,又要结合案件类型和违纪违法人员职务、身份和所处岗位的不同,分析个性问题。揭示出思想滑坡、贪欲滋长、用权任性等共性原因后,具体到每个案中人,思想滑坡的原因、蜕化变质的时间、滥用哪些职权等情况都各有不同。"画像"越精准,问题暴露得越彻底,越能触及灵魂。抓案件整改,也要突出问题导向,不求大而全、面面俱到。要压紧压实以案促改主体责任和监督责任。干部出问题,组织有责任。以案促改,不仅仅是警示党员干部,也警示党组织管理监督可能出了问题。开展以案促改,要把自己摆进去,牢牢抓住党组织主体责任,着重检查日常教育管理监督是否严格有效、选人用人是否把关到位等。纪委监委也要深思,监督有效性怎么增强,如何在做好思想政治工作和群众工作中发现苗头性倾向性问题等。通过倒查责任落实情况,推动案件发生原因剖析到位、整改落实到位,真正发挥以案促改的标本兼治作用。 2. 宋国栋:《"全周期管理"强化以案促改以案促治》,载《中国纪检监察报》2024年1月17日,第7版。该文指出,以案促改、以案促治是全面从严治党一项基础性工作,也是一体推进不敢腐、不能腐、不想腐的重要一环。(1)坚持压实外部责任和履行自身职责相结合,推动在责任上全链条。以案促改以案促治工作贯通监督检查、审查调查、宣传教育、整改落实等环节,要通过明确责任、强化联动,确保各责任主体将各自担负的责任落实到位。建立各司其职、各负其责的责任体系。制定《关于深化以案促改推动构建一体推进"三不腐"体制机制的实施办法》,压紧压实党委(党组)的主体责任、纪检监察机关的监督责任、发案单位的直接责任以及组织、宣传等部门的配合责任,统筹推进以案促改以案促治各项工作,确保同时发力、同向发力、综合发力。(2)坚持做实规定动作和做活自选动作相结合,推动在内容上全涵盖。对于监督检查中发现的突出问题和查办的所有案件必须开展促改促治,做到范围上全覆盖。个案组织即针对个体案件开展促改促治,对同一类型的一般违纪违法案件可合并开展促改促治;专项组织即对案件频发、同类案件多发、连年发生严重违纪违法案件的单位(部门)以及开展专项整治的领域综合开展促改促治。(3)坚持"当下改"和"长久立"相结合,推动在整改上全方位。紧盯整改效果评估环节,明确要求通过听取汇报、个别访谈、调阅资料、实地回访以及邀请管理服务对象座谈了解等方式对发案单位整改情况进行评估问效,确保整改整治的综合效果。	
特色做法指引	1. 为强化以案促改、以案促治,四川省纪委监委会同省委组织部,分层分类教育党员干部,梳理了党的十八大以来,尤其是党的十九大以来查处的县(市、区)党政正职违纪违法典型案例,编写《县(市、区)党政正职警示录》。包括违反六大纪律、违反中央八项规定精神、不担当不作为、政绩观偏差、违反选人用人规定及违反有关工作规定等11个类型、22个典型案例。持续编好用好	

续表

依据	条文(表述)摘录	知识点提醒
	包括《忏悔实录》在内的警示教育读本,目前已累计编印系列读本13册,并将相关警示教育课程列入各级党校(行政学院)必修课程,实现全省处级以上干部教育全覆盖,累计分层分类教育党员干部达60余万人次。参见何旭、曾铃琳:《四川编印警示教育系列读本 分层分类教育党员干部60余万人次》,载《中国纪检监察报》2024年1月13日,第3版。 2.深化以案促改、以案促治,河南省纪委监委探索实施处分决定、案情通报、以案促改通知书“三书同达”,针对案件暴露出的制度管理漏洞,结合行业特点和有关要求,提出健全完善制度机制的建议,织紧织密制度网,推动长效长治,力争达到处分一人、教育一片、治理一域的效果。具体做法是:处分决定作出后一个月内,案件审理室会同法规室、对口联系的监督检查室、审查调查室共同送达受处分人员所在单位,宣布处分决定、通报简要案情,宣读以案促改通知书或纪检监察建议书,督促及时启动以案促改,制定整改方案,举一反三开展同类问题专项整治,确保责任落实、整改落地。参见刘淑娟:《上好“纪法课” 敲响“警示钟” 织好“制度网” 做实做细办案“后半篇文章”》,载《中国纪检监察报》2023年11月27日,第6版。	
备注	以案促改、以案促建、以案促治是一个由表及里、层层递进、逐步深化的过程,在“三不”一体推进中起着穿针引线、承上启下的重要作用。	

党员领导干部严重违纪违法主要原因

依据	条文(表述)摘录	关键词提醒
《关于新形势下党内政治生活的若干准则》	共产主义远大理想和中国特色社会主义共同理想,是中国共产党人的精神支柱和政治灵魂,也是保持党的团结统一的思想基础。必须高度重视思想政治建设,把坚定理想信念作为开展党内政治生活的首要任务。 理想信念动摇是最危险的动摇,理想信念滑坡是最危险的滑坡…… 全体党员必须永远保持建党时中国共产党人的奋斗精神,把理想信念的坚定性体现在做好本职工作的过程中,自觉为推进中国特色社会主义事业而苦干实干,在胜利时和顺境中不骄傲不自满,在困难时和逆境中不消沉不动摇,经受住各种赞誉和诱惑考验,经受住各种风险和挑战考验,永葆共产党人政治本色。	理想信念动摇是最危险的动摇,理想信念滑坡是最危险的滑坡。
《中共中央关于加强党的政治建设的意见》	要坚定理想信念,牢固树立共产主义远大理想和中国特色社会主义共同理想,挺起共产党人的精神脊梁,坚决防止不信马列信鬼神、不信真理信金钱,坚决反对各种歪曲、篡改、否定马克思主义的错误思想。	坚定理想信念,坚决防止不信马列信鬼神、不信真理信金钱。
2012年11月17日,习近平同志在十八届中共中央政治局第一次集体学习时的讲话	坚定理想信念,坚守共产党人精神追求,始终是共产党人安身立命的根本。对马克思主义的信仰,对社会主义和共产主义的信念,是共产党人的政治灵魂,是共产党人经受住任何考验的精神支柱。形象地说,理想信念就是共产党人精神上的"钙",没有理想信念,理想信念不坚定,精神上就会"缺钙",就会得"软骨病"。现实生活中,一些党员、干部出这样那样的问题,说到底是信仰迷茫、精神迷失。	一些党员、干部出这样那样的问题,说到底是信仰迷茫、精神迷失。

续表

依据	条文(表述)摘录	关键词提醒
	反对腐败、建设廉洁政治,保持党的肌体健康,始终是我们党一贯坚持的鲜明政治立场。党风廉政建设,是广大干部群众始终关注的重大政治问题。“物必先腐,而后虫生。”近年来,一些国家因长期积累的矛盾导致民怨载道、社会动荡、政权垮台,其中贪污腐败就是一个很重要的原因。大量事实告诉我们,腐败问题越演越烈,最终必然会亡党亡国!我们要警醒啊!近年来我们党内发生的严重违纪违法案件,性质非常恶劣,政治影响极坏,令人触目惊心。各级党委要旗帜鲜明地反对腐败,更加科学有效地防治腐败,做到干部清正、政府清廉、政治清明,永葆共产党人清正廉洁的政治本色。各级领导干部特别是高级干部要自觉遵守廉政准则,既严于律己,又加强对亲属和身边工作人员的教育和约束,决不允许以权谋私,决不允许搞特权。对一切违反党纪国法的行为,都必须严惩不贷,决不能手软。	物必先腐,而后虫生。内因起决定性作用。
2013年9月23日至25日,习近平同志在参加河北省委常委班子专题民主生活会时的讲话	要按规矩办事,不是个人有主见、有个性就要说了算,哪有这个道理?这些最终也体现思想道德修养,体现党性修养。没有敬畏之心,最后是要栽大跟头的。所有干部都要在党组织里忠实履行自己的职责,这是规矩。	没有敬畏之心,最后是要栽大跟头的。
2014年3月18日,习近平同志在河南省兰考县委常委扩大会议上的讲话	“千里之堤,溃于蚁穴”。一个人腐败堕落,往往是从贪占“小便宜”开始的。分析近年来查处的典型腐败案件,都有一个量变到质变、小节到大错的过程。基层干部容易产生一种活思想,认为自己掌点小权,干不了大事,平时行个职务之便,吃点收点或捞点,既上不了纲,又触不了法,最多算生活小节;有的自认为贪占小便宜手段高明,无影无踪,或者是自己人、哥儿们,保险可靠,不会出问题,即使出问题也会有人代为“顶杠”;有的看到身边的人	千里之堤,溃于蚁穴。 思想的口子一旦打开,那就可能一泻千里。慎独慎初慎微。

续表

依据	条文(表述)摘录	关键词提醒
	常搞点“小腐败”,生活滋润,逍遥自在,便心里失衡、按捺不住,于是揣摩效仿,甚至暗中较劲、试比高低;有的认为为他人办了事,有送就收才显得随和自然,而不被人视为“假清高”;有的认为常在河边走、哪能不湿鞋,与其保持操守,不如随波逐流,即使查也是法不责众,检查一阵子,享受一辈子。这些认识和行为都是错误的、十分有害的。 我一直讲“从善如登,从恶如崩”,思想的口子一旦打开,那就可能一泻千里。干部不论大小,都要努力做到慎独慎初慎微,“不以恶小而为之”。兰考历史上出了一个有名的清官张伯行。他历任福建巡抚、江苏巡抚、礼部尚书,为谢绝各方馈赠,专门写了一篇《却赠檄文》,其中说道:“一丝一粒,我之名节;一厘一毫,民之脂膏。宽一分,民受赐不止一分;取一文,我为人不值一文。谁云交际之常,廉耻实伤;倘非不义之财,此物何来?”我看,这也可以作为一面镜子。	
2014年10月8日,习近平总书记在党的群众路线教育实践活动总结大会上的讲话	对党员、干部来说,思想上的滑坡是最严重的病变,“总开关”没拧紧,不能正确处理公私关系,缺乏正确的是非观、义利观、权力观、事业观,各种出轨越界、跑冒滴漏就在所难免了。思想上松一寸,行动上就会散一尺。思想认识问题一时解决了,不等于永远解决。就像房间需要经常打扫一样,思想上的灰尘也要经常打扫,镜子要经常照,衣冠要随时正,有灰尘就要洗洗澡,出毛病就要治治病。	思想上松一寸,行动上就会散一尺。
2016年6月28日,习近平总书记在中共中央政治局第三十三次集体学习时的讲话	严肃党内政治生活是一篇大文章,其中最重要的是围绕坚持党的政治路线、思想路线、组织路线、群众路线,坚持和完善民主集中制、严格党的组织生活等重点内容,集中解决好突出问题。要固本培元,把加强思想政治建设摆在首位,引导党员特别是领导干部筑牢信仰之	严肃党内政治生活。把加强思想政治建设摆在首位。

续表

依据	条文(表述)摘录	关键词提醒
	基、补足精神之钙、把稳思想之舵,坚定中国特色社会主义道路自信、理论自信、制度自信、文化自信,增强党的意识、党员意识、宗旨意识,坚守真理、坚守正道、坚守原则、坚守规矩,做到以信念、人格、实干立身。	
2016年10月27日,习近平总书记在十八届六中全会第二次全会上的讲话	“欲事立,须是心立。”加强思想教育和理论武装,是党内政治生活的首要任务,是保证全党步调一致的前提。毛泽东同志曾经指出:“掌握思想教育,是团结全党进行伟大政治斗争的中心环节。”党内政治生活出现这样那样的问题,根子还是一些党员、干部理想信念这个“压舱石”发生了动摇,世界观、人生观、价值观这个“总开关”出现了松动。	加强思想教育和理论武装。
党的十九大报告	革命理想高于天。共产主义远大理想和中国特色社会主义共同理想,是中国共产党人的精神支柱和政治灵魂,也是保持党的团结统一的思想基础。要把坚定理想信念作为党的思想建设的首要任务,教育引导全党牢记党的宗旨,挺起共产党人的精神脊梁,解决好世界观、人生观、价值观这个“总开关”问题,自觉做共产主义远大理想和中国特色社会主义共同理想的坚定信仰者和忠实实践者。	共产主义远大理想和中国特色社会主义共同理想,是中国共产党人的精神支柱和政治灵魂。
2017年10月25日,习近平总书记在党的十九届一中全会上的讲话	这些年,我们查处了那么多领导干部,他们违纪违法,最后堕入犯罪的深渊,从根本上来说是理想信念的防线崩溃了。领导干部一旦丧失了理想信念,就会把握不住自己,就会迷失方向,不仅会越过做党员的底线,而且会越过做人的底线。	领导干部严重违纪违法,从根本上来说是理想信念的防线崩溃了。
习近平:《推进党的建设新的伟大工程要一以贯之》,载《求是》2019年第19期	基础不牢,地动山摇。信念不牢也是要地动山摇的。苏联解体、苏共垮台、东欧剧变不就是这个逻辑吗?苏共拥有20万党员时夺取了政权,拥有200万党员时打败了希特勒,而拥有近2000万党员时却失去了政权。我说过,	坚定理想信念。

续表

依据	条文(表述)摘录	关键词提醒
	在那场动荡中,竟无一人是男儿,没什么人出来抗争。什么原因?就是理想信念已经荡然无存了。 历史和现实都告诫我们:全党理想信念坚定,党就拥有无比强大力量;全党理想信念淡薄,党就会成为乌合之众,风一吹就散。	
2018年3月10日,习近平主席参加十三届全国人大一次会议重庆代表团审议时的讲话	要加强教育引导,注重破立并举,抓住"关键少数",推动各级领导干部自觉担当领导责任和示范责任,把自己摆进去、把思想摆进去、把工作摆进去,形成"头雁效应"。要坚持法治、反对人治,对宪法法律始终保持敬畏之心,带头在宪法法律范围内活动,严格依照法定权限、规则、程序行使权力、履行职责,做到心中高悬法纪明镜、手中紧握法纪戒尺,知晓为官做事尺度。	对宪法法律始终保持敬畏之心。
2018年8月24日,习近平总书记在中央全面依法治国委员会第一次会议上的讲话	绝大多数落马官员忏悔时都说自己不懂党纪国法。为什么党内这么多高级干部走上犯罪的道路?根本原因在于理想信念动摇了,但对党纪国法没有敬畏之心也是一个重要原因。	坚定理想信念,同时对党纪国法要有敬畏之心。
2020年1月8日,习近平总书记在"不忘初心、牢记使命"主题教育总结大会上的讲话	共产党员的党性不是随着党龄增长和职务提升而自然提高的。初心不会自然保质保鲜,稍不注意就可能蒙尘褪色,久不滋养就会干涸枯萎,很容易走着走着就忘记了为什么要出发、要到哪里去,很容易走散了、走丢了。我们查处的那些腐败分子,之所以跌入违纪违法的陷阱,从根本上讲就是把初心和使命抛到九霄云外去了。不忘初心、牢记使命不是一阵子的事,而是一辈子的事,每个党员都要在思想政治上不断进行检视、剖析、反思,不断去杂质、除病毒、防污染。 当前,少数党员、干部自我革命精神淡化,	腐败分子之所以跌入违纪违法的陷阱,从根本上讲就是把初心和使命抛到九霄云外去了。

续表

依据	条文(表述)摘录	关键词提醒
	安于现状、得过且过;有的检视问题能力退化,患得患失、讳疾忌医;有的批评能力弱化,明哲保身、装聋作哑;有的骄奢腐化,目中无纪甚至顶风违纪,违反党的纪律和中央八项规定精神问题屡禁不止。古人说:“天下之难持者莫如心,天下之易染者莫如欲。”一旦有了“心中贼”,自我革命意志就会衰退,就会违背初心、忘记使命,就会突破纪律底线甚至违法犯罪。	
2021 年 1 月 22 日,习近平总书记在十九届中央纪委五次全会上的讲话	党员、干部要筑牢思想防线,时刻自重自省自警自励,慎独慎微慎始慎终,做政治信念坚定、遵规守纪的明白人。	筑牢思想防线,时刻自重自省自警自励,慎独慎微慎始慎终。
2022 年 1 月 18 日,习近平总书记在十九届中央纪委六次全会上的讲话	必须坚持把思想建设作为党的基础性建设,淬炼自我革命锐利思想武器。 领导干部特别是高级干部要带头落实关于加强新时代廉洁文化建设的意见,提高党性觉悟,增强拒腐防变能力。	从思想上固本培元。
2022 年 3 月 1 日,习近平总书记在 2022 年春季学期中央党校(国家行政学院)中青年干部培训班开班式上的讲话	坚定理想信念,必先知之而后信之,信之而后行之。坚定理想信念不是一阵子而是一辈子的事,要常修常炼、常悟常进,无论顺境逆境都坚贞不渝,经得起大浪淘沙的考验。 守住拒腐防变防线,最紧要的是守住内心,从小事小节上守起,正心明道、怀德自重,勤掸“思想尘”、多思“贪欲害”、常破“心中贼”,以内无妄思保证外无妄动。 干部守住守牢拒腐防变防线,要层层设防、处处设防。要守住政治关,时刻绷紧旗帜鲜明讲政治这根弦,在大是大非面前、在政治原则问题上做到头脑特别清醒、立场特别坚定,决不当两面派、做两面人,决不拿党的原则做交易。要守住权力关,始终保持对权力的敬畏感,坚持公正用权、依法用权、为民用权、廉	守住拒腐防变防线,最紧要的是守住内心,从小事小节上守起。

续表

依据	条文(表述)摘录	关键词提醒
	洁用权。要守住交往关,交往必须有原则、有规矩,不断净化社交圈、生活圈、朋友圈。要守住生活关,培养健康情趣,崇尚简朴生活,保持共产党人本色。要守住亲情关,严格家教家风,既要自己以身作则,又要对亲属子女看得紧一点、管得勤一点。	
党的二十大报告	加强理想信念教育,引导全党牢记党的宗旨,解决好世界观、人生观、价值观这个总开关问题,自觉做共产主义远大理想和中国特色社会主义共同理想的坚定信仰者和忠实实践者。 加强新时代廉洁文化建设,教育引导广大党员、干部增强不想腐的自觉,清清白白做人、干干净净做事,使严厉惩治、规范权力、教育引导紧密结合、协调联动,不断取得更多制度性成果和更大治理效能。	加强理想信念教育,解决好世界观、人生观、价值观总开关问题。
总结	理想信念是共产党人的政治灵魂,精神上缺钙是一切思想滑坡的根源。党内存在的种种问题,根本原因在于理想信念动摇、初心信仰迷失,管党治党必须从固本培元、凝神聚魂抓起。 把理想信念教育作为党的思想教育的首要任务,用初心和使命砥砺全党,党内教育从关键少数向广大党员拓展,要求广大党员、干部经常对照党章党规掸去思想上的尘埃,不断净化政治灵魂。 干部出问题,通常都是由思想滑坡、道德沦丧所致。与其亡羊补牢,不如早做安排、早做提醒。思想政治教育贵在早,正所谓"兵马未动,粮草先行"。各级各地党组织在抓党建工作、落实从严治党责任的时候,一定要将思想建党提前安排、及早谋划,对于党员干部特别是领导干部身上存在的作风等问题,要首先在思想上帮助其深挖根源,并早提醒、早预防、早治疗,为其补足精神之"钙"、讲清问题之"害",促其时刻保持思想上的高度清醒、政治上的高度警醒,不能到了问题严重、东窗事发的时候再去追悔。"不敢"是前提,要以严格的执纪执法增强制度刚性,让党员、干部从害怕被查处的"不敢"走向敬畏党和人民、敬畏党纪国法的"不敢"。	

“纪检监察建议”相关知识点

法规依据	条文(表述)摘录	知识点提醒
《纪检监察机关处理检举控告工作规则》	**第三十一条** 纪检监察机关应当定期研判所辖地区、部门、单位检举控告情况,对反映的典型性、普遍性、苗头性问题提出有针对性的工作建议,形成综合分析报告,报上一级纪检监察机关,必要时向同级党委报告。 纪检监察机关应当根据全面从严治党、党风廉政建设和反腐败工作重点以及检举控告反映的热点问题,开展专题分析。 对问题集中、反映强烈的地区、部门、单位,可以将相关分析情况向有关党组织通报。	关键词:典型性、普遍性、苗头性问题;处置方式:工作建议、综合分析报告。
《纪检监察机关处理检举控告工作规则》	**第三十四条** 对检举控告较多的地区、部门、单位,纪检监察机关经了解核实后,发现有关党组织或者单位党风廉政建设和履行职责存在问题的,应当向其提出纪律检查建议或者监察建议,并督促整改落实。	提出纪律检查建议或者监察建议前,须“经了解核实”。
《中国共产党纪律检查机关监督执纪工作规则》	**第十九条** 纪检监察机关对监督中发现的突出问题,应当向有关党组织或者单位提出纪律检查建议或者监察建议,通过督促召开专题民主生活会、组织开展专项检查等方式,督查督办,推动整改。	关键词:突出问题;处置方式:提出纪律检查建议或者监察建议。
《中国共产党纪律检查机关监督执纪工作规则》	**第五十一条第三款** 对审查调查过程中发现的重要问题和意见建议,应当形成专题报告。	关键词:重要问题,“应当”形成专题报告。
《中国共产党巡视工作条例》	**第二十三条** 巡视了解工作结束后,巡视组应当形成巡视报告,如实报告了解的重要情况和问题,并提出处理建议。 对党风廉政建设等方面存在的普遍性、倾向性问题和其他重大问题,应当形成专题报告,分析原因,提出建议。	巡视专题报告适用于两种情况:一是党风廉政建设等方面存在的普遍性、倾向性问题,二是党风廉政建设等方面存在其他重大问题。

续表

法规依据	条文(表述)摘录	知识点提醒
《中国共产党纪律检查委员会工作条例》	**第二十六条第一款第四项** 党的各级纪律检查委员会协助同级党的委员会推进全面从严治党: (四)协助同级党委加强对本地区本单位政治生态、党风廉政等情况分析,有关问题向同级党委报告并提出意见建议。	对于本地区本单位政治生态、党风廉政等情况分析,向同级党委报告并提出意见建议。
《中国共产党纪律检查委员会工作条例》	**第三十五条第二款** 对信访举报情况应当定期分析研判,对反映的典型性、普遍性、苗头性问题提出有针对性的工作建议,形成综合分析或者专题分析材料,向同级党委、上级纪委报告或者向有关党组织通报。	对于综合分析或者专题分析材料,向同级党委、上级纪委报告或者向有关党组织通报。
《中国共产党党内监督条例》	**第二十九条** 认真处理信访举报,做好问题线索分类处置,早发现早报告,对社会反映突出、群众评价较差的领导干部情况及时报告,对重要检举事项应当集体研究。定期分析研判信访举报情况,对信访反映的典型性、普遍性问题提出有针对性的处置意见,督促信访举报比较集中的地方和部门查找分析原因并认真整改。	关键词:早发现早报告。
《中华人民共和国监察法》	**第五十二条第一款第五项** 监察机关根据监督、调查结果,依法作出如下处置: (五)对监察对象所在单位廉政建设和履行职责存在的问题等提出监察建议。	监察建议的受文单位是监察对象所在单位(注意,不能是监察对象所在党组织),适用条件是所在单位在廉政建设和履行职责方面存在问题。
《中华人民共和国监察法实施条例》	**第二百零五条** 监察机关依法向监察对象所在单位提出监察建议的,应当经审批制作监察建议书。 监察建议书一般应当包括下列内容: (一)监督调查情况; (二)调查中发现的主要问题及其产生的原因; (三)整改建议、要求和期限; (四)向监察机关反馈整改情况的要求。	监察建议书包括四个方面的内容。 此外,还应注意纪检监察建议文书发文字号和格式,严格按照有关规定进行。

续表

法规依据	条文(表述)摘录	知识点提醒
推荐阅读	1. 李志勇:《高质量用好纪检监察建议》,载《中国纪检监察报》2021年1月27日,第2版。该文指出,必须强化问题意识,追着问题跑、循着问题挖,善于追本溯源,举一反三,通过深入排查发案单位廉政风险点和制度漏洞,摸清违纪违法问题的特点和成因,不断增强纪检监察建议的"含金量"。从实践看,有的纪检监察机关把送达建议书作为工作终点,整改报告"报来即结",存在"一发了之"现象;有的对建议结果跟踪问效不够,催办督办、抽查回访等机制不完善;有的在整改评估中方法不多,导致整改表面化。纪检监察建议是奔着问题去的,每一份建议都是有的放矢。如果建议指出的问题不解决,问题指出了跟没指出一个样,那建议就失去了实效。	
	2. 吴国辉:《从"点到为止"到"点准痛处"》,载《中国纪检监察报》2023年第19期。该文指出,纪检监察建议不能仅停留在查找问题层面,还要抽丝剥茧,全链条剖析症结所在。比如,从制度机制建设、干部管理教育、履职尽责情况等方面综合分析研判,在"人"上找原因,从"事"中挖根源,查找隐藏其中的行业性、系统性、领域性风险。	
	3. 张剑峰:《如何写好纪检监察建议》,载《中国纪检监察报》2021年6月9日,第6版。该文指出,写好纪检监察建议要注意以下几点:文书格式要规范,问题症结要找准,原因分析要深刻,建议措施要务实,文字内容要精练。	
	4. 陈瑜:《关于提高纪检监察建议质量的思考》,载《中国纪检监察报》2020年3月4日,第8版。该文指出,在纪检监察建议起草过程中要加强调查研究,确保提出的问题有事实和党规党纪、法律法规根据,提出的建议有针对性、符合实际、可操作。对于纪检监察建议中涉及的疑难、复杂和专业性较强的问题,主动向相关领域专家咨询或邀请相关专家进行论证,确保纪检监察建议的专业性。对于某一现象某一类型的问题,制发建议不在多,而在精、准、实。	
	5. 李张光:《高质量用好纪检监察建议》,载《中国纪检监察报》2021年2月9日,第7版。该文指出,要强化"事前研判、审核把关、督导检查、整改评估、监督问责"的全过程"闭环"管理,做到制发前沟通到位,重点凝聚共识、找准病灶,确保要求明确、建议具体;制发后督导到位,重点把关措施、对症下药,确保方向正确、指导有力;整改完评估到位,重点辨别真伪、注重疗效,确保整改真实、处置到位。对敷衍应付、虚假整改、拒不整改的严肃问责,决不让有力武器变成乏力钝器。	

纪律检查建议与监察建议的区别

区别	知识点提醒
制作主体不同	纪律检查建议的制作主体是纪委,发文机关署名为"中共××纪律检查委员会"并加盖中共××纪律检查委员会印章;监察建议的制作主体通常是监察机关,发文机关署名为"××监察委员会"并加盖××监察委员会印章。
送达对象不同	纪检建议的送达对象是有关党组织,监察建议送达对象是监察对象所在单位。
制作依据不同	纪检建议的制作依据是党内法规,如《中国共产党纪律检查机关监督执纪工作规则》第 19 条、《中国共产党纪律检查委员会工作条例》第 41 条第 1 款;监察建议的制作依据是《中华人民共和国监察法》第 11 条第 3 项、第 52 条第 1 款第 5 项等。
备注	需要说明的是,就同一事项向同一党组织、单位,既提出纪律检查建议又提出监察建议,可制发纪检监察建议书的,使用"×纪"文号,标题为"关于××(事由)的纪检监察建议",发文机关署名为"中共××纪律检查委员会""××监察委员会"并加盖中共××纪律检查委员会、××监察委员会印章。
	法规依据: 《中国共产党纪律检查机关监督执纪工作规则》第 19 条,《中华人民共和国监察法》第 52 条,《中华人民共和国监察实施条例》第 20、36、205 条,《中国共产党纪律检查委员会工作条例》第 41 条第 1 款。

◇ 八、严管与厚爱、激励担当作为

“澄清正名”保护党员干部

法规或权威表述依据	条文(表述)摘录	知识点提醒
《关于新形势下党内政治生活的若干准则》	党员有权向党负责地揭发、检举党的任何组织和任何党员违纪违法的事实,提倡实名举报。党员有权在党的会议上有根据地批评党的任何组织和任何党员。党组织既要严肃处理对举报者的歧视、刁难、压制行为特别是打击报复行为,又要严肃追查处理诬告陷害行为。对受到诽谤、诬告、严重失实举报的党员,党组织要及时为其澄清和正名。	对受到诽谤、诬告、严重失实举报的党员,党组织要及时为其澄清和正名。
《纪检监察机关处理检举控告工作规则》	**第五十条** 纪检监察机关核查认定检举控告失实、有必要予以澄清的,经本机关主要负责人批准后,可以采取以下方式予以澄清: (一)向被检举控告人所在地区、部门、单位党委(党组)主要负责人以及本人发函说明或者当面说明; (二)向被检举控告人所在地区、部门、单位党委(党组)通报情况; (三)在一定范围内通报。	失实检举控告,予以澄清。
《中国共产党纪律检查机关监督执纪工作规则》	**第三十条第一款第一项** 承办部门应当在谈话结束或者收到函询回复后1个月内写出情况报告和处置意见,按程序报批。根据不同情形作出相应处理: (一)反映不实,或者没有证据证明存在问题的,予以采信了结,并向被函询人发函反馈。	反映不实,采信了结。
《中国共产党党内监督条例》	**第三十一条** 接到对干部一般性违纪问题的反映,应当及时找本人核实,谈话提醒、约谈函询,让干部把问题讲清楚。约谈被反映人,可以与其所在党组织主要负责人一同进行;被反映人对函询问题的说明,应当由其所在党组织主要负责人签字后报上级纪委。谈话记录和函询回复应当认真核实,存档备查。没有发现问题的应当了结澄清,对不如实说明情况的给予严肃处理。	没有发现问题的应当了结澄清。

续表

法规或权威表述依据	条文(表述)摘录	知识点提醒
《中国共产党党内监督条例》	**第四十四条** 党组织应当保障监督对象的申辩权、申诉权等相关权利。经调查,监督对象没有不当行为的,应当予以澄清和正名。对以监督为名侮辱、诽谤、诬陷他人的,依纪严肃处理;涉嫌犯罪的移送司法机关处理。监督对象对处理决定不服的,可以依照党章规定提出申诉。有关党组织应当认真复议复查,并作出结论。	监督对象没有不当行为的,应当予以澄清和正名。
《中国共产党党员权利保障条例》	**第三十四条** 对于诬告陷害行为,党组织应当依规依纪严肃处理。对于经核查认定党员受到失实检举控告、确有必要澄清的,应当按照规定对检举控告失实的具体问题进行澄清。	澄清是对事的澄清,不是对人的鉴定。这里较《中国共产党党内监督条例》第 44 条"经调查,监督对象没有不当行为的,应当予以澄清和正名",加了一个限定语"确有必要澄清的"。
《中国共产党组织工作条例》	**第二十六条** 建立健全崇尚实干、带动担当、加油鼓劲的正向激励体系,坚持严管和厚爱结合、激励和约束并重,加强对敢担当善作为干部的激励保护,以正确用人导向引领干事创业导向。正确对待、合理使用被问责和受处分干部,完善被诬告干部澄清正名制度,健全表彰奖励制度,落实和完善干部工资、福利与保险制度,关心关爱干部身心健康,加大对基层干部特别是困难艰苦地区干部的政策倾斜力度,充分调动广大干部干事创业的积极性主动性创造性。	《中国共产党组织工作条例》要求各级党委(党组)、组织部门完善被诬告干部澄清正名制度。
《中华人民共和国公职人员政务处分法》	**第五十三条** 监察机关在调查中发现公职人员受到不实检举、控告或者诬告陷害,造成不良影响的,应当按照规定及时澄清事实,恢复名誉,消除不良影响。	"及时澄清事实",不是对被反映人人品的鉴定。
《关于进一步激励广大干部新时代新担当新作为的意见》	严肃查处诬告陷害行为,及时为受到不实反映的干部澄清正名、消除顾虑,引导干部争当改革的促进派、实干家,专心致志为党和人民干事创业、建功立业。	及时为受到不实反映的干部澄清正名、消除顾虑。

续表

法规或权威表述依据	条文(表述)摘录	知识点提醒
2018年7月3日,习近平主席在全国组织工作会议上的讲话	当干部因敢抓敢管、敢闯敢试而遭遇挫折失误、受到非议时,当干部埋头苦干、业绩突出却因风气不正长期受到冷落和不公平对待时,当干部因不实举报受到委屈、被人误解时,组织上要为他们说公道话,为他们加油鼓劲、撑腰壮胆,该澄清的及时澄清,该正名的公开正名,使他们放下包袱、轻装上阵,心情畅快投入到工作中去。	
2018年12月13日,习近平主席在中共中央政治局第十一次集体学习时的讲话	权力监督的目的是保证公权力正确行使,更好促进干部履职尽责、干事创业。既要管住乱用滥用权力的渎职行为,又要管住不用弃用权力的失职行为,整治不担当、不作为、慢作为、假作为,注意保护那些敢于负责、敢于担当作为的干部,对那些受到诬告陷害的干部要及时予以澄清,形成激浊扬清、干事创业的良好政治生态。	
2020年11月30日,习近平主席主持中共中央政治局会议时的讲话	要落实"三个区分开来"要求,鼓励党员大胆探索、勤勉敬业,敢于担当、踏实做事,对受到诬告陷害的及时澄清正名。	
党的二十大报告	坚持严管和厚爱相结合,加强对干部全方位管理和经常性监督,落实"三个区分开来",激励干部敢于担当、积极作为。	
2024年1月8日,习近平主席在二十届中央纪委三次全会上的讲话	要持之以恒净化政治生态。坚持激浊和扬清并举。	
2023年1月9日,李希在中国共产党第二十届中央纪律检查委员会第二次全体会议上的工作报告	精准把握政策策略,坚持严的基调和实的要求相统一,坚持实事求是,落实"三个区分开来",严肃查处诬告陷害行为,及时开展澄清正名工作,激励干部敢于担当、积极作为,实现政治效果、纪法效果、社会效果有机统一。	
《中共中央关于进一步全面深化改革　推进中国式现代化的决定》	落实"三个区分开来",激励干部开拓进取、干事创业。 加强诬告行为治理。	

续表

法规或权威表述依据	条文(表述)摘录	知识点提醒
2024 年 11 月,李希同志在二十届中央纪委常委会第十三次集体学习时的讲话	要把从严管理监督和鼓励担当作为高度统一起来,推动党的纪律教育常态化长效化,准确运用监督执纪"四种形态",充分激发和保护各方面干事创业积极性主动性创造性,为发展新质生产力营造良好环境。	
2024 年 12 月,习近平总书记在中共中央政治局召开的民主生活会上的重要讲话	党的纪律既有教育约束功能,又有保障激励作用。党的纪律和干事创业是内在统一的。纪律既明确了不能触碰的底线和边界,也为党员、干部干净干事、大胆干事提供了行动准绳。遵规守纪,就会拥有干事创业的充分自由和广阔空间。中央政治局的同志要树标杆、作示范,不仅要成为遵规守纪、干事创业的模范,而且要树立鲜明导向,为敢于担当作为者撑腰鼓劲,推动形成锐意进取、奋勇争先的生动局面。	

诬告与错告区分

区分要点	诬告	错告
主观意图不同	意图使他人受到不良政治影响、名誉损失或者责任追究。	主观上没有捏造事实的故意，错告中举报人的意图是使有关部门启动对相关人员或相关问题的调查，以尽快查明事实、纠正错误、依规依纪依法追究责任。
客观手段不同	黑白颠倒、罔顾是非，采取捏造事实、伪造材料等方式反映问题。	基于特定事实或经历，检举控告人能够大致说清问题来源，并非刻意捏造或伪造。“错告”有两种情况：一种是错告了对象，误告张三为李四；另一种是错告了事实，把不构成违纪的事实当作违纪行为告发。
反映问题的方式不同	多数情况下采取“广撒网”的方式多头举报，有意扩大知情范围。	一般不会向无关单位或部门广泛散发举报信。
处理方式不同	属于诬告陷害的，依规依纪依法严肃处理，或者移交有关机关依法处理。	根据有关规定，检举、控告不完全属实的，除对不属实的部分予以解释说明外，对属实的部分应予以处理；如属错告，党组织要及时为其澄清和正名，消除对被错告者造成的影响，并教育错告者。
备注	《纪检监察机关处理检举控告工作规则》第四十五条　纪检监察机关应当区分诬告陷害和错告。属于错告的，可以对检举控告人进行教育。	
	《中国共产党党员权利保障条例》第三十四条　对于诬告陷害行为，党组织应当依规依纪严肃处理。对于经核查认定党员受到失实检举控告、确有必要澄清的，应当按照规定对检举控告失实的具体问题进行澄清。 注意：此处不仅强调依纪依法严肃处理诬告陷害行为，还强调对受到错告或者诬告的党员的澄清保护。	

对诬告陷害行为的处分处罚

法规依据	条文摘录	知识点提醒
《中国共产党纪律处分条例》	**第五十九条** 制造、散布、传播政治谣言,破坏党的团结统一的,给予警告或者严重警告处分;情节较重的,给予撤销党内职务或者留党察看处分;情节严重的,给予开除党籍处分。 政治品行恶劣,匿名诬告,有意陷害或者制造其他谣言,造成损害或者不良影响的,依照前款规定处理。	党员匿名诬告他人,属于违反政治纪律。
《中华人民共和国公职人员政务处分法》	**第三十二条第四项** 有下列行为之一的,予以警告、记过或者记大过;情节较重的,予以降级或者撤职;情节严重的,予以开除: (四)诬告陷害,意图使他人受到名誉损害或者责任追究等不良影响的;	公职人员诬告陷害情节严重的,予以开除。
《中华人民共和国治安管理处罚法》	**第四十二条第三项** 有下列行为之一的,处五日以下拘留或者五百元以下罚款;情节较重的,处五日以上十日以下拘留,可以并处五百元以下罚款: (三)捏造事实诬告陷害他人,企图使他人受到刑事追究或者受到治安管理处罚的;	捏造事实诬告陷害他人,企图使他人受到刑事追究或者受到治安管理处罚的,依法给予行政处罚(拘留、罚款)。
《中华人民共和国刑法》	**第二百四十三条** 捏造事实诬告陷害他人,意图使他人受刑事追究,情节严重的,处三年以下有期徒刑、拘役或者管制;造成严重后果的,处三年以上十年以下有期徒刑。 国家机关工作人员犯前款罪的,从重处罚。 不是有意诬陷,而是错告,或者检举失实的,不适用前两款的规定。	典型案例:2019年9月,湖北省蕲春县孙某某与他人因合同纠纷等原因发生肢体冲突,对某派出所民警的处理工作不满,遂故意捏造该民警的问题线索向省委巡视组举报,称该民警"收受贿赂款6万元"。经纪检监察机关、公安机关调查,孙某某所反映的问题失实,属诬告陷害行为。孙某某因犯诬告陷害罪被判处有期徒刑1年。湖北省纪

续表

法规依据	条文摘录	知识点提醒
		委监委:《湖北通报6起澄清正名和诬告陷害案例》,载中央纪委国家监委网2021年7月26日,https://www.ccdi.gov.cn/yaowenn/202107/t20210726_144738.html。
《中华人民共和国刑事诉讼法》	**第一百一十一条** 报案、控告、举报可以用书面或者口头提出。接受口头报案、控告、举报的工作人员,应当写成笔录,经宣读无误后,由报案人、控告人、举报人签名或者盖章。 接受控告、举报的工作人员,应当向控告人、举报人说明诬告应负的法律责任。但是,只要不是捏造事实,伪造证据,即使控告、举报的事实有出入,甚至是错告的,也要和诬告严格加以区别。 公安机关、人民检察院或者人民法院应当保障报案人、控告人、举报人及其近亲属的安全。报案人、控告人、举报人如果不愿公开自己的姓名和报案、控告、举报的行为,应当为他保守秘密。	国家保护公民控告、申诉、举报的权利,鼓励公民实事求是地举报,反对捏造事实、诬告陷害他人。 《公安机关办理刑事案件程序规定》第173条规定:"公安机关应当保障扭送人、报案人、控告人、举报人及其近亲属的安全。扭送人、报案人、控告人、举报人如果不愿意公开自己的身份,应当为其保守秘密,并在材料中注明。"
《最高人民法院关于适用〈中华人民共和国刑事诉讼法〉的解释》	**第一条** 人民法院直接受理的自诉案件包括: (一)告诉才处理的案件: 1. 侮辱、诽谤案(刑法第二百四十六条规定的,但严重危害社会秩序和国家利益的除外); 2. 暴力干涉婚姻自由案(刑法第二百五十七条第一款规定的); 3. 虐待案(刑法第二百六十条第一款规定的,但被害人没有能力告诉或者因受到强制、威吓无法告诉的除外); 4. 侵占案(刑法第二百七十条规定的)。	通常情况下,侮辱、诽谤属于告诉才处理的案件。

续表

法规依据	条文摘录	知识点提醒
备注	《最高人民法院、最高人民检察院关于办理利用信息网络实施诽谤等刑事案件适用法律若干问题的解释》第一条　具有下列情形之一的,应当认定为刑法第二百四十六条第一款规定的“捏造事实诽谤他人”: (一)捏造损害他人名誉的事实,在信息网络上散布,或者组织、指使人员在信息网络上散布的; (二)将信息网络上涉及他人的原始信息内容篡改为损害他人名誉的事实,在信息网络上散布,或者组织、指使人员在信息网络上散布的; 明知是捏造的损害他人名誉的事实,在信息网络上散布,情节恶劣的,以“捏造事实诽谤他人”论。	
	2019年以来,全国检察机关共批准逮捕涉嫌侮辱罪、诽谤罪犯罪嫌疑人168人,涉嫌侵犯公民个人信息罪犯罪嫌疑人12410人,涉嫌侵害英雄烈士名誉、荣誉罪犯罪嫌疑人12人;共起诉涉嫌侮辱罪、诽谤罪被告人213人,涉嫌侵犯公民个人信息罪被告人21923人,涉嫌侵害英雄烈士名誉、荣誉罪被告人15人,有力保护了被害人合法权益。参见刘硕:《严惩网上侵犯人格权犯罪!“‘辣笔小球’诋毁戍边英雄案”等入选最高检指导性案例》,载最高人民检察院网2022年2月23日,https://www.spp.gov.cn/zdgz/202202/t20220223_545495.shtml。	
推荐阅读	【公职人员被网暴典型案例】广西公安机关网安部门工作查明,王某某、林某某、唐某、宣某某、黄某某、蒙某等人因不满法院判决结果,在网上多次发布恶意编辑制作的视频帖文,通过电话“轰炸”辱骂多名法官,引发网民炒作攻击,严重危害社会秩序。王某某等人已被公安机关依法采取刑事强制措施,案件正在进一步侦办中。参见陈昱:《公安部公布依法惩治网络暴力违法犯罪10起典型案例》,载公安部网2023年11月28日,https://www.mps.gov.cn/n2254098/n4904352/c9306937/content.html?fromModule=lemma_middle-info。	

“容错纠错”相关知识点

法规及权威表述依据	条文(表述)摘录
《关于新形势下党内政治生活的若干准则》	建立容错纠错机制,宽容干部在工作中特别是改革创新中的失误……
《中国共产党党员权利保障条例》	**第三十三条** 党组织应当建立健全激励机制,把党员在推进改革中因缺乏经验、先行先试出现的失误错误,同明知故犯的违纪违法行为区分开来;把尚无明确限制的探索性试验中的失误错误,同明令禁止后依然我行我素的违纪违法行为区分开来;把为推动发展的无意过失,同为谋取私利的违纪违法行为区分开来。正确把握党员在工作中出现失误错误的性质和影响,给予实事求是、客观公正的处理,保护党员担当作为的积极性。
《中国共产党问责条例》	**第十六条** 实行终身问责,对失职失责性质恶劣、后果严重的,不论其责任人是否调离转岗、提拔或者退休等,都应当严肃问责。 **第十七条** 有下列情形之一的,可以不予问责或者免予问责: (一)在推进改革中因缺乏经验、先行先试出现的失误,尚无明确限制的探索性试验中的失误,为推动发展的无意过失; (二)在集体决策中对错误决策提出明确反对意见或者保留意见的; (三)在决策实施中已经履职尽责,但因不可抗力、难以预见等因素造成损失的。 对上级错误决定提出改正或者撤销意见未被采纳,而出现本条例第七条所列问责情形的,依照前款规定处理。上级错误决定明显违法违规的,应当承担相应的责任。
《关于进一步激励广大干部新时代新担当新作为的意见》	**四、切实为敢于担当的干部撑腰鼓劲。** 建立健全容错纠错机制,宽容干部在改革创新中的失误错误,把干部在推进改革中因缺乏经验、先行先试出现的失误错误,同明知故犯的违纪违法行为区分开来;把尚无明确限制的探索性试验中的失误错误,同明令禁止后依然我行我素的违纪违法行为区分开来;把为推动发展的无意过失,同为谋取私利的违纪违法行为区分开来。各级党委(党组)及纪检监察机关、组织部门等相关职能部门,要妥善把握事业为上、实事求是、依纪依法、容纠并举等原则,结合动机态度、客观条件、程序方法、性质程度、后果影响以及挽回损失等情况,对干部的失误错误进行综合分析,对该容的大胆容错,不该容的坚决不容。对给予容错的干部,考核考察要客观评价,选拔任用要公正合理。准确把握政策界限,对违纪违法行为必须严肃查处,防止混淆问题性质、拿容错当

续表

法规及权威表述依据	条文(表述)摘录
	"保护伞",搞纪律"松绑",确保容错在纪律红线、法律底线内进行。坚持有错必纠、有过必改,对苗头性、倾向性问题早发现早纠正,对失误错误及时采取补救措施,帮助干部汲取教训、改进提高,让他们放下包袱、轻装上阵。严肃查处诬告陷害行为,及时为受到不实反映的干部澄清正名、消除顾虑,引导干部争当改革的促进派、实干家,专心致志为党和人民干事创业、建功立业。
2018 年 7 月 3 日,习近平主席在全国组织工作会议上的讲话	"人非圣贤,孰能无过。"每个干部都有这样那样的缺点和不足,对此要实事求是、正确对待,不能不问青红皂白、一棍子打死。走前人没有走过的路、做前人没有做过的事,难免出现瑕疵和失误。如果一味求全责备,干部的积极性就会遭到伤害。当干部因敢抓敢管、敢闯敢试而遭遇挫折失误、受到非议时,当干部埋头苦干、业绩突出却因风气不正长期受到冷落和不公平对待时,当干部因不实举报受到委屈、被人误解时,组织上要为他们说公道话,为他们加油鼓劲、撑腰壮胆,该澄清的及时澄清,该正名的公开正名,使他们放下包袱、轻装上阵,心情畅快投入到工作中去。
2023 年 1 月 9 日,习近平主席在二十届中央纪委二次全会上的讲话	要站在事关党长期执政、国家长治久安、人民幸福安康的高度,把全面从严治党作为党的长期战略、永恒课题,始终坚持问题导向,保持战略定力,发扬彻底的自我革命精神,永远吹冲锋号,把严的基调、严的措施、严的氛围长期坚持下去,把党的伟大自我革命进行到底。要坚持严管和厚爱结合、激励和约束并重,坚持"三个区分开来",更好激发广大党员、干部的积极性、主动性、创造性,形成奋进新征程、建功新时代的浓厚氛围和生动局面。
容错典型案例	容错案例一:由于客观原因未能完成工作任务,被容错免责。 2017 年 8 月,云南省某自治州首次启动容错纠错程序。在 5 个乡镇的农村危房改造过程中,有 15 名领导干部主观履职尽责,但由于一些客观原因,导致未能完成工作任务,最终被给予容错免责。参见褚静怡:《文山市:启动容错纠错机制 15 名党员干部免予责任追究》,载云南省纪委监委网 2017 年 10 月 19 日,http://www.ynjjjc.gov.cn/html/2017/dangfengzhengfeng_1019/36909.html。
	容错案例二:为群众利益着想、从实际出发,未批先改建,被容错免责。 江苏省某县某镇副镇长张某被免予问责。据了解,分管扶贫创业园项目的张某 2018 年 4 月等不及审批,决定提前对不符合鲜切花种植条件的钢架大棚进行改建,确保农户 25 万株花苗及时栽种,避免了农户的损失。某县纪委监委根据调查情况,及时组织召开研判会,认为项目未批先改建是由于客观原因,而且张某完全是从实际出发,为了农户考虑,未造成

续表

法规及权威表述依据	条文(表述)摘录
	严重后果;项目调整报批申请后及时得到上级批复,调整项目也通过了相关部门验收。最终,县纪委监委决定对张某免予问责。参见李志勇:《精准有效用好问责利器①问责,须臾不能忘了初衷》,载中央纪委国家监委网 2019 年 4 月 22 日,https://www.ccdi.gov.cn/toutiaon/201904/t20190422_95062.html。
	容错案例三:2017 年,重庆市某区教委基于当地教育改革实际,经办公会研究、请示区委区政府主要领导同意、获市教委副主任口头同意,对辖区义务教育相关教材进行了更换,违反了市教委教科书选用规定,且因时间紧张等原因仅将选用结果在公示栏上公示。区纪委监委调查发现,当年教育部相关通知明确允许各地根据教育教学改革的实际需要进行教材更换,区教委出发点是为了学生,不存在谋私行为,属于容错范畴。但考虑其未获得市教委正式回复,且未按规定在区教委网站上公示,存在程序瑕疵,不能完全免责,因此给予了减责处理,责成相关人员作出书面检讨。参见石艳红、李翫、史梦宇:《容错岂能一容了之——深刻理解"三个区分开来"的精神内涵》,载《中国纪检监察》2023 年第 17 期。
	容错案例四:2015 年,海南省某市启动创建全国文明城市、国家卫生城市工作,某单位领导负责背街小巷改造项目。由于开工建设时间紧,该领导主持召开工作会议,研究通过了对于不属于依法必须招标的工程项目,以公开抽签方式确定施工单位,违反了政府采购方式相关规定。针对这一问题,该市纪委监委予以了容错,对该领导进行谈话提醒。受到谈话提醒后,该领导及时召开工作会议废止原有方案,规范了工作程序,并在民主生活会上做了深刻检讨。参见石艳红、李翫、史梦宇:《容错岂能一容了之——深刻理解"三个区分开来"的精神内涵》,载《中国纪检监察》2023 年第 17 期。
容错要点归纳	容错不是最终目的,重点在于总结经验教训,及早纠偏和及时补救,让干部少犯错、不犯错,或者不再次犯同样的错,防止小错变大错、失误变常态。 深化运用"四种形态",坚持"三个区分开来",做到早发现早提醒、真容错敢纠错、讲政策给出路。 对干部的失误错误应当按照下列标准进行综合分析判断,对该容的大胆容错,不该容的坚决不容: 1. 考察动机态度。是出于公心、顾全大局还是为谋私利或者局部利益;是无心之过还是明知故犯;是初次犯错还是重复犯错;是主动认错悔错改错还是漠视错误、抵触改正。

续表

法规及权威表述依据	条文(表述)摘录
	2. 考察客观条件。是情况特殊复杂、探索性的改革攻坚还是执行常规工作任务;是客观情况发生难以预见的变化还是无视客观规律、好大喜功、急功近利。 3. 考察程序方法。是按照规定的权限、程序和方式依法履职还是无视纪律和规矩、滥用职权、失职渎职,重点考察是否经过民主决策程序,是否属于情况紧急临机决断。 4. 考察性质程度。是尚无明确限制还是有令不行、有禁不止;是属于轻微或者一般性错误还是严重错误、重大原则性错误。 5. 考察后果影响。是促进党委、政府决策部署落实还是阻碍破坏决策实施;是未造成损失影响、损失影响较小还是已经造成重大事故、严重损失或者恶劣影响;是被广大干部群众肯定认可还是否定批评。 6. 考察挽回损失情况。是及时挽回损失、消除不良影响、有效阻止危害结果发生还是放任危害结果发生或者扩大;是已经有效挽回损失还是造成重大损失无法挽回。
	实践中,不予容错的情形有:违反政治纪律和政治规矩的;为自己或者他人谋取不正当利益的;造成重大责任事故、严重环境污染以及生态环境破坏、引发严重群体性事件的;事后不及时整改纠错的。
	需要注意的是,容错不等于免予处理,要综合考量把握不予免予和从轻减轻处理。需要说明的是,容错中的从轻减轻处理与对违纪违法问题的从轻减轻处分存在一定区别:容错中的从轻减轻处理总体上体现的是组织的肯定性评价,是正面的,处理方式大多采用诫勉谈话、谈话提醒、批评教育等第一种形态;而从轻减轻处分的前提是存在违纪违法行为,本质上还是需要谴责的负面行为,处理时运用"四种形态",每一种形态都可能涉及。

“回访”受处分处理人员

法规及权威表述依据	条文(表述)摘录	知识点提醒
《中国共产党纪律检查机关监督执纪工作规则》	**第六十九条** 纪检监察机关开展谈话应当做到全程可控。谈话前做好风险评估、医疗保障、安全防范工作以及应对突发事件的预案;谈话中及时研判谈话内容以及案情变化,发现严重职务违法、职务犯罪,依照监察法需要采取留置措施的,应当及时采取留置措施;谈话结束前做好被谈话人思想工作,谈话后按程序与相关单位或者人员交接,并做好跟踪回访等工作。	回访被谈话人。
《中国共产党党员权利保障条例》	**第三十六条** 党组织对受到处理、处分的党员应当进行跟踪回访,教育引导他们正确认识、改正错误,放下包袱、积极工作。对于影响期满、表现好的党员,符合条件的应当正常使用。	回访受到处理、处分的党员。
《中国共产党支部工作条例(试行)》	**第十九条** 党支部应当经常开展谈心谈话。党支部委员之间、党支部委员和党员之间、党员和党员之间,每年谈心谈话一般不少于1次。谈心谈话应当坦诚相见、交流思想、交换意见、帮助提高。 党支部应当注重分析党员思想状况和心理状态。对家庭发生重大变故和出现重大困难、身心健康存在突出问题等情况的党员,党支部书记应当帮助做好心理疏导;对受到处分处置以及有不良反映的党员,党支部书记应当有针对性地做好思想政治工作。	对受到处分处置的党员,党支部书记应当有针对性地做好思想政治工作。
《纪检监察机关处理检举控告工作规则》	**第四十四条** 对被诬告陷害的党员、干部以及监察对象,纪检监察机关、所在单位党组织应当开展思想政治工作,谈心谈话、消除顾虑,保护干事创业积极性,推动履职尽责、担当作为。	与被诬告陷害的党员、干部谈心谈话、消除顾虑。

续表

法规及权威表述依据	条文(表述)摘录	知识点提醒
特色做法	1. 王洋:《怎样有效开展回访教育》,载《中国纪检监察报》2020年8月26日,第8版。该文指出,开展回访教育应注意五点:一是与处分执行监督结合,严格处分执行;二是与干部考核考察结合,关心干部成长;三是与单位回访结合,深入以案促改;四是与日常监督结合,提高监督实效;五是与思想政治工作结合,保障党员干部权利。 2.《广西:推动回访教育常态化　激励干部担当作为》,载中央纪委国家监委网2023年2月23日,https://www.ccdi.gov.cn/yaowenn/202302/t20230216_247152_m.html。该文指出,广西纪检监察机关坚持贯彻"惩前毖后、治病救人"方针,把回访教育作为案件查办"后半篇文章"的重要环节。自治区纪委监委出台对受处分人员进行回访教育的实施办法,规范开展回访教育的主体、对象、程序、方法等内容,注重与执纪监督、单位回访、日常监督、思想政治教育等工作相结合,构建案件审理室、监督检查室、派驻机构、地方纪委监委等协作配合的工作框架,强化思想教育和正面疏导,推动回访教育工作常态化长效化。 3.《杭州:暖心回访激励干部"有错"变"有为"》,载中央纪委国家监委网2023年9月28日,https://www.ccdi.gov.cn/yaowenn/202309/t20230913_293228.html。该文指出,为保障回访实效,按照"谁处分谁回访原则",作出处分处理的纪检监察机关负责实施或统筹实施,杭州两级纪检监察机关均成立活动工作专班,制定回访方案,定期召开部署会、协调会,推动相关部门分工协作、一体推进,领导班子带队回访,体现组织关心关爱。同时,纪检监察机关注重同组织人事部门沟通对接,将回访教育与处分决定执行、推动以案促改促治及干部考核任用相结合,多措并举达到治理、教育与激励的三重效果。为防止"一访了之",全市各级纪检监察机关注重创新回访形式,强化结果运用,推动受处分处理干部从"有错"向"有为"转变。滨江区纪委监委以"望、闻、问、切"四步工作法,形成对年轻干部"暖心访"、重要岗位干部"重点访"、对处分结果存在抵触情绪干部"多次访"的分层分类回访教育模式,强化回访效果。钱塘区纪委监委将回访教育与家属家访结合起来,通过面对面、拉家常、敞心扉的形式,与家属开展联动,及时了解被处分干部思想动态和"八小时外"情况,探索精准回访新路径。余杭区纪委监委根据干部职务职级、处分轻重、岗位差异等不同,对回访人员采取"一类一策"回访教育方式,为回访教育效果确定"总基调"。	